落語暦《らくごよみ》

宮原勝彦＝著
下川光二＝絵

集広舎

題字　橘右之吉

はじめに

福岡県の田舎で育った私が、落語ファンになったのは、一九六九（昭和四十四）年、中学一年生のころ。のちに人間国宝になる五代目柳家小さんの「長短」をテレビで見て、落語は面白いと実感した。それから、テレビ、ラジオ、本で落語を楽しんだ。

一九七二年秋、高校二年生の修学旅行で東京に行った。東京に住む長兄に頼み「東宝名人会」（当時）に行った。六代目春風亭柳橋、七代目橘家円蔵で、初めて生の落語を聞いた。その迫力に衝撃を受け、さらに落語にはまった。

一九九五年。自宅を建てる際、二階を高座と客席付きの部屋にした。無謀だが、私設寄席「狸ばやし」の誕生である。古今亭志ん上（現、桂ひな太郎）さん、春風亭あさり（現、橘家円太郎）さん、露の団四郎さんはじめ、多くの落語会を開催してきた。

どこかに「落語国」があって、「粗忽長屋」地域には八五郎や熊五郎の長屋があって、「野ざらし」地域では、別人の八五郎と尾形清十郎が隣り合って暮らしている。落語家が、落語国に案内してくれ、彼らと出会わせてくれる…、落語の楽しみだ。

落語の登場人物は多くは架空の者だが、徹底した人間観察に基づいて出来上がっている。今を生きるわれわれと重なることが多いのはそのためだ。

この「落語暦《らくごよみ》」は、一日一本、何らかの落語を選んで紹介した。旧暦、西暦を都合よく使い、歴史、映画、文学を歩き、制定されている○○の日を活用し、だじゃれやこじつけで三百六十六日分を書いた。意味があるかと言えば、ない。「落語で遊ぶ本」と理解してほしい。遊びにしては苦労した。

日本の伝統芸能落語。落語家がそれを守ろうと懸命の努力をしていることに敬意を払う。あえて言う。落語を好きになって、本当によかった。

宮原勝彦

落語暦

◉目次

【一月】

1月1日──御慶《ぎょけい》

鍋釜《なべかま》に仕合《しあ》わせのある年始《としはじ》め　勝彦《かつひこ》

長年、付き合いのある長唄三味線《ながうたじゃみせん》の男性から二〇一九年の年賀状で「結婚しました」と報告を受けた。幸せそうな二人の写真もあった。うらやましい…。その返礼として、即興《そっきょう》でできたこの俳句を送った。幸せって鍋や釜などに潜《ひそ》んでいて、普段は気付かないようなものかもしれない。

明けましておめでとうございます。今日から一年三百六十五日、私と気ままな落語の旅を始めましょう。

人間国宝の柳家小三治《やなぎやこさんじ》さんが、高座で話していた。「寒くて暗い冬場の中に赤いアクセントを付けたような、なんかこー、明るい雰囲気にしてくれるのが元旦です」。

一年の始まり。神道《しんとう》における年神《としがみ》が、金持ちにも貧乏人にもやってくる。とにかくめでたいのだ。

元旦の落語は、暮れから元旦を描く「御慶《ぎょけい》」を選んだ。八五郎が、暮れにはしごに鶴《つる》がとまっている夢を見た。易者に富くじで「鶴の一八四五」を買おうかと尋ねると、はしごは、まず登る時に用《もち》いるものだから、下から「鶴の一五四八がいい」と言われ、この番号を買った。これが千両の大当たり。

元旦準備。着物に裃《かみしも》をこしらえて、ためていた家賃を大家に払い、元旦のあいさつを教えてもらう。「御慶」と言えば失礼はないと聞いたから、誰にでも御慶、御慶。一日でお大尽《だいじん》になり、尻の座らない八五郎がうれしそうだ。

人間国宝だった五代目柳家小《やなぎやこ》さん、古今亭志ん朝《ここんていしちょう》のCDが楽しい。

私は宝くじをよく買うが、「た」がなくて「空くじ」ばかり。やっている寄席《よせ》が「狸《たぬき》ばやし」だからなあ。

1月2日——かつぎや

元旦から二日にかけて、呉服屋《ごふくや》を舞台にした「かつぎや」という噺《はなし》がある。上方《かみがた》では「正月丁稚《しょうがつでっち》」という演題になる。縁起《えんぎ》を担《かつ》ぐ噺だ。縁起とは吉凶《きっきょう》を導くきっかけ、という意味になる。

元旦。とにかく、縁起担ぎのあるじ五兵衛。飯炊きの清蔵に井戸から水をくむ時は「あらたまの年立ち返る朝《あした》より若やぎ水をくみ初《そ》めにけり」と言うように指導する。清蔵は「目の玉のでんぐり返る朝より末期《まつご》の水をくみ初めにけり」と返す。

雑煮《ぞうに》をいただく。小僧《こぞう》のもちから釘《くぎ》が出た。番頭が気遣い「かねもちになる」と言えば、清蔵が「身上、もちかねる」と台無しにする。

二日に行商人が来た。枕《まくら》の下に置いたらいい初夢を見られる、という「宝船」を売っている。一枚四文《よもん》を「しもん」という。「死」につながると、五兵衛は激怒。

番頭は、別の行商人を呼び「よもん」といわせ機嫌を取る。その行商人は、五兵衛を大黒《だいこく》、娘を弁天《べんてん》と見て、「この店には七福神がいる」という。あるじの顔はほころぶが「大黒と弁天。あとは」と聞くと「扱うものが呉服です」。

「かつぎや」のまくらによく登場するのが「し」のつく言葉を忌《い》み嫌う「しの字嫌い」がある。旦那《だんな》と清蔵で「し」を言ったら負け、というかけに発展する。

「旦那が負けたらどうするだ」「わたしは言わない、いや、わたくしは…、おれは言わない」と旦那もあやしい。清蔵も負けてはいない。襖《ふすま》を開けたままで出て行く。旦那は「襖を…こうやりな」。この噺も楽しい。

ちょっと脱線したが、「かつぎや」は、生では聞いていない。三代目三遊《さんゆう》亭金馬《ていきんば》の録音は、歯切れのよさが光る。五代目桂文枝《かつらぶんし》の「正月丁稚」も正月の雰囲気が伝わった。

1月3日――けんげしゃ茶屋《ちゃや》

三が日の最終日。年始客を迎えたり、訪問をしたりして、忙しい日だ。特に主婦にとっては、来てもらってうれしくなる人、そうでない人がある。

そうでない人の長っ尻ほど迷惑なことはない。かといって新年早々、追い返すような言葉も出せないから、難しい。訪問する側が、気遣いの見せどころだ。

ふだんは、いい人なのにしゃれっ気が多く、相手を困らせようとする意味ですごい力を発揮する人がいる。若者じゃいけない。大店《おおだな》の旦那《だんな》だったりすると物語になる。

上方《かみがた》に「けんげしゃ茶屋《ぢゃや》」という噺《はなし》がある。元日を描く噺だが、「御慶《ぎょけい》」があり「かつぎや」があるので正月に紹介する三つ目の噺ということで。

大阪の古い言葉で、物事の吉凶《きっきょう》をとても気にする人を「けんげしゃ」というそうだ。「けん」は「験」のことで「しゃ」は「者」だろう。「げ」は？と聞かれても知らない。「験」の悪い質問だ。

芸妓《げいぎ》・国鶴《くにつる》、その両親が切り盛りする茶屋がそろってけんげしゃ。しゃれっ気のある旦那が、元日早々、この茶屋を困らせてやろうと、幇間《たいこもち》と悪巧《わるだく》みを見せる。

茶屋に入ると「あんたら母娘が井戸に飛び込んだ夢を見た」と言えば、屠蘇《とそ》を土葬《どそう》、おせち料理の黒豆を苦労豆、数の子を貧乏人の子だくさん、にしんを死人…。

あるじ林松右衛門《はやしまつえもん》を詠んだ祝いの句「のどかなる林にかかる松右衛門」を「のどが鳴るはや死にかかる松右衛門」、国鶴を「首つる」とも。

座敷に芸者四人がやって来て、にぎやかになろうというところに、旦那が仕込んでおいた幇間による葬式の一団がやってくる…。

江戸時代の言葉遊びを寄せてでき上がった噺だ。桂《かつら》米朝《べいちょう》のCDで楽しんでいる。

1月4日　石返《いしがえ》し

御用始めだ。サラリーマンの大半が、今年の初出勤となる。

私は、新聞記者だったから、年末年始でも何かあれば飛び出していた。長年、御用納め、御用始めという感覚はなかった。本社で営業系職場に異動した五十代半ばから、それを体験することになった。ものの始まり、やはり気が引き締まる思いをした、ような…。

一月四日は「石の日」という。この日に狛犬《こまいぬ》やら石門やら、石に触れるといいことが起こるとされている。動物ではラッコがおなかに置いた貝を石で割る姿がかわいい。

石が出てくる噺《はなし》に「石返《いしがえ》し」がある。冬場が舞台だ。

病気のおやじの代わりに屋台のそば屋をする男。おやじから教わった仕事の要領も間違ってばかり。武家屋敷《ぶけやしき》にきた。二階から侍が、そば屋を呼び止める。「全部買ってやる」とひもで結んだ鍋《なべ》と徳利が下りてきた。

「ありがてえ」とそばとだしとを入れると、引き上げられていく。「お代は」というと「裏にいる門番からもらえ」との声。

門番は「それは狸《たぬき》の仕業だ。狸のしたことに金は出せない」と言い、追い返された。おやじに話すと、あそこは番長鍋屋敷《ばんちょうなべやしき》といって、商売人泣かせで知られたところ、という。

おやじは屋台の看板を「汁粉」に取りかえて、男と一緒に同じ武家屋敷にきた。二階から侍が呼び止め、鍋が下りてくる…。

北村鮭彦《きたむらしゃけひこ》さんの『おもしろ江戸の雑学』（永岡書店）では、参勤交代《さんきんこうたい》で殿様と一緒に江戸に来た侍は一年勤務で武士長屋に住む。「日窓《いわくまど》」という小窓があり、二階の窓から、ざるを垂らし、買い物をした、とある。

そうか。「井戸《いど》の茶碗《ちゃわん》」の肥後《ひご》の若侍もこの窓から下を見たのだろう。

1月5日 ― 柳田格之進《やなぎだかくのしん》

長い物語が、一月五日に結末を迎える噺《はなし》がある。さまざまな思いを残しながらも、碁盤《ごばん》を真っ二つに切って、気持ちを収めた武士の噺「柳田格之進《やなぎだかくのしん》」。

清廉潔白《せいれんけっぱく》を誇りとする武士、格之進。今は浪人となっている。碁会所で碁の相手になった商家のあるじとの交流が始まる。あるじの自宅で碁を打つようになった。饗《きょう》応《おう》も受け、浪人とはいえ、格之進は、武士と町人の交際に気を残す。

月見の晩。あるじと格之進が碁を打つ座敷に売上金五十両が届いた。格之進が帰ったのちにその五十両が消えた。店は大騒ぎになったが、あるじは自分の小遣いにして解決させた。

番頭は、格之進に五十両の紛失を知らせ、「もしか、間違って持ち帰っていないか。番所《ばんしょ》に届けるので、お調べがあるかもしれない」と伝える。

格之進は、腹を切る決意だが、娘に気づかれた。娘は自ら廓《くるわ》へ行き、その形《かた》でできた五十両を番頭に渡した。番頭は「五十両が、ほかから出たら、私とあるじの首を差し上げます」と約束した。格之進は逐電《ちくでん》した。

十二月十三日の大掃除。座敷の額の裏から五十両が出た。あの日、あるじが額の裏に置いて忘れていた。総出で格之進を捜す。番頭が、格之進を見つけたのは年が明けた一月四日。帰参《きさん》がかなって立派ないでたちだ。全部を話した番頭。「明日の五日、店に出向く。首はよく洗っておけ」と格之進。

物語中心になってしまった。一月五日に「囲碁（一五）」を絶つ噺なのだ。

狸《たぬき》ばやしでは、柳家《やなぎや》さん喬《きょう》さんが「ぱちーり」「ぱちーり」という石の音を響かせる演出で語ってくれた。大分ゆふいん寄席《よせ》では、立川《たてかわ》志《し》の輔《すけ》さんが、「ねた帳になかった噺を選びました。久々に語ります」とこの噺を演じた。古今亭志《ここんていし》ん朝《ちょう》のCDがまた絶品。

1月6日 ― 色物《いろもの》

一月六日は「色の日」だという。同時に、色に関係する職業の人たちの記念日になっている。カラーコーディネーター、塗装店、画材店などのことか。

二〇一六年に私の自宅にある落語ホール「狸《たぬき》ばやし」を改装した。その際、カラーコーディネーターに外壁、内壁の色を選んでもらった。元気にする色、期待感を高める色など、色は人の気持ちを左右するという。

色で考えた。今日は「色物《いろもの》」でいこう。

東京の演芸場では、漫才《まんざい》、漫談《まんだん》、奇術、太神楽《だいかぐら》、紙切り、物まね、ボーイズ、三味線漫談、曲独楽《きょくごま》などを「色物」といって看板、プログラムに赤文字で書く。

それぞれの芸に古い歴史があり、脈々《みゃくみゃく》と芸を引き継いできた人たちが活躍している。奇術のマギー司郎《しろう》さん、アサダ二世《にせい》さん、伊藤夢葉《いとうむよう》さんたち。太神楽のボンボンブラザーズ、ボーイズの東京ボーイズ、バイオリン漫談のマグナム小林さんなど、寄席《よせ》を彩る人たちはいっぱい。

この原稿を準備している間に太神楽の海老一染之助《えびいちそめのすけ》が二〇一七年十二月に亡くなり、兄の染太郎《そめたろう》を追っていった。曲芸の東富士夫《あずまふじお》、操り人形のニューマリオネット、ボーイズのシャンバロー…、あー懐かしい。

テレビのバラエティーなど、編集を経たものとは違い、寄席芸は、百パーセント生なのだ。曲芸では時に失敗を見る。それがかえって緊張感を増すから魅力となる。寄席に行くと、芸能人は、テレビに出ている人ばかりではないことを教えてくれる。

若い人は、寄席に行ってほしい。たくさんのことが学べるし、人生に奥行きが出る。

狸《たぬき》ばやしには、紙切りの三代目林家正楽《はやしやしょうらく》さん、太神楽の鏡味仙三《かがみせんぞう》さんが出演している。

1月7日――松竹梅《しょうちくばい》

一月七日は五節句《ごせっく》の一つで人日《じんじつ》。

暮れから正月にかけて食べたごちそうで、負担が掛かった胃腸を休ませようとの思いを込めて、七草《ななくさ》がゆを食べる風習がある。

春の七草とは「せり、なずな、ごぎょう、はこべら、ほとけのざ、すずな、すずしろ」。若い人、知っていましたか？

子どもたちの多くは冬休み最後の日。正月気分も大概でおしまいだ。とはいえ、十五日までを松の内にすることもある。まだ正月だから、おめでたい噺《はなし》を紹介する。「松竹梅《しょうちくばい》」だ。

松竹梅がなぜ、めでたいのか。松と竹は、冬でも緑の葉を保っている。梅は春を呼ぶ花として、まだ寒いうちから花を咲かせるから、という。古くから、吉祥《きっしょう》の象《しょう》徴《ちょう》とされて、よく絵画になった。

三人が仲良くて名前もめでたいというので、松っつぁん、竹さん、梅さんの三人が、お店《たな》の娘の結婚式に呼ばれることになった。「松竹梅」だ。隠居に相談すると、ごちそうになるばかりではなく、三人そろって余興《よきょう》をやったらよかろう、という。

隠居は「なったなった蛇《じゃ》になった。当家の婿殿《むこどの》蛇になった」「なんのじゃになられた」「長者になられた」と三人で言う余興を教えた。

竹さんは謡曲の心得があって「なんのじゃになられた」と、うまく言える。松っつぁんと梅さん、稽古したがなかなかうまくいかないまま、結婚式に出席してしまった。

主人もめでたい名前の三人の余興を楽しみにしている。梅さんが重要な役割となる。さあその結果は…。

松竹梅は、料理店のメニューにもある。私が選ぶのは「梅」ばかりだけど…。

1月8日　看板《かんばん》のピン

「一か八か」ということで一月八日は「勝負事の日」になっている。

なぜ、一か八なのだろう。辞書を引く。「丁半《ちょうはん》ばくちの丁と半の文字のそれぞれ上の部分からきているという。もう一つ、さいころの「一の目が出るか、そうでなければ、罰が当たる」という語源もある。調べてみて初めて知った。

みんな多かれ、少なかれ、ばくちを楽しんでいるのではないか。競馬、競艇、パチンコなどのギャンブルはもちろん、くじ引き、福引きも、宝くじもそう。食事後の後片付けをじゃんけんで決める家族がいたら、これもそうだろう。

こんな話題にちょうどいい落語が「看板のピン」だ。さまざまなばくちの小話のまくらがあって楽しい。

若い者が「ちょぼいち」というばくちをやっている。一つのさいころの目を当てる。そこに昔ならした親分がやってきた。「てめえたちは、集まるとばくちばっかりやって」

若い者たちが、目が見えなくなったとへりくだる親分に筒《どう》を取ってもらう。親分が筒《つつ》を振ったものの、さいころが筒から転がり、一の目、ピンが出ている。

さあ、はれ、はれ。若い者はみんなピン。出そろったところで親分が「それでは看板のピンはこっちへ引いて……」

文句をいうが、一蹴《いっしゅう》する親分だ。「ピンが出ていると、誰か教えたか」

この親分、つくづく本物だと思う。金は返してやって、うどんの一杯も食えと小遣いまでやるのだ。あとは、親分をまねる男の一人舞台。

親分のすごみとやさしさを出せるか。「一か八か」の難しい噺《はなし》だ。

狸《たぬき》ばやしでは、桂福《かつらふく》団治《だんじ》さんの名演があった。立川《たてかわ》生志《しょうし》さん、桂扇生《かつらせんしょう》さんでも聞いたなあ。

1月9日―うどん屋《や》

一月九日は「風邪の日」だ。「風邪は万病の元」。寒い日々が続くので、風邪には十分注意されるよう。

私の風邪はのどからくる。ぜんそくを持っているので、風邪を引くとぜーぜーと呼吸困難になる。対策は首巻きだ。通勤退勤に首巻きをするようになって、風邪をあまり引かなくなった。

なぜ、この日が風邪の日なのか。江戸時代の相撲の横綱《よこづな》で、四代谷風梶之助《たにかぜかじのすけ》が、風邪をこじらせて寛政《かんせい》七年一月九日（一七九五年二月二十七日）に亡くなったことにちなんでいる。

そこで風邪が出てくる噺《はなし》の「うどん屋」。上方《かみがた》では「風邪うどん」だ。

流して歩く商売で、大声で呼ばれる時というのは、あまりいい仕事にならないという。くず屋でも、大切なものを金に換えようという引け目があるから、そーっと呼んで目立たないように招き入れられたりする。

うどん屋も同じだ。小僧たちであれば、主人たちに内緒で、夜食でもというところ。代表一人が食べておいしければ、控える仲間内が全員、注文することになる。

屋台のうどん屋に酔っぱらい客がやってきた。七輪《しちりん》にあたり、同じことをしゃべりまくって、水を飲んで帰っていく。「あの、うどんは…」「おれ、うどん嫌い」。酔いを覚ましにきただけだった。七輪に手をかざす時の所作《しょさ》。寒さを感じさせる。

今度は、かすれるような声の客がきた。うどん屋は「これだ、あとにたくさんの人が待っている」と、だしも多く、ちくわは厚く切ってサービスしたが…。

ところで妻が小さい声で呼ぶ時…。怖い。

五代目柳家小《やなぎやこ》さん、十代目金原亭馬生《きんげんていばしょう》がよかった。桂吉弥《かつらきちや》さんも、面白かったなあ。

1月10日――しじみ売《う》り

商売繁盛の神は恵比須様《えびすさま》。農業の神としても祭られる。脇に鯛《たい》を抱えており、なるほどめでたい神だ。

福岡県久留米市田主丸町《ふくおかけんくるめしたぬしまるまち》の私の実家にも恵比須様が座る。祖父が、農業の傍《かたわ》ら魚の行商をしていた大正期に祭ったと聞く。

半世紀以上前のこと。兄といとこが、二階からほぼ同時に落ちたが、二人とも一度この恵比須像の社《やしろ》に落ち、衝撃を緩めた後に、地面に落ちたから、けががなかったという。恵比須様の御利益なのか。恵比須様と聞くと、いつもこの珍事を思い出す。

恵比須様を祭る宮の総本社《そうほんじゃ》が、西宮神社《にしのみやじんじゃ》（兵庫県西宮市）。福岡市にも十日恵比須神社《とおかえびすじんじゃ》がある。いずれも正月の大祭が「十日恵比須」。一月八～十一日に神事があり、商売繁盛、社業発展を祈る人たちが参拝し、縁起物を買って帰る。

「しじみ売り」という落語がある。

桂福団治《かつらふくだんじ》さんがよく高座にかけている。福団治さんの演出は、少年が、親分の家にしじみを売りにやってくるのが十日恵比須の日だ。

少年が、天秤棒《てんびんぼう》にざるを下げてしじみを売りにきたが、若い者は履物泥棒《はきものどろぼう》と疑い、今にもつまみだそうというところ。そこに親分がやってきた。

親分は、しじみを全部買い、なぜしじみを売っているのかを聞き出す。母も姉も病気という。姉の夫は、持っていた大金に嫌疑がかかり、番所《ばんしょ》に引っ張られたまま帰らないという。少し前、姉夫婦に大金を渡していたのは親分だった…。

東京の「しじみ売り」は、鼠小僧次郎吉《ねずみこぞうじろきち》が、しじみ売りの少年を助けることになる。

狸《たぬき》ばやしで、福団治さんの名演があった。古今亭志ん生《ここんていしんしょう》のCDもいい。

1月11日―千早《ちはや》ふる

新年を迎え、皇室ではこの時期に「歌会始《うたかいはじめ》の儀《ぎ》」が開かれる。

皇族の方々、文部科学大臣ら、全国公募で選ばれた短歌が、古式豊かな歌会で披露される。中学生の歌が選ばれたりして、その深い表現力に驚く。

日本で最も古い歌集が『万葉集《まんようしゅう》』だ。二十巻からなり計約四千五百首の歌を掲載し、七五九年以降に完成している。天皇から庶民の歌まで掲載されている。と習った。が、東京大教授の品田悦一《しなだよしかず》さんが、令和が始まってすぐ、NHKラジオで「一定以上の階級の人たちの歌で、庶民の歌は含まれていない、とするのが最近の学説。明治時代、万葉集の政治利用が、その通説を生み、昭和では戦意高揚にも利用された」と力説していた。

万葉集以降、たくさんの歌集が編《あ》まれた。短歌を身近にしたのが、小倉百人一首《おぐらひゃくにんいっしゅ》だ。平安―鎌倉時代を生きた歌人で政治家の藤原定家《ふじわらていか》（一二四一年死去）が、京都・小倉山山荘《おぐらやまさんそう》で編纂《へんさん》したのでこの名がある。

小倉百人一首は、競技かるたになり、大会が開催される。映画『ちはやふる』（二〇一六年）が上映されて、若者に愛好者が広がっているようだ。

落語「千早《ちはや》ふる」は、小倉百人一首の中の歌が登場する。男が、隠居《いんきょ》を訪ねてくる。娘に聞かれて答えきれなかったという。

千早《ちはや》ふる神代《かみよ》もきかず龍田川《たつたがわ》からくれないに水くぐるとは　在原業平《ありわらのなりひら》

この歌の意味を教えてくれ、というのだ。隠居がこの歌の解説をしてくれる。「龍田川って何だと思う。川と思うだろ、思うだろ。ほれみろ、そこが素人の浅はかさだ。この龍田川は相撲取りだ…」

良い子のみなさん、落語は楽しむもので、信じるものじゃないからね。

狸《たぬき》ばやしでは滝《たき》川鯉昇《がわりしょう》さんの珍説で笑いが上がった。

1月12日――相撲風景《すもうふうけい》

大相撲は、NHKがテレビ、ラジオで放送している。衛星放送では早い時間から放送するので、若い力士の活躍も見ることができる。

大相撲のラジオ放送が始まったのは一九二八（昭和三）年一月十二日。関東大震災《かんとうだいしんさい》（一九二三年）から五年、金融不況から、世界恐慌（一九二九年）に向かおうというころ。暗い世相に入っていく時代だ。

このラジオ放送で、土俵中央に二本の仕切り線が置かれ、立ち合いまでの制限時間が、十両七分、幕内十分に決められた。放送時間内に相撲を終了させるためだ。

当時の横綱は、宮城山《みやぎやま》（岩手県出身）、西ノ海《にしのうみ》（鹿児島県出身）、常ノ花《つねのはな》（岡山県出身）の三人がいた。地元力士の活躍を知らせる相撲放送は、人気だった。

相撲を主題にした落語はいくつかあるが、力士もののほかに、観客側を描いたものもある。東京で「相撲風景《すもうふうけい》」、上方《かみがた》で「相撲場風景《すもうばふうけい》」。

手を振り上げて熱心に応援する男。「取れよー、取れよー」。その手ににぎりめしを持っている。その後ろの男、腹が減って仕方ない。にぎりめしを「取れよー」と聞いてひょいと取り上げてしまった。にぎりめしが無くなり、きょとんとする顔…。

こっちの方では、座った場所を取られたくなくて小便に行きそびれた男。もう動くことさえできない。酔っぱらいが寝ているそばに空っぽの一升瓶《いっしょうびん》が転がっている。「あんた、これにやったら…」。酔っぱらいが目を覚ます。たっぷりの一升瓶に「酒があった…」。

大騒ぎの連続。土俵のように丸く収まらない。

上方の露《つゆ》の団四郎《だんしろう》さん、東京の橘家《たちばなや》蔵之助《くらのすけ》さんで聞いた。東西のそろい踏みだ。六代目笑福亭松鶴《しょうふくていしょかく》がテレビで楽しくやっていたなあ。

1月13日—莨《たばこ》の火《ひ》

戦争が終わって、年が明けた一九四六（昭和二十一）年一月十三日、たばこ「ピース」（十本入り）が七円で売り出された。高級たばこという。

当時は、はがき十五銭《せん》、封書の切手三十銭、映画館入場料四円五十銭とある。ピースは、はがきの約四十七倍。二〇一九年十月現在、はがきが六十三円だから、単純に換算するとピースは約二千九百六十円。これは高価。

ピースをくゆらす人は、優越感に浸っていたのだろう。優越感、たばこから「莨《たばこ》の火《ひ》」という噺《はなし》を引っ張ってみた。

駕籠《かご》に乗って老人が茶屋に来た。老人は、駕籠賃に一両をと、茶屋に立て替えさせる。駕籠屋の一人が「母親にいい布団を買ってやれる」と喜ぶと、親孝行代にと二両立て替えさせ、駕籠屋に渡す。

老人は何でも、立て替えさせ、しかも金額は増えていく。「ほな五十両立て替えを」。帳場は、これを断った。

老人は、首に付けた荷物を開いて、びっしり詰まった小判から、最初の駕籠賃の返済として倍の二両、親孝行代の二両を倍の四両と、全部を倍にして返した。最後には、小判を茶屋にばらまいて、ああ面白かったと帰った。老人は、「食《めし》の旦那《だんな》」と呼ばれる大富豪だった。

訳を知る者から「あの五十両を立て替えていたら、お前の旦那は小判の中に埋められて、頭に千両箱を置かれ、小判の漬物になるところ」と聞く番頭。また、来てもらおうとの茶屋の努力が実って、「食の旦那」がやってきた…。

「食の旦那」とは、江戸時代中期から幕末にかけ、現在の大阪府泉佐野《いずみさの》市で、回船業、大名貸などをした食《めし》野《の》家《け》のことで、実在する豪商だ。素晴らしい倍返しだ。

1月14日―もぐら泥《どろ》

「十四日のもぐら打ち」「十四日のもぐら打ち」

子どもたちは笹竹の先端を縄でぐるぐる巻きにした道具を作り、一月十四日の朝、道具をしならせて地面をたたく。モグラを打つという想定だ。

地面をパシー、パシーとたたき、モグラを脅かして？豊作を祈る。九州各地で見られる伝統行事だ。

私は子どものころによくやった。現在では、どんどん廃れているという。あの風流な行事が…。「全国モグラ打ち保存普及委員会」でも設立しようかしら。

土中に長い穴を作って生息するモグラ。目は退化しているが、少しは見えているようだ。ミミズや昆虫をえさにしている。

モグラのような泥棒が描かれるのが「もぐら泥」だ。上方《かみがた》では「おごろもち泥棒」。

敷居の下を掘り、手を差し入れて心張り棒や鍵などを外して浸入する泥棒がいる。今日も仕事をしようとしている。家では帳簿をつける亭主が、足りない金に困り果てている。「もうちょっとだ」。泥棒も手を差し入れて「もうちょっとだ」。

亭主は、入り口の土間に手が出ているのに気づく。妻にひもを持ってこさせ、気づかれないように近づき、手を縛り上げた。

「あたた、親方、ごめん、失礼、許して、出来心」。あらん限りの泥棒の懇願だ。金が足りなくていらいらしている亭主は聞かない。

警察に突き出せば、報奨金がもらえるとの頭もよぎる…。

外側で、泥棒は通行人に助けを求めるが、この泥棒、さらにひどい目に遭う。

モグラだけに陽は当たらない。

1月15日　酒《さけ》の粕《かす》

一月十五日は「小正月《こしょうがつ》」「女正月《おんなしょうがつ》」の真ん中の日。元旦の「大正月《おおしょうがつ》」に対して「小正月」。正月の終わりを意味する。

「女正月」は、忙しかった女性たちが、ようやく一息ついて、姉妹や女友達と会ってくつろげることをいう。この日は、小豆《あずき》がゆを炊いてお祝いをする風習もある。

かつては、十五日は「成人の日」だった。社会が、二十歳の人を大人と認め、式典を開く。法律で、酒、たばこが許される年齢。しかし、式典で騒ぎ、人前で酒のらっぱ飲みを見せるなどの迷惑行為が、あちこちでニュースになる。見る方が恥ずかしい。

二〇二二年に大人は十八歳からと改まる。でも酒、たばこは二十歳からのままだからね。

落語国でも、酒を飲めるようになって、大人と認められるような噺《はなし》がある。「酒《さけ》の粕《かす》」だ。

若い男の顔が赤い。聞くと酒の粕を焼いて黒砂糖をまぶして食べたという。

「いい、若い者が。たとえ酒粕食っても『酒を飲んだ』といえば、一人前に見えるってもんだ」と教えられた。

こんどはおばさんがやってくるので「酒を飲んだ」という。

「まあ、子どもだ、子どもだと思っていたら、酒を飲むようになったんだね。もうすっかり一人前だね。お酒は燗《かん》をしたのかい、冷やでかい」「いや焼いて」。

やっぱり子どもだった、というさげになる。短い噺だが、酒のあれこれなど、面白いまくらがつくと、聞き応えがある噺になる。

酒の粕は、日本酒を絞った後に残るもの。米、米こうじが主成分。これがビタミンB類、ミネラルなど栄養の宝庫。粕汁、甘酒、粕鍋《なべ》など、たくさんの料理に活用できる。貝柱の粕漬けや奈良漬け…、うまい。これぞ、大人の味か。

1月16日—薮入《やぶい》り

やぶ入の寝るやひとりの親の側　太祇《たいぎ》

薮入《やぶい》り。奉公人が休みをもらい里帰りが許される日。一月十六日。八月十六日もそうだ。

昔は十二、十三歳ぐらいから親元を離れ、商家などに奉公をした。一年目の薮入りに帰すと里心がついて、戻らないこともあるので、三年たって初めて薮入りがもらえたという。

落語「薮入り」は、久々に顔を合わせる親子のことが存分に描かれる。

ビデオに残る三代目三遊亭金馬《さんゆうていきんば》の「薮入り」が名演だ。大阪の桂福団治《かつらふくだんじ》さんが、この噺《はなし》をよく高座にかける。狸《たぬき》ばやしでも熱演がある。この時の様子は、伊藤有紀《いとうゆうき》監《かん》督《とく》(福岡県八女市在住)が撮影したドキュメンタリー映画『人情噺の福団治』(二〇一六年)で、映画の軸になっている。

福団治さんがこの噺の思い出を話してくれた。

「若いころ、東京の東宝名人会《とうほうめいじんかい》に出演させてもらった時。金馬師匠がとりを務め、十日間連続で「薮入り」をかけたんです。初日から隠れるようにして聞かせてもらいました」

「翌日、楽屋であいさつしても、開いた本に目を向けて知らんふり。これが続いて楽日《らくび》。あいさつして帰ろうとしますと、金馬師匠が振り向いて『あなた、この噺いつか大阪でやりなさいよ』。金馬師匠が初めて声を掛けてくれました」

金馬は、隠れて見ていた福団治さんのことを知っていた。名人のこの言葉が、福団治さんの「薮入り」を育てたのだろう。

福団治さんは、まだ幼かった次男を亡くしている。

「おとうちゃん、おかあちゃん、ただいま帰りました」

このせりふで登場する里帰りの息子は、次男が福団治さんの体に戻ってきているのだ。

1月17日――ちきり伊勢屋《いせや》

一九九五年一月十七日。阪神・淡路大震災が起きた。激震で、神戸市、兵庫県南部、淡路島などはビル、家屋、道路の倒壊、その後の火災などで壊滅的な被害が出た。死者・不明者は計六千四百三十七人と記録される。その後の二次的なことでの犠牲者もあった。大惨事だった。

この地震の後、学生など、たくさんのボランティアが被災地で活躍した。これらのことを受けて、政府はこの日を「防災とボランティアの日」に制定している。大活躍をしなくてもいい。無償の勤労、できることをする、という程度も大きな力になる。

こんなことを書いておいて落語の話題に移るのも申し訳ないが、主人公が、手広く無償の施《ほどこ》しをする噺《はなし》がある。「ちきり伊勢屋《いせや》」。

「ちきり」とは、織機《おりばた》の部品の一つで、糸巻きに使う。質屋《しちや》の伊勢屋の若旦那《わかだんな》伝次郎《でんじろう》の人相を易者《えきしゃ》白井左近《しらいさこん》が見た。来年二月十五日に死ぬ、との易が出た。死んだ父親のひどい商いで泣いた人たちがたたっているという。

どうせ死ぬのなら、いいことをしようと伝次郎は、蓄財を貧乏人《びんぼうにん》に施したり、困った人を助けたりした。ある日は、首をくくろうという母娘に百両を与えた。奉公人《ほうこうにん》にも相応《そうおう》の金をやり、暇を出した。

死ぬ日。葬儀をしつらえ棺桶《かんおけ》に入って待ったが死なない。白井左近によれば、これまでの善行で運命が変わったのだという。一文無しで駕籠《かご》を担ぎ始めるが、いつか助けた母娘と出会う…。

情けは人の為《ため》ならず。この意味を「情けをかけると、その人のためにならない」と間違って解釈する人が多いと聞く。いつかは、自分に返ってくる、という意味だ。

1月18日　二番煎《にばんせん》じ

　江戸三大火災といわれる「明暦大火《めいれきたいか》」は、明暦三年一月十八日（一六五七年三月二日）に起きている。江戸城の天守閣ほか、江戸市中の六割が焼け、死者は六万人とも十万人ともいわれる。

　幕府が、町並みの再整備のため、住民との立ち退《の》き交渉などを避けたいための放火説なども残る。また、この火事は「振《ふ》り袖火事《そでかじ》」とも呼ばれる。

　病死した娘が着ていた振り袖が、別の娘に渡ると、その娘が病死。ほかの娘が着るとまた病死。本妙寺《ほんみょうじ》で、供養のために焼いた振り袖が、風にあおられて舞い、大火になったとされる。現在の本妙寺（東京・巣鴨）には、この火事の被災者の供養塔《くようとう》がある。

　内容が内容だけに、芝居、小説の材料に事欠かず、振り袖火事はよく知られることになった。この火事の結果、武家屋敷《ぶけやしき》、寺院を郊外に置き、広い道を設置するなどの江戸の町の基礎が整備された。広い道は上野広小路《うえのひろこうじ》がその一つ。

　火事にちなんで落語「二番煎《にばんせん》じ」を紹介する。町内の防火活動の様子が描かれる。

　当番の人たちが夜番小屋に集まってきた。誰かが提案をしている。「どうでしょう、一の組、二の組と分けましょう。交代で回れば、半分は火鉢に当たって体も休まります」。

　一の組が夜回りに出発。金棒《かなぼう》をからんと鳴らし「火の用心」といい声を出したいところだが、金棒を持つのは冷たいからと、ひもで地面を引きずっている。カチカチと拍子木を鳴らす者も、拍子木ごと手を懐に入れている。小言を並べながら、一回り。

　何か取り出す人がいる。徳利《とっくり》に入った酒だ。別の人は猪《いのしし》の肉にネギ、味噌《みそ》醤油《しょうゆ》。夜番小屋が酒席になった。見回りの役人がやってきた。知れたら、えらいことだ。

　大人たちの隠れ酒盛り。これも火遊びかな。

1月19日―帯久《おびきゅう》

緊急通報用電話番号119から、一月十九日は「家庭用消火機器点検の日」。全国消防機器販売業協会が制定している。消火器などの使用期限、火災報知機が機能しているか、などの点検を促している。火事は、発見の早さ、初期消火が大事だという。

大火に遭った主人公が、別の家に放火し、もう少しで火事になろうかという噺《はなし》がある。「帯久《おびきゅう》」だ。

「人気の和泉屋与兵衛《いずみやよへえ》」「落ち目の帯屋久七《おびやきゅうしち》」と呼ばれる呉服屋《ごふくや》がある。帯屋が、和泉屋に二十両を借りに来た。同業者、商人は相身互《あいみたが》い。和泉屋は用立てる。帯屋は返した。今後は、帯屋は三十両借り、返した。次は五十両…。返した。

後日。帯屋は、百両貸せという。和泉屋は貸す。帯屋は、暮れに百両返しにきた。その日は和泉屋が忙しく、和泉屋は、「百両返済」と帳面に書き入れ、百両を仕舞《しま》わずに部屋を離れてしまった。帯屋は百両を持ち帰る。

新年。帯屋はその百両を元に景品付き販売を始めたところ、これが大当たり。あっという間に和泉屋を追い越す呉服屋になった。

落ち目になった和泉屋。娘が病死し、妻が後を追うように死んだ。番頭が女に狂い金を持ち逃げし、果てはもらい火で家、蔵は全焼。和泉屋は身も心もぼろぼろだ。大繁盛する帯屋に和泉屋は、商売の元手を借りようしたがと帯屋から断られた上に殴られた。和泉屋は、はらいせに帯屋が普請《ふしん》する現場で火を着けるが、発見が早く火事には至らなかった。和泉屋は、放火で捕まる。奉行の裁《さば》きとなる…。

桂米朝《かつらべいちょう》、三遊亭円《さんゆうていえん》生《しょう》のCDが、勝るとも劣らない出来栄え。六代目笑福亭松喬《しょうふくていしょきょう》でも聞いた。松喬は、それから間もなく亡くなってしまった。

1月20日――阿武松《おうのまつ》

大相撲は二〇一七年一月に、日本出身力士としては十九年ぶりの横綱《よこづな》、稀勢《きせ》の里《さと》が誕生した。七十二代横綱。横綱としての初土俵だった春場所は見事優勝し、期待に応えた。が、けがのため途中休場が相次いで二〇一九年一月場所で引退した。残念！

相撲の歴史は古い。釈迦《しゃか》も子ども時代、相撲を取ったとの記録があるそうだ。

相撲は、農作の吉凶《きっきょう》を占う神事として発達し、聖武天《しょうむてん》皇《のう》（七五六年死去）は、七二三年、豊作になった礼に各神社で奉納相撲を行っている。

江戸時代には、神社仏閣の建立《こんりゅう》・修繕《しゅうぜん》のために相撲が行われるようになった。横綱を見ると、初代明石志賀之《あかししがの》助《すけ》、二代綾川五郎次《あやがわごろうじ》、三代丸山権太左衛門《まるやまごんだざえもん》。ここまでは、昇進時期の記録が明確でないようだ。

四代谷風梶之助《たにかぜかじのすけ》（一七八九年昇進）、五代小野川喜三郎《おのがわきさぶろう》（同）、六代阿武松緑之助《おうのまつみどりのすけ》（一八二八年昇進）と続く。この六代横綱が、今回の主人公だ。

一八五二年一月二十日（嘉永《かえい》四年十二月二十九日）に死去している阿武松《おうのまつ》の成績は百四十二勝三十一敗二十四分となっている。『相撲大事典』（現代書館）から。

江戸の板橋宿《いたばししゅく》で途方にくれた男がいる。旅館の主人が声をかけると、能登《のと》から出てきて相撲の武隈関《たけくまぜき》の弟子になったが首にされたという。その理由が大飯食《おおめしぐ》らい。

主人は、力士錣山《しころやま》を紹介する。錣山は「飯を食うのは相撲取りの仕事」と弟子にして小緑《こみどり》と名付ける。小緑は、勝ち続けて、さあ、かつての師匠武隈関との取組が発表される。

「おのれ武隈、おまんまの敵《かたき》」と燃え上がる小緑だ。

ご飯を食べる演出が必見だ。横綱となる力士の出世物語。

橘家円太郎《たちばなやえんたろう》さんは、独自の演出をふんだんに取り入れて磨いたものを高座にかけている。

1月21日　夢金《ゆめきん》

うす壁《かべ》にづんづと寒《かん》が入りにけり　小林一茶《こばやしいっさ》

江戸から古里・信州《しんしゅう》に戻った小林一茶（一八二七年死去）は、土地柄で冬は厳しい寒さに見舞われた。寒さに耐えているが「づんづ」という言葉が何となく明るい。一茶が愛した小動物も寒さに耐えている。「私も寒さに負けない」という気持ちが伝わってくる。「最も寒い日」とされる二十四節気《にじゅうしせっき》の「大寒《だいかん》」が、一月二十一日ごろになる。

寒さを描く落語に「夢金《ゆめきん》」がある。

「百両ほしいー」「二百両ほしいー」。雪が降りしーんとしている夜。船頭《せんどう》の熊が二階の部屋で寝言を言っている。「泥棒《どろぼう》を呼び込むような寝言だ」。下で気をもむ船宿《ふなやど》のあるじ夫妻だ。戸をたたく音がする。

武士と妹の二人連れが、船を出せという。船頭がみんな出払っていて船が出せない。二階にいる男を出せというが「欲張りで酒手《さかて》をねだる」と断る。しかし、武士が「骨折り、酒手は存分にとらす」という言葉に熊は飛んで下りてきた。

船を川の中央に出したところ。娘は眠っている。武士が「男を追いかけて家を出た女だ。男を知っていると、だまして連れてきた。懐《ふところ》に金を持っている。殺しを手伝えば金をやろう」と熊に相談を持ちかける。「金は欲しくても人殺しはしねえ」。熊の男気の見せ所となりクライマックスへ…。

熊の「うー寒い」といいながら棹《さお》を操《あやつ》るところなど、夜の闇に白い雪が降しきる様子が見えるようだ。

古今亭志ん朝《ここんていしんちょう》で聞いた時、船宿に入った娘のぬれた足《た》袋《び》を船宿のおかみが受け取り、火箸に差し込んで乾かそうというところは、本当に足袋が見えた。芸の力はすごい。

三代目三遊亭金馬《さんゆうていきんば》もいい録音を残している。

1月22日―ジャズ息子《むすこ》（川柳川柳作）

一月二十二日は「ジャズの日」だという。JAZZDAY実行委員会が、制定している。その理由がJANUARY（一月）からの「JA」と、「ZZ」が「22」に見えるから。落語のような発想で「ジャズの日」が誕生している。

米国旅行をした時、小さな演奏会場に入り、ジャズドラマーと話したことがある。「穐吉敏子《あきよしとしこ》のバック演奏をした」と話していた。そのドラマーは、客席にいる私に目配せして、素晴らしいドラムソロを聴かせてくれた。いい思い出だ。

「ジャズ息子《むすこ》」という噺《はなし》がある。川柳川柳《かわやなぎせんりゅう》さんが、作った落語だ。軍歌、ナツメロなど、音楽が大好きな川柳さんらしい創作落語だ。

川柳さんは、三遊亭《さんゆうてい》さん生《しょう》という名で六代目三遊亭円《さんゆうていえん》生《しょう》門下だった。一九八七年、円生を中心にした落語家が、落語協会を脱会し「落語三遊協会」を設立した。いろいろな経緯があり、三遊協会は、円生一門だけになった。現在は五代目円楽一門会《えんらくいちもんかい》になっている。

さん生さんは、最初から円生についていかなかったから、さん生の名を返上させられ、柳家小《やなぎやこ》さん一門に入って川柳を名乗った。明るい芸風だが、過去には身を削るようなことを体験している。

その「ジャズ息子」は、義太夫《ぎだゆう》好きの父親とジャズ好きの息子を描く。日本には義太夫という人の情愛を描く素晴らしい芸があるんだ、と父親。一階で義太夫、二階では楽器仲間を呼んだ息子たちのジャズ演奏。「ズ、ズ、ジャガジャ、ズ、ズ、ズ、ジャジャジャジャーン」。一階と二階が、張り合うように熱を帯びていく。

体力がないとできない噺だ。川柳さんは八十を超えた。

川柳さんの得意ねた「ガーコン」は古《こ》今亭右朝《こんていうちょう》、そして柳《やなぎ》家《や》小《こ》せんさんが引き継いだが、「ジャズ息子」はどうなのだろう。

1月23日――文違《ふみちが》い

二十三日は「文《ふみ》の日」だ。文とは、今はあまりいわないが、手紙のこと。書物、学問という意味もある。「文《ふみ》読《よ》む月日…」などとも歌われる。二十三日には、手紙に絡む噺《はなし》を紹介することになりそうだが、先は長い。どうなることやら。

　手紙。最近は、メールが主流になっている。郵便局に持っていかなくていいし、何しろ早い。しかし、手紙には手紙のよさがある。和紙の封筒、便せんで、毛筆、あるいは万年筆で書かれた手紙など、奥ゆかしい雰囲気がある。そんな手紙、とんともらわない。もっとも私も書かないけど。

　一月の「文の日」は、廓噺《くるわばなし》の「文違《ふみちが》い」にする。

「君主が色に迷ったために城が傾いた」ということから美人のことを「傾城《けいせい》」という。遊女《ゆうじょ》という意味もある。「傾城の恋」とは、遊女との恋。だましだまされの世界だ。

　新宿の遊女・お杉が、なじみ客の半七に金の無心《むしん》をしている。「父親が、また金を出せと言っている。この二十両で、父娘《ちちこ》の縁が切れるから」と甘え声。半七は十両しか持っていない。お杉は、隣の部屋に行き、田舎者《いなかもの》の角蔵《かくぞう》にねだる。「おっかさんが病気で、高い薬を飲ませてやりたんだよ」。何とか十両をせしめる。

　二人をだましてこしらえた金は、別の部屋で待つ男に渡す。男は目を患ってその治療代をくれと、お杉に金を頼んだのだ。金を持って行った男が手紙を落としていた。小筆《こふで》という女が男に金の相談をする内容だ。だまされたと怒るお杉だが…。

　廓噺の名作だ。

　都合の悪いことの証拠になるものは、早く隠滅しておくべきですぞ。みなさん。

1月24日——水屋《みずや》の富《とみ》

米国では一月二十四日を「ゴールドラッシュデー」としている。

米国とメキシコとの戦争で、米国が勝利した一八四八年、カリフォルニアが米国領土となった。この年、製材所で働く男が、川底から金の粒を発見。このうわさが全米に伝わり、カリフォルニアには一攫千金《いっかくせんきん》を狙う人々が押し寄せた。

数年のうちに二十万人、三十万人ともいわれる人々が来て、金鉱脈を探した。川底、谷川、山は破壊された。先住民のインディアンも退去を余儀《よぎ》なくされたから、ひどい話だ。

確かに、金を探し当てて、巨万の富を得た人たちもいたが、ほとんどは持っていた財産を使い果たすか、そのままの人だった。ともあれ、こうして小さな町が都市となり、自治ができ一八五〇年、米国三十一番目としてのカリフォルニア州が成立した。

しかし、容赦《ようしゃ》なく銃《じゅう》を撃つ犯罪人も普通にいたころ。巨万の富を手に入れた人たちは、いつ襲《おそ》われるか、気が気でなかったことだろう。

落語にも思わぬ富を得る噺《はなし》がある。「水屋《みずや》の富《とみ》」だ。

江戸には水屋という商売があった。江戸一帯は、関東ローム層で、いい井戸水が出ないので、上水を汲《く》んで売り歩くのだ。

この水屋は独《ひと》り者。蓄えもないから、病気でもしたら生活に困るのだ。ところが、水屋に千両富が大当たり。その日にもらったものだから、なんやかやと引かれて八百両。

家に持ち帰って、床下に隠した。しかし、盗まれやしないか、強盗がやってきやしないか、心配でたまらない…。金融機関がない時代の悲喜劇。

金融機関がある現代でも、箪笥《たんす》預金はすごいと聞く。

1月25日―初天神《はってんじん》

菅原道真《すがわらのみちざね》は、平安時代の貴族、政治家。唐の政治の乱れを知り、長く続いた遣唐使を廃止する建議《けんぎ》をしたことで知られる。藤原時平《ふじわらのときひら》（九〇九年死去）の策略《さくりゃく》で大宰《だざい》府《ふ》（福岡県太宰府市）へ左遷《させん》された。

時平の目から、道真を描く小説がある。奥山景布子《おくやまきょうこ》さんの小説『時平《しへい》の桜《さくら》、菅公《かんこう》の梅《うめ》』（中公文庫）。道真を信頼さえしていた時平。しかし、藤原家の「貴公子《きこうし》」として、道真の重用は、藤原家が軽んじられていることに等しい。時平の道真に対する思いの変化が見えて面白い。

道真は、誕生日も亡くなった日も二十五日。承和《じょうわ》十二年六月二十五日（八四五年八月一日）に生まれて、延喜《えんぎ》三年二月二十五日（九〇三年三月二十六日）に亡くなっている。

道真を祭る天満宮は、二十五日を縁日としている。一月二十五日が「初天神《はってんじん》」。

天満宮の参道で父子のほほえましい触れ合いが描かれるのが落語「初天神」だ。

父親は、子どもが外で遊んでいるうちに初天神に参りに出ようとしている。そこに帰ってくる子ども。何も買わないという約束で一緒に行くことになった。ところが。

「あたい、今日は買ってくれって言わないよね。いい子だよね。買てくれって言わないよね、いい子だよね。いい子だから何か買っておくれよ」

さあ始まった。これから先はだだっ子。「泣く子と地《じ》頭《とう》には勝たれぬ」だ。父親も子ども同様だから、噺《はなし》が面白くなる。狸《たぬき》ばやしで立川生志《たてかわしょうし》さんが演じてくれた。

令和になってすぐ、福岡県うきは市であった松喬《しょきょう》、風《ふう》喬《きょう》兄弟会《きょうだいかい》で、七代目笑福亭松喬《しょうふくていしょきょう》さんが「初天神」を演じた。子どもが、父親の「悪い遊び」を母親にこと細かく報告する場面があった。六代目笑福亭《しょうふくてい》松鶴《しょかく》もそう演出していた。久々に大人がぞくぞくする「初天神」を聞いた。

1月26日——鬼《おに》の詩《うた》

夜のテレビ番組『11PM』の司会でも知られた直木賞作家藤本義一《ふじもとぎいち》（二〇一二年死去）は、一九三三（昭和八）年一月二十六日、大阪府堺市で生まれている。

三十数年前、藤本の講演を聴いたことがある。「社会の中枢に八方美人《はっぽうびじん》が多くなった。その八方美人をおだてる八方美人が、引き上げられる悪循環が起きている。本質が見えない人が、八方美人になるのに…」と話していた。

忖度《そんたく》という言葉がはやり、責任を取るべき人が、言い訳をして何となく生き残っている今の世は、三十数年前、藤本が指摘した社会が、そのまま継続した結果ではないか？

藤本が直木賞を受賞した作品『鬼の詩』は明治時代の落語家を描いている。

桂馬喬《かつらばきょう》は、人気がない。妻を連れ、家を一軒一軒、回って芸を披露する旅暮らしなどを経験する。妻が流産のために死んだ。これを機に芸風が変わる…。

この小説が、村野鉄太郎《むらのてつたろう》監督によって映画『鬼の詩』（一九七五年）になった。

桂馬喬を演じたのは桂福団治《かつらふくだんじ》さん。印象的な場面がある。妻の通夜。弔問者《ちょうもんしゃ》がいる中、布団の妻を裸にして愛《あい》撫《ぶ》する。「気が狂うたんや」と周囲。

馬喬は天然痘《てんねんとう》になって生死をさまよう。命は取り留めたが、顔にはあばたが残った。そのあばたに煙管《きせる》を下げる芸を生み出す。芸に狂う、馬狂《ばきょう》と呼ばれる。

鬼についてこんな記述があった。「鬼は、天然痘にかかった人が後遺症で、鬼の形相に見えることも意味し、天然痘などの伝染病も鬼と言っていた」（三宅善信著『風《か》邪《ざ》見《み》鶏《どり》』集広舎）

この映画の後、福団治さんは、のどの病気で声を失う。手術で声は復活するが、耳が不自由で話せない人たちのことを知り、手話落語を考案する。福団治さんもまた「芸の鬼」かもしれない。

1月27日―百川《ももかわ》

明治政府は、一八七〇（明治三）年一月二十七日（同二月二十七日）に、日本の商船は「日章旗《にっしょうき》」を掲示するように布告した。現在の国旗「日の丸」につながる旗だ。これを記念してこの日は、国旗制定記念日になっている。

旗は、古来、儀式などに掲げられた。旗が付く言葉もいっぱいある。「旗を揚げる」とは、新しいことを始める、「旗を振る」は先頭に立って指揮を取る、「旗を巻く」は物事の終わり、などとの意味になる。共通するのは大勢のシンボルということだ。

旗の噺《はなし》がある。江戸の祭りに使われた「四神旗《しじんき》」が元で騒動になる「百川《ももかわ》」だ。幕末から明治初期まで、日本橋にあった料亭「百川」が舞台になる。

この料亭に、田舎から出てきた百兵衛《ひゃくべえ》がやってきた。働きたいのだ。「百兵衛ちいいやして…」と、田舎言葉のままなのだが、実直そうなので主人が気に入りそのまま、働くことになった。

百川の二階には町内の男たちが集まり、常磐津《ときわづ》の稽古をしようと師匠を待っている。この男たちが、下に向かって手を打つが、仲居が髪結いのためにみんな髪を落としていた。百兵衛が用事を聞きにいくことになった。

「私は主人家《しゅじんけ》の抱《かか》え人《にん》で」というあいさつに驚いた。「四神旗の掛け合い人」と聞いてしまった。

四神旗とは、東の青龍《せいりゅう》、南の朱雀《すざく》、西の白虎《びゃっこ》、北の玄武《げんぶ》と四つの神を描いた四本そろいの旗。先端に剣が付いているので「四神剣《しじんけん》」とも呼ばれる。祭りが終われば、次の祭りの当番町に渡さなければならない。

男たちは、四神剣は、質屋に入れたままだった…。

狸ばやしで、橘家円太郎《たちばなやえんたろう》さんが、百兵衛も男たちも見事に演じ分けてくれた。

わしゃ
このシジンケ(主人家)の
カケエニン(抱え人)で
ごぜえます
光

1月28日　不動坊《ふどうぼう》

仏様の不動明王《ふどうみょうおう》の縁日は二十八日。一月二十八日は初不動だ。私は、あの力強い勇壮な姿に引かれる。一番好きな仏様は、と問われれば、不動明王と答える。

記者時代、同僚と「合掌《がっしょう》のぬくもり」という連載をしたことがある。地域の仏様、神様を訪ねて紹介するとともに、地域信仰の一端を探った。

その中で、不動明王を書いた。悪魔を下し、煩悩《ぼんのう》を打ち砕く、揺るぎない心「不動心」がある。右手に剣、左手に羂索《けんさく》を持ち、火焔《かえん》を背負っている。矜羯羅童子《こんがらどうじ》、制《せい》多迦童子《たかどうじ》ら八童子を従えている。

この不動明王で思い出した。「不動坊《ふどうぼう》」という噺《はなし》がある。

不動坊火焔という講釈師《こうしゃくし》が、旅先で死んだ。残ったのは借金三十五円と妻お滝《たき》。大家が、長屋《ながや》の独身男四人のうち、最も真面目な利吉《りきち》に借金を払うことを条件にお滝との結婚を世話する。

利吉は、お滝にほれていたので二つ返事。婚礼の前に湯に行った。湯での独り言が、同じ長屋でチンドン屋をする男ら三人の悪口となった。その一人が聞き、お滝との結婚も知られてしまった。お滝といえば、美人で長屋の独身男のあこがれだった。

三人の悪巧《わるだく》みが始まる。不動坊の幽霊を出して怖がらせようとの計画だ。幽霊には、売れない落語家を雇う。寒い中、屋根に上四人。チンドン屋が太鼓を鳴らして、明かり取りから幽霊を下ろす…。

一九七四（昭和四十九）年。福岡市で、桂枝雀《かつらしじゃく》が、「不動坊」を演じた時、幽霊が下りるところで、座布団から立ち上がり、数歩を歩き、しゃがみ込むようにして座布団に座ったことがあった。大きな所作の「枝雀落語」の始まりだったかもしれない。

1月29日　火焔太鼓《かえんだいこ》

　昨日の「不動坊《ふどうぼう》」に出てくる「火焔《かえん》」「太鼓」を受けて、今日はこんな噺《はなし》を紹介する。「火焔太鼓《かえんだいこ》」。一月二十九日は、特に絡まない。

　小話程度の短い噺を古今亭志《ここんていし》ん生《しょう》が、工夫を凝《こ》らして作り上げ、傑作《けっさく》落語になったと伝わる。

　舞台で、志ん生を演じた俳優小沢昭一《おざわしょういち》（二〇一二年死去）が、志ん生を訪ねた時、こたつに隠したものがあった。志ん生がそこを立った時、そっとのぞいてみたら四代目橘家円喬《たちばなやえんきょう》の速記本で、読み込んでぼろぼろだった、と述懐していた。

「行き当たりばったりの芸」と自分でいう志ん生の芸風から、「努力」という言葉は不似合いだ。しかし、志ん生は陰でしっかりと稽古していたことを教えてくれる。

　その「火焔太鼓」とは。

　道具屋のあるじ、損ばかりしている。その女房はいつも亭主を怒っている。亭主が、汚い太鼓を仕入れてきた。

「そんな汚い太鼓が売れるはずがないだろ」

　小僧が太鼓のほこりを払おうとはたきで軽くはたくと音が出た。ドドンドン、ドドンドン。この音を聞いた殿様の使いが、屋敷に持ってくるよう命じる。

　女房が言う。「殿様は、太鼓を見たわけじゃないんだよ。こんな汚い太鼓を持参しおって、許さん、となって、殴られて、木に縛られて今日は帰れないよ。さあ、屋敷に早く持ってお行きよ」「うるせえ」と出て行く亭主だが、本当に不安になる。

　ところが、この太鼓、思わぬ大仕事となる…。鼻高々の亭主、手の平を返す女房の対比が、めちゃくちゃ面白い。

　狸ばやしでは、上《かみ》方《がた》の桂《かつら》そうばさんが熱演を見せた。

　東京の橘家円太《たちばなやえんた》郎《ろう》さんも、独自の演出が光る「火焔太鼓」だった。太鼓判を押したい。

1月30日――猿後家《さるごけ》

米国映画『猿の惑星　聖戦記《せいせんき》グレード・ウォー』(二〇一七年)が、話題になった。私は、見ていない。このシリーズはこれで九作目。その一作目『猿の惑星』(一九六八年)のイメージを壊したくない、という思いがあるのだ。

それはチャールトン・ヘストン(二〇〇八年死去)演じる宇宙飛行士が、宇宙船の故障で、猿が知識と文化を持つ惑星に着いた。猿を演じたのが、元の顔が分からなくなる程の特殊メークをした俳優たち。すごさに驚き、あのラストシーンに衝撃を受けた。

原作者は仏の作家ピエール・ブール。第二次世界大戦に従軍して、日本軍(当時)の捕虜《ほりょ》になっている。ブールは、有色人種への偏見が強いという。日本人に身柄を拘束された屈辱感が、『猿の惑星』を生んだとされる。あの猿は日本人だった?

別の作品が、米英合作映画『戦場にかける橋』(一九五七年)となり、捕虜時代の体験が描かれる。そんなブールは一九九四年一月三十日に亡くなっている。

猿で「猿後家《さるごけ》」を思い出した。

旦那《だんな》は亡くなっている。番頭たちが店を守り、何不自由なく暮らすおかみ。このおかみ、自分は猿に似ていると思い込んでいる。「さる」という言葉を聞くだけで、烈火《れっか》のごとく怒るのだ。

だから、番頭は、小僧《こぞう》たちが何か言わないか、はらはらどきどき。「猿飛佐助《さるとびさすけ》」の本を持っていた小僧にさんざんの小言だ。きょうも植木屋が「さるすべり」で失敗した。

さあ機嫌を直そうと、あの手この手の作戦が繰り出される。

柳家小三治《やなぎやこさんじ》さん、五代目桂文枝《かつらぶんし》、桂吉朝《かつらきっちょう》の名演を見た。

いやあ、傑作《けっさく》でござる。

1月31日 — 長命《ちょうめい》

「伊勢屋《いせや》の旦那《だんな》がまた死んだんです」「人は一度っきりしか死なない。またとは、何だ」

こんな男と隠居《いんきょ》の会話から始まる噺《はなし》が「短命《たんめい》」。「長《ちょう》命《めい》」として演じる人もいる。

また死んだというのも的を射ている。伊勢屋のお嬢《じょう》さんの最初の婿《むこ》が死に、二番目の婿はあんなに頑丈《がんじょう》だったのに死に、三番目の婿も死んだのだ。

男が言うには、お嬢さんはとてもいい女。婿入りしても、商売は、番頭たちが仕切ってうまくいっている。特別に仕事はないという。夫婦は奥の離れに二人っきりで過ごすことが多い。昼時になれば、そのきれいなお嬢さんが、ご飯の給仕をするという。

隠居《いんきょ》の推察が始まる。「そりゃ短命だよ」。「周りには誰もいないんだよ。茶碗《ちゃわん》を渡そうとすれば、手と手が触れるだろ、短命《たんめい》じゃねえか」「手から毒が入る」「分からねえな。二人っきりだろ、いい女なんだろ」

隠居がかんで含めるように説明して、ようやく分かる男だ。

旧福岡藩の儒学者《じゅがくしゃ》で藩医の貝原益軒《かいばらえきけん》（一七一四年死去）に「養生訓《ようじょうくん》」という本がある。

「欲望を抑えると体の調子が上がる。欲望のままは、体の調子を崩す」「性交の周期は二十歳で四日、三十歳で八日、五十歳で二十日、六十歳はしてはいけない。体力があれば月に一度」などと書いている。伊勢屋の若夫婦に読ませたい。

一月三十一日は、日本愛妻家協会が制定した「愛妻の日」だ。「I（アイ）31（サイ）」からきている。ホームページには「妻は一番身近な他人」というキャッチフレーズがある。

狸《たぬき》ばやしでは橘家《たちばなや》円太郎《えんたろう》さん、桂歌春《かつらうたはる》さんが演じてくれた。

さらりと聞かせるかが重要。少しでも嫌らしく感じられたら、聞き手が引いてしまい、後が続かない。難しい噺だ。

夫婦は離れに
二人っきりだろ
短命じゃねえか
…?!
光

【二月】

2月1日――品川心中《しながわしんじゅう》

においを感じる落語がある。

アンツルこと安藤鶴夫《あんどうつるお》（一九六九年死去）の著作『わが落語鑑賞』（ちくま文庫）で「品川心中《しながわしんじゅう》」を解説している。

失礼ながら、名文を要約するとこんな具合。

「日本橋から約八キロ。東海道で最初の宿《しゅく》。旅人、馬の行き来が激しい。潮のにおい、馬のくそのにおいが交じり、慌ただしい。こんな様子を見いる品川の遊女《ゆうじょ》はどこか滑稽《こっけい》じみる…。文部省なんてなかったころのことで、お許しを」

遊廓《ゆうかく》には紋日《もんび》というのがある。客を寄せるイベントだ。遊女《ゆうじょ》は、ひいき筋からの金で着物、帯などをこしらえ、準備に忙しい。そんな金がこなくて困り果てたのがお染。後輩に人気を奪われて久しい。

「あー、死のう。名前が残るように心中がいいな。相手、誰にしよ」。あれこれ見繕《みつくろ》って、選ばれたのは神田にいる貸本屋の金蔵。お染に背を押され、品川の海にとび込んだ。その直後。若い衆《し》から、金の提供者が出たことを知らされる。

「金ちゃん。ごめんね。そういうわけで。失礼」

何とか海から出た金蔵。ほうほうの体《てい》で親分の家の戸をたたいた。運悪くばくちの最中。

「手が入った」と、ろうそくを消し、暗闇《くらやみ》を逃げまどう男たち。来たのが金蔵と分かり、親分が、みんなを心配している。

ぬかみそにとび込んだやつがいる。「なんだ、ぬかみそのにおい」「おっと違うにおいがしてきた、あの声は与太郎《よたろう》だ。便所に落ちたんだ。ああ、こっちくるなー」。確かににおってくる…。

二月一日は、P&G「ファブリーズ暮らし快適委員会」が、制定した「ニオイの日」。「201（におい）」の語呂合わせという。臭いと匂いの違い。日本語の面白さ…。

2月2日―大工調《だいくしら》べ

二月二日は、伊藤忠食品が制定した「おじいさんの日」という。

「じい」で辞書を引くと父母の父、年老いた男、と出てくる。孫がいる場合はよく分かる。が、年老いた、とは。八十歳でも九十歳でも陸上競技の選手がいる。六十歳でも老いている人もいる。国が年齢で「後期高齢者」と決めるのが、おかしいのはこの辺りだろう。

北極圏の一部の民族では、老人かどうかは、年齢ではなく、猟《りょう》ができるか、できないかで決まると聞いた。成熟社会では、その人たちをどう守るかが問われる。

おじいさんと言えば、穏やかな好々爺《こうこうや》のイメージだが、じじいと呼ばれれば、強情な意地っ張りのイメージ。年取ってどのようになるのか、人次第だ。

たまたまその日、虫の居所が悪かったのかもしれない。じじいが出てくる噺《はなし》が「大工調《だいくしら》べ」だ。

棟梁《とうりょう》が、長屋《ながや》に住む大工与太郎《よたろう》を訪ねてきた。「長丁《ながちょう》場《ば》の仕事だ。今日のうちに道具箱を持ってきてくれ。運んどけば、仕事場に手ぶらで行ける。大工の貫禄ってやつだ」

与太郎は浮かない顔。聞くとためた家賃の形《かた》に大家が、道具箱を持っていったという。一両二分と八百。棟梁は、一両二分を出して道具箱を取り戻して来いという。「八百足りないのは、あたぼうよ」などの棟梁の言葉を与太郎は、大家の前でいったものだから、大家は怒り、帰れ！わびを入れるはずの棟梁も言葉足らずで失敗。大家と大げんかになる。

開き直った棟梁の啖呵《たんか》、棟梁をまねた与太郎の啖呵もまた聞き所だ。

大家はあまり悪くないのだが…。

台所《だいどころ》おさんさんの若さあふれる啖呵がよかった。柳家小三《やなぎやこさん》治《じ》さん、古今亭志《ここんていし》ん朝《ちょう》、柳家《やなぎや》小《こ》さん、よかったなあ。狸《たぬき》ばやしでも誰かやってほしい噺だ。

2月3日 一文惜《いちもんお》しみ

テレビドラマ『大岡越前《おおおかえちぜん》』は、俳優加藤剛《かとうごう》（二〇一八年死去）が、南町奉行《みなみまちぶぎょう》大岡越前を演じ、事件解決から、名裁《めいさば》きまでを見せて人気だった。大岡越前、ほかにも映画などに主役級で登場する江戸時代の有名人だ。

実在の人で、大岡越前守忠相《ただすけ》（一七五二年死去）。享保《きょうほう》二年二月三日（一七一七年三月十五日）に南町奉行に就いた。南町奉行時代、八代将軍吉宗《しょうぐんよしむね》の享保の改革を推進している。奉行経験者では、ただ一人、一万石《ごく》の大名にまで出世している。

設置された目安箱《めやすばこ》に投書される意見を吉宗と読み、診療所の設置につなげた。町火消《まちびけし》の組織をつくり、「いろは四十八組」といわれる組織に再編している。町民との接触が強かったことから、テレビや映画の題材になりやすかったのだろう。

直木賞作家朝井《あさい》まかてさんの作品で、司馬遼太郎賞《しばりょうたろうしょう》を受賞した『悪玉伝』（KADOKAWA）には、執務や家庭内など、いろいろな場面の大岡越前が描かれる。これはお薦《すす》め。

「一文惜《いちもんお》しみ」という噺《はなし》でも大岡越前は名裁きを見せる。「四文使《しもんつか》い」と呼ばれる賭場《とば》の使い走りをする男が、堅気《かたぎ》になりたいと大家に相談に来た。大家は奉加帳《ほうがちょう》を作り、商売の元手をたくさんの人に出してもらおうと計画した。大家は、徳力屋《とくりきや》へ行くように言う。徳力屋は、男の父親に大きな恩があった。

徳力屋は、一文を出した。男は一文が少ないと怒り銭を投げ付ける。今度は徳力屋が怒り、煙管《きせる》で男の頭をたたき出血させる。お裁きとなり、大岡越前の登場だ。

大岡越前は、通用金を粗末にした男に過料を申しつけ、徳力屋にとがめはなかったが、そこは名奉行、裁きに仕掛けがあった…。

これにて一件落着。え、これ誰のせりふだっけ？

2月4日——湯屋番《ゆやばん》

私が中学の頃、銭湯が舞台になったテレビドラマがあった。『時間ですよ』。森光子《もりみつこ》（二〇一二年死去）、船越《ふなこし》英二《えいじ》（二〇〇七年死去）演じる夫婦が経営する銭湯《せんとう》「松の湯」で、夫婦と従業員たちによる喜劇だった。

女湯の脱衣場もよく登場して、若い女性のおっぱいが映っていた。ホームドラマなのに。本当だって。放送があった翌日、教室では男子たちが笑顔で話題にしていた。本当だって。思春期。自身と異性の第二次性徴をどう受け止めるかの多感な時期だった。

一九六五（昭和四十）年に単発で放送され、素材の面白さから、連続ドラマになり、その第一回が放送されたのは一九七〇年二月四日。堺正章《さかいまさあき》さん、悠木千帆《ゆうきちほ》（のちの樹木希林《きききりん》、二〇一八年死去）たち、懐かしいなあ。

いつも女湯に入ろうとする三代目江戸家猫八《えどやねこはち》らレギュラー陣に加えて、多彩なゲストが登場した。男湯に入れずに悩む女形役者《おんながたやくしゃ》を森繁久弥《もりしげひさや》（二〇〇九年死去）が演じた。三遊亭円生《さんゆうていえんしょう》も出た。これは円生が、夫婦を訪ねてきた落語家という役どころで演じた。番台に座る手伝いもしたような…。

このドラマは、出演陣が変わりながら、ロングラン放送された。

銭湯が舞台になる噺《はなし》に「湯屋番《ゆやばん》」がある。居候中《いそうろうちゅう》の家から、奉公に出るように言われ、銭湯を紹介された若旦那《わかだんな》。あこがれの番台に座った。やがて、女を絡めた空想、妄想《もうそう》による一人はしゃぎを始める。楽しい噺だ。

演者によって湯屋は「奴湯《やっこゆ》」と「桜湯」がある。聞いた時は、どっちの湯屋か確かめてほしい。湯《ゆ》っくり楽しむ余湯《よゆう》がいるのだ。

若い時分の桂《かつら》ひな太郎《たろう》さん、橘家《たちばなや》蔵之助《くらのすけ》さん、湯快《ゆかい》だった。

2月5日――スタディベースボール（笑福亭仁智作）

一九三六（昭和十一）年二月五日、野球の七チームが参加して全日本職業野球連盟が結成された。日本でのプロ野球の始まりだ。この日が「プロ野球の日」になっている。

明治時代、米国から日本に野球が入り、学生だった俳人正岡子規《まさおかしき》（一九〇二年死去）たちを熱中させる。ベースボールを「野球」という日本語にしたという子規（異説もある）たちのユニホーム姿がNHKのテレビドラマ『坂の上の雲』（司馬遼太郎《しばりょうたろう》原作）にあった。

落語の演目で、野球の打順を組んでみた。

1番「子ほめ」2番「道具屋」3番「蛙茶番《かわずちゃばん》」4番「文《ぶん》七元結《しちもっとい》」5番「井戸《いど》の茶碗《ちゃわん》」6番「厩火事《うまやかじ》」7番「饅《まん》頭怖《じゅうこわ》い」8番「三味線栗毛《しゃみせんくりげ》」9番「寿限無《じゅげむ》」

野球（落語）の場合、1番は塁にでる（笑いを取る）。2番は、走者の有無で器用な対応（客を引き込むか笑いを取り直すか）。3番は、走者を返す高打率（客を帰さない）。4番は、長打で複数得点（大ねた）。5番は、第二の4番打者（大ねた）。6番は堅実な打者（中ねた）。7番は、第二の1番打者。8番は、守備の人。時にいい当たり（珍しい噺《はなし》で感心を取る）9番は投手で守備の要（幅広い支持があるねた）。

代打。「大工調べ」「金明竹《きんめいちく》」「たらちね」ほか多数。

野球と落語といえば上方の笑福亭仁智《しょうふくていじんち》さんが「スタディベースボール」という落語を作っている。

この野球は、ヒットを打っても塁に残れない。ヒットの後、問題に正解しないと走者になれないのだ。オカダ選手はよくヒットを打つが、問題に答えられずにアウトになってばかり。そしてサヨナラのチャンス。出た！ホームラン。その問題と解答は？

寄席《よせ》もチームプレーと聞く。後に上がる演者、トリを際立たせるために犠牲《ぎせい》バントも必須《ひっす》とか。これが寄席の面白さ、深さでもある。

2月6日——茶《ちゃ》の湯《ゆ》

二月六日は「抹茶《まっちゃ》の日」。日本有数の抹茶の産地である愛知県の西尾市茶業振興協議会が、西尾茶創業百二十年を記念して制定している。茶道具「風炉《ふろ》」にちなんでこの日になった。西尾市に聞くと、二〇一五年の抹茶の生産量は四百三十一トンだった。

抹茶とは、覆いをして育てた茶の若葉を蒸して、もまずに曳《ひ》いて粉にした茶。茶道で使用される。茶道とは「茶の湯」に同じ。鎌倉時代、禅宗《ぜんしゅう》の寺で定めた喫茶の礼が、民間に広がり、茶室や茶道具が整うとともに、美しさと精神面が強調されていく。

たくさんの茶人を経て千利休《せんのりきゅう》（一五九一年死去）で大成された。利休が創設した千家《せんけ》は、表千家、裏千家、武者《むしゃ》小路千家《こうじせんけ》の三家に分かれていく。

私は茶を習ったことがない。訪問先で抹茶を出されると「お茶は不調法で」と断って、基本を教えてもらいながらいただくようにしている。その場限りなので次は忘れている。風雅《ふうが》が分からないがさつものだ。

これに似た隠居《いんきょ》が、見よう見まねで茶道を始めるのが「茶の湯」。

小僧を連れて別宅に住む隠居。退屈で仕方ない。家には先の住人が残していた茶室、茶道具がある。「じゃ茶の湯でも始めようか」と思い立つ。習えばいいものを、手探《てさぐ》り。「茶の素《もと》だよね、えーっと、粉の青いやつ、そうだ青きなこだ。それ買っといで」。青きなこを湯で溶いても泡が立たないので、木の皮で作られた洗剤を入れる。

小僧と二人、奇妙な茶の湯の湯が繰り広げられる。そのうちにひどい下痢《げり》。これが治ったら、長屋《ながや》の住民たちを招待し始める…。

昔昔亭桃太郎《せきせきていももたろう》さん、滝川鯉昇《たきがわりしょう》さんで聞いた。いずれも表情豊か。吹き出してしまった。

狸《たぬき》ばやしでは、上《かみ》方《がた》の桂《かつら》そうばさんが演じてくれ、大受けしていた。常連客の茶道愛好者が、大笑いしたのが一番うれしかった。

2月7日　江戸前《えどまえ》の男《おとこ》

江戸っ子を前面に出して人気だった五代目春風亭柳《しゅんぷうていりゅう》朝《ちょう》。元気なころの高座は、歯切れのいい江戸言葉で、どんな噺《はなし》をしても威勢がよかった。

柳朝は、一九五〇（昭和二十五）年、蝶花楼馬楽《ちょうかろうばらく》（のちの八代目林家正蔵《はやしやしょうぞう》、彦六《ひころく》）に入門した。一番弟子だ。一九六二年に真打ち昇進して、五代目春風亭柳朝になった。映画で一緒になった米国俳優フランク・シナトラ（一九九八年死去）に「花札を教えた」のが自慢だった。病気で高座を離れたのち一九九一年二月七日に亡くなった。六十一歳。

作家吉川潮《よしかわうしお》さんの『江戸前の男春風亭柳朝一代記』（新潮社）が、柳朝を中心にした落語界のドキュメンタリーになっていて面白い。内容を少し紹介する。

古今亭志《ここんていし》ん朝《ちょう》と柳朝の「二朝会《にちょうかい》」。演目の出し方などを見ると柳朝が、志ん朝に遠慮しているような節がある。これを弟子の小あさ（現春風亭小朝《しゅんぷうていこあさ》）さんが指摘した。

小あささんに怒ったが、別のところで柳朝は「志ん朝が好きなんだ。好きなやつと本気でぶつかりたくないんだ」と志ん朝への思いを語る。

一九七八年、三遊亭円生《さんゆうていえんしょう》を中心にした落語協会分裂騒動や、一九八三年、立川談志《たてかわだんし》が落語協会を脱会して、落語立川流を創設した様子なども、関わる落語界の人々が実名で登場する。怖いぐらい引き込まれる。「綿密な取材に基づいています」と一門の春風亭一朝《しゅんぷうていいっちょう》さんが話してくれた。

私が、福岡市で「二朝会」を見たのが一九七四（昭和四十九）年夏。そこでは、柳朝は得意の「宿屋《やどや》の仇討《あだう》ち」、志ん朝が「もう半分」だった。この会では、二人ががっぷり四つに組んだ会が見られた。思えば、貴重な会を聞いていたものだ。

間が早く「一本調子」との批判もあった。しかし、録音で多くの噺《はなし》を聞くと、その「一本調子」も、全部が流ちょうなのだ。「柳朝落語」の真骨頂がそこにあった。

2月8日　子《こ》は鎹《かすがい》

二月八日は「針供養《はりくよう》」。裁縫をする人が、曲がったり、折れたりした針を取っておいてこの日、豆腐やこんにゃくなどに刺して神社などに奉納する。針に感謝し、裁縫上達の願いを込める。十二月八日にするところもある。

針を持ったことがない私は、かかわることはなかったが、家政科を持つ高校で二年生が行った針供養を取材したことがある。

その高校は、三年生になると自分でデザインして縫ったドレスを着てファッションショーを開く。二年生たちは、いいドレスが出来上がるように、針供養にも熱心だった。

この母親も針供養をしたのだろう。「子別れ」という長い噺《はなし》の最後を描く「子は鎹《かすがい》」の母親だ。

酒飲みの上に、女遊びが過ぎた大工の熊五郎と別れて、息子の亀坊と二人暮らしの母親。懸命に縫い物をして、亀坊に食べさせ、学校にもやっている。

亀坊が頭にけがをしてきた。独楽遊《こまあそ》びでけんかになって殴られたのだ。母親は「誰がやった、あたしが掛け合うから。殴ったのは誰だ」と聞いた。

亀坊が相手を言うと「悪いけどがまんしろ。あそこから縫い物の仕事をいっぱいもらっているから」「こんな時、あの飲んだくれでもいてくれたら、いくらかでも違うんだ」と悔し泣きをする母親だ。

そのころの熊五郎は、女とは別れ、酒をやめ、今では大工の棟梁《とうりょう》となって屋敷の仕事も引き受けている。熊五郎と亀坊が出会う。母子の暮らしは、亀坊が熊五郎に話すことで明らかになってくる。演出の妙がここに効いている。さあ、感動のラストへ。

狸《たぬき》ばやしのこけら落としで、古今亭志《ここんていし》ん上《じょう》（現桂《かつら》ひな太郎《たろう》）さんの名演を忘れない。その師匠古今亭志《ここんていし》ん朝《ちょう》でも聞いたが、うなった。長崎市のもってこい寄席《よせ》で、柳家権太楼《やなぎやごんたろう》さんは、通しで語った。

2月9日――ふぐ鍋

おいしい時期だ。何がってフグだ。二月九日は、「二」と「九」で、山口県の下関ふく連盟が制定する「ふくの日」。

フグは「不遇」「不具」につながるとして、同連盟は「ふく」と呼ぶ。「福」につながる。フグが威嚇《いかく》した時のあの丸い姿、ふくよかだ。

シーズンになると下関市の南風《はえ》泊《どまり》漁港《ぎょこう》では、水揚げされたフグの価格を袋の中に手を入れて決める名物の「袋《ふくろ》競《ぜ》り」が行われる。

フグにはテトロドトキシンという猛毒がある。夏場に最も毒性が強くなるため、食期は十一月上旬から二月中旬までになっている。

落語「らくだ」で、主人公のらくだが、死んだのは、フグに当たったためだ。フグに当たる事故のほとんどが素人料理の結果とされる。

大阪では、フグが当たるから「鉄砲魚《てっぽううお》」と呼ぶ。これを省略して「てつ」、鍋《なべ》が「てっちり」で、刺し身が「てっさ」。フグの消費量の六割が大阪というから、フグ好きの浪速《なにわ》っ子の暮らしから生まれた言葉なのだろう。

「ふぐ食う無分別　食わぬ無分別」「ふぐは食いたし命は惜しし」

昔のことだろうが、おいしいフグを食べたい心理を見事に表現したことわざだ。私は、財布との相談で食べないのだが。

フグを食べる噺《はなし》が「ふぐ鍋」だ。男が、家でフグ鍋にした。もちろん、料理人が作ったものだ。招いた友人に、さあ、どうぞと勧めている。友人ははしを出さない。「一、二の三で一緒に食べよう」というが、やはりだめ。「おあまりありませんかー」。時々、来るホームレス。二人は顔を見合わせた……。

最近は、桂春雨《かつらはるさめ》さん、春風亭柳好《しゅんぷうていりゅうこう》さんで聞いた。鍋が見えるようだ。

2月10日 —— 一文笛《いちもんぶえ》（桂米朝作）

左という意味の英語「レフト」を数字にした「0210」から、文具販売の菊屋浦上商事が、二月十日を「左利きグッズの日」に制定している。この会社は、左利き用の道具類を多くそろえているという。

台所用品のお玉、フライパン返しなど右手で使うようになっている。左で持つと湾曲や注ぎ用の溝が逆になる。そういえば、左利きの道具が少ないと義姉が話していた。娘が左利きだ。

一九九六年ごろ。テレビドラマ『水戸黄門』の撮影が、宮崎県高千穂町であった。この町は、「天孫降臨《てんそんこうりん》」の神話の舞台になっていて、神楽が盛ん。ドラマは、神楽面に絡む事件が起きて、黄門一行が巻き込まれる、という設定。

役者が、面を打つシーンは、地元の本職の面打ち師が代わって撮影した。しかし、この面打ち師が左利きで、のみは右手で持つ。撮影陣は、面打ち師の着物の着付けを逆にした。こうして撮影した映像を「裏」にして放映すれば、左手でのみを持つように見える。

なぜ、こんなことをしたのか。江戸時代、左利きは矯正されて右利きにする習慣があり、左利きはいなかったのだ。ドラマ制作側はそれだけ注意を払っていたのだ。

蛇足ながら、酒飲みを左党とかいうのは「のみ（飲み）」を持つのが左手だから。

桂米朝《かつらべいちょう》が創作した「一文笛《いちもんぶえ》」という噺《はなし》は左利きがかぎとなる。

泥棒の中でも最も技術を要するすりが主人公。熟練のすりだが、自分の不注意のせいで、他人の子どもが身を投げた。命が助かるか難しい状態。

これが原因できっぱりを足を洗ったのだが、治療代のためにまた、すりを働く。

これからは、噺を聞いてほしい。米朝一門で噺を引き継いでいる。六代目三遊《さんゆう》亭円楽《ていえんらく》さんもやっていた。

2月11日 — 蛇含草《じゃがんそう》

「来年の干支《えと》は〇〇に決まったんだって」「郵便局が、年賀状の準備をするのに、今年は早く決めたようだ」

狸《たぬき》ばやしの高座で、滝川鯉昇《たきがわりしょう》さんが「うちの弟子たちの会話」と称して話していた。鯉昇さんは、干支と、方角と時刻の関係について身振り手振りを交えて、きっちりと解説してくれ、若い人たちの関心を誘っていた。

宮崎県延岡市北方町《のべおかしきたかたちょう》は、干支を住所にしている。今も干支を暮らしに活用する町だ。

二月十一日は「干支供養の日」。干支の置物を製造する愛知県瀬戸市の中外陶園が制定している。社内に建立した「干支塚」で、僧侶を招き読経してもらい、古くなった干支の形をしたもの供養するという。

干支は、落語との縁が深い。特に狸なんかはいくつもの噺に主役となって出てくる。うん、狸？　とにかく、ほとんどの干支が登場する。まてよ、未《ひつじ》は登場するかな？　中でも蛇《へび》の登場が面白い。古今亭志ん生《ここんていしんしょう》が「なんていう虫だ、これは。頭からすぐ尻っぽじゃねえか」と話しているように、蛇として出るのもあるが、蛇は、うわばみという化け物となって現れる「プレミア付き」の出演者なのだ。

うわばみは、医者や、猟師《りょうし》など、よく人をのむ。

「蛇含草《じゃがんそう》」では、人をのみ込んだうわばみが、おなかが大きくなって苦しむと、蛇含草を食べておなかを消化させて、何食わぬ顔してのたくっていく。

上方《かみがた》では餅《もち》を、江戸《えど》ではそばを食べなければいけない男がそれぞれ、苦し紛《まぎ》れにこの蛇含草を食べた。人の方が消化して、餅が、そばが着物を着ていた。どこまでも人を食った噺だ。

2月12日 ― 明烏《あけがらす》

お稲荷さんとして親しまれる稲荷神社は、五穀をつかさどるという倉稲魂神《うかのみたまのかみ》を祭る農耕の神様。京都・伏見稲荷が本社《ほんじゃ》。二月最初の午《うま》の日が「初午《はつうま》」として、稲荷神社の祭りの日だ。この原稿を執筆している年は二月十二日が初午だった。

祭りを祝う方法はさまざま。おじや、小豆《あずき》ご飯などを作って神前に供えるという。子どもたちは集まって太鼓をたたくこともあったようだ。

初午の日が描かれる「明烏《あけがらす》」という噺《はなし》がある。大店《おおたな》の主人日向屋半兵衛《ひゅうがやはんべえ》の息子時次郎《ときじろう》は十九歳。本ばかり読んでいる堅物だ。父親は「本を読むなじゃない。世間に出て、人と人との付き合いも大事だってんだよ」との持論だ。

時次郎が戻ってきた。「ただいま帰りました。町内で太鼓が鳴っております。初午ではありませんか。子どもと一緒に太鼓をたたいて遊びました。おこわが大層おいしくできていまして、おかわりをいただきました」「いい若い者がやるこっちゃないね」。あきれる半兵衛だ。「途中で源兵衛《げんべえ》さんと太助《たすけ》さんに会いまして。何でも観音様のそばに御利益のあるお稲荷さんにおこもりに行くとか。私も誘われました。行ってもよろしいでしょうか」

源兵衛と太助は、町内でも札付きの遊び人。半兵衛は、以前、二人に「時次郎を吉原に連れ出してほしい」と頼んでいたのだ。半兵衛は、追い出すように時次郎を送り出した。少年が、男になる一夜の泣き笑いだ。

新内節《しんないぶし》の「明烏夢淡雪《あけがらすゆめのあわゆき》」から落語になった。淡い思い出に浸るもよし…。この時次郎も、あのお決まりの若旦那《わかだんな》になるのかな。

狸《たぬき》ばやしでは、金原亭世之介《きんげんていよのすけ》さんが演じてくれた。

2月13日――平林《ひらばやし》

昔、日本で苗字を名乗れるのは、貴族、武士など一部の人たちだった。

明治政府は、一八七〇（明治三）年に苗字許可令《みょうじきょかれい》を出して、国民に苗字を名乗るようにした。欧米が、個人名と家族名を合わせて持っていることに習ったのだ。まげを切り、苗字を名乗る。文明開化は庶民にもこんな形でやってきた。

それでも苗字が広まらないので一八七五年二月十三日に苗字必称義務令《みょうじひっしょうぎむれい》を出した。このことから、この日が、苗字制定記念日になっている。

農民でも職人でも、もっと昔から苗字は持っていた。名乗っていなかったのだ。義務化とともに多くはその苗字を使った。中には、自分の苗字を知らなかったり、忘れたりして、住職などの識者に作ってもらうこともあったという。『苗字と名前を知る事典』（奥富敬之《おくとみたかゆき》著、東京堂出版）に出てくる。

小話に「大工の山田喜三郎《やまだきさぶろう》さんはどちらで？」との問いに、「きさっぺ」という男の本名だったが、本人も周囲もそれを知らなかった、というのがある。なけりゃないでよかったのかもしれない。苗字が中心になる噺《はなし》に「平林《ひらばやし》」がある。

あるじが、小僧に「平林さん」に手紙を届けるように頼む。「ひらばやしさんだよ」と教わったが、それを忘れてしまった。行く途中に読み方を尋ねる。

「これは、たいらばやしだな」。また、これを忘れてしまったので、ほかの人に聞く。適当に読む人も現れて「これは、ひらりんさん」だ。「一八十のもくもく」と字をばらばらにして読んだやつもいた。「たいらばやしか、ひらりんか、一八十のもーくもく」

こう唱えて歩く小僧の面白さ。悲しくなるぐらいだ。

大ベテランの三代目桂春団治《かつらはるだんじ》がテレビでやっていた。桂小《かつらこ》梅さんの小僧が初々しかった。

2月14日 — 宮戸川《みやとがわ》〈前編〉

二月十四日。言わずと知れた聖《せい》バレンタインデーである。

ローマ帝国の皇帝は、兵士の結婚を禁じていたが、司祭《しさい》バレンティヌスは、兵士の結婚の儀式を行っていた。皇帝は怒り、バレンティヌスを二月十四日に処刑したという、古い出来事に由来する。

日本では独自に発展し、女性が男性にチョコレートを贈り、愛を告白する日になっている。商業的なイベントが定着したもので、二月のチョコレートの売り上げは一年分の三割近くになるという。

落語にも、バレンタインデーを先取りしたような女性がいる。「宮戸川《みやとがわ》」のお花だ。

半七が、将棋を指していて遅くなり、家を閉め出された。そばにはかるた取りで遅くなって閉め出されたお花がいる。

「半ちゃん、どうするの」「おじさんところに行く」「あたしも連れてってよ」「だめだよ、おじさん、早合点で強情で、人の話を聞かない。勘違いされたら、たまったものじゃありません」。半七が逃げてもお花の足が速い。おじさんの家までやってきた。

案の定、おじさんは「万事おれに任せろ」と無理やり二人を二階に上てはしごを取り外してしまった。やがて雷だ。お花は雷が嫌いで半七にしがみついた。後は知らない。

お花は、以前から半七が好きだったのは想像できる。そのチャンスをしっかりと逃さなかったのだ。もしかしたら、かるた取りで遅くなったのもうそかもしれない。そう考えると江戸時代の女性でありながらお花の積極性は偉い！

福岡市出身の上方《かみがた》落語家笑福亭恭瓶《しょうふくていきょうへい》さんは博多弁でやっている。博多のお花もまた、かわいかばい。

2月15日——壺算《つぼさん》

星座占いを楽しむ人なら知っての通り、みずがめ座の最中だ。これから星座占いをしようというわけではない。落語「壺算《つぼさん》」を何日にしようかと考えていたら、壺はみずがめだからと、この期間の二月十五日にした。

いい加減に決めていると、怒られるかもしれないが、三百六十五ピースのジグソーパズルをやっているようで。時々こんな日もあるのでご容赦…。

男が台所で水を入れる壺を壊した。一荷《か》入りの壺だったが、今度は二荷入り、倍の大きさの壺が欲しいのだ。買い物上手の兄貴に頼んで瀬戸物屋に来た。兄貴は一荷入り三円五十銭のところを番頭に三円に負けさせ、持ち帰ろうとするが、ぐるりと一回り。

「すまない。欲しいのは二荷入りの壺だった」「はいはい、二荷入りは倍の七円…、いや、倍の六円?…、あんた買い物うまいなあ」

「二荷入りを買うと、この一荷の壺、要らんのや。三円で引き取ってくれるか?」「へえ、そりゃあ、今の今のことでよろしいです」

「それなら、さっき払った三円と壺の三円で六円になる。二荷の壺持っていくで…」

兄貴分の一人しゃべり、解《げ》せない瀬戸物屋の番頭。いつもはのろい男も今度ばかりは理屈が分かっている。この三人の対比と距離感が面白い。

柳家権太楼《やなぎやごんたろう》さんが、高座で話していた。壺算を話した後、楽屋に女性が訪ねてきた。「ここで三円を一度返さないから、こういう間違いが起こるのです」と、丁寧に説明をしてくれた、という。

聞く側も壺を押さえて聞かないと。ところで、この噺《はなし》をまねた詐欺《さぎ》容疑の事件もあるので、注意が必要だ。

2月16日　池田《いけだ》の猪買《いのししか》い

宮崎県延岡市で勤務していたころ。近くの日の影町の町長が呼ぶので行ってみると、猪鍋《いのししなべ》ができていた。骨も一緒にぶつ切りしたような肉と、たくさんの野菜が煮込んであって、これがおいしかった。その土地で独特の味付けがあるのだろう。身体が暖まり、額に汗して食べた。

立春は過ぎたとはいえ、まだ寒い日が続く。猪で暖まりたいという男の噺《はなし》が上方《かみがた》の「池田《いけだ》の猪買《いのししか》い」だ。

身体が冷えて仕方ないという男が、年長の知り合いに相談をすると「猪の肉を食べたらいい。店に並んでいるのではなく、新鮮な肉だよ」と教わり、池田の猟《りょう》師《し》のところまで買いに行くことになった。

池田は大雪だ。尋ねながら、六太夫《ろくだゆう》という猟師のところにたどりついた。六太夫は、撃ったばかりと言って肉を売ろうとするが、男は信じない。今から一緒に撃ちに行こうと六太夫を狩りに引っ張り出した。

オスとメスの猪がいる。どっちを撃つか、男が迷っていると六太夫はオスを撃った。猪のそばまで行って男は「これは新しいか」と聞いている。あきれる六太夫だ…。

二月十六日にした理由。寒い時期で二月。そして「四四（猪）、十六」で十六日。

笑福亭仁鶴《しょうふくていにかく》さん、得意ねただろう、うまかった。六太夫の息子も出てくるが、仁鶴さんのこの息子がまたいいのだ。

ここはしっかりと説明をしておく。鳥獣保護管理法で、狩猟《しゅりょう》期間は十一月十五日～二月十五日（都道府県で一部変更がある）となっている。現代では、二月十六日には狩猟はできなかった…。

2月17日——弥次郎《やじろう》

二月十七日は「天使の囁《ささや》きの日」という。

天使の囁きってなんだろう。聞けるものなら聞きたい。北海道幌加内町《ほろかないまち》にある「天使の囁きを聞く会」が一九九四年に制定している。

一九七八年のこの日、町の母子里《もしり》地区で、気温が氷点下四二・二度を記録した。ものすごい寒さだろう。いや、寒いってものじゃない。「しばれる」のだ。

この寒さを少しでも楽しくしようと、空気中の水分が凍ってできるダイヤモンドダストのことを「天使の囁き」と呼んでいるという。

落語には「声が凍る」噺《はなし》がある。「弥次郎《やじろう》」だ。「うそつき弥次郎」とも。上方《かみがた》では「鉄砲勇助《てっぽうゆうすけ》」。始まりから最後まで、どこまでいってもうそで固まっている噺だ。落語家が思いついたうそ話もどんどん加わっている。いつかは、沖縄県の米軍基地に行った話もあった。だから、伸縮自在。寄席《よせ》の時間調整にはもってこいの噺だ。本来、どこで結末がくるのか、私は知らない。

弥次郎が、北海道に行った話に「北海道ではあいさつの『おはよう』が凍る。凍ったおはようが春の朝、解けてくると『おはよう』とあちこちで声がする。宿屋では、これを目覚まし代わりにする」。

ロマンを感じさせる「天使の囁き」にはほど遠いか…。柳家小満《やなぎやこま》んさんのこの落語を福岡県久留米市であった独演会でじっくり聞いた。

「天使の囁きを聞く会」は、母子里地区で二月十七日に近い土、日曜に、樹木をライトアップしたりするイベントを開催している。これはうそじゃない。

2月18日——権助芝居《ごんすけしばい》

東京ヤクルトスワローズファンだ。神宮球場（東京）で応援していた時のこと。内野席の隣にいた若者三人が「あ、今の走ってほしかったね」「そだね」と会話している。その一人の携帯電話が鳴った。「うんにゃあ、盆にゃ帰らんち言いよったろうが」

しばらくして「あなた、九州はどこ」と聞くと「どうして分かったんですか？」

驚いた顔が印象的だった。自分でばらしておいて、と笑った。熊本市出身の学生だった。染みついた土地の言葉は、思わぬところで出るものだ。

二月十八日は「方言の日」という。鹿児島県大島地区文化協会連絡協議会が制定している。奄美大島、与論島などで消えていく島言葉を残していこうという。

落語にもよく方言が出てくる。商家などによくいる飯炊《めした》きの権助《ごんすけ》や清蔵《せいぞう》、「百川《ももかわ》」の百兵衛《ひゃくべえ》たちが方言を使う。権助たちの使う言葉を「東北弁」という人がいる。「東北弁」と一言でくくられる方言はない。

落語の方言は、場所を特定できないように工夫がされている。権助たちは、田舎言葉に誇りを持ってしゃべっているところがいい。

権助の方言が冴《さ》える噺《はなし》が「権助芝居《しばい》」だ。「一分茶番《いちぶちゃばん》」ともいう。

大家《たいけ》の主人の誕生日を祝おうと素人芝居を計画している。殴られ縛られる役になった人が、その日になって出て来ない。代りに権助に頼もうと言う。

尋ねてみれば「芝居ができるかぁっち、おらに聞くだかね？　おらあ、国さいるときゃお役者さま、といわれただんべ」「よぐやったのはちゅうすんぐらの『おさる』だよ」。舞台に上がることになった…。

橘家円太郎《たちばなやえんたろう》さんが春風亭《しゅんぷうてい》あさりといった時分で聞いた。若い頃からうまかったなあ。

2月19日──野《の》ざらし

二十四節気《にじゅうしせっき》の「雨水《うすい》」のころだ。雪が雨に変わり、わずかに春の気配を見る。

薩埵《さった》富士雪縞《ゆきしま》あらき雨水かな　富安風生《とみやすふうせい》

薩埵峠《とうげ》（静岡県）から見る富士山の美しさ、真冬とは少し違う雪富士を通して雨水を詠んでいる。

今日の落語は「野ざらし」にした。

元武士の尾形清十郎《おがたせいじゅうろう》、年を取って長屋住まい。大工八五郎と隣り合っている。長屋の独り者はこの二人だけ。ある夜、清十郎のところで若い女の声が聞こえるから、八五郎はたまらない。のみで壁に穴を開けてのぞいてしまった。いい女だ。

朝一番で清十郎のところに怒鳴《どな》り込んだ。見られたのなら仕方ないと、八っつぁんに昨日の顛末《てんまつ》を話す。大川に釣りに出掛けたが、釣れない。帰ろうかという時の大川の描写。

「四方《よも》の山々雪解けて水かさまさる大川の、上げ潮南でざぶーり、ざぶりと岸辺をあらう水の音だ」（ここ。これが「雨水」でしょ）

清十郎は、魚は釣れなかったが、草むらで頭蓋骨《ずがいこつ》を見つけ、供養にと酒をかけて戻ってきた。その供養で浮かばれたという、女の幽霊が訪ねてきたのだ。

これからは、じゃ俺も、と釣りに出掛ける八五郎の一人舞台。「がらっ八」の異名通り。明るいのを通り越して騒がしい。

三代目春風亭柳好《しゅんぷうていりゅうこう》の名演は伝説的。柳家小三治《やなぎやこさんじ》さんの高座には笑った。

「野ざらし」というのは、野にある骨。特に頭蓋骨をいう。

江戸時代、行き倒れは珍しくなかった。殺人などの事件性がなく身元の手がかりもなければ、お上《かみ》は適当な所に埋めるよう、地域の要職者に指示を出す。あちこちに遺体を埋めた場所があった。清十郎が骨を見つけても不思議ではない。

2月20日　七段目《しちだんめ》

歌舞伎の始まりは出雲《いずも》出身の女性阿国《おくに》を中心にした踊り集団といわれている。関ケ原の戦（一六〇〇年）前後に各地で踊りを披露していたようだ。慶長《けいちょう》十二（一六〇七）年二月二十日、徳川家康に歌舞伎踊りを披露した。この日が「歌舞伎の日」という。

一年後、京都四条河原で女歌舞伎の上演があり、御所でも上演された。その後、いきすぎた演出もあり一六二九年に女歌舞伎が禁止された。代わりに美少年による若衆《わかしゅう》歌舞伎が生まれ、これが禁止されると、野郎《やろう》歌舞伎へと移る。やがて歌舞伎の運命を変える事件が起きる。

一七〇一年の赤穂事件。江戸城松の廊下で赤穂藩主浅《あさ》野《の》内匠頭《たくみのかみ》が、吉良上野介《きらこうずけのすけ》を斬り、けがを負わせた。浅野は即刻切腹、赤穂城は開城された。翌年、元家老の大石《おおいし》内蔵助《くらのすけ》ら四十七士が吉良邸に討ち入り、吉良を討ち取った。

この事件を元に二世竹田出雲《たけだいずも》、三好松洛《みよししょうらく》、並木千柳《なみきせんりゅう》の合作で『仮名手本忠臣蔵《かなでほんちゅうしんぐら》』が創作され一七四八年、人形《にんぎょう》浄瑠璃《じょうるり》として初演された。歌舞伎でも出せば当たる人気芝居となった。歌舞伎人気に大きな影響を与えた。

この芝居からたくさんの落語が生まれている。まず「七段目」。

芝居のまねごとばかりの若旦那《わかだんな》が、父親から怒られた。二階へ上り、また芝居のまね。父親から言われ、小僧の定吉が止めに入るが、二人して芝居になった。

これが仮名手本忠臣蔵の七段目、一力茶屋の場だ。密書を盗み見したお軽《かる》が、兄から殺される場面だが、兄役の若旦那が、真剣を抜いたから、お軽役の定吉が逃げ出した…。

狸《たぬき》ばやしでは、桂《かつら》よね吉《きち》さんが演じてくれた。その師匠桂吉朝《きっちょう》も絶品だった。露《つゆ》の五郎兵衛《ごろべえ》、林家《はやしや》たい平《へい》さんでも聞いた。演者は多い。

大人数で演じ、派手な大道具が並ぶ歌舞伎に対し、噺家一人で芝居を表現する。落語のすごさを示すのが芝居噺だ。芸の醍醐味《だいごみ》が味わえる。

2月21日――あくび指南《しなん》

明治の文豪夏目漱石《なつめそうせき》（一九一六年死去）は、一九一一（明治四十四）年二月二十一日、文部省（当時）から、文学博士の称号を贈られたが「肩書はいらない」と断ったという。この日が「漱石の日」だそうだ。

「漱石」は、中国故事の「漱石枕流《そうせきりんりゅう》」からきている。「間違いを認めない上に負け惜しみをする変わり者」という意味になる。

漱石と友人でもあった俳人正岡子規《まさおかしき》（一九〇二年死去）も、「漱石」を名乗ったことがある。変わり者同士が友人。よくあることだろう。

子規との交流の影響で、漱石は俳句も数多く作っている。こんな句がある。

永き日や欠伸《あくび》うつして別れ行く　夏目漱石

立春を過ぎ、少しずつ日が長くなっていく様子を表す春の季語「永き日」。今ごろから晩春の季語になる。そして、確かにあくびはうつることがある。

この句を受けて「あくび指南《しなん》」という噺《はなし》を思い出した。

いろいろな指南所がある中「あくび指南所」という看板が揚がった。これまであくびを教える、習う、というのを聞いたことがない。新しいことを一番に、という江戸っ子気質。行きたいが、一人では行きにくい。嫌がる友達を連れて、その指南所に入ってみた。

師匠は人のよさそうなおじさんだ。聞けば、春夏秋冬それぞれのあくびがあるという。まずは手始めに夏のあくびから。「船遊び」で出るあくびだという…。

あくびを教える人に習う人。師も弟子も、それを眺めている人も「漱石枕流」ということだろう。聞き手にあくびを出させないよう、十分な稽古がいる噺だ。

狸《たぬき》ばやしでの橘家円太郎《たちばなやえんたろう》さん、よかったなあ。

2月22日── 猫《ねこ》の皿《さら》

二月二十二日は、猫の日制定委員会が「猫の日」に制定している。ニャンニャンニャンというのがその理由だ。猫はかわいいと思っている人は多いが、トラ、ライオン、ヒョウなど、人を襲う動物も猫の仲間だ。かわいいのはイエネコなどが入る「ネコ族」で、最初に家畜にしたのは古代エジプト人。かわいくても歯を見ると、なるほど立派な猛獣《もうじゅう》の歯をしている。

飼い猫でも、家周辺に縄張りを持っていて、昼間は他の猫と出合わないように尿でマーキングをして互いを避けているという。それでいて夜中には猫の集会が開かれている。これが何なのかが分からないという。身近にいる割には生態がよく分かっていない。

猫を扱う落語はかなりある。その最初に紹介するのは「猫の皿」にする。

骨董《こっとう》を商売とする男。日ごろから安く仕入れて高く売り、「悪徳」の二文字でもつけてよさそうな男だ。掘り出し物を探す旅の途中、茶店で一服している。えさを食べる子猫を見て驚く。えさの器が高価な「柿右衛門《かきえもん》」なのだ。

「この間、かわいがっていた猫に死なれて寂しい思いをしている。その猫、よく似ているんだ。よかったら譲ってくれ。いや、ただとは言わない…、二両でどうだい」

「おめえさま、猫が好きですねえ。よろしいですよ」

「ありがてえ。そのえさ入れに使っているその皿ももらえるかい。いや、慣れている方がよかろうと思ってね」。

この男の算段はもろくも崩れるのだ…。

演者によって、猫の皿は各地の有名陶器になる。

「猫に小判」とは、その価値が分からない、という意味のことわざ。田舎者だからとばかにしちゃいけないという教訓でもある。

2月23日　風呂敷《ふろしき》

日本風呂敷《ふろしき》連合会は「つつみ」の語呂合わせになる二月二十三日を「ふろしきの日」にしている。

元は、平包《ひらづつみ》といって平安時代にはあったようだ。室町時代になって、町風呂という銭湯ができ、脱衣場で広げて、脱いだ着物を包んだことから風呂敷になった。江戸時代は、大きさ、柄などの種類が増え、四尺五寸（約一三六センチ）四方のものを大風呂敷と呼んだ。

物を包み運搬するのは今も昔も変わらないが、バッグなどがある現代では風呂敷の出番は少なくなっている。が、包丁、刀、一升瓶《いっしょうびん》二本、スイカ、書類など、風呂敷には何でも見事に包む方法がある。

読売新聞の四こま漫画『コボちゃん』では、コボちゃんが時々、風呂敷を首に結んでマントにしているが、昔の子どもは、本当に首に巻いてチャンバラをして遊んだ。

風呂敷の変わった使用法が出てくる噺《はなし》が「風呂敷」だ。

仕事で帰らないはずの亭主が酒に酔って帰ってきた。女房は、男を家に入れていたものだから、押し入れに放り込んだ。亭主は、押し入れの前で動かない。困った女房は、鳶《とび》の頭《かしら》に相談に行くと、頭が風呂敷を持ってやってきた。

亭主に話しかけ「いや、今、ひと仕事してきた。よその家でね、女房が男を入れていたところに、亭主が帰ってきたんだよ。女房は男を押し入れに隠したんだが、俺がそこをうまく男を逃がしてやったんだよ…」

さあ、ここから。風呂敷の使い方、とくとごらんあれ。古今亭志《こ こんていし》ん生《しょう》の「風呂敷」が、数少ない志ん生の映像として残っている。

2月24日 ― 半分垢《はんぶんあか》

富士山。日本一の山だ。二〇一三年にユネスコ（国連教育科学文化機関）の世界文化遺産に登録されている。信仰の対象となり、さまざまな文化、芸術を生み出すなど、この山が日本人に与えた影響は計り知れない。

富士山がある静岡、山梨の両県は「223」から二月二十三日を「富士山の日」にしている。昨日だった。一日遅れを富士山のような寛大な心で許してもらえれば。

江戸時代中期の女性俳人諸九尼《しょきゅうに》（一七八一年死去）が、京都と松島（宮城県）を往復する旅で書いた俳句紀行文『秋風の記』にこんな文章がある。

「絵で見る景色は美しいが、実際はそうでもないことが多い。でも富士山はどの絵よりも実物の方が美しい。場所によって見える様子も違う。離れるのが名残惜しい」（意訳）

涼しさも富士を見初《みそ》めしあたりから　諸九尼

富士山は、女性俳人の心を打った。違う土地の者の感動はより大きいのかもしれない。

そんな噺《はなし》がある。「半分垢《はんぶんあか》」だ。

関取が巡業から戻ってきた。関取がまだ寝ているうちに、ひいきが訪ねてきて「関取は大きくなっただろう」と聞く。関取の女房が「ええ、大きくなりました。戸口から入らずに格子《こうし》を外したぐらいです」。ひいきは喜んで帰った。

関取が怒る。「三島の宿で富士山を見て『大きいものだ』と感心したら、宿のばあさんが『いや、半分は雪です』と言った。自慢したいところをこう謙虚になられると、返って富士山が大きく、立派に見えた」

別のひいきが来た。「関取、大きくなったってねえ」。女房の返事が見事な落ちになっていく。

2月25日　質屋蔵《しちやぐら》

貴族、政治家の菅原道真《すがわらのみちざね》は、延喜《えんぎ》三年二月二十五日（九〇三年三月二十六日）に亡くなったことは、一月二十五日の「初天神」で紹介した。

道真は宇多《うだ》天皇に重用され、醍醐《だいご》天皇即位後も、宇多上皇に仕えるようにして政治の中枢にいた。八九四年に遣唐使の廃止の建議をした。その背景には、遣唐船の不備などで、遭難の危険性も考慮したようだ。

道真右大臣。対して藤原時平《ふじわらのときひら》左大臣。上皇の信頼から厚遇を受ける道真に対して、藤原家の系統を守り拡大したい時平の策略で九〇一年、道真は大宰府《だざいふ》に左遷され、現在の福岡県太宰府市で生涯を終えた。

直木賞候補作家澤田瞳子《さわだとうこ》さんの『泣くな道真　大宰府の詩』（集英社）が面白い。大宰府に来てすぐ、失意のどん底の道真が、人々との触れ合い、死んでゆく人との遭遇などで正気を取り戻していく。官公《かんこう》が身近な、福岡の人にはぜひ読んでほしい作品だ。

道真の無念が落語に現れるのが「質屋蔵《しちやぐら》」。

質屋に集まってくる品物には、人の強い念が込められたままになっていると、東京でも上方《かみがた》でもしっかりと語り込まれる。

質屋のあるじは、妙なうわさを聞く。「質屋の三番蔵には化け物が出る」と。店の信用もあることから、あるじは、番頭にその正体を確かめさせようとする。

番頭は大の臆病者《おくびょうもの》。威勢の良さが自慢の熊五郎も手伝わされる。ところが熊五郎も大の臆病者。怖い者同士、三番蔵に入った。やがて、横町の藤原さんから預かっている質草の掛け軸が開いた。菅原道真の肖像画がすーっと出てきてしゃべり始める…。

桂歌丸《かつらうたまる》が得意としていた。桂米朝のＣＤもいい。

2月26日 ― 子《こ》ほめ

戦前の一九三六（昭和十一）年二月二十六日。陸軍の青年将校《しょうこう》たちが、約千四百人の部下たちを指揮してクーデターを起こした。「二・二六事件」だ。

昭和初めごろから陸軍にあった皇道《こうどう》派というグループが、次第に拡大し、当時の岡田内閣打倒、農民の窮状《きゅうじょう》改善などを掲げ「昭和維新」を主張し、官邸や警視庁、新聞社などを襲い、多くの死傷者を出した。

対抗する統制派《とうせいは》の巻き返しで二十九日には鎮圧された。首謀者たちは死罪になった。

この事件に巻き込まれた落語家がいる。人間国宝になる五代目柳家小《やなぎやこ》さんだ。小さんは、三三年に四代目柳家小さんに入門して柳家栗之助《くりのすけ》になっていた。三六年に徴兵《ちょうへい》され陸軍歩兵第三連隊に所属していた。事件では、警視庁占拠に加わった。

著作やインタビューでよく語っているが「多くが演習と思ってついていった者ばかり。何が起きているのか、全く情報が入らなかった」と振り返っている。

事件が小康状態になった時、上官から落語をやるように命じられ、演じた落語が「子ほめ」だったという。うまくやれなかったし、全く受けなかったという。こんなさなかだ。力も入らないだろうし、笑う雰囲気でもないのだ。

小さんは、その後の太平洋戦争でも外国の戦地に赴いている。

「子ほめ」は、寄席では、若手がよく演じている。しかし、真打ちの「子ほめ」をぜひ聞いてほしい。会話の間や、間抜けな男が、教わった通りにならないという落語の基本的な面白さが多く含まれている。何回聞いても楽しいという代表的な噺《はなし》だ。

年齢より若く見えると言っていい気分にして一杯ごちそうになろうという男が、失敗ばかりしている。友達の生まれたばかりの子をほめようとするが…。

戦争に落語は似合わない。落語は平和の象徴なのだ。

2月27日――佐野山《さのやま》

相撲の四代横綱《よこづな》谷風《たにかぜ》梶之助《かじのすけ》を紹介する。現在の宮城県出身。一七八九年に横綱に昇進し、通算成績二百五十八勝十四敗ほかの記録がある。四年間で六十三連勝を達成している。これは約百五十年後、双葉山《ふたばやま》定次《さだじ》（一九六八年死去）が一九三六～三九年に作った六十九連勝を記録するまで、最高記録だった。名横綱としての評判が高かったようだ。

風邪をこじらせて現役のまま一七九五年二月二十七日（寛政《かんせい》七年一月九日）に死去している。『相撲大事典』（現代書館）より。

この谷風が登場する噺《はなし》が「佐野山《さのやま》」だ。

佐野山という力士がいた。母親が病気で、給金は薬代に消えるため、貧乏でろくな食事も取れず、けいこもままならない。もう幕尻《まくじり》に近い。しかし、相撲が好きで何とか力士を続けてきた。今場所も負けが込んできた。

そんな折、谷風が佐野山との対戦を望んだ。「谷風には佐野山―」。明日の取組が発表されると見物人は大騒ぎ。「こりゃ何だな、佐野山は明日土俵で殺されるんだ」「いやさ、女だよ。谷風がほれた女を佐野山が横取りしたんだ」「土俵で殺しても罪にはならねえからな」

佐野山は、ひいき筋にあいさつする際、もし谷風に勝ったら大金の祝儀の約束ができた。

満場の見物人の前で対戦する二人。実は、佐野山の困《こん》窮《きゅう》を知った谷風の情け相撲だった。

谷風人気から生まれたのだろう。講談から落語になったという。

柳家《やなぎや》権太楼《ごんたろう》さん、よかったなあ。

いつか社会を騒がせた大相撲の八百長事件。勝ち越しほしさ、地位を守るためにこそくな相撲を観客に見せていた。谷風とは上がる土俵が違っている。

2月28日　利休《りきゅう》の茶《ちゃ》

鎌倉時代に始まる茶の湯を完成させた千利休《せんのりきゅう》。豊臣秀吉からの信頼を得ていたが、秀吉の逆鱗に触れ、天正十九年二月二十八日（一五九一年四月二十一日）、切腹を命じられて死去した。二月二十八日は、利休忌。前に名乗った号から宗易《そうえき》忌ともいう。

利休は、堺の豪商の家に生まれた。茶の湯を早くから学び、京に入った織田信長の茶頭《さどう》になり、のちに秀吉に仕えた。二畳、一畳半の小間での作法を編み出すなど、茶道に非日常の魅力を引き出している。

秀吉が関白となった後の大茶会で後見を務め、信頼を得た。秀吉は政治でも利休の声を聞くようになり、周囲の大名を驚かす存在でもあった。

利休が登場する噺《はなし》が「利休《りきゅう》の茶《ちゃ》」だ。

秀吉の機嫌をうかがう御伽衆《おとぎしゅう》に曽呂利新左衛門《そろりしんざえもん》という人がいた。堺の鞘師《さやし》という。秀吉とひそひそ話をすると、大名は自分の悪口ではなかろうかと勘ぐり、新左衛門に贈り物をしたという。そんな新左衛門は、秀吉の信頼を強くしていく利休が面白くない。

雪の朝。秀吉に栗山、蜂須賀《はちすか》、細川の三氏が雪見舞いに来た。新左衛門は、利休の家を訪問しようという。突然の訪問に慌てる利休を見ようというつもりだ。利休の家に着くと飛び石には、さん俵《たわら》が置かれ雪が積もらないようにしてある、湯は沸き食事も万全だった。

新左衛門は、わざと飛び石でないところを歩いて雪を蹴散らした。利休は「雪を蹴るのは犬こそあれ」と言う。新左衛門は「狆《ちん》座敷雪に尾を振る利休かな」と返してけんかになる…。

曽呂利新左衛門、おなじみだが、実在かは不明。この噺、演じ手がいるはずだが。

2月29日 ― おまけ

損得の勘定《かんじょう》尽きぬ閏《うるう》の日　宮原勝彦

二月二十九日を思って作った私の俳句だ。

閏年の二月二十九日は得になるのか、損になるのか。定額の月給をもらう人にとっては平年二月より、一日多く働いて給料が変わらないので損になる。日給の人は、一日働いて一日分の日給をもらうので、それは当然であって損得にはならない。

ただ実感できる程のものか。この日に、宝くじでも大当たりしたのなら、最高の得をしたことになる。

こんな話題で、これだけ時間を費やしている私は、相当の損失をしている。

地球が太陽の回りを一回転するのに三百六十五日。グレゴリオ暦での話だが、正確にいうと三百六十五・二四二一九日。この半端を足して四年に一度二月二十九日を設《もう》けている。だから「儲《もう》け」か。ちなみにこの日生まれた人の誕生日は二月二十八日になる。一日戻るのだ。

三百六十五日分の落語を紹介しても、漏れた噺《はなし》がある。「お玉牛」「二人癖《ぐせ》」「悋気《りんき》の独楽《こま》」「悋気の火の玉」など、おなじみの落語でも挙げたらきりがない。「はじめに」で述べた「落語国」の地域は実に広い。

落語が、面白いことを面白く伝えるだけなら、早くに廃《すた》れていただろう。そこには、徹底的に「人」を観察して、「人」を表現する「技」が脈々と引き継がれ、その手法は現代でもさらに発展をしている。表現するための重要な要素に人と切って切れない「喜怒哀楽笑《きどあいらくしょう》」が絡んでいるのだ。

若い人たちに言いたいのは、落語は決して高齢者だけの芸能ではない。落語家になろうとしている人は常に二十歳前後の人たち。若い人を魅了するには十分過ぎる魅力が詰まった芸能ということに気づいてほしい。

おまけになったかなあ。

【三月】

3月1日――口《くち》入《い》れ屋《や》

高校生、学生に取って就職は避けられない。どんな会社に入るか、どんな職業に就くか、時期がくれば一定の判断をしなければならない。

日本経済団体連合会の「採用選考に関する指針」によると、二〇一九年現在、企業が大卒予定者の求人活動の会社説明会の解禁日が三月一日。大学生は、社会人への第一歩を目指して、就職活動を始める日となる。この指針、廃止されそうだが。

江戸時代の就職は「桂庵《けいあん》」ともいう「口入れ屋」が世話した。江戸の医者大和《やまと》桂庵（一六七三年死去）が、就職や縁談の世話をしたことで、この名があるという。「仁《にん》術《じゅつ》」を地でいくような医者だったのだろう。

口入れ屋から紹介された女性が、店に就職した初日を描くのが、上方《かみがた》の「口入れ屋」、東京では「引っ越しの夢」。店に「口入れ屋」から紹介された女中がやってきた。これが美人。番頭、二番番頭たちは、場所は離れているものの、同じ店での寝起きが始まるというので落ち着かない。

番頭はこの女中を呼んで「着物でも帯でも欲しいものがあったら、あたしに言いなさい。給金から少しずつ引くし、そのうち筆先でどんなにもなる」と言って気を引いている。

夜。中二階の女中の寝所を目指す二番番頭だ。そんなことだろうと、おかみがはしごを取り外している。つり棚《たな》に手をやって上ろうとすると、つっているひもが切れ、落ちようとする棚を手で抱えた。同じ思いの番頭が、つり棚の反対側に手をかける。やはりひもが切れて、棚を手で支えた。棚の両端を番頭の二人が支える格好になった…。

さて。新入社員にどんな人たちがいるか。先輩たちの関心事であることは今も変わってない。新入社員は、逆に先輩がどんな人かよーく観察することだ。

3月2日―片袖《かたそで》

俳優、映画監督のチャーリー・チャップリン。この人の映画には笑わされ、泣かされた。チャップリンは一八八九年、イギリス生まれ。父母ともに舞台俳優だった。が、父母は離婚し一歳のチャップリンは、母ハンナに育てられた。

五歳の時、病気の母親の代わりに舞台に上がって歌って喝采《かっさい》を浴びた。母は、病気になるなどして舞台には上がれなくなる。決して幸せではない母子だった。

チャップリンは、劇団に加わり、一九一三年の米国巡業で、米国の映画会社に入社。ギュウギュウの上着にだぶだぶズボン、どた靴、山高帽はこのころの役づくりで出来上がった。たくさんの映画に出演、監督をして一九七七年十二月にスイスで亡くなった。

七八年三月二日、チャップリンの墓が、金品目的の泥棒に荒らされた。埋葬品を狙ったのだ。のちに二人組の男が逮捕されている。

金持ちの墓を荒らす「片袖《かたそで》」という噺《はなし》がある。

ひょんなことから泥棒の手伝いをすることになった男。大阪の造り酒屋の若い娘が死に、葬られたばかりの墓を荒らすことになった。夜になって墓地へ行き、棺桶《かんおけ》を掘り返し娘の来ていた着物、埋葬品などを盗み出し、分け前をもらった。

しかし、この泥棒は役者が一枚上。旅の修行僧六十六部《ろくじゅうろくぶ》の姿をして、造り酒屋を訪れ、「越中の山中で祈っていると、娘が出てきて『両親の涙で浮かばれない』と高野山への永代供養を頼まれた」と芝居をした。娘の幽霊が残していったという着物の片袖を見せた。

信じた両親は五十両、また五十両の計百両を出してしまう…。

人の悲しみ、弱みにつけ込む悪党が描かれる。これは現代に通じそうだ。だまされないよう、教訓にしたい。

3月3日――雛鍔《ひなつば》

三月三日は、桃の節句。女の子のいるうちでは、おひなさまを飾り健やかな成長を祈る。私たち夫婦には一男二女がいる。この日は、陶器の素朴なひな人形一対を飾っていた。

五月のことだが、まだ小さかった長男が「こいのぼりがほしい」と言ったとき「あれはこうして、よそのものを眺めるのがいいんだ」とごまかしたことがあった。悪い父親だ。

ひなまつりにうってつけの噺が「雛鍔《ひなつば》」だ。

植木屋が、屋敷で仕事をしている。そこのぼっちゃんが座敷で穴あき銭を拾って「これは何じゃ」とじいやに尋ねた。

「若、何と思われる」「丸くって穴が空いていて波型の模様がある。おひなさまの刀の鍔ではないか」「いい見立てでござるよ」

いいところのぼっちゃんは銭《ぜに》を知らない。植木屋は感心して帰る。自分の息子はぼっちゃんと同じ年。顔をみれば銭くれ銭くれだ。息子に「お前、銭をおひなさまの刀の鍔って言えるかい」「なんでぇそんなこと。ちゃんちゃらおかしいやい」

偶然、訪れた客の前でやってみせる息子だったが…。

江戸時代、庶民が使う通貨は、一六三八年に鋳造が始まった寛永通宝が幕末まで流通した。屋敷のぼっちゃんが拾ったのは、波型の模様から一七六八年に鋳造が始まった四文銭《しもんせん》だろう。

名作落語「芝浜《しばはま》」でこんなせりふがある。亭主が「銭拾ってきた」。財布をあらためた妻が「銭じゃないよ、お金だよ」。

金を使った小判、銀を使った「分」「朱」をお金、銅銭や鉄銭を銭と呼んで区別していた。銭を「おあし」と呼ぶのは、足尾銅山からきている。あしからず。

3月4日――大安売《おおやすう》り

大相撲春場所が近くなった。横綱、大関などの上位力士の華やかな活躍は、よく話題になる。幕下の力士は、番付を上げて土俵の華を目指して頑張ってほしい。

連敗記録を見てみると、幕内では二十一連敗をした力士が二人いる。

幕下では、ある力士が八十九連敗（二〇一八年七月場所で勝利して記録停止）をした。大相撲の連敗最高記録という。小兵力士であることも、その一因かもしれない。ともあれ、長いトンネルは抜けた。この原稿が世に出ているころには、勝ち星を重ねていることを祈る。

弱い力士が登場する落語「大安売り」を紹介する。

上方の相撲取りが、江戸相撲に参加してきた。ひいき筋から戦績を尋ねられる。

「いやあ、勝ったり負けたりでした」

「偉い。わいら知らんがな。勝ちっ放しでした、とうそ言っても分からんところを勝ったり、負けたりなんて。人柄やなあ。正直ものだ。ますますひいきにするぞ」

「初日はどうだった」「二日目は」「三日目は」

一つ一つ取り口を答えていくが、全部負けている。「向こうが勝ったり、こちらが負けたりでした」

巡業では勝ったというから、ひいき筋はほめるが、実は子ども相撲の相手をしていた。験《げん》かつぎに改名話も持ち上がる…。

六代目桂文枝《かつらぶんし》さんが、桂三枝さん時代によくやっていたから、三枝さんの創作かと思っていた。三枝で三月四日にしたが…。

一九六〇年ごろ、橘《たちばな》ノ円都《えんと》が、埋もれていたこの噺《はなし》を復活させたという。

3月5日―胴《どう》切《ぎ》り

日本文学で立ち後れていた空想科学「SF」小説の分野を活性化させようと、日本SF作家クラブが、一九六三（昭和三十八）年三月五日に発足した。小松左京《こまつさきょう》（二〇一一年死去）ら十一人が、クラブ発足の発案者だった。発足当時は会長を置かず、事務局長が会長の役目をしていて、初代事務局長には半村良《はんむらりょう》（二〇〇二年死去）が就任した。

クラブ発足が功を奏したのか、小松（共作）の『宇宙人ピピ』がNHKテレビ放送（一九六五～六六）され、小松の『日本沈没』が一九七三年に、半村の『戦国自衛隊』が一九七九年にそれぞれ映画化された。

科学が発達した現在、作品を裏付ける理論など、大変な勉強が必要だろう。

彼らの作品に負けないような「SF落語」がある。「胴《どう》切《ぎ》り」という噺《はなし》を紹介する。想像力、現実にはありえないことを自然にさらりと聞かせてくれる。最高レベルのSFだと思う。

幕末。暗殺が相次ぎ、物騒な話が飛び交っている。武士だけではなく、町人たちも怖い思いをしている。そんな中、男は夜に銭湯に出掛けた。武士と諍《いさか》いになり、ズバリと胴を切られてしまった。

上半身は横にずれて、天水桶《てんすいおけ》に乗った。下半身は突っ立っている。兄貴分が通りかかり、上は背負って、下はふんどしのすそを引っ張って家に連れて帰った。

この男は大工だが、これじゃ仕事にならない。仕事を探す。上半身が銭湯の番台、下半身がこんにゃく屋で、こんにゃく芋を踏んでつぶす仕事に就いた…。

どうです、SFでしょ。

上半身と下半身の会話が楽しい。

三遊亭歌武蔵《さんゆうていうたむさし》さんの名演がうわさに広がっている。桂枝雀のCDが面白い。

3月6日―高田馬場《たかだのばば》

赤穂四十七士の一人堀部安兵衛《ほりべやすべえ》（一七〇二年死去）は、剣客《けんかく》で知られる。赤穂藩士・堀部弥兵衛《やへえ》の婿養子《むこようし》になる前。中山安兵衛のころの武勇伝《ぶゆうでん》がある。口論がけんかになり、決闘にまで発展した叔父の助太刀をして、相手三人を倒した高田馬場の決闘だ。

この決闘は一六九四年三月六日（元禄《げんろく》七年二月十一日）の出来事で、その場所の近くとされる東京都新宿区西早稲田の水稲荷《みずいなり》神社に碑が立っている。

赤穂事件でも、その中心人物になる堀部安兵衛だが、この決闘でも十分に名をはせた。実際に、この決闘は、芝居、講談でも描かれている。

ドラマなどでその安兵衛を演じた俳優は阿部寛さん、渡哲也さん、佐藤隆太さん、加藤武（二〇一五死去）など。

この決闘が影響した噺《はなし》に「高田馬場」がある。

大道芸、見世物小屋などで賑《にぎ》わう浅草。蝦蟇《がま》の油を売っている兄妹がいる。たくさんの人が集まった中、武士が兄妹に「古傷にも効くか」と尋ねた。

武士はその古傷のわけを話し始める。人妻を思い、その思いを果たそうとしたら、その夫に気づかれ、斬り合いになった。夫を斬り、妻を斬ったが、妻が力を振り絞って投げた手裏剣《しゅりけん》が、背中に当たったものだという。驚く兄妹。「両親の敵《かたき》を見つけたり」

武士は「逃げも隠れもしない。今仕えている主人に断りを入れて、明日、高田馬場で果たし合いを受ける」と言って帰っていった。

さあ、高田馬場では人でいっぱい。茶店などは客であふれている。ところが仇討《あだう》ちどころか兄妹も、その敵《かたき》も来ない…。

やすやすとだまされるのは誰だ。十代目金原亭馬生《きんげんていばしょう》、うまかったなあ。

水稲荷神社の中山安兵衛の碑

3月7日 火事息子《かじむすこ》

明治時代以降、火事は警察の所管だった。戦後になった一九四八（昭和二十三）年三月七日、消防組織法が施行され、新しく消防庁が設置された。この日が「消防記念日」である。この法律で市町村長が消防を管理し、消防署、消防団の設置が義務づけられた。

江戸時代は、一六四三年に「大名火消《だいみょうびけし》」、一六五八年に「定火消《じょう》」、一七一八年に「町火消」が、それぞれ設置されている。

こんなことから、今日の落語は「火事息子」。

質屋の息子。火事と聞くと血が騒ぐというたち。仕事に身が入らないので勘当《かんどう》され、行方が知れなくなった。数年後、その店の近くで火事がある。蔵に火が入らないように番頭は、壁の目塗り作業に大わらわ。そこに屋根伝いに走ってくる男がいた。

「定火消」の臥煙《がえん》という火消しだ。番頭のわきに来て、目塗りを手伝う。顔を見ると勘当された息子だった。幸い、火事は消える。番頭は、旦那《だんな》夫妻に引き合わせる。

父親は「どこのどなたか知らないが、見事な彫り物だ」。息子は、彫り物を隠そうとはんてんの袖《そで》を引くが、反対側が現れ、何とも決まりが悪い。夫妻は、目塗りの礼だと、いろいろなものをやる。やるといっても、息子の前に捨てるのだ。果ては小判まで。

親の思いとは違った生き方とした息子、その息子への親の愛情が描かれる。

親の複雑な気持ち、無口な息子の表現など、難しい噺《はなし》だ。

「定火消」は裕福な旗本が組織した。臥煙はその構成員。臥煙は、冬場でもはんてん一枚で過ごした。火消し中、事故に遭っても身元が分かるように彫り物をする者が多かった。小銭の穴を通してまとめる道具「さし」を押し売りしたり、無銭飲食をしたりして、横暴だったようだ。明日をも知れぬ暮らしがそうさせた？

3月8日 元犬《もといぬ》

東京帝国大学農学部の上野英三郎《うえのひでざぶろう》教授（一九二五年死去）の愛犬ハチ公。東京・JR渋谷駅前に像がある。日本で一番有名な犬じゃなかろうか。同・上野の西郷隆盛像の犬も有名。福岡県南部にある地名・羽犬塚《はいぬづか》の由来、羽がある犬も有名…じゃなかった。

ハチ公は、上野教授が急死した後も、渋谷駅で上野教授の帰りを待ち続けた。そして上野教授の待つ天国で「会えた」のは一九三五（昭和十）年三月八日だった。

忠犬といわれ、像が建った。映画『ハチ公物語』（一九八七年）が作られ、仲代達矢《なかだいたつや》さんが主演した。この映画は、米国でリメークされ映画『HACHI 約束の犬』（二〇〇九年）となり、主演はリチャード・ギアさんだった。

犬の噺《はなし》はいくつかあるが「元犬《もといぬ》」を選んだ。

神社に住みついていた白犬。人間になりたいという願いがかない突然、人間になった。素っ裸だ。最近、若い人で聞いたが、素っ裸が恥ずかしく手洗い場の手ぬぐいをふんどしにしていた。

以前は、桂庵《けいあん》、今でいう職業安定所の主人が「裸じゃいけないよ」と、ふんどしを貸したようだったが。演出は違いが出るものなのだ。

演芸専門月刊誌『東京かわら版』二〇一六年十二月号で、堀井憲一郎さんの「ホリイの落語狂時代」で「もと犬」を取り上げた。五十年以上前の古今亭志《ここんていし》ん生《しょう》と春風《しゅんぷう》亭柳枝《ていりゅうし》と今の落語家五人の計七人の演出を比較した。

桂庵の主人に犬であることを告白するのが三人、四人が告白しない。奉公先になる隠居《いんきょ》の求人の希望が「変わった人」二人、「隠居の話し相手」二人、「自然に変わっている人」「自然と変わっている人」「堅気で変わっている人」各一人だった。

演出の違いがくっきり。ところで、犬って面白い。いてもいぬだ。

3月9日——厩火事《うまやかじ》

儒学《じゅがく》といえば道徳修養を重んじ、常に守るべき「五常」として仁、義、礼、智、信を挙げる。古くから中国の精神的支柱になった。儒学の始祖である孔子《こうし》は、紀元前四七九年三月九日、七十三歳で死去したと伝わる。孔子とその弟子の言行録が『論語』。

日本には五世紀に伝わり、国づくりに大きな影響を与えた。日本の儒学者は徳川光圀《とくがわみつくに》（一七〇〇年死去）、新井《あらい》白石《はくせき》（一七二五年死去）、荻生徂徠《おぎゅうそらい》（一七二八年死去）たちがいる。

論語の名言を拾った。「巧言令色鮮《こうげんれいしょくすくな》し仁《じん》」「過ぎたるはなお及ばざるが如し」「義を見てせざるは勇無きなり」などがある。

論語を元に一本の落語が出来上がった。「厩火事《うまやかじ》」だ。

髪結いのおさきが、仲人の家に駆け込んできた。「ちょいと聞いてくださいな」と年下の亭主の悪口を並べる。仲人も、のべつではたまらない。仲人は亭主の悪いところを挙げて「こんな奴はろくなもんじゃない、別れてしまえ」

「そう悪く言わなくったっていいじゃありませんか。いいところもあるんです」

困った仲人は、おさきに、亭主の愛情が本物かどうか試せという。

「さる殿様は、妻が転んで大切な物を壊したとき、物のことばかり気にした」。一方「馬小屋が火事になり白馬が死んだ。弟子たちにやけどはなかったかと聞き、馬のことは言わなかった唐土《もろこし》の孔子」を例に出した。

「亭主が大事にしている骨董《こっとう》の皿を転んで壊せ。亭主の言葉がどう出るか。さる殿様か、唐土の孔子か」。秀作のさげが待つ。

『論語』「郷党」に「厩焚。子退朝曰、傷人乎。不問馬」とある。

狸《たぬき》ばやしで橘家《たちばなや》円太郎《えんたろう》さんが好演した。

3月10日―実録噺東京大空襲夜話《じつろくばなしとうきょうだいくうしゅうやわ》

（柳家さん八作）

第二次世界大戦中、日本の戦況がいよいよ厳しくなった一九四五（昭和二十）年三月十日未明。約三百機といわれる米軍の爆撃機《ばくげきき》B29が、東京上空を襲い、焼夷弾《しょういだん》を落とした。東京大空襲だ。死者約十万人、被災家屋約二十七万戸といわれる。

その後も数回、東京の空襲は続くが、東京大空襲といえば、この三月十日の空襲をいう。

この東京大空襲を高座で語る落語家がいる。柳家《やなぎや》さん八《ぱち》さんだ。

当時、父潔さん、母初江さん、長男聰吉さん（のちのさん八）、潔さんの母美弥さんの四人での長屋暮らし。「その日、父は警防団として警察署に詰めていた。ごう音で、空を見ると隙間がなくなるぐらいのB29が飛んでいた」

「父は家に帰って空襲だと言って、押し入れに頭突っ込んで念仏を唱えていた祖母を引き出しておんぶし、私を背負った母の手を引き防空壕に入ろうとしたがいっぱい」

「火があちこちに上がっている。何とか橋の下に逃げ込んだ。空が白み始めたら焼けた人が浮いていた…」

インターネットから引かせてもらった。私はまだ、実際に聞いていない。

さん八さんが、自身の半生を紹介する『八っつぁんの落語一代記』（柳家さん八・清水しゅーまい著、渓流社）に詳しい。

「ご近所の家がことごとく炎が上がっている。（中略）路上に焼夷弾がドスドスと音を立てて突き刺さった。その周囲に花弁《かべん》が咲くように炎が立ち上がっていく…」

「幾千《いくせん》もの炎の揺らめきが夜を切り裂いていた。一夜のうちに八万人以上、あるいは十万人ともいわれる命が燃え尽きた」

語り継がなければいけない戦争の話だ。さん八さん、いつか必ず聞きます。

3月11日——宮戸川《みやとがわ》〈後編〉

約一カ月前のバレンタインデーで、チョコレートをもらった人たち。三日後の三月十四日は、そのお返しをするホワイトデーだ。一袋いくらの小さな義理チョコをもらった人も、それ以上のものを返すと、意外に「流れ」が変わるかもしれない…。いやあ、無理か。

あれから約一カ月が過ぎて、その男女の仲はどうなったのか。周囲を見回してみる。おっと、あまり詮索《せんさく》はしないようにしよう。私には何の関係もない。

二月十四日に紹介した「宮戸川」のお花、半七はどうなったのか。その後半だ。

あの雷の晩から、半七の父が結婚に反対するなどの曲折はあったが、めでたく夫婦になった。四年後。お花は、浅草寺にお参りに行った。雨に遭い、小僧に傘を取ってくるように言って、お花は雨宿り。やはり雷だ。気を失ったところで、男たちに連れ去られた。

半七は探したが、結局、行方は分からず、泣く泣く葬式を出した。

一年が過ぎた。どうにか普通の暮らしに戻った半七が船に乗った。続いて酔った男が乗り込んできた。船頭の知り合いと見えて、昔話をする。気を失った女を連れ去り、悪さをして、口封じに吾妻橋《あづまばし》から投げ捨てた、と。芝居噺となり、半七のせりふ「がらりとようすが知れた」

「亭主というのはうぬか」「こんなところで出会うたか」

落ちまでもうすぐ…。

後半は、演じる人は少ない。いや、できる人はいても演じる機会がないということだろう。「宮戸川の通しを聞く会」などがあればいいのだが。

一七一二年、お花半七という男女の心中事件が京都で起きた。これを元に近松門左衛門《ちかまつもんざえもん》（一七二四年死去）が「長町女《ながまちおんな》腹切《のはらきり》」という浄瑠璃《じょうるり》を書いている。

3月12日 ― 紙入《かみい》れ

三月十二日は「312」の語呂合わせで「財布の日」という。財布…。思い当たるのはやはり「芝浜」。これはやはり大晦日《おおみそか》にとっておかねばならない。「三方一両損《さんぽういちりょうぞん》」で拾うのは財布だったかな? いや、今日は「紙入《かみい》れ」という噺《はなし》にしよう。

紙入れとは、鼻紙や小銭《こぜに》、ようじも入る小物入れ。懐《ふところ》に入れて持ち歩く。手紙や書き付けなども入れていた。紙幣が流通するようになって、財布としての役割も大きくなる。「財布の日」の落語には少しずれるが、その辺は加味(紙)してほしい。

落語の「紙入れ」には、人妻からの手紙が入っていたから、物語が面白くなる。

亭主が仕事で外泊するという夜。そのおかみから、家に来るように手紙をもらった貸本屋の新吉。出掛けていって、酒を飲むなどしているうちに、帰らぬはずの亭主が帰ってきた。やっとの思いで逃げ出した新吉だが、紙入れを忘れてきた。その亭主からもらった紙入れだ。見つかったら、ばれてしまう。

「逃げようか。いやぁ、どうしよ。様子だけでもみてみよう」。迷った末に翌朝、家を訪ねていく新吉。亭主と目が合って家に上げられる。新吉は「よそで聞いた話」として、少しずつ、少しずつ昨日のことを話していく。「紙入れを忘れた? しかも、女の手紙が入っている? ばかだね、そんなものは破いて捨てるか燃してしまうもんだ。で、亭主は気づいたのか?」「気づきましたか?」亭主と新吉のやりとりが聞きどころ。演じる方も力の出し所だ。

おかみの一言が、女のしたたかさを際立たせる。

狸《たぬき》ばやしのこけら落としで、古今亭《ここんてい》志《し》ん上《じょう》(現、桂《かつら》ひな太郎《たろう》)さんが演じた。「締《し》め込《こ》み」など、ひな太郎さんの女の描き方にはいつもほれぼれする。

3月13日──干物箱《ひものばこ》

落語家が余興《よきょう》で物まねをすることがある。柳家小三治《やなぎやこさんじ》さんが若いころ、三遊亭円生《さんゆうていえんしょう》、林家彦六《はやしやひころく》、三代目三遊亭《さんゆうてい》金馬《きんば》の物まねをしたのを見たことがある。絶品だった。

春風亭小朝《しゅんぷうていこあさ》さんがやっていた落語家の「出」もいい。高座に現れ座布団に座るまでの姿、形を見事に再現していた。柳家小里ん《やなぎやこりん》さんの相撲取りのまね、これもいい。上方では露の団四郎《つゆのだんしろう》さんの「百面相」も必見だ。

物まねで人気なのが、コロッケさん。一九六〇年三月十三日、熊本市生まれ。九州男児だ。子どものころからテレビを見て、物まねをしていたという。熊本市でのものまね活動が人気となり上京した。

ある放送局で、赤塚不二夫《あかつかふじお》（二〇〇八年死去）、タモリさんたちの前で披露したが、面白くないという酷評を受けた。猛練習をして再度上京。ご存じの通り、人気が出て、今や不動のスターだ。

最近、テレビでやっていたが、コロッケさんが落語「初天神」を志村けんさんたちの声色でやっていた。声色のうまさはもちろん、間《ま》もよかった。恐るべき才能だ。

コロッケさんの誕生日には「干物箱」を紹介する。

若旦那《わかだんな》の幸太郎、銭湯に行くと家を出たが、遊びに行きたくて仕方ない。父親は、帰りが遅いとまた怒るだろうし…。「そうだ、貸本屋の善公《ぜんこう》、俺の声色《こわいろ》がうまかった」と、小遣いをやると言って家の二階に上げ「父親の呼びかけには俺の声色で答えてくれ」。

「おい幸太郎、分家から干物もらったろ、どこに置いた？」「（知らないよそんなこと）あー、おとっつぁん、干物箱ん中です」。そのうち、父親が二階に上がってきて、騒動となる…。

演出がいくつもある。楽しい噺《はなし》だ。狸ばやしで入船亭遊一《いりふねていゆういち》さんが演じてくれた。

3月14日――淀五郎《よどごろう》

日本人が好きな物語がある。江戸時代の赤穂事件を題材にしたドラマだ。NHK大河ドラマは、二〇一九年までに五十八本作られているが、赤穂事件を描いたものは『元禄太平記』（一九七五年）『峠の群像』（一九八二年）『元禄繚乱《りょうらん》』（一九九九年）がある。

元禄十四年三月十四日（一七〇一年四月二十一日）、朝廷から勅使《ちょくし》を迎えていた江戸城の松の廊下で赤穂藩主浅《あさ》野《の》内匠頭《たくみのかみ》が、吉良《きら》上野介《こうずけのすけ》に刀を抜き、けがを負わせた。五代将軍徳川綱吉《とくがわつなよし》は怒り、浅野には即刻、切腹を申しつける。赤穂事件の発端だ。

浅野家は改易《かいえき》、赤穂城は開城…。藩士は路頭に迷うことになった。これから家老の大石内蔵助《おおいしくらのすけ》ら、赤穂浪士の四十七人が、殿の仇討《あだう》ちを計画、吉良邸へ討ち入りとなる。

この事件は、『仮名手本忠臣蔵《かなでほんちゅうしんぐら》』という芝居になり一七四八年に初演され、現在も演じられている。登場人物は浅野が塩冶判官《えんやはんがん》、大石が大星由良助《おおぼしゆらのすけ》、吉良が高師直《こうのもろなお》など、名前を変えている。幕府の圧力を避けるためだ。

「淀五郎《よどごろう》」は、この「塩冶判官切腹」の芝居を演じる役者たちを描く。

塩冶判官を演じる役者が病気になった。座頭《ざがしら》の市川団《いちかわだん》蔵《ぞう》は、以前から目を付けていた若い沢村淀五郎を抜擢《ばってき》する。淀五郎はうれしくてたまらない。

いざ、初日。一番の見せ所、塩冶判官切腹に家老大星役の団蔵が駆け寄ってくる場面。ところが淀五郎の切腹がよくない。芝居がまずいのだ。大星は、掛けよるところを舞台そでで座ったまま。

なぜ大星が来ないのか。淀五郎が団蔵に聞いても教えない。「てめえなんぞ死んでしまえ」

何日も団蔵は来ない。淀五郎は、悔しさのあまり舞台で団蔵を切ろうと考える…。

三遊亭円生《さんゆうていえんしょう》が得意でCDを残している。五《ご》街道雲助《かいどうくもすけ》さんのCDもいい。

3月15日——幾代餅《いくよもち》

搗米屋《つきごめや》の清蔵が、寝ついてしまった。大人気を誇る吉原の花魁《おいらん》、幾代太夫《いくよだゆう》の錦絵を見て恋患《こいわずら》いをした。「太夫という最高位の花魁は、大名だって振ることができる。おいらなんかは一生会えないんだと思うと…」と、気落ちしてしまった。

親方が励ます。「太夫ったって、売り物に買い物だ。会えねえことなんかねえ。今から一生懸命働け。金がありゃ、会えるんだ」

一年が過ぎた。ためた給金《きゅうきん》で吉原に行くという清蔵に、遊びの名人という薮医者と一緒に吉原に送り出した。野田の醤油問屋の若旦那《わかだんな》という触れ込みだ。

その日、清蔵は幾代太夫に会うことができた。「今度いつ来てくれるか」という幾代に、清蔵は「醤油問屋の若旦那なんてのはうそです。搗米屋の職人で、幾代太夫に会いたくて、給金ためて初めて吉原に来たんです。一生懸命に働きます。あと一年、待ってください」

涙ながらに言う清蔵に幾代は涙をこぼし「来年三月十五日、年が明けます。清さん、その時はおかみさんにしてくれますか」

三月十五日、幾代は本当に清蔵の元へとやってきた。こうして一組の夫婦ができ、清蔵が搗米職人だから餅屋《もちや》を開いたという「幾代餅」という噺《はなし》だ。

廓《くるわ》の女性でも真の愛を求めていた幾代。それに答えてくれる男、清蔵との出会い。落語にも純愛物語があるのだ。

「幾代餅」と「紺屋高尾《こうやたかお》」とはほぼ同じ内容。古今亭《ここんてい》系、柳家《やなぎや》系が「幾代餅」、三遊亭《さんゆうてい》系が「紺屋高尾」を演じているようだ。

「幾代餅」は、狸《たぬき》ばやしでは古今亭志《ここんていし》ん上《じょう》時代の桂《かつら》ひな太郎《たろう》さんが演じてくれた。

3月16日 — 宇治《うじ》の柴舟《しばぶね》

大阪の古い落語家に桂文屋《かつらぶんや》という人がいた。本名が桂《かつら》陀羅助《だらすけ》で、芸名のような名前だ。父親も笑福亭松右衛門《しょうふくていまつえもん》という芸人だったという。

文屋の落語は、一般受けはあまりせずに、噺家仲間をうならせる芸だったらしい。創作にも熱心で、今でも演じられる「いらち車」「阿弥陀池《あみだいけ》」などの作者でもある。琴、胡弓《こきゅう》を演奏したり、喜劇の脚本も書いたりした。陶芸で注ぎ口が二つある土瓶をつくったが、売れなかった。俳句もよくしたようだから多彩な人だ。

家には仏壇のほかは、家具がない。天井から水を入れた徳利をつるしていた。泥棒が入れば、この徳利に当たって水がこぼれて自分にかかるから、気付くという理由だ。上方《かみがた》落語の喜六のようで、憎めない人だったのだろう。

文屋は一九〇四（明治四十二）年三月十六日に、四十三歳で亡くなっている。

夢さめて酒まださめず春の月

辞世の句という。

この文屋作品に「宇治《うじ》の柴舟《しばぶね》」という噺《はなし》がある。桂梅《かつらうめ》団治《だんじ》さんがよく演じている。

若旦那《わかだんな》が病気になった。熊五郎が聞き出すと、絵に描いてある女に恋患《わずら》いをしたのだ。療養のために宇治へ連れていった。

若旦那が二階から下を見ていると、絵にそっくりな女がいた。伏見に戻りたいが雨で川の水が増えて舟が出ずに困っている。若旦那、船頭になり済まし、伏見まで舟を出すと言って舟に乗せる。思いを告げるが、女には亭主があった…。

最初は「崇徳院《すとくいん》」かと思わせるような噺だが、途中で物語が違っていく。辞世の句のような落ちになる。

3月17日──牛《うし》の丸薬《がんやく》

三月半ばを過ぎると、暖かさが増してくる。使い込んだ暖房器具が不具合を起こしても「まあいいや」と、ぞんざいな扱いになるころ。冬の始まりならばこうはいかない。

こたつというと今は、電気こたつが一般的だ。こたつの始まりは、囲炉裏《いろり》の上に台を置いたことに始まる。火災にならないか、危なっかしいところだが、熱源を火鉢にしたりしながら、少しずつ発展して、掘りごたつや置きごたつになった。

大和《やまと》ごたつというのがある。黒土を練って立方体を造り、素焼きにする。その空洞のところに炭団《たどん》や炭を入れて、布団をかぶせて暖まる。

この大和ごたつが壊れ始め、黒い土がぼろぼろと落ちるようになった。こんなところから「牛の丸薬」という噺《はなし》が始まる。

壊れ始めた大和ごたつを外に出していたら、雨に降られてぐずぐずになってしまった。男が指で触るうちに丸めると、まるで丸薬のようになった。

これを見ているうちに悪巧《わるだく》みが始まる。相棒を連れて田舎へ行き、牛を飼う農家を訪ねる。「牛がくしゃみをして苦しみ出して、死ぬという悪い病気がはやっている」というそ話をする。

話し込むうちに、隙を見て一人の男が、煙管《きせる》で、唐辛《とうがら》子《し》の粉を牛の鼻に吹き付ける。やおら、牛がくしゃみを始めた。心配になった農家の男に「ちょうどこの奇病に効く薬を持っている」と薬を飲ませるふりをして、牛の鼻を水洗いする。くしゃみはとまる。これが売れに売れる…。牛農家がカウのだ。

詐欺もいいところ。今ならもー一つ、薬事法違反の疑いもでてきそうだ。

笑福亭仁鶴《しょうふくていにかく》さんで聞いた。

3月18日　口合小町《くちあいこまち》

平安時代の歌人で柿本人麻呂《かきのもとのひとまろ》、和泉式部《いずみしきぶ》、小野小町《おののこまち》の忌日と伝わるのが三月十八日だ。「精霊《しょうりょう》の日」とされている。柿本は『万葉集』に、和泉は『和泉式部集』、小野は『古今和歌集』に作品を見ることができる。

三人ともに生年没年が不明で、なぜ、そろって三月十八日が忌日になったのだろう。もっとも小野小町はゆかりの地それぞれに忌日があって、行事をしている。和泉式部もゆかりの誠心寺（京都）では、三月二十一日を忌日としている。

小野小町から「口合小町《くちあいこまち》」という落語を紹介してみる。東京では「洒落小町《しゃれこまち》」

「小町ゃうなあ」「寝よう。式部とんだそう」。決して「麻呂やか」ではないしゃれだが、落語に近づけるための必死の努力を見せているところ…。

仲人のところにお松が飛び込んできた。「亭主が出て行くので、怪しいと思い、後をつけると茶屋遊び。もう悔しくて、悔しくて」。仲人は、在原業平の妻井筒姫《いづつひめ》の話をした。

業平が、別の女を思い、毎日出ていく。風の強い日。井筒姫は「今日も行かないと女に不実の男と思われます。お行きなさい」という。

家を出たあと、不審に思った業平が妻の様子を隠れて見ると、途中、業平の安全を祈る歌を詠んだ。業平は、井筒姫を見直して、女通いをやめたという。

仲人は、お松に「亭主を思う粋な言葉でもしゃべってみろ」という。「口合なら得意です」とお松がしゃれを連発…。

三遊亭円生《さんゆうていえんしょう》のＣＤがある。最近では林家正雀《はやしやしょうじゃく》さんで聞いた。

3月19日　カラオケ病院《びょういん》

（五代目春風亭柳昇作）

三月十九日は「ミュージックの日」。オーケストラの団員、音楽家たちでつくる日本音楽家ユニオンが一九九一年に制定した。労働組合の法人格を持つ組織だ。音楽活動への理解、音楽に従事する人たちの地位向上などを目指している。

以前、あるオーケストラの専属契約者が、資金援助の停止を通告し、事実上の解散を宣言した。存続を求める団員たちは闘争に持ち込んだ。

当時、私も西日本新聞労組員として支援カンパをし、闘争の様子を描いた映画『炎の第五楽章』（一九八一年）の上映協力に走った。華やかに見える世界でも、私たちが知らない部分で苦労も多いのだろう。

落語と音楽。関わりは深い。三味線、太鼓は欠かせないし、オーケストラの奏でる中で落語を演じる催しも開催されている。

五代目春風亭《しゅんぷうてい》柳昇《りゅうしょう》創作の「カラオケ病院」という落語がある。

不人気の病院がある。勤務する医者が「息子が病気になったからほかの病院へ連れていく」と休んでしまうのだ。こんな病院が、起死回生をと、人気のカラオケ設備を整え、歌ってもらって病気のことを聞きだそうとの狙い。

『夫婦春秋』『北国の春』『星影のワルツ』。ヒット曲の替え歌が続々と登場し、さながらのど自慢大会。ちゃんと病気の説明になっているところが面白い。

柳昇亡き後は、一門筆頭の昔昔亭桃《せきせきていもも》太郎《たろう》さんが引き継いでいる。曲もギャグも桃太郎さんの世界が広がる。女子高校生が「先生」を歌う。その内容は、聞いてみてほしい。センセーショナルなのだ。

狸《たぬき》ばやしでも披露してもらった。

同門の滝川鯉昇《たきがわりしょう》さんは「カラオケ警察」を創作している。

3月20日 動物園《どうぶつえん》

日本で初めての動物園は一八八二（明治十五）年三月二十日に開園した上野動物園。上野公園内に開設した博物館の付属施設としての開園だった。

所管は農商務省（当時）だったため、家畜などが展示されたという。檻《おり》には馬、牛、ヤギ、ブタなどがいたのだろう。一八八七年にトラがやってきた。一九〇二年にはライオンが来た。一九四〇年には入園者三百万人に達した。日中戦争中だが、人々の暮らしはまだ動物園に行く余裕があったのだろう。

しかし、一九四三年には「戦時処分」として、上野動物園をはじめ、各地にある動物園の猛獣《もうじゅう》を処分している。処分に伴う数多い悲話はご存じの通り。平和の象徴である動物園にも戦争の波は否応《いやおう》なく押し寄せた。

戦後には、日本が復興され、動物たちの鳴き声が戻ってきた。現在は九十一の動物園があるそうだ。やはり、国は平和でないと。

落語「動物園」は、空き地に檻を並べる「移動動物園」が舞台となる。

元来のなまけ者のこの男、働く意欲はあるものの条件がいただけない。「何の責任もなくて、ぶらぶらできて、昼寝もできて給金は日に一万円」。こんないい就職口があった。

やってきたのがその移動動物園。仕事はというと、この間死んだトラの皮を着て、檻に入る。あとはぶらぶら。確かに労働条件にぴったり。やがて、その檻にライオンが入ってくる。動物園名物のトラとライオンの戦いのショーとなる。その男の慌てぶり…。

狸《たぬき》ばやしでは、上方《かみがた》の桂《かつら》そうばさんが演じている。

「動物園」は英語圏の国々で語られるジョークを明治時代に活躍した二代目桂文之助《かつらぶんのすけ》が落語に仕立てたという。以来、ZOOっと笑いを提供している。演者も多い。

3月21日――大師《だいし》の杵《きね》

「弘法筆《こうぼうふで》を選ばず」「弘法にも筆の誤り」。このことわざで知られる弘法大師、空海《くうかい》は、教科書にも出てくるおなじみの人だ。現在の香川県に生まれた。平城京（奈良）に上り、京都では官僚の教育機関、大学寮で学んでいたが、出家した。

遣唐使として八〇四～八〇六年、唐に渡り密教を学んだ。八一六年、現在の和歌山県高野山町に金剛峯寺《こんごうぶじ》を建立して真言宗を開いた。承和《じょうわ》二年三月二十一日（八三五年四月二十二日）に死去している。

開山一二〇〇年の二〇一六年十月、私は高野山を訪ねた。参詣人でいっぱいで、空海が眠る奥の院にたどり着くのがやっとだった。奥の院は、荘厳な雰囲気があり、信仰心などあまりない私でも心が洗われるような思いがした。

「大師」はたくさんいるが、大師は空海の代名詞のようになっている。

偉くて身近な人だけに空海は、落語にも登場する。空海が登場する「大師《だいし》の杵《きね》」を紹介する。「大師の馬」というのもあるが…。

諸国修行の空海。今の神奈川県川崎市に来て、名主源《なぬしげん》左衛門《ざえもん》の家に逗留《とうりゅう》した。源左衛門の娘おもよが、空海を思うようになり、還俗《かんぞく》して夫婦になってくれと懇願する。空海は断った。それならおもよは自害する、というので、今晩、寝間に来るように言う。空海は、布団に杵を置いて旅に出た。

おもよは、その杵を持ったまま、空海を追うが、途中で川に身を投げて死んでしまった。遺体を見た空海は、悔み、この地に庵を建て三年間、供養を続けた。近くの人の信頼が集まりお堂が建った。これが川崎大師となった。本当かと思えば。杵の相方《あいかた》…です。

三笑亭笑三《さんしょうていしょうざ》、桂《かつら》ひな太郎《たろう》さんで聞いた。落語家自身の口で語り込む地噺《じばなし》。力がいる噺だ。落語家と客の攻防もまた楽しみ。

3月22日――猫久《ねこきゅう》

ニャンニャンニャンの二月二十二日が「猫の日」だった。その一カ月後の今日も「ニャンニャン」で猫の落語を紹介する。

「猫久《ねこきゅう》」という噺《はなし》がある。江戸で生まれた滑稽《こっけい》噺という。

長屋に住む八百屋の久六。怒ったところを誰も見たことがない。まるで猫のようだと「猫久」とか「猫」と呼ばれている。

ある日、血相を変えた猫久が家に戻ると「今日こそは勘弁できねえ。脇差しを出せ」と女房に短刀を出させる。女房は、落ち着いて、神棚に短刀を三度押しいただいて、猫久に渡した。猫久は出ていった。

これを見ていたのが熊五郎。床屋で、猫久のことを話す。それを聞いた武士が「おとなしい亭主が怒るところを見て、出て行くのを女房が止めなかったのは、亭主を信じていればこそのことだ」。

武士の解説は続く。「短刀を三度押しいただいたのは先方、亭主にけががないよう、神に祈ったのだ。わしにも二十五になるせがれがいるが、そのような妻をめとらせたい」

武士の話にやたらと感心する熊五郎。家に帰ると女房に「おれが何か出せと言えば、三回押しいただくなんてこと、おめえにゃできないだろう」。

そうこう言っているうちに、晩のおかずのイワシが猫に持っていかれた…。

中学のころ、ラジオで聞いた。誰だか覚えていない。うまかったのだろう。笑ったことだけ覚えている。

久しく聞かないと思っていたら二〇一九年二月、桂文《かつらぶん》楽《らく》さんが寄席《よせ》でやっていた。久々に出会った幼なじみのような気分になったにゃー。

3月23日　探偵《たんてい》うどん

米国ドラマの『刑事コロンボ』。ピーター・フォーク（二〇一一死去）が主演し、一九六八～二〇〇三年に六十九本が制作された。わずかな手がかりから犯人に迫っていくコロンボ。魅力だった。

ドラマには、名脇役が出演して、米国の芸能に詳しい人にはたまらないらしい。私も、被害者役で若かったレスリー・ニールセン（二〇一〇死去）を見た。後に『裸の銃を持つ男』（一九八八年）のトレビン警部補で大活躍した。

日本版でコロンボの吹き替えを最初にしたのが小池朝《こいけあさ》雄《お》。「うちのかみさんがね」「いやぁお祭しします」。この声に魅せられた。俳優でも『炎の第五楽章』（一九八一年）での横暴な男、『小説吉田学校』（一九八三年）の浅《あさ》沼稲次郎《ぬまいねじろう》役では、本人そっくりだった。一九八五年三月二十三日に五十四歳で亡くなった。

古典落語で刑事が出てくる噺《はなし》はそう多くはないと思う。「探偵《たんてい》うどん」がその一つだ。

古今亭志ん生《ここんていしんしょう》が録音を残している。頭突きを見舞って懐《ふところ》の財布を奪う泥棒がいた。今日も、財布を盗んだら思わぬ大金にありついた。しかし、この日は警察の手際がよく、非常線が張られ包囲されたようだ。

泥棒は、近くを通ったうどん屋を呼び止め、うどん屋の着物と取り換えて、うどん屋の屋台を担《かつ》いだ。変装して逃げようとの魂胆《こんたん》だ。実は、うどん屋の正体が刑事だった。

東京で演じる人はいないようだ。上方《かみがた》では「警察うどん」で桂七福《かつらしちふく》さんがやっている。七福さんは「上方で演っているのは私だけ。亡くなった先輩が小話のようにやっていたものを資料を読んで作り直しました。志ん生師匠のものとも大きく違っています」

どんな噺なのか？探偵を雇って調べてもらうことにする。

3月24日 — 反対車《はんたいぐるま》

各地の観光地では、人力車が走っている。浅草、京都と人力車の雰囲気はぴったり。風情があるが、乗っている人がスマホをいじっていたりする。

歴史を見れば、一八七〇（明治三）年三月二十四日、和泉要助《いずみようすけ》、高山幸助《たかやまこうすけ》、鈴木徳次郎《すずきとくじろう》の三人が、東京府から人力車営業許可をもらっている。この日が「人力車発祥の日」。この三人が、人力車を発明したとされるが、ほかとの競争も激しく、諸説がある。

このうち和泉（一九〇〇年死去）は、元福岡藩士で現在の福岡県直方市出身。直方市では直方文化連盟が、和泉を顕彰しようと人力車を新調し、イベントで活用している。

直方で思い出した。森鷗外《もりおうがい》（一九二二年死去）は、一八九九（明治三十二）年、第十二師団軍医部長として現在の北九州市に着任した。その年の七月九日。

「直方駅で客待ちをしている人力車に乗せてもらうよう頼んだが、みんな病気と言って乗せてくれない。茶店の主人が紹介した車夫《しゃふ》が乗せてくれたが、途中で降りろというので歩いた」（要約）と『小倉日記』に書いている。

車夫が望んでいるのは炭鉱経営者。乗車賃とは別に酒手、チップがもらえるのだ。

落語家では、初代三遊亭円遊《さんゆうていえんゆう》や上方の初代桂春団治《かつらはるだんじ》が、寄席《よせ》を掛け持ちした時に人力車で移動したことが有名だ。

人力車が出てくる噺《はなし》に「替り目《かわりめ》」がある。そして主役として登場するのが「反対車《はんたいぐるま》」。

上野駅まで行きたい男が人力車を捕まえる。その車夫が病み上がりで、一向に前に進まない。降りて仕方なく駄賃《だちん》をやる。次に乗った人力車が、速いのなんの。速すぎてとんでもない目に遭ってしまう。「過ぎたるは…」である。

さん光《こう》時分の柳家権太楼《やなぎやごんたろう》さん、立川生志《たてかわしょうし》さんで聞いた。三遊亭《さんゆうてい》亜郎《あろう》さんは「歌付き」だった。

3月25日―小言幸兵衛《こごとこうべえ》

三月二十五日は、その語呂合わせから「散歩にゴーの日」。ユニ・チャームが、家に閉じこもりがちの高齢者に散歩を勧めようと制定している。

散歩の効果は大きいようだ。朝日を浴びながらの散歩は、体内時計を整えるとされ、朝のすがすがしい目覚めを促すという。ゆっくりとした歩みでもカロリー消費があり、血行促進に効果があるという。

どう散歩に促すか。私は、地域の道路などにいくつものコースを設定して、十メートルごとにさまざまな模様の目印を付けたら、と考えている。ところどころにいすを置いて休息の場を設けて交流の場になれば、歩きたい人も出てくる。道交法の問題もあるかな？

高齢者が町を歩けば、車の乱暴な運転もできなくなる。何よりも、地域に歩く人を見なくなったのが、ずっと前から気になっている。

散歩が大好きなのだろう。いや、小言が大好きだから、その目的を果たすために散歩をするのか。麻布《あざぶ》の家主幸《こう》兵衛《べえ》のことだ。この人が、主人公になる噺《はなし》が「小言幸兵衛」。

家主の幸兵衛、今日も長屋《ながや》をひと回りしてきたところ。家に帰っても、店子《たなこ》たちに言ってきた小言の続きを言っている。今度、標的になるのはおばあさんだ。

「釜《かま》のふたが曲がっている。いや、こっちから見て形が悪いから言っている」「ふたを直したら、汚れ物片付けちまいな。ぼーっとしているから、居眠りが出る」「全く、尾の長い猫だ。自分の尻尾を追いかけてやがる」

客が来た。「貸し家」の札を見た男が、乱暴な口利きで入ってきた…。

三遊亭円生《さんゆうていえんしょう》の録音がめちゃくちゃ楽しい。古今亭志ん《ここんていし》生《しょう》は「搗屋《つきや》幸兵衛」で録音を残している。古今亭志ん朝《ちょう》もよかったなあ。無駄のない小言というものがある。

3月26日——鍬潟《くわがた》

「私は元力士でしてね。同期入門は貴闘力《たかとうりき》。やっとは二戦して一勝一敗、勝率五割です（笑い）。一敗はやつの得意の張り手。その後押し出されました」

「私の一勝は肩すかしでした。私の得意技は、肩すかし、はたきこみ、引き落とし、けたぐり、猫だまし…、みんな卑怯《ひきょう》な手ばっかりで…」

三遊亭歌武蔵《さんゆうていうたむさし》さんが高座で笑いを取っている。歌武蔵さんは落語界では珍しい元力士。大きな体は高座映えする。体とは対照的に繊細で柔らかいしゃべりに定評がある。

元関脇貴闘力関は、二〇〇〇年三月二十六日、史上初の幕尻《まくじり》優勝をしている。前頭十四枚目。十両降格がいわれたこの春場所で、初日から十二連勝。横綱曙《よこづなあけぼの》関と武《む》蔵丸《さしまる》関に敗れたが、千秋楽で勝ち、賜杯《しはい》を手にした。一八一センチ、一四八キロ。小兵力士の快挙だ。

小兵力士が活躍するのが「鍬潟《くわがた》」だ。

背が低いのが悩みの男が、大家に相談した。大家は昔いた力士鍬潟の話をする。

鍬潟は、小兵力士。大きな大関雷電為右衛門《らいでんためえもん》と対戦することになった。鍬潟は体に油を塗り、組まずに土俵を逃げ回った。

捕まえようとしても油で滑り、つんのめった雷電の足にがぶりとかみついた。たまらず土俵下に転落した雷電。雷電と鍬潟は、一生の友となった。お前も努力せぃよ、と。

雷電為右衛門（一八二五年死去）は、よく知られる実在の大関。一七八九年に初土俵。二百五十四勝十敗。引き分け、預かりというのもある。驚異的な成績を残している。

十敗は、格下の相手ばかりで、ご愛敬もあったのではという。

「鍬潟」の原話は一七七七年の笑話本にある。雷電が活躍する前。雷電の人気が高まったことから、落語界から「呼び出し」を受けたのだ。

3月27日――鼻《はな》ねじ

三月二十七日は「さくらの日」。日本さくらの会が一九九二年に制定した。

桜の「さ」と「く」で三と九を掛けると二十七になる。また二十四節季をさらに三分割する季節の分け方「七十二候《しちじゅうにこう》」にある「桜始開《さくらはじめてひらく》」がこの頃。

桜は日本人に最も愛される花。寒かった季節から、開放感が出てくる時にぱっと咲いてぱっと散る潔さ。南北に長い日本。桜前線の北上は北海道の五月ごろまで続き、各地からの花便りは尽きない。

桜を題材にした噺《はなし》は多い。その第一弾は「鼻ねじ」。

商家の旦那が怒っている。隣に住む漢学者《かんがくしゃ》の庭に出た桜の枝を漢学者が折ったのだ。談判にやろうと小僧を呼ぶが、おなじみのこまっしゃくれた小僧で、まずは旦那《だんな》と小僧のやりとりで笑える。

旦那の思いを何とか漢学者に伝えた小僧だが、逆に怒られ三十一文字を持たせられる。「塀越しに隣の庭へ出た花は捻《ね》じよと手折《たお》ろとこちら任せ」

さすが学者と、感心するわけにはいかない旦那。知恵者の番頭に仕返しを考えさせる。番頭は、いい考えがあるが金がかかるという。けちな旦那に散財をさせようとの魂胆もある。親戚一堂を呼び、奉公人も交えて、芸者を上げた花見の宴《うたげ》を開くことになる。

鍵《かぎ》になるのは三十一文字。

二代目桂小南《かつらこなん》の録音が楽しい。

落語と同じようなもめごとは多いはず。民法によると、木の枝が、自分の土地に出ている場合は「持ち主に切るよう求めることができる」とある。この落語、勝手に折った漢学者に分が悪いようだ。

3月28日——くしゃみ講釈《こうしゃく》

八百屋の娘お七は十八歳。天和《てんな》三年三月二十八日（一六八三年四月二十四日）、火付けの罪で火あぶりの刑になった。若い娘がなぜ放火犯になったのか？

前年の十二月二十八日、お七の家は火災に遭い、近くの寺で避難生活を送る。その寺の小姓吉三《こしょうきちざ》と恋仲になった。お七は、吉三に会いたいと思う。火事になればもう一度会えると、火付けをした。通信手段がない。娘から手紙というわけにもいかなかった…。

井原西鶴《いはらさいかく》（一六九三年死去）が一六八六年に書いた『好《こう》色五人女《しょくごにんおんな》』で、愛欲のために身を滅ぼした女の物語の中にお七を取り上げた。これが歌舞伎、浄瑠璃《じょうるり》にもなり、お七が名を残すことになった。落語にも「八百屋お七」「強情灸《ごうじょうきゅう》」にお七が出てくる。

今日は「くしゃみ講釈」を選んだ。東京でも上方《かみがた》でもよく演じられている。

講釈師に恋路を邪魔された男、仕返しをしたい。兄貴分に相談すると、講釈師が講釈を語っている最中、火鉢に胡椒《こしょう》の粉をくすべて煙を吸わせたら、くしゃみが出て講釈どころじゃなくなるぞ。

乾物屋に胡椒の粉を買いに走るが「胡椒」を忘れそうだ、という。「八百屋お七ののぞきからくりの歌にある。お七が恋い焦がれた男は『小姓の吉三』じゃないか。ここで「胡椒」を思い出せ」

乾物屋で胡椒を忘れた男は「小伝馬町《こでんまちょう》から引き出されーうぇい」と最初から最後まで歌うことになる。やっとの思いで唐辛子《とうがらし》の粉を買った。講釈場での仕返しが始まる…。

狸《たぬき》ばやしで、桂福《かつらふく》団治《だんじ》さんが何度も演じてくれた。福団治さんが、この落語の中で演じる講釈師の講釈「難波戦記《なんばせんき》」がまたいい。男にじゃましてほしくないが、それでは落語にならないか。

3月29日――百年目《ひゃくねんめ》

「百年目」を「九十九年目の次」とだけ理解していてはいけない。辞書を引くと「どうにもならない運命の時」「運のつき」と出てくる。使用例として「ここで会ったが百年目」とある。

これを知ると、落語「百年目《ひゃくねんめ》」に合点がいく。桂米朝は「屈指の大ねた」と話していたという。桜の時期。あちこちで花見の宴《えん》が開かれている。

この店では、番頭がほかの手代たちに小言の連続だ。さんざんの小言を浴びせておいて「私は用足しに出る」と店を出た。番頭は、店に内緒で花見としゃれ込む算段。

間借りした部屋にはたんす二棹《さお》。そこには鮮やかな着物一式。着替えれば、見事な大店《おおだな》の旦那《だんな》の貫禄だ。

芸者たちと合流して船に乗った。「窓は閉めろ、誰が見るとも分からない」と用心していたが、酒も入り、花の下に繰り出し、目隠しして芸者を捕まえる粋な遊びになった。幇間《たいこもち》を捕まえたと思って目隠しを取ると、何と自分の旦那。「ああ、お久しぶりでございます…」。番頭の隠れ遊びを旦那に見られてしまった。

番頭の胸の内は複雑だ。「ああ首だ。もうおしまいだ」「いや、旦那さんは粋なお方。今後は気ぃつけよで許される」「いや、やっぱり首だ」と、まんじりともしない夜を過ごした番頭に朝がくる…。

旦那が番頭を諭《さと》す場面は、旦那の大きさが見える。演じる方もその力量が問われる。

立川生志《たてかわしょうし》さんが、独自の工夫を入れて演じている。「三遊亭鳳楽師匠から教わりました。元は三遊亭円生《さんゆうていえんしょう》師匠のものです。番頭は四十二歳という設定」と話してくれた。

狸ばやしでは桂福団治《かつらふくだんじ》さん、金原亭馬生《きんげんていばしょう》さんが演じてくれた。

3月30日――親子茶屋《おやこぢゃや》

桜の噺《はなし》が続くことになる。上方噺《かみがた》の「親子茶屋」。演出で省《はぶ》かれたのか、直接、桜は出てこないが、東京では「夜桜《よざくら》」という題になっている。やはり桜の噺なのだろう。旦那《だんな》が、朝帰りの若旦那をしかっている。

「毎晩、毎晩遊びくさって…、親と芸者とどっちが大事か」

「親と芸者とどっちが大事か?、そら芸者です…」

若旦那、芸者とののろけを披露するから、大した遊び人だ。

怒り心頭に発した旦那は「お母さんの墓参りにいってくる」と家を出てしまった。ところが、数珠《じゅず》を丸めて懐《ふところ》に放り込むと、なじみの茶屋へと一目散。

座敷遊びの狐《きつね》釣りを始めた。旦那、目隠しをして「釣ろよ、釣ろよ、信太《しのだ》の森の、小狐どんを釣ろよ」と歌いながら芸者を捕まえるという遊び。

茶屋の外でこれを見た若旦那。遊んでいるのが親父とも知らずに「粋な遊びしてるな。親父《おやじ》に爪の垢煎《あかせん》じて飲ませたいぐらいや」。一緒に遊びたくなって、おかみに話して、目隠しをして座敷に飛び込んだ。思わぬ所で親子の出会い。親父の一言が実に粋だ。

三代目桂春団治《かつらはるだんじ》、五代目桂文枝《かつらぶんし》で聞いた。二人とも寸分違わない演出だと思うが…。

桂吉弥《かつらきちや》さんがこの噺を「ぜひ演じたい噺」と話していた。また、新しい「親子茶屋」に出合える。楽しみだ。

ところで「信太」(信田とも)とは、大阪府和泉市にあった旧村のこと。阿倍保名《あべやすな》と、信太の森のメスギツネが化けた女性「葛《くず》の葉《は》」が結婚して生まれたのが、のちの陰《おん》陽師阿倍晴明《みょうじあべのせいめい》(一〇〇五年死去)という伝説がある。

歌舞伎、浄瑠璃《じょうるり》にもなり、落語ではこの「親子茶屋」や「天神山《てんじんやま》」にもつながっている。

3月31日――付《つ》き馬《うま》

東京のカプセルホテルで支払いの時。現金が足りず、隣のビルにあるコンビニのATM（自動現金預払機）で下ろしてくる、と伝えると、フロントは「荷物は預かります。コンビニには従業員が付き添います」。言葉は丁寧だが「逃がさんぞ」という意識が見える。

靴は出してもらえず、スリッパで道路をパタパタと歩く。従業員にぴたりと付き添われ、ATMでも監視下で金を下ろす。フロントで金を払ってやっと「解放」された。この従業員、逃げないかを監視する「付け馬」だった。私は、落語「付き馬」を実体験した。

男が吉原で、「貸した金を取りにそこまできたが『明日まで待ってくれ』と言われた。今は文無《もんな》しだが、明日、大金が入る。払いは明日ってことで遊ばせてくれ」。帳場がこれを承知。男はどんちゃん騒ぎ。

翌朝。金を取りにいく体《てい》を装う男に当然、店からの付け馬が付く。一緒に外に出た付け馬に対し、「倍にして返すから」と言葉巧みに酒付きの朝飯代、朝湯代を立て替えさせる。男は浅草界隈《かいわい》の名所旧跡の解説など、一人しゃべりは尽きない。

ここは落語家の力量がいるところ。付け馬は「こいつ本当に金を払うのか？」という疑問を抱き始めるころ。男には、この疑いを消すだけの話術が必要だ。ここの部分が一番の聞かせ所。

男は、金の取り立てに見せて早桶屋《はやおけや》に飛び込んだ。棺《かん》桶《おけ》作りの職人の家だ。これから付け馬はとんだ目に遭う。

「付き馬」が、きょうの三月三十一日とどう関係するかって？ 今日は「オケの日。だから早桶屋」です。「え、今日はオーケストラの日だって？」

まあこれも「OK」というところで…。

【四月】

4月1日──花見《はなみ》の仇討《あだう》ち

四月一日は、エイプリルフール。日本では、四月ばか、万愚説《ばんぐせつ》ともいう。辞書によると、この日は、人をだましてもいいという西洋の風習、とある。その西洋でもどこに起源があるのかが、よく分からないらしい。

英国の放送局がこの日、ロンドンの時計台「ビッグベン」がデジタル式になる、といううそ報道を流して話題になったことがある。日本ではまだ、報道機関がうそを流すまでの理解はないようだ。

国や国会では、不正確な言葉や、書き直された文書、操作された統計がまかり通っている。国家存亡の危機とみるが、いかがだろう。

うそといえば。「クレタ人はうそつきだ」といった学者がクレタ人だった…。こうして、うそとは何だ、と哲学が広がっていく。うその世界は、奥が深い。

落語にはたくさんのうそが登場する。この日に紹介するのは「花見《はなみ》の仇討《あだう》ち」。

明日、花見に行こうか、と相談をしている四人連れ。「ただ酒飲んで帰ってきた、じゃ面白くねえ。江戸中に評判になる趣向《しゅこう》をやろうじゃないか」「いいよ。どうすんの?」

筋書《すじが》きが出来上がる。浪人者が、桜の木の下でたばこを吸っている。巡礼《じゅんれい》二人が火を借りに来る。巡礼が驚く。「や、お前は、何年以前、われらが父を討って逃げたなにがしよな。いざ、尋常《じんじょう》に勝負」「敵討《かたきう》ちとはしゃらくさい。返り討ちにしてくれるわ」

刀を抜く。「いいかい、これは本身《ほんみ》だよ。竹光《たけみつ》じゃ迫力がない」「本身かい?……」。うその敵討ちを止めに入るのが旅の修行僧六十六部《ろくじゅうろくぶ》。配役もそろったところでさあ、本番。

さて、これがうまくいかないから落語になる。

この原稿を読んで面白かった、と手紙をくださった方には十万円贈ります。うそです。

4月2日―長屋《ながや》の花見《はなみ》

花見といえば、桜。しかし、『万葉集』で「令和」の典拠《てんきょ》となった部分は、梅見の宴《えん》が舞台だった。昔の花見は梅だった。梅の頃は、まだ寒い…。

豊臣秀吉（一五九八年死去）が、贅《ぜい》をつくして、京都の醍醐寺《だいごじ》で女性をはべらせて「醍醐の花見」を開催したように、花見は桜に変わり、江戸時代は桜の花見が普通になった。

桜の花の下で、どこかの男たちが仕組んだ仇討《あだう》ち騒動のうわさが、町の中にも聞こえてくるころ。この長屋《ながや》では、仕事が休みの連中が、暇をもてあましていた。花見に行けばいいじゃないか、などと言ってはいけない。この長屋は貧乏長屋として有名なのだ。

大家が呼んでいるという。「店賃《たなちん》の催促だろう。みんなそろって謝ってしまおう」。ところが、風向きが違っていた。

「みんな来たな。そろって花見にいこう。世間じゃ、この長屋は貧乏長屋って言われているそうじゃねえか。悔しいじゃねえか。そこでだ、今日は俺が、酒三升《さんじょう》、重《じゅう》箱《ばこ》に卵焼きとかまぼこを心配したってわけだ」

「え、なんすか。酒に肴《さかな》がある？　それじゃ、みんなで割《わ》り前《まえ》を取ってあとで大家さんに届ける…」

「いや、それはいいよ。俺一人で面倒をみたというところで」

ところが、酒三升は、お茶に水を足したやつ、かまぼこは大根で、卵焼きはたくわんだった。こうして花見のまねごとが繰り広げられる…。

「長屋の花見」、上方で「貧乏花見」。さてどうなりますことやら。

春になると寄席《よせ》で必ず出合う噺《はなし》。桂文《かつらぶん》朝《ちょう》の一席が、まだ頭に残っている。狸《たぬき》ばやしでは、桂福団治《かつらふくだんじ》さんの一席がある。

4月3日――金明竹《きんめいちく》

東京の日本橋は、一九一一（明治四十四）年四月三日、石橋に架け替えられた。

寛文《かんぶん》十三（一六七三）年四月三日に、中国から日本にきた僧隠元禅師《いんげんぜんし》が亡くなった。禅宗の一派を起こした人だ。インゲン豆を持ってきた人とも伝わる。

四月三日でつながる隠元と日本橋。日本橋のそばに中橋という橋、地域があった。こうして無理やり「金明《きんめい》竹《ちく》」という噺《はなし》につなげている。

中橋にある加賀屋佐吉《かがやさきち》方で働く大阪の人が、骨董店《こっとうてん》で働く与太郎とおかみに長いことづけを言う。全部が大阪弁。与太郎にもおかみにも、聞いている私にも理解不能だ。

岩崎均史《いわさきひとし》さんの著書『落語の博物誌江戸の文化を読む』（吉川弘文館）に頼り、ことづけの一部を拾ってみる。ことづけは書くスペースがないので思い出してほしい。

「祐乗《ゆうじょう》、宗乗《そうじょう》、光乗《こうじょう》」とは、室町時代の金工師後藤祐乗と、その子とひ孫のこと。この後藤家に金工を学んだ横谷《よこや》氏の三代目が横谷宗珉《よこやそうみん》。

松尾芭蕉《まつおばしょう》の「古池や」の俳句の後に「風羅坊正筆《ふうらぼうしょうひつ》の掛《か》け物《もの》」と出てくる。風羅坊とは、芭蕉が筆を持った時の号。芭蕉本人が自作句を書いた掛け軸のことが、ことづけに入っている。

「沢庵《たくあん》、木庵《もくあん》、隠元禅師《いんげんぜんじ》張り交ぜの小屏風《こびょうぶ》」。沢庵は江戸時代の僧。木庵は、隠元とともに中国から来た僧。三人の高僧の書が張り付けてある小型の屏風と言っている。

長いことづけには、美術・工芸分野の言葉、人の名が入っている。江戸で大阪弁を聞く機会は、まだ少なく、与太郎やおかみさんが理解できないのも無理はない。

三遊亭円丈《さんゆうていえんじょう》さんは、名古屋弁でやった。福岡県出身の林家《はやしや》きく麿《まろ》さんは「金明竹」を元に、九州弁でしゃべる新作「珍宝軒《ちんぽうけん》」を演じている。

今は、テレビで大阪弁を聞かない日はない。一九五六（昭和三十一）年生まれで、福岡県で育った私が、直接大阪弁を聞いたのは小学三年生のころ。外国語かと思った。

4月4日――田舎芝居《いなかしばい》

日本各地、五穀豊穣《ごこくほうじょう》を祈ってさまざまな催しをする。

私の生まれ育った福岡県南部では、田植えを終えた後、農作業がつかの間の休息になるころを早苗饗《さなぶり》といって、村の者が集まってよく酒宴をした。

夏や秋の祭りには神社の境内に舞台を作って芸人一座を招いて、芝居や浪曲《ろうきょく》を楽しみ、銀幕を張って映画上映会もあった。

早苗饗や村に入り来る旅一座　宮原勝彦

昔を思い出しての一句だ。

一座を招くのではなく、村人たちが芝居を演じているところもあった。多くが廃《すた》れたが、地域の伝統として守っているところもある。福岡県八女《やめ》市黒木町笠原には人《にん》形浄瑠璃《ぎょうじょうるり》があり、宮崎県日之影町《ひのかげちょう》には大人《おおひと》歌舞伎がある。

映画『大鹿村騒動記』（二〇一一年）では、長野県大鹿村で実際に守り続けられる歌舞伎が描かれる。俳優原田《はらだ》芳雄《よしお》（二〇一一年死去）の最後の映画になった。家出した主人公の妻が認知症になって戻る騒動があり、歌舞伎を守る主人公たちが描かれる。

こんなことから「田舎芝居《いなかしばい》」という噺《はなし》を引っ張った。

田舎で毎年、恒例の歌舞伎上演をしている。その指導者としてやってきたのが、端役《はやく》だが、本職の歌舞伎役者。今回は「忠臣蔵《ちゅうしんぐら》」をやることになった。干しておいた烏《え》帽子《ぼし》にハチが入っているのに気づかず、かぶった役者の頭がハチに刺されるなど大変な騒ぎ。

一番の見せどころ、判官《ほうがん》の切腹の場。立ち合いの諸士《しょし》（侍）が出ていない。「ショシ、ショシ」と呼んだものだから、「シシ」と聞き違え、次の幕に出るはずの猪が舞台に飛び出した…。

シシで、四月四日の落語にした。

4月5日——坊主《ぼうず》の遊《あそ》び

四月五日は「横丁《よこちょう》の日」という。落語には欠かせないのが「横丁」だ。

「横町」「横丁」を辞書で引くと「表通りから横に入った細い道」とある。横丁とは、町の意味ではなく、道を意味する。

落語には「横丁の隠居《いんきょ》」というのがいる。

隠居を辞書で引くと「勤めなど公の仕事を退いてのんびりと暮らすこと。その人」とある。「旧民法で生存中に家督《かとく》を譲ること」ともある。「隠居差控《さしひかえ》」の意味もあり、江戸時代、家禄を子孫に譲らされ、自宅謹慎《きんしん》させられる意味となる。

落語に出てくる隠居は、知識人で長屋《ながや》の連中の相談、質問などに何でも答えてくれる存在。好々爺《こうこうや》だが、その知識もなんだか怪しげで、知ったか振りも平気な人もいる。

時に威張った人もいて、陰ではいろいろあだ名を付けられ、悪口を言われている。「隠居差控」をくらった元武士の隠居も交じっているのかもしれない。

「浮世根問《うきよねどい》」「子ほめ」「十徳《じっとく》」「松竹梅」「化け物使い」「茶の湯」「元犬《もといぬ》」など、登場する噺《はなし》は多い。これらの中で色っぽい隠居が出てくるのが「坊主の遊び」だ。

隠居が、床屋《とこや》の親方と吉原《よしわら》に繰り出した。その折、頼んでおいたカミソリを受け取った。自分の頭をそるためのものだ。隠居はいつも坊主頭なのだ。

酒の席になった。この床屋の親方が酒乱《しゅらん》。芸者《げいしゃ》に悪態《あくたい》をつくばかりか、隠居にまで雑言《ぞうごん》を吐く。けんかになって親方は出ていった。

隠居は一人でふて寝をしていると、女が布団に入ってきた。この女も機嫌《きげん》が悪く、悪態をついてひどい振る舞い。隠居は、寝込んだ女の髪をカミソリでそってしまった…。

三代目三遊亭円歌《さんゆうていえんか》のDVDで楽しんでいる。あの頭でのこの噺は真に迫っていた。

4月6日 新聞記事《しんぶんきじ》

四月六日は「よむ」で「新聞をヨム日」。日本新聞協会が、二〇〇三年に制定した。

日本新聞協会は戦後すぐの一九四六年に設立。現在では新聞社、通信社、放送局など百二十九社が加盟している。

電車で新聞を読む人が減った。代わりに多く人の手にあるのがスマートフォン。私も使っている。手の中で情報が得られるから便利この上ない。悔しいけれど。

電車だけではなく、家庭で新聞を読んでない人も多くなっている。新聞を読まない人が既に親になり、新聞を知らない子が育っている。寂しい。私は、新聞のよさを伝えるため時々、読み方を解説したりする。若い人、とにかく新聞をめくってほしい。

見出しを流し読みして、興味がないものはパスしていい。興味があるものを読んでみて。そして、切り抜いて年月日を書いてノートにでも張っておく。後で見ると「あの時こんなことに興味を持っていたんだ」と、内面を記録する自分史になる。本当だよ。

読み慣れてくると、それまでパスしていた記事にも注意するようになる。言葉の意味を知ろうと、辞書を引くと、その言葉の近くにある言葉まで読んで、得したような経験をしたことがないだろうか。それと同じ。

興味の範囲が広がることは、人の幅と奥行きを広げることになる。

落語「新聞記事」。上方《かみがた》では「阿弥陀池《あみだいけ》」。上方で生まれた落語だ。

男が隠居を訪ねると、新聞を読んでいる。「新聞読んで役に立つんですかい?」「立つとも。ところで昨日、あそこの天ぷら屋で事件があったぞ」「えー」。隠居のニュース解説が楽しい。人のまねしてつまずく滑稽噺《こっけいばなし》だ。

謎かけの名作がある。

新聞とかけまして。お坊さんと解く。その心は。袈裟《けさ》着て経読む。

(今朝来て今日読む)

4月7日――金《きん》の大黒《だいこく》

大黒《だいこく》さまとして親しまれる大黒天。始まりはヒンズー教のマハーカーラという神で、戦闘、財福、冥府《めいふ》（死後）の神だった。インド密教に取り入れられ、戦闘の神として三面の忿怒《ふんぬ》の形相《ぎょうそう》、剣を持ち、強さ、怖さが強調される。

日本では、大国主神《おおくにぬしのみこと》と結びつき財福の部分が強調された。頭巾《ずきん》をかぶり、笑顔でふくよかな体、大きな袋を担いで打ち出の小槌《こづち》をもった大黒さまになった。

大黒さまを祭る寺社では「甲子《きのえね》の日」を縁日《えんにち》としている。二〇一七年でいえば二月六日、今日の四月七日など、年に六回ある。

大黒さま、しかも金の大黒が主人公になる噺が「金の大黒」だ。

大家《おおや》が、長屋《ながや》の住人を呼んでいる。また家賃の催促かと思うとそうではなく、大家の息子が普請場《ふしんば》で遊んでいると、土から金の大黒さまを掘り出したという。大家は大喜びで、みんなにごちそうをしようというのだ。お祝いだから羽織を着てくるように、という。

羽織を持っているものがいない。探したら、袖の模様が違い、背中の部分は新聞紙というとんでもない羽織が一枚。これを順に着て訪問する。

何とか料理にありついた。これがまた立派なごちそう。飲めや歌えやの大騒ぎ。中には料理を競《せ》りにかけるやつまで出てくる。

この様子を床の間に飾られた金の大黒さまがじっと見ていた…。

上方落語というが、東京でも演じられる。大家と長屋の連中が、これほど愉快に過ごす噺《はなし》は珍しいと思う。

私は、この噺とあまり出合わない。私が財福に縁が少ないのは、大黒さまから見捨てられているのかもしれない。

4月8日　お血脈《けちみゃく》

四月八日は、仏教の創始者・釈迦《しゃか》の誕生日だ。灌仏会《かんぶつえ》、はなまつりとして祝う。花飾りを施《ほどこ》した屋根の下の仏像に甘茶《あまちゃ》を掛けたことがある人は多いはず。私は、寺が運営する保育園に通ったから、張り子の白い象を引いて町を歩いたことがある。

釈迦とは、紀元前七～六世紀ごろ、ヒマラヤ山脈の麓《ふもと》辺りに住んだ民族の名。その民族の人でゴータマ・シッタルタは、二十九歳で出家《しゅっけ》。三十五歳で悟りを開き、仏教を開いた。釈迦のことだ。八十歳で入滅《にゅうめつ》（死去）するまで、仏教の教えを説く旅を続けた。

日本に仏教が伝来したのは六世紀半ば。受け入れ派の蘇我《そが》氏、反対派の物部《もののべ》氏が対立を見せた。物部守屋《もののべのもりや》（五七八年死去）は、仏像破棄などをしている。

善光寺《ぜんこうじ》（長野市）由来が語られるのが「お血脈《けちみゃく》」。物部守屋は、仏教の象徴ともいえる閻浮檀金《えんぶだごん》（プラチナ）製の仏像を奪い、鍛冶屋《かじや》につぶさせようとしたから、不埒《ふらち》な（プラチナ）奴。でもこの閻浮檀金が硬くてつぶれない。あげくには、池に沈めてしまった。

何年か立ち、そこを通ったのが本田善光《ほんだよしみつ》。池が輝き、呼ぶ声がする。近づくと仏像が現れた。背のかごに乗せて、信濃《しなの》へと行き、善光寺を建立《こんりゅう》して本尊とした。

やがて「善光寺のお血脈の御印《ごいん》」をいただくと、極楽に行けると大人気。地獄は暇で仕方ない。閻魔《えんま》大王は、石川五右衛門《いしかわごえもん》を善光寺に行かせ、この御印を盗ませる…。

閻浮檀金とは。インドの想像上の樹木である閻浮樹《えんぶじゅ》の森の中を流れる川から採れる砂金、と辞書にはある。

十代目桂文治《かつらぶんじ》がよくやっていた。懐かしい。

4月9日 — 大仏餅《だいぶつもち》

(三遊亭円朝作)

奈良市の東大寺にある「奈良の大仏」は、聖武《しょうむ》天皇(七五六年死去)が、五穀豊穣《ごこくほうじょう》や伝染病の抑止、国家安寧《あんねい》などを願って建立した。大仏の正式名称は「盧舎那仏《るしゃなぶつ》」。サンスクリット語で、「太陽の光」という意味になる。

天平勝宝《てんぴょうしょうほう》四年四月九日(七五二年五月二十六日)に開眼供養が行われている。いくつかの戦乱に巻き込まれて壊れたが修復され、現代にその姿を見せている。座高は約十五メートル、手のひらの縦が約一・五メートルあるという。

奈良の大仏は、落語にもよく登場する。「三十石」の船頭唄《せんどううた》では「奈良の大仏っつぁんをよ小脇に抱いてよお乳飲ませた乳母さんはどんな大きな乳母さんか一度対面がしてみたい」と歌われる。

江戸時代中期には、東大寺そばの菓子店や、京都の菓子店で「大仏餅」が売られた。大仏の姿が焼き印で描かれていて、人気だったという。三遊亭円朝《さんゆうていえんちょう》(一九〇〇年死去)は、その大仏餅を登場させて「大仏餅」という噺《はなし》を創作している。

目の不自由な物乞《ものご》いが足をけがしている。子どもも連れている。店の主人が、見かねて手当をしてやる。子どもは六歳という。

主人の息子も六歳の祝いをしたばかり。その仕出し料理の残りをやろうとして、物乞いが差し出した器に驚いた。朝鮮さはりの水こぼし。立派な茶道具だった。聞くと物乞いは神谷幸右衛門《かみやこうえもん》。お上の用達をする有力な商人だった。主人は、驚き、招き入れて茶を進ぜる。菓子の大仏餅を出す。食べた神谷幸右衛門の目が開いた…。

さはりとは、銅、錫《すず》、鉛《なまり》の合金。仏具、器物が作られた。

八代目桂文楽《かつらぶんらく》は、この噺の途中、神谷幸右衛門の名が出ずに絶句。「勉強し直して参ります」と高《こう》座《ざ》を下りた。以後死去するまで落語は語らなかった。

4月10日―鬼《おに》の面《めん》

落語の子どもといえば、だいたい男の子だ。ひなまつりを描く「雛鍔《ひなつば》」でさえ、男の子が登場する。今日は、女の子が主人公という珍しい噺《はなし》を紹介する。上方《かみがた》の桂《かつら》雀三郎《じゃくさぶろう》さんが、講談の「面の餅」を参考にして練り上げた「鬼の面」という噺。

池田から、大阪の大店《おおだな》に子守り奉公《ぼうこう》に出ている十二歳のおせつ。近くの店に並ぶおたふくの面が、母親に似ていると、いつも眺めていた。理由を知った店のおやじは、おせつに面を贈った。おせつは部屋で箱を開いてはおたふく面に話しかけている。

旦那《だんな》は、おせつの部屋から話し声が聞こえるので不思議に思った。おせつがいないすきに箱のふたを開けるとその面。いたずら心が出る。面を鬼の面にすり替えた。

旦那は、すぐに種明かしして大笑いするつもりだったが、忙しくなりすっかり忘れてしまった。おせつは鬼の面に驚き「母親に何かあったに違いない」と思い、池田に帰ろうと店を飛び出した。帰る途中、この鬼の面が騒動を引き起こすことになる。

雀三郎さんの噺は聞いていない。雀三郎さんから引き継いだ桂梅団治《かつらうめだんじ》さんが、二十五年も前から演じていて、よく高座《こうざ》にかけている。私はこれを聞いた。

四月十日は「女性の日」。一九四六（昭和二十一）年四月十日、戦後初めての総選挙で女性の選挙権、被選挙権が認められ、女性衆院議員三十九人が誕生した。これを記念して厚生省（現、厚生労働省）が一九四九年に制定した。

ちなみに一九四七年の第一回参院選では女性十人が当選した。敗戦からの復興を目指す新しい国会には計四十九人の女性議員が活躍することになった。

女の子の話じゃないか、といわないで。十二歳の女の子も二十五年も演じられていれば大人の女性になっている。

4月11日—花筏《はないかだ》

春たけなわ。野に行けばいろいろな草花が咲いている。今が盛りのスミレの花が「相撲取花《すもうとりばな》」との別名があることを最近、知った。あのかれんな花が、相撲取り、力士とどうつながるのか？　子どもの遊びで、スミレの花を垂《た》らし、絡め合って遊ぶ花相撲からきている、という。

スミレとは違うが、「花と相撲」で、落語好きには、ぽーんと出てくる噺《はなし》がある。「花筏《はないかだ》」だ。花筏とは、桜の花びらが水に落ちて浮いている様子。美しいし、その緩やかな動きを眺めていたくなる。落語の方の花筏は、相撲取り、大関の名だ。

提灯《ちょうちん》屋の徳さんに相撲の親方が訪ねてくる。花筏を中心に据えた地方巡業が近いが、花筏は病気。「徳さん、あんたは、顔も体も花筏そっくり。提灯屋で稼ぐ金の倍だそう。花筏になって来てくれないだろうか」

病気という触れ込みで行くから土俵《どひょう》に上がらなくていい、とうまい話に乗った。その土地には千鳥《ちどり》ケ浜《はま》という草相撲のつわものがいた。玄人《くろうと》相手に勝ち続けて、明日が千秋楽《せんしゅうらく》という日。取組の発表があった。「千鳥ケ浜には花筏」

驚いたのは花筏、いや徳さん。親方に食ってかかる。親方は「あんたも悪い。飯は人一倍、大酒も飲む。昨夜は、宿屋の女に夜這《よば》いをかけたというやないか。花筏が例え病気でも素人《しろうと》と一番ぐらい」と勧進元《かんじんもと》に言われて、断り切れなかったと言う。

恐れる徳さんに親方は、花筏の名も汚さず、千鳥ケ浜の顔も立ついい策を授ける…。

狸《たぬき》ばやしで六代目笑福亭松喬《しょうふくていしょきょう》が好演。松喬亡き後、弟子の笑福亭風喬《しょうふくていふうきょう》さんも披露《ひろう》してくれた。

日本相撲協会によると、一九六六（昭和四十二）年に十両に昇進した花筏という力士がいた。さぞかし落語ファンの応援も受けたことだろう。

4月12日──天神山《てんじんやま》

上方《かみがた》落語の四天王といえば六代目笑福亭松鶴《しょうふくていしょかく》、五代目桂文枝《かつらぶんし》、三代目桂米朝《かつらべいちょう》、三代目桂春団治《かつらはるだんじ》だ。この順に全員が亡くなった。戦後、上方落語家が十数人というとき、この四人が競うように芸に打ち込み、ファンを拡大しながら、弟子も増やしていった。

それぞれに持ち味があって誰が勝るとも劣らない名人だった。かってに言わせてもらえるなら「力の松鶴」「知の米朝」「美の春団治」「柔の文枝」だと思う。

その桂文枝は一九三〇（昭和五）年四月十二日、大阪市で生まれ、二〇〇五年に亡くなった。七十四歳。入門時に桂あやめ、後に桂小文枝《かつらこぶんし》を名乗った。

桂文枝の古くからのファンが、大分県日田市にいる。料亭経営の後藤功一《ごとうこういち》さん。東京の大学で落語研究会に所属していて、桂小文枝（当時）の落語会を東京で初めて開催した一人だ。その後藤さんが、大分県各地で桂文枝の会を開催したことがある。

日田市であった文枝の落語会で、後藤さんから「ちょっと師匠の相手をしていて」と、私が楽屋《がくや》に入ることになった。文枝は数度、生で見ていた。「よく楽しんだのが『親子茶屋《おやこぢゃや》』でした」と話すと「それ、今日やりますよ」。もちろん、話は弾んだ。

文枝が得意だった演目に「天神山」がある。東京では「安兵衛狐《やすべえぎつね》」。

男は、猟師のわなにかかったメス狐を買い取り助けてやる。その狐が女に化けて礼にくる。名はおこん。男は気に入り、嫁にする。やがて、近くの者が、その正体のうわさを始め、おこんはからかわれる。おこんは、障子《しょうじ》に歌を書いて去って行く…。

この高座《こうざ》で文枝は、高座横に置いた障子に、筆を口にくわえたり、下から逆に筆を走らせたりして、見事な歌を書いた。これを尋ねると文枝は「もううまくできまへんやろうな」と笑った。文枝との時間、私の形のない宝物だ。

4月13日——昆布巻芝居《こんまきしばい》

江戸時代初期の剣豪として知られる宮本武蔵《みやもとむさし》（一六四五年死去）と佐々木小次郎《ささきこじろう》（一六一二年死去）は、慶長十七（一六一二）年四月十三日、現在の山口県下関市の船島（巌流島）で決闘している。決闘の日は諸説ある。

この決闘は、たくさんの芝居、文学、映画、テレビドラマになっている。武蔵は決闘の時間に大幅に遅れていったことが描かれる。史実はどうなのか？

武蔵は、現在の岡山県出身。鎖鎌《くさりがま》の宍戸梅軒《ししどばいけん》、吉岡一門などと決闘して勝っている。関ケ原の戦い（一六〇〇年）は東軍に加わり、島原の乱（一六三七〜三八年）の鎮圧軍に参加している。武術「二天一流《にてんいちりゅう》」の開祖、『五輪書《ごりんのしょ》』著、絵画などを残し熊本で亡くなった。

一方の佐々木小次郎は、秘剣「燕返し《つばめがえし》」で知られるが、出自などは分からない。

宮本武蔵が出てくる噺《はなし》が「昆布巻芝居《こんまきしばい》」。桂米朝《かつらべいちょう》がテレビで「武蔵が出る落語はほかに知りません」と言って紹介していた。

食あたりが元で、食べ物のにおいをかぐことがくせになった男。においでよその家の晩飯を当てては、おかずをもらっている。家主の家では、魚を昆布で巻いて煮込む昆布巻を作っている。男がやってきて昆布巻であることを当てる。

家主は知らぬふりで蓋《ふた》を取らない。男は、家主の芝居好きを見込んで、宮本武蔵が出てくる芝居『鍋蓋《なべぶた》芝居』を語って、武蔵になったつもりで家主に斬りかかると、家主は鍋蓋を取って防いだ。「ほら昆布巻…」。

船島は、下関市所有の無人島。ＮＨＫ大河ドラマ『武蔵ＭＵＳＡＳＨＩ』（二〇〇三年）の放送に合わせて、船島に二人の像が建てられた。小次郎像は二〇〇二年十二月に完成。武蔵像は翌年三月に完成した。小次郎像は「武蔵遅い」と言った？

4月14日——穴子《あなご》でからぬけ

テレビでは、クイズ番組が花盛りだ。各局が、趣向を凝らして競い合っている。小学校の教科書から出題されるものから、超難問まで。ついつい出演者と一緒になって考える自分がいる。

最初のクイズ番組は、一九四六（昭和二十一）年のNHKラジオの『話の泉』。テレビでは、一九五五年四月十四日に始まったNHKの『私の秘密』。司会を務めたのがアナウンサーの高橋圭三《たかはしけいぞう》（二〇〇二年死去）。高橋が、番組冒頭でしゃべる「事実は小説より奇なりと申しまして」が流行語になった。高橋はフリーになり、参院議員にもなった。

落語国にもクイズがたくさんある。「三十石」などの謎かけもクイズに入るだろう。

与太郎が、クイズを出して金を巻き上げる噺《はなし》が「穴子でからぬけ」。

与太郎が源兵衛《げんべえ》に小銭を賭《か》けてなぞなぞを出す。「大きくて、足が四本あって角があってもーっと鳴くもの」「牛だ」。小銭を取られる与太郎だ。

「黒くてくちばしがあって、カーって鳴くもの」「カラスだ」。また、小銭を取られる。

与太郎が、今度は紙幣を出す。高額になった。源兵衛は「もうよしなよ」というが与太郎は聞かない。「長いのもいて、短いのもいて、ぬるぬるしてつかみにくいものなんだ」。源兵衛はお見通しだ。「お前、ウナギと言ったらドジョウだと言う、ドジョウだといったらウナギと言って、とんでもねえこと考えたな」「じゃ、両方言ったらいいよ…」

落語国の与太郎の人物像は実に多彩。年齢もさまざま。うわさだけでもよく登場するし、ほかの登場人物をつなぐ素晴らしい潤滑《じゅんかつ》油《ゆ》になる。

上方《かみがた》の喜六と似ているが、違っているところも多い。二人をじっくり観察、記録するのもよかろう。

4月15日　ねずみ

東京ディズニーランドが、千葉県浦安市に開場したのが一九八三（昭和五十八）年四月十五日。二〇〇一年に開場したディズニーシーも合わせた入場者が、二〇一七年七月に七億人に達した。日本の赤ちゃんから高齢者まで一人が七回行った計算だ。

人気を支えるのが、ミッキーマウス、ミニーマウス、ドナルドダックたちだ。

ディズニーランドに取材で行った時、広報担当者に「園内にミッキーマウスは何人、いや何匹いるのですか？」と聞いたら「ミッキーマウスは一匹です」との回答だった。

ミッキーマウスの人気に負けないぐらいのネズミが落語界にもちゃんといる。

「ねずみ」という噺《はなし》に出てくる。

彫刻の名人左甚五郎《ひだりじんごろう》が、仙台で「ねずみ屋」という宿屋《やどや》に泊まった。寝たきりのあるじ卯兵衛《うへえ》の話を聞くと、元は真ん前にある大きな「虎屋《とらや》」という宿屋の主人だった。

訳あって番頭《ばんとう》と女中《じょちゅう》に乗っ取られ、追い出されるようにして住まった物置小屋《ものおきごや》を改装したこの宿屋で、幼い息子卯之吉《うのきち》と二人で、やっとの思いで切り盛りしている。

甚五郎が、木彫のねずみをこしらえた。甚五郎が去ったあと、この「ねずみが動く」と評判になり、大繁盛となる。

悔しいのは虎屋。地元で有名な彫物師《ほりものし》に立派なトラを彫ってもらい、ねずみをにらむように据《す》え付けた。ねずみの動きが止まってしまった…。

狸《たぬき》ばやしでは、春風亭一之輔《しゅんぷうていいちのすけ》さんが、卯兵衛の友達、生駒屋《いこまや》を軸にした演出で演じてくれた。

桂歌丸《かつらうたまる》が得意にしていた。歌丸から引き継いだ六代目三遊《さんゆう》亭円楽《ていえんらく》さんが、より人情噺《にんじょうばなし》のように演出したねずみも絶品。

柳家《やなぎや》三三《さんざ》さんもよかったでチュ。

4月16日　愛宕山《あたごやま》

九州では桜はほとんどが散り、葉桜を待つ時期だ。桜前線は、北上を続けている。野にはたくさんの花が咲く。春爛漫《はるらんまん》だ。執筆時の四月十六日は、日曜日だった。弁当でも持って野山で遊ぶのにもってこいの日。こんな春の一日を遊ぶ噺《はなし》が「愛宕山《あたごやま》」だ。

愛宕山は、京都市右京区、亀岡市にまたがる標高九二四メートルの山。山頂に愛宕神社があり、全国にある愛宕神社の総本社。火伏《ひぶ》せの神として信仰を集める。周囲には寺もある。

明智光秀《あけちみつひで》は、天正十（一五八二）年五月、織田信長を討《う》つ決意をし、この愛宕山で連歌《れんが》をして「ときは今あめが下しる五月かな」との発句《ほっく》を詠んだ。諸説はあるが、信長を討つ決意だとされる。光秀はこの数日後の六月二日、あの本能寺の変を起こす。

歴史の転機が絡む愛宕山だ。

芸者《げいしゃ》や茶屋《ちゃや》のおかみまで引き連れて愛宕山に登ろうとする旦那《だんな》。幇間《たいこもち》の一八が山を見て言う。「旦那、あれが山ですか。あれぐらい二つ重ねてけんけんで登ります」。さあ、一八の山登り。最初は歌でも歌っていたが、次第に疲れて足が動かなくなる（これ落語家は大変です）。茂八の助けでようやく追いついた一八。

今度は旦那が、かわらけ投げで遊ぶ。素焼《すや》きの皿をフリスビーのように投げて谷底の的に当てる。投げ終わったら旦那、懐《ふところ》から小判二十枚を出してこれを投げる。横で慌てる一八。「ちょっ、ちょっと旦那、小判」「投げるのや」「投げるて、小判を」と言っているうちに旦那の小判は全部、谷底へ消えてしまった。

「あの小判は」

「そりゃ拾った者のもんや」

大きめの日傘を持って落下傘《らっかさん》のように谷底へ落ちていった一八…。

最近は古今亭菊之丞《ここんていきくのじょう》さんで聞いた。桂《かつら》ひな太郎《たろう》さんもよかったなあ。

4月17日　茄子娘《なすむすめ》

徳川家康は、薬草を薬研《やげん》で砕《くだ》いて自前で薬を作るなど、健康にはかなり気を使っていたようだ。

関ケ原の戦い（一六〇〇年）ほか、たくさんの戦乱を生き抜くとともに七十代で戦った大阪冬、夏の陣（一六一四、一五年）を終えた後も生き、元和《げんな》二年四月十七日（一六一六年六月一日）に死去した。七十五歳。当時としては長寿だった。

家康に好き嫌いはあまりなさそうだが、茄子《なす》は好物だったと伝わる。生産地の六県で構成する冬春なす生産県協議会が、家康の命日であることと「よいなす」をもじって四月十七日を「なすび記念日」に制定している。

古今亭志ん生《ここんていしんしょう》のCDで、こんな小話があった。

「大きななすびの夢を見た」「人ぐらい大きいかい」「もっと」「家ぐらい」「いや、夜にへたつけたような…」

「茄子娘《なすむすめ》」という噺《はなし》がある。

僧には肉魚食の禁止、飲酒の禁止、妻帯の禁止など、五戒がある。この寺では、僧が庭の隅に野菜を育てている。この夜、寺男は祭りに出掛けて、僧一人。

蚊帳《かや》の中で横になっていると、そこに若い娘がいる。話を聞くと、茄子の精という。「和尚さま、大きくなったら妻《さい》にしてやる、とおっしゃいました」「いや、それは菜、おかずのことだ」。そこに突然の雷鳴《らいめい》。蚊帳は雷よけ。娘を蚊帳に招き入れる。

僧は、旅の修行に出た。五年後、寺はすっかり荒れ寺になっていた。そこで僧が見たものは…。

寄席で、入船亭扇橋《いりふねていせんきょう》がやっていた。自然体、なすがままの噺家だった。

4月18日——お直《なお》し

四月十八日は、「お香の日」という。全国薫物《くんぶつ》線香組合協議会が制定している。「香」を分解すると十、八、日になるからという。

推古天皇《すいこてんのう》三（五九五）年四月、淡路島に香木《こうぼく》が流れ着いた。焼いてみたらいい香りが辺りに広がったことから、島民が朝廷に献上したと、日本書紀に記述があるという。

室町時代には、香りを楽しむ香道《こうどう》も生まれた。香道を取材したことがある。茶道同様、作法がある。基本を習いながら香を楽しませていただいた。

お香といえば私は、仏壇に線香をあげるぐらい。この線香が時計代わりになる噺《はなし》がある。「お直《なお》し」という噺。茶屋《ちゃや》で、遊女《ゆうじょ》と若い衆《し》が人目をしのぶ仲になった。あるじの計らいで世帯を持たせ、そのまま茶屋で働くことになった。

男は、博打《ばくち》で金を使い果たした。店にも顔が出せなくなり「蹴転《けころ》」という最下級の女郎屋《じょろうや》を始めた。ちゃんと言えば「蹴転がし」。客を蹴って転がすようにして店に入れるところから、この名がある。遊女は女房だ。

線香一本いくらで金を取る。次の線香に火をつけることを「直す」という。客が来た。その間、亭主はやはり我慢ができない。「おい直してもらいなよ」「直してもらいなよ」

仕事にならないし、夫婦げんかが始まる…。

柳家喜多八《やなぎやきたはち》のこの噺を聞いた直木賞作家葉室麟《はむろりん》は「落ちてしまうまで落ちた男女の悲哀が見事に表現されていた」と電話をくれた。

古今亭志ん生《ここんていしんしょう》は「お直し」で芸術祭賞を受賞している。「女郎の噺に賞をくれる文部大臣は粋だ」（当時）と言って喜んだという。

4月19日 道灌《どうかん》

自宅の庭にヤマブキの花が咲いている。緑の葉の中に優しい黄色が目を引く。

ヤマブキの花とくれば「道灌《どうかん》」。多くの人が同感してくれるはず。

太田道灌《おおたどうかん》（一四八六年死去）は、室町時代中期の武将。江戸城を築城した。落語ファンはそんなことは知らなくても「道灌」は知っている。

五代目柳家《やなぎや》小《こ》さんに連なる柳家一門では、入門して最初に教わるのがこの「道灌」。元一門で落語立川流《たてかわりゅう》を創設した立川談志《たてかわだんし》も高座《こうざ》で「最初は道灌を教える」と話していた。いわば、落語の基本中の基本。

なぜかと言うと、同時に登場する人物が二人だけ。のちに新しい一人が入れ替わって登場する。上下《かみしも》を切る稽《けい》古《こ》にちょうどいいから、という。一門によっては、最初に教えるのは「寿限無《じゅげむ》」という。口を滑らかにするのが理由だ。

その「道灌」。父を訪ねて越生《おごせ》（現在の埼玉県越生町）に来た太田道灌。突然の雨に遭った。蓑《みの》（雨具）を借りようと、農家によると、若い娘が盆に山吹一枝をのせ「七重八重花は咲けども山吹の実の一つだに無きぞかなしき」という歌を詠んだ。

家来が「この歌は、蓑（実の）がなくて貸せません。貧しい暮らしを恥じている歌」と道灌に教える。道灌は「まだまだ歌道に暗い」と反省し、歌道に精進し、領民を思う政治を心がけた…。隠居《いんきょ》から、この話を聞いて感心する八五郎だ。

この山吹の歌は兼明《かねあきら》親王（九八七年死去）が詠んだ。後拾遺和歌集《ごしゅういわかしゅう》に入っている。この歌と、太田道灌の伝説が重なって、落語にも引き込まれた。

ヤマブキの花言葉は「気品」「金運」。だからなんだって？

うーん。「ん廻《まわ》し」なら田楽《でんがく》三本というところだ。

4月20日 紀州飛脚《きしゅうびきゃく》

四月二十日は「郵政記念日」だ。一八七一（明治四）年四月二十日、東京、京都、大阪に郵便役所や郵便取扱所六十二カ所を置いて、郵便物の取り扱いが始まった。郵便切手を貼ることなどで、一般庶民でも郵便を利用できるようにし、収益も得るようになった。

大きな町で郵便役所を増やし、一八七三年には、名主に郵便取扱所を引き受けさせるなどして、郵便制度は全国に広がった。役所や取扱所を効率的につなぐことで、配達時間の短縮を図った。

この郵便制度の創設に尽力したのが前島密《まえじまひそか》（一九一九年死去）や杉浦譲《すぎうらゆずる》（一八七七年死去）だった。前島が「郵便」「はがき」「郵便切手」などの名付け親という。

それまでの飛脚《ひきゃく》が、郵便業務に携わっていったのだろうが、飛脚には飛脚の誇りがあったろう。新制度にも複雑な思いだったに違いない。

今日紹介するのは、飛脚の噺《はなし》で上方落語の「紀州飛脚」。飛脚の喜六《きろく》が堺までの急ぎの手紙を頼まれた。途中で小便がしたくなったが、止まる時間が惜《お》しい。「ええい、ふんどしを緩めて、こういう風に横に出して走りながらしよう」と垂れ流しながら走った。

この小便が、道ばたで寝ていた狐に掛かった。「あの飛脚、稲荷の使いに小便をかけた」と巣に帰って子狐と相談を始めた。

手紙を届けた帰り「喜六さん」と呼ぶ女がいる。「お姫さまがあなたに会いたいと言っております」と袖《そで》を引っ張られた。喜六は、狐とは知らずついて行ったが…。

いやらしさを伴うばれ噺。いやらしさを消してさっぱり、きれいに聞かせるのも落語家の力量だ。

4月21日――花見酒《はなみざけ》

桜前線は北へ移動して、花盛りは北海道あたりか。

花見の楽しみは、桜の下に出ている露店《ろてん》にもある。たこ焼き、いか焼き、リンゴ飴…。大人も童心に戻って、ついつい買ってしまう。

熊五郎たちが、花見で商売をしようとする噺《はなし》が「花見酒」。

「酒二升《しょう》（三・六リットル）を仕入れて一合《ごう》（一八〇ミリリットル）十文《もん》で売ろう」。熊五郎と相棒《あいぼう》が天秤棒《てんびんぼう》で酒樽《さかだる》担いでいく。熊が「酒のにおいがたまらねえ。十文ある。俺に一杯売ってくれ」。熊が相棒に十文を渡して一合飲んだ。今度は、相棒が、十文を熊に渡して一合飲んだ。花見の場所に着いて酒を売ろうとしたら、樽は空っぽ。銭は十文だけ…。

熊の十文が相棒に渡って収入になる。その収入が全額、次の消費に使われ熊の収入になる。三・六リットルの酒の消費には、二百文が必要だが、同じ十文が往復移動することで酒全部が消費された。

これは、やや強引だがケインズの「乗数理論《じょうすうりろん》」ともいえそうだ。財政支出が、どこかの収入となり、それがどこかで消費に回り、収入、消費と次々に波及して、財政支出額の何倍もの経済効果を得るという理論だ。

十文は、熊と相棒を動いて大きな消費を生んだ。商売であれば、収入から利益を引いて残りを消費に回すべきところ。そうすると、この二人の商行為はだんだんとしぼんで、成り立たなくなる。これに気づかないから落語になる。

『落語で読む経済学』（入江雄吉著、PHP文庫）に詳しい。

経済学上、最も重要な人物、英国人経済学者ケインズは、一九四六年四月二十一日に亡くなっている。偉大な経済学者と落語「花見酒」が絡むなんて、酔ってる？

4月22日―三年目

四月二十二日は、よいふうふ（422）で「よい夫婦の日」という。十一月二十二日も「いい夫婦の日」になっている。十一月二十二日には「替《かわ》り目《め》」を紹介しながら、夫婦が出てくる噺《はなし》をいくつか紹介している。必ずしも、日付順に読まなくてもいいようにしているので、自在にページをめくってほしい。

「三年目」という落語がある。上方では「茶漬け幽霊」。よい夫婦が出てくる。

若夫婦がいた。仲むつまじく、周囲もうらやむ程だ。妻が病気になる。夫は懸命の看病をする。妻が言う。「私が死んだら、あなたは新しいおかみさんをもらいになるでしょう。それが心配で私、死ねない」「何を言っている。例えお前が死んでも、結婚はしない」

「本当ですか。でも信じられない」「それじゃやだよ。もしも、いやもしも結婚することになったら、婚礼の晩に出てくればいいじゃないか。あの男には先妻の幽霊が取り憑《つ》いている、となりゃ、誰も嫁に来なくなる」「じゃそうしましょう」と妻は死んでしまった。

やはり。親戚筋が再婚話を持ってくる。断り続けたが断りきれずに婚礼になった。新妻を寝かせ、幽霊を待つ。出て来ない。「遠くから来るからな。明日だな」

ところが幽霊は出てこない。新妻にも愛情が出てきた。子どももできる。三年目。妻も子も一緒に、命日に墓参りを済ませた。その夜、髪を振り乱した先妻の幽霊が出てきた。

「結婚をして子どももできてうらめしい」「何を。うらめしいというなら、私だってお前に言いたい。婚礼の晩、その次の晩も出てこないじゃないか」

幽霊には幽霊の言い分があった…。

死者を葬るとき、髪をそる風習があった。「らくだ」にも出てくる。死んでもお互いを思い合う、いい夫婦なのだ。古今亭《ここんてい》志《し》ん朝《ちょう》のＣＤが人情噺《にんじょうばなし》風にしっとりと聞ける。

4月23日——煮《に》売《う》り屋《や》

今日は、スペインまで行ってみる。

ドン・キホーテで知られるスペインの小説家セルバンテス。作家になる前は兵士で、幾多の戦いに参加。負傷し左腕は自由が利かない程。戦地からスペインに戻る船が、海賊に襲われて捕らえられ、強制労働の経験もある。

これらが創作意欲となり、戯曲を書き、一六〇五年に『ドン・キホーテ前編』を完成させた。すごい人気で、続編も書いたが、版権の不手際《ふてぎわ》で収入は少なかったようだ。一六一六年四月二十三日に亡くなった。

「才智あふるる郷士」「奇想天外の郷士」などの和名に続き『ドン・キホーテ・デ・ラ・マンチャ』とのタイトルになる。『ラ・マンチャの男』はドン・キホーテのミュージカルだ。ドン・キホーテとサンチョ・パンサの旅。行く先々での悲喜劇は面白い。

そういえば、NHKテレビの人形劇『ひょっこりひょうたん島』(一九六四～六九)でも、ドン・キホーテたちが、島民に交じって活躍したことがあった。

上方で「煮売《にう》り屋」、東京での「二人旅」を聞くと、ドン・キホーテとサンチョ・パンサを思い出す。こんなこと言うの、私だけだろうな。

「煮売り屋」。上方《かみがた》落語で、喜六、清八が伊勢神宮に参詣しようと旅に出る「東の旅」という長い噺《はなし》の「奈良名所」「野辺」に次ぐ三番目の噺。

喜ぃ公、清やんの名コンビ。旅の途中、腹が減ったという喜六の気をそらそうと、いろんな言葉遊びを繰り出す清八。政治、事件…。演者の話題の豊富さが聞かせどころ。

見つけた茶店《ちゃみせ》に立ち寄って、店のおばあさんとのやりとりに主題が移る…。

五代目柳家《やなぎや》小さん、立川談《たてかわだん》志《し》、四代目林《はやし》家《や》小染《こそめ》、柳家小《やなぎやこ》三治《さんじ》さんの名演を思い出す。

4月24日――七度狐《しちどぎつね》

四月二十三日は「煮《に》売《う》り屋」だった。二十四日は、その続編となる「七度狐《しちどぎつね》」。

この噺《はなし》は、落語ファンになったばかりのころにテレビ、ラジオで二代目桂《かつら》小南《こなん》、桂米朝《かつらべいちょう》で立て続けに聞いて、落語の深みに導いてくれた噺だ。滑稽噺、怪談噺としても存分に味わえる。

茶店《ちゃみせ》に入った喜六と清八。「酒くさい水」を飲まされる。ろくな「あて」がない。茶店の奥を見ると、すり鉢にイカの木の芽《め》和《あ》えがある。これを食べたいというと、おやじが断る。「今日の夜、村のもめ事の手打ちがある。そのために作ったんじゃ。客用じゃない」

飲み食いの金を払い、おやじの隙《すき》を見て、すり鉢を笠で覆うようにして逃げた。盗んだイカの木の芽和えがうまいのなんの。すり鉢は、草むらに放り込んだ。このすり鉢が、昼寝をしていた狐の頭に当たった。一度悪さされたら七度仕《し》返《かえ》しするという「七度狐」だ。

大きな川がある。二人は裸になって渡っている。村人から声を掛けられると一面の麦畑。二人して踏み荒らしていた。

正気に戻って歩き始めたが、あっという間に夜が来た。野宿するしかないと困っていると、寺があった。宿泊を頼むと、尼さんが「本堂でお通夜なら」と引き受ける。さあ、このまま朝になろうはずがない…。

セルバンテスの命日が、四月二十三日でよかった。ドン・キホーテから「煮売り屋」にたどり着き、「七度狐」につながった。麦の育つ時期にも重なった。

長旅は気候がいい夏に多かった。旧暦の夏は四月一日から。喜六、清八がこの時期、旅に出ていてもおかしくない。噺に出てくるイカの木の芽和え。山《さん》椒《しょう》の若葉をおろしたものを和える。この時期ならでは食べ物。季節も合った。イカったなあ。

4月25日 — 三方一両損《さんぽういちりょうぞん》

一九八〇年四月二十五日、東京・銀座で風呂敷《ふろしき》に包まれた物を会社員の男性（故人）が拾った。中には一億円。会社員は、警察に届け出た。落とし主は現れず、一億円は男性に手渡された。金は「犯罪絡みでは」「会社の裏金」などの臆測《おくそく》を呼んだ。

拾った会社員は一躍《いちやく》、時の人となり、家には嫌がらせの電話などが入り、プライバシーも脅かされる状態になって会社を退職するなど、社会現象になった。

この日は「拾得物《しゅうとくぶつ》の日」になっている。

お金を拾う。どこかに願望もあるが、あまりの大金となると、あとあと面倒《めんどう》になることを教えてくれる出来事だった。その後、竹藪《たけやぶ》で一億円を拾う人も現れた。

お金を拾って裁判にまで発展する噺《はなし》がある。「三方一《さんぽういち》両損《りょうぞん》」だ。

左官《さかん》の金太郎が財布を拾う。三両と印形《いんぎょう》、書き付けが入っている。書き付けには住所と大工熊五郎とあるので、金太郎は財布を届けてやる。

金太郎が届けると、熊五郎は「書き付けと印形は受け取るが、三両はお前のもの。持って帰れ」という。「三両が欲しいわけではない」とけんかになる。

威勢《いせい》がよくけんかっぱやい職人同士。殴り合いになるから、周りが大変だ。熊五郎の大家《おおや》が仲裁に入るが、こんどは大家と熊五郎のけんかになり、金太郎の大家も出ての裁判となる。名奉行大岡越前《おおおかえちぜん》の名裁《めいさば》きはいかに…。

大工と左官。建築職人としては切っても切れない仕事仲間。だが、きれいにこしらえた家に泥を垂らして壁を塗る仕事、と大工。何言ってやんでえ、こんなきれいな壁こしらえてみろ、と左官。互いの自負心があって仲が悪かったところが背景にある。

狸《たぬき》ばやしで、桂《かつら》ひな太郎《たろう》さんのこの噺を壁越しに聞いた。声と間《ま》に古《こ》今亭《こんてい》志《し》ん生《しょう》かと思った。

4月26日——芝居風呂《しばいぶろ》

四月二十六日は、語呂合わせで「よい風呂《ふろ》の日」という。

風呂の歴史は古い。六世紀半ばに仏教が伝来し、僧侶たちが身を清めるために寺院に風呂が設置されたのが始まり。貧しい人々や囚人たちも入浴させていたようだ。鎌倉時代には、有料の風呂屋ができている。

江戸時代には蒸気を浴びる風呂屋、浴槽につかる湯屋《ゆや》があり、混浴だった。男女を分けるより、一緒に使えば経費が安い、との考えだ。

浮世絵には、浴槽に肩まで漬かり、ぴたりと体を合わせる男女が描かれたりしている。何をしているのか？　風俗の乱れを呼び、幕府はたびたび混浴禁止令を出している。

現在、銭湯《せんとう》は確かに少なくなった。一九八九年に一万千三百七十四軒あったが、二〇一二年は二千八百三軒（NTTタウンページデータベース）になっている。私は、銭湯が大好き。大浴場、サウナなどを併設したスーパー銭湯も楽しい。

落語国にも、風呂を楽しみの場にした噺《はなし》がある。「芝《しば》居《い》風《ぶ》呂《ろ》」だ。

芝居好きの風呂屋のおやじ、風呂をそっくり芝居小屋にした。「桶之助《おけのすけ》」などの幟《のぼり》も出ている。さじき席に見立てた脱衣場《だついじょう》、湯船の前には舞台があるという具合。

客が湯船に入っていると全身真っ黒の男が「やあやあ、湯船の衆、湯船に漬かるが望み、嫌じゃなんぞとぬかすが最後…」。炭屋のおやじの芝居だ。体に炭を塗っているのだ。

そんな体で湯船に漬かられたら、と湯船から客が出て「やあ、よいところへ炭屋のおやじ」と大立ち回り。最後には炭屋が六方《ろっぽう》を踏《ふ》んで帰っていく。芝居仕立《しばいじた》てが次々と出てくる。

三遊亭円生《さんゆうていえんしょう》がラジオでやっていた。まだ、生では聞かないなあ。持ち時間の関係だろうなあ。演じ手よ、風呂ントまでお越しください。

4月27日―船弁慶《ふなべんけい》

ギリシャの哲学者ソクラテスは、「人を幸福にするものは何か」「人、社会にとって良いものとは何か」「勇気とは何か」などを多くの人に問い、探究《たんきゅう》を続けたという。

さまざまな人たちとの論争で有力者たちの反感を買い、裁判にかけられ、死刑宣告された。その結果、自ら毒杯を飲んだという。紀元前三九九年四月二十七日が命日とされる。

ソクラテスの妻はクサンティッペ。悪妻で有名だ。ソクラテスを怒ったのだが、平然としているソクラテスに水を浴びせた。ソクラテスは「雷の後に雨はつきものだ」と言った。

ソクラテスは「ぜひ結婚しなさい。いい妻を持てば幸せになれる。悪い妻を持てば哲学者になれる」とも言っている。四月二十七日は「哲学の日」「悪妻の日」でもある。

落語国の悪妻は「船弁慶《ふなべんけい》」のお松だろう。

能『船弁慶』は、源義経《みなもとのよしつね》に敗れた平知盛《たいらのとももり》が怨霊《おんりょう》となって船上の義経を襲うが、弁慶の祈りでこれを抑える。これが落語になった。

喜六《きろく》の妻お松は、喜六に頼んだ買い物の「焼き豆腐」を間違えられたことで、胸ぐらをつかみ引きずり上げて、裸にして背中に大量の灸《きゅう》を据《す》える。「熱い」と言うと、井戸端《いどばた》で冷水をざばーっとかけて「冷たい」と言うと、灸を据える。

「熱い。冷たい。あ、買い物は焼き豆腐やった」。豆腐が焼き豆腐になる過程を体で教えるという、すごい妻だ。

こんな怖い妻に内緒《ないしょ》で、仲間と船遊《ふなあそ》びに興じて一杯やっていた喜六。涼みにきたお松に見つかった。怒って船に乗り込んできたお松と喜六の戦いの場となる。

喜六が、うまい言葉を吐いて哲学的な一面を見せるのはこの妻のせいだ。きっと。

ところで。恐妻家は、果たして何になれるのだろう。

4月28日——井戸《いど》の茶碗《ちゃわん》

屑屋《くずや》の清兵衛《せいべえ》。浪人千代田卜斎《ちよだぼくさい》から仏像を買った。その仏像を、江戸に来たばかりの肥後《ひご》の若侍高木佐久左衛《たかぎさくざえ》門《もん》が買う。

作久左衛門が、仏像を磨いていると、その内部から五十両が出てきた。作久左衛門は、屑屋が通るのをようやく見つけ、五十両を元の持ち主に戻すように言いつける。

五十両を見た卜斎は「これは仏像を買った人のものだ」と言って受け取らない。清兵衛、大家に相談すると両人に二十両ずつ、十両を清兵衛にやることで収まった。その際、卜斎が日ごろ使っている茶碗を作久左衛門に売ったことにした。

この話が、肥後《ひご》の殿様の耳に入り、その茶碗を殿様が見ることになった。その茶碗、井戸の茶碗といって朝鮮の名品と分かった。殿様は作久左衛門から三百両で買い上げた。清兵衛、また呼び出され、半分の百五十両を卜斎に受け取ってもらうよう話を持っていく。

卜斎は作久衛門の人柄《ひとがら》を認め、自分の娘を嫁《とつ》がせ、その支度金《したくきん》として百五十両を受け取る、との案を出し、これがまとまった。

「井戸の茶碗」という噺《はなし》。善人ばかりが登場するという点では珍しい落語だ。

「井戸茶碗」は、朝鮮の焼き物。素朴《そぼく》な味わいで、朝鮮では日用雑器として使われた。室町時代には「一井戸二楽三唐津」として井戸茶碗は、茶の湯に最高の茶碗とされた。戦国時代の戦乱で多くが壊れ、江戸の世では珍しい茶碗になったようだ。大井戸、小井戸、青井戸などがある。国宝に「喜左衛門井戸」という茶碗がある。

さて、享保《きょうほう》十四（一七二九）年四月二十八日、ベトナムから日本に献上された動物の象が、天皇と対面した日というので「象の日」。

仏像の像ではないが…、今日はご勘弁《かんべん》。

だめだぞうとの声…。

4月29日　昭和芸能史《しょうわげいのうし》（初代林家木久蔵作）

昭和天皇《しょうわてんのう》の誕生日だった四月二十九日。平成となった一九八九年に「みどりの日」になり、二〇〇七年に「昭和の日」に改められた。「みどりの日」は五月四日に移った。

昭和の日。あらためて思うと、昭和の時代は一九二六~八九年の六十四年間。元号としては最も長い。この間に、日中戦争から太平洋戦争へと戦火は広がり、原子爆弾投下、敗戦・占領、民主化など、怒濤《どとう》の出来事を体験した。

昭和の日は、現在に至る流れを復習する日なのかもしれない。

テレビ番組『笑点』でおなじみの林家木久扇《はやしやきくおう》さんが、昭和の芸能を振り返る創作落語で楽しませてくれる。木久蔵時代に作った「昭和芸能史」だ。ストーリー性はあまりなく、昭和に活躍した俳優たちが続々と登場する。登場人物もギャグも毎回違っているから、何度聞いても楽しい。

片岡千恵蔵《かたおかちえぞう》（一九八三年死去）の『多羅尾伴内《たらおばんない》シリーズ』、嵐寛寿郎《あらしかんじゅうろう》（一九八〇年死去）の『鞍馬天狗《くらまてんぐ》シリーズ』、大河内伝次郎《おおこうちでんじろう》（一九六二年死去）の『丹下左膳《たんげさぜん》シリーズ』などは、物まねで映画の名シーンを再現してくれる。

落語界のねたもたくさん。師匠の林家彦六《はやしやひころく》（八代目 林《はやし》家正蔵《やしょうぞう》）の物まね、彦六の怪談噺《かいだんばなし》の手伝いでの失敗談、彦六のエピソードなどは楽しい。立川談志《たてかわだんし》の悪口なんかも、木久扇さんだからこそ、言えるのだ。

古典落語のねた数も多い木久扇さんが、高座で話していた。「古今亭志ん朝《ここんていしんちょう》さんとの二人会で、志ん朝さんの古典落語を聞いたら、僕が古典をやることはない。僕は僕の噺をやる」と。

「木久扇落語」へとかじを切った理由だ。木久扇さんの著作、絵画作品を見てほしい。多彩な才能の持ち主だ。「笑点」での「おばかキャラ」は氷山の一角なのだ。

4月30日——徳《とく》ちゃん

作家、劇作家の永井荷風《ながいかふう》。明治政府の官僚だった父親の影響で、米国、フランスなどで暮らし『あめりか物語』『ふらんす物語』などの作品を発表している。

一九一〇（明治四十三）年には、慶応義塾大学教授になった。文芸雑誌「三田文学」発行の中心となり、森鷗外、北原白秋らが活躍した。

一九一七年から書いてきた日記には、入り乱れる女性関係などが綴《つづ》られている。性愛を描く作品は多い。『ふらんす物語』は、発刊禁止処分を受けている。のちに作品に「美」を求める耽美派《たんびは》の中心となる。一九五九（昭和三十四）年四月三十日に死去した。

東京・浅草のそば店にそばを食べる荷風の写真が飾ってあった。荷風は、演芸が盛んなこの界隈《かいわい》が好きだったようだ。それもそのはず。荷風は、十九歳のころ、落語家の六代目朝寝坊《あさねぼう》むらくの弟子となり、三遊亭夢之助《さんゆうていゆめのすけ》という落語家になっている。

父親はエリート、母親は儒学者の娘という厳格な家庭に育った荷風。落語家になったことは、家の出入りの者に見られて発覚し、家に引き戻され、落語家生活は一年弱で終わりとなった。「断腸亭《だんちょうてい》」を名乗ったのは、落語家の名残なのかもしれない。

荷風は吉原《よしわら》で遊んだことも日記に書いている。落語家時代も遊んだに違いない。

落語家の廓《くるわ》遊びの体験談を描く「徳《とく》ちゃん」という噺《はなし》がある。

遊廓《ゆうかく》を歩く落語家二人。その一人は、本名か、徳ちゃんと呼ばれる。若い衆《し》から破格の値段で誘われ、座敷《ざしき》に上がることになった。一人が座敷に通されると、四畳半を真二つに仕切った半分の二畳ちょいの座敷。やって来た遊女《ゆうじょ》は、大女で色は真っ黒、髪はぼさぼさ、芋をかじりながら、田舎言葉丸出し。もちろん大騒動となる…。

柳家《やなぎや》さん喬《きょう》さんのCDが楽しい。

#【五月】

5月1日――源平盛衰記《げんぺいせいすいき》

五月一日は「恋の日」であり「扇の日《おうぎ》」だ。恋の日は「51」から、複数団体が制定している。扇の日は、『源氏物語』で、光源氏《ひかるげんじ》の恋が「扇」をきっかけに始まることから、京都扇子団扇商工協同組合が一九九〇年に制定している。

『源氏物語』は、紫式部《むらさきしきぶ》が、一〇〇一～一〇〇五年にかけて執筆した。

「紅葉賀《もみじが》の項」。光源氏が、派手な扇で顔を隠す典侍《ないしのすけ》（女官）の袖《そで》を引き、扇を奪って自分の扇と交換する。その顔が、扇に似合わない高齢者だった…。

「花宴《かえん》の項」。光源氏は、暗い廊下で出会った知らない娘を部屋に連れ込んだ。顔が見えないが、若くて戸惑いを見せる娘と扇を交換して分かれる。光源氏はどこの娘だろうとわくわく。何人かいる娘を前に扇の話題を振って、誰かを探る…。

確かに扇子が恋のきっかけになっている。

『源氏物語』の後に『平家物語』が書かれた。その異本として『源平盛衰記《げんぺいせいすいき》』が書かれた。いずれも作者がはっきりしないところが興味深い。

『源平盛衰記』から、落語「源平盛衰記」が出来た。扇に絡むところを紹介する。

木曽義仲《きそよしなか》が「火牛の計《かぎゅうのけい》」で敵を破り都へ上った。が、乱暴狼藉《らんぼうろうぜき》が過ぎた。これを討とうと源頼朝が挙兵。

応援にきたのがその弟義経《よしつね》。義経は見事「鵯越《ひよどりごえ》の戦い」で大手柄…。続いては屋島《やしま》の海戦。平家の船に竿を立てて扇を上げたのが柳の舞という美人。那須与一《なすのよいち》が、弓でこの扇を射落とす…。

七代目林家正蔵《はやしやしょうぞう》の「源平」のレコードを持っている。

初代林家三平では、新宿末広亭《すえひろてい》で聞いた。九代目正蔵さんか、二代目三平さんで聞くと「源平」の三代制覇《さんだいせいは》を果たすのだが…。

5月2日――野崎詣《のざきまい》り

「野崎参《のざきまい》りは屋形船《やかたぶね》でまいろ　どこを向いても菜の花ざかり…」（今中楓渓作詞、大村能章作曲、東海林太郎歌）。一九三五（昭和十）年に発表された『野崎小唄《のざきこうた》』だ。

「のざきの観音さん」として親しまれる慈眼寺《じげんじ》（大阪府大東市）で、五月一日から八日まで開く「野崎参り」を歌っている。この寺は、奈良時代の高僧行基《ぎょうき》（七四九年死去）が開山したと伝わる。日本最初の地図「行基図《ぎょうきず》」を描いた僧だ。

「野崎参り」は、正式には「無縁経法要《むえんぎょうほうよう》」という。江戸時代元禄年間（一六八八〜一七〇四年）に盛んになったというから三百年以上の伝統を誇る。すべてに感謝し、読経《どきょう》するという仏事。期間中は約二十万人の参拝者がある。縁結び、子宝、安産などへのご利益があるとされる。

この野崎参りが、そのまま「野崎詣り」という噺《はなし》になっている。

大阪の喜六と清八。野崎参りに行くことにした。「舟で行こうか。座って行けるし、ほこりはないし」と、寝《ね》屋川《やがわ》を行き来する舟に乗った。

喜六は、黙っておられない人。何かしゃべっている。「そんなら岸行く人とけんかせんかい」と清八。この「野崎参り」の名物が「振り売りけんか」。相手を黙らせたら勝ち。

「おーい向こうへ行くやつー」「みんな向こうへゆくぞー。誰それと言わんかー」「あ、そうか。そこの女連れてるやつー。そりゃ、お前のかかぁじゃなかろう、どこぞのお師匠《ししょう》さん、連れて歩いてるのやろー」。岸の方からもいろんな言葉が返ってくる。演者によって自在な演出がある。いやー、のどか、のどか、のどか。

七代目笑福亭《しょうふくてい》松鶴《しょかく》が、笑福亭《しょうふくてい》松葉《まつば》のころ、福岡県城島町《じょうじままち》（現、久留米市）の「酒《さか》蔵寄席《ぐらよせ》」で演じたのを見た。川の両側に菜の花が目に浮かぶような語りだった。

5月3日――春雨宿《はるさめやど》

連休が中盤に差し掛かる五月三日。憲法記念日だ。この日は、戦争放棄を盛り込んだ、世界で類を見ない日本国憲法をじっくりとかみしめる日にしたい。

とても分かりやすい憲法の本を読んだ。『憲法主義』（PHP研究所）。九州大の南《みなみ》野《の》森《しげる》教授が、AKB48の内山《うちやま》奈月《なつき》さんに行った憲法講義録だ。内山さんは、日本国憲法を丸ごと暗記しているというすごいアイドル。

憲法は、「国側」が守るべきもので、国民が守るものではない。最初に「戦争放棄を盛り込んだ」と紹介したけど、「本当に全部の戦争を放棄している?」。こんなことが、奈月さんと一緒に机を並べてお勉強しているような気分で読めるから楽しい。

落語の話になる。連休の残りをどうするか。三日ならではの悩みだろう。予約もいっぱいだろうから、人が行かないひなびた温泉で過ごそうというのが「春雨宿《はるさめやど》」。

男二人が君塚温泉《きみづかおんせん》を目指して歩いている。日が暮れたが、君塚温泉はまだ八里（約三十二キロ）。見つけた宿に泊まることにした。世話役はけめ子さん。君子さんがなまるのだ。

風呂へ行こうとすると、けめ子さんは、服は脱ぐなという。ここには風呂はなく本店にあるという。その本店は君塚温泉なのだ。三十二キロ先だろ…。

珍しい噺。昔昔亭《せきせきてい》桃《もも》太郎《たろう》さん、九代目 雷 門助六《かみなりもんすけろく》さんしか演じ手がいないという。（その後、演者が出てきたかもしれない）

六代目 雷 門助六《かみなりもんすけろく》がやっていた「鶯宿梅《おうしゅくばい》」の一部を切り取って演じたのがこの噺の始まり。それを息子である八代目雷門助六が再構成した。桃太郎さんのCDの解説に出ている。

狸《たぬき》ばやしでも桃太郎さんの「春雨宿」で、笑いが上がった。けめにも聞いてほしい。

5月4日　人形《にんぎょう》買《か》い

五月五日の「こどもの日」を前に、子や孫へのお祝いを考えている人も多いだろう。デパートや商業施設には、こどもの日のプレゼントコーナーが設けられ、たくさんの人たちでにぎわっていた。

伝統的な、五月人形に鎧兜《よろいかぶと》、こいのぼりなどはもちろん、名前入り文具や生活用具、ケーキ、ゲーム、洋服…。今は商品も多種多様。贈る方は大変だ。重なることもあるので、保護者に希望を聞くのも一案かもしれない。

一九六〇年代に子ども時代を送った私は、母親がちまきを作ってくれたぐらい。たまにもらうキャラメルが本当にうれしかった。

ものが豊富にあることは幸せに違いないが、なけりゃないでかまわないような気もする。ものがなくても幸せという価値観…。もう通用しないのかな。

端午《たんご》の節句のお祝いの品物を選ぶ噺《はなし》が「人形買《にんぎょうか》い」。

長屋の神道《しんとう》者に子どもが生まれ、そのお祝いにちまきが配られた。長屋の連中でお返しをと二十軒が二十五銭出して五円が集まった。

五月人形を贈ることになり、月番の甚兵衛さん、来月の月番の松っつぁんが五月人形を買いにいく。松っつぁんは、買い物の値切りが上手。できるだけ安く買って、余った金で一杯飲もうという算段《さんだん》も出来上がった。

二人で店に行ったら豊臣秀吉と神功皇后《じんぐうこうごう》が安くできる、という。さあ、どちらを買うか。長屋に戻り、占い師に見てもらうと見料《けんりょう》を求められ、講釈師《こうしゃくし》の意見を聞いたら講釈料を払うことになった。神功皇后に決めるが…。

私は、三遊亭円生《さんゆうていえんしょう》、笑福亭松鶴《しょうふくていしょかく》、東西を代表する落語家の録音で楽しんでいる。

5月5日――真田小僧《さなだこぞう》

昨日の続きだが、五月五日は「こどもの日」。昔は「端午《たんご》の節句」といった。端は初めてのという意味、午は五のことで「初めての五日」という意味になる。

数字は、奇数が「陽」で偶数は「陰」。陽と陽の数字が重なると、力と力がぶつかってよくないことが起こるとして、何らかの祝いをして災いを転じさせたのが節句の始まり。

端午の節句では、古くはショウブやヨモギを軒につるして邪気を払う風習があった。江戸時代から、男の子の成長を祈る色合いが強くなり、武家で甲冑《かっちゅう》を飾ったのに習い、町民も武者人形《むしゃにんぎょう》を飾り、こいのぼりを揚げるようになった。

男女の区別無く、子どもたちの健やかな成長は、社会の願いでもある。

落語国の子どもは、大概、大人を食ってしまうぐらい賢い。

「真田小僧《さなだこぞう》」に出てくる子どもも賢い。

父親から小遣いをもらいたくて、息子が、お茶を入れようか、肩をもうかなどと気を引いている。相手にしない父親。息子は「この間、おとっつぁん、仕事で出掛けた後のことだけど、おっかさん、鏡の前に座ってお化粧はじめたんだよ」。相手にしない父親。

「そしたらね。白でコーディネートした男が来てね」「何?」「おっかさん、にっこりして、手をにぎって、よく来てくれたわね、なんて言うんだよ」

「それからどうしたんだ」。「ここからは一文」。少しずつ小出しに話して、もう一文、もう一文…。結局、銭をいっぱい巻き上げてしまった。

「とんでもねえ野郎だ。そこ行くと真田幸村は子どものころから偉かったねえ」

橘家円太郎《たちばなやえんたろう》さん、春風亭一之輔《しゅんぷうていいちのすけ》さんで聞いたけど、よかったなあ。おっかさんの話の部分は、男がはらはらする迫力…。

5月6日 水道のゴム屋

（六代目三升家小勝作）

五月六日は「ゴムの日」。インターネット、雑誌などに掲載があるが、どこが制定したのか、見当たらない。大手ゴム会社に聞いてみたが「分からない」ということだった。

ゴムは、身近にいっぱいある。輪ゴム、消しゴム、靴、タイヤ…。それに、ぴったりフィットすることが命のあれ。そう、あれ。私なんか、毎日使っている。ゴム手袋。皿洗い、便所掃除に欠かせない。

昔の子どもは輪ゴムを絡めてつないで、走り高跳びのような遊びをした。どれだけ高くなっても、手や足でゴムひもを押さえながら体を通過させれば成功だ。演芸にも「ゆーとぴあ」のゴムぱっちんの芸があったなあ。

ゴムで思い出すのが「水道のゴム屋」。六代目三升家《みますや》小勝《こかつ》の創作。東京市水道局（当時）に勤務した体験から生まれた。昭和初期が舞台だ。

少年が「水道のゴム屋でござい」と商売をしている。蛇口《じゃぐち》に取り付けるゴムホースを商っているのだ。「若いのに感心じゃねえか。年はいくつだ。将来、社長になれよ」を繰り返すおやじ。

亭主に浮気されているという奥さんに捕まり「精神的な復讐をしたいの。持っているのは水道のゴムばかりじゃないでしょ、ガスのゴムだって持っているでしょう」

今度は「一尺《いっしゃく》いくらだ」と聞いてくる男。一尺十九銭《せん》。「二尺では」「七尺三寸では」。計算が追いつかないところに、計算尺《けいさんじゃく》を売りつけられようとする。計算尺で「尺とメートルの換算もできる」と、当時は、尺貫《しゃくかん》法《ほう》とメートル法が混在していたことも伝わってくる。

計算尺。高校の授業でやった。今の世にまだ、存在するのだろうか？

私は、この小勝のレコードを持っている。復刻ＣＤも出ているという。

5月7日 ― 自家用車《じかようしゃ》（二代目桂枝太郎作）

二代目桂《かつら》枝《えだ》太《た》郎《ろう》という人がいた。一八九五（明治二十八）年五月七日生まれ。家が薬剤製造業だった。青山学院や明治薬学校（現、明治薬科大学）に進学するが、勉強が性に合わない、と落語家になった。当時は、高学歴落語家として珍しい存在だった。

明治、大正、昭和の東京の街や暮らしを「随談《ずいだん》」「粋《すい》談《だん》」として話していたのをテレビで見たことがある。一九七八（昭和五十三）年に亡くなった。

文生さん、枝八さんら弟子が四人いた。一番若い弟子の枝八さんは、宮崎県日向市《ひゅうがし》出身。福岡市の西南学院大学を「二年で卒業して」東京に出て枝太郎に入門した。枝太郎死去後に桂歌丸《かつらうたまる》門下に移り、筆頭弟子《ひっとうでし》になっている。今の桂歌春《かつらうたはる》さんだ。

歌春さんに師匠、枝太郎を語ってもらった。「達筆《たっぴつ》で俳句、川柳、都々逸《どどいつ》ができまして。教養がありおしゃれでスーツ姿が似合う。明治のダンディズムがある師匠でした。寄席《よせ》で時間がない時、スーツで高座に上がったこともあります。これが実に粋でした」

「師匠の形見に『風涼し加茂川うらの舞あう喜』という俳句を書いた麻のれんをいただきました。弟弟子の桂《かつら》花丸《はなまる》さんが、三代目桂枝太郎を襲名（二〇〇九年）したときに贈りました」。二人の連携があってそののれんの写真を提供してもらった。達筆だし句が色っぽい。

枝太郎の創作に「自家用車」という噺《はなし》があった。デートするのに車がない男。張りぼての自動車を作ってボンネット下に友人を入れて引っ張ってもらう。疲れてくる。「おいエンジンしっかりしなよ…」

この噺は、桂枝太郎さんが、現代風に作り直して演じているという。聞きたい。

「枝太郎の録音が『桂梅太郎』の名でCDとして販売されていました」と歌春さん。誤植だろうが、私もそれを探し始めた。

二代目 桂枝太郎揮ごうの俳句

5月8日——松曳《まつひ》き

五月八日は「日本の松を守る会」が制定する「松の日」。松は赤道直下からほぼ北半球全域に天然分布する。高温から低温にまで順応する樹木だ。

黒松、赤松は、英語でそれぞれ「ジャパニーズブラックパイン」「ジャパニーズレッドパイン」といわれるらしい。

日本では、松は古くから「神がよる木」とされ、長寿、節操を意味するめでたい木とされる。「白砂青松《はくしゃせいしょう》」という言葉も生まれている。美しいし、荒れ地にもすっくと育つ松には、生命力も感じさせる。

庭を造る時に松なしでは、考えられないのではないか。松が出てくる噺《はなし》がある。「松曳《まつひ》き」だ。粗忽《そこつ》な殿様、それに輪を掛けた粗忽な家来がいる大名屋敷でのこと。

殿様が屋敷の庭に立つ松の木の場所が気になっている。松の木が成長して月を隠すのだという。殿様は池のそばに移動させたい。家来を呼ぶ。殿様は、やって来た家来に「何用だ」と聞く。この間がなんともおかしい。

あの松は、先代の殿様が植えた大事な松。枯らしてはいけない。家来は「餅《もち》は餅屋《もちや》。植木屋を呼びましょう」というと、殿様は「そう、餅屋を呼べ」。呼ぶのは植木屋だ。

こうして呼ばれた植木屋は、使い慣れない丁寧な言葉でやっとの思いで「松の木は移すことができます」と伝えることができた。ここで松の話は終わり。

屋敷で、植木屋との酒宴となった途中、殿様に手紙が舞い込む…。もう待っ（松）ても松は出ない。

桃月庵白酒《とうげつあんはくしゅ》さんが、よく演じている。

5月9日――かんしゃく

（益田太郎冠者作）

五月九日は「アイスクリームの日」。一九六四年のこの日、現在の日本アイスクリーム協会が、シーズンが始まるのを前に、高齢者などの施設の人たちにアイスクリームを贈った。その翌年に制定された。

一九九五年ごろ。劇団四季のミュージカル『赤毛のアン』でアンを演じた野村玲子《のむらりょうこ》さんを取材した。アンが初めてアイスクリームを食べるシーンについて「アイスクリームを知らなかったアンの貧しい暮らしと、それに負けない強さ。アイスクリームを知った喜びも全部、心に描いて演じています」と話してくれた。役者の役作りの深さに感心した。

とたんに軽くなるが、私にとってのアイスクリームは名糖ホームランバーだ。

アイスクリームを食べてにっこりする噺《はなし》がある。「かんしゃく」だ。

車の送迎がつく会社の偉いさん。家に帰れば、小言《こごと》は多い、用事は多い、一つでも気に入らないと、妻には口汚く当たりちらす。亭主関白どころじゃないし、あの「化け物使い」で人使いの荒い隠居《いんきょ》の上をいく人物だ。

妻は実家に戻ってきた。父親は、わが娘を諭し、会社での夫の仕事の厳しさなどを話し、妻の心構えを教える。家には一晩さえも泊めずに、亭主のもとに追い返してしまった。

父親の言葉を参考に要領よく動く妻の豹変《ひょうへん》ぶり。夫の機嫌はいつもよく、出されたアイスクリームを食べる。聞かせどころ、見せどころだ。

柳家小三治《やなぎやこさんじ》さんがよかった。狸《たぬき》ばやしでは、橘家円《たちばなやえん》太郎《たろう》さんが名演を残している。桂文楽は特に絶品だったというが、私は年齢的に聞く機会がなかった。

作者の益田太郎《ますだたろう》冠者《かじゃ》は、三井物産創業者の息子。実業家、劇作家、音楽家。数々の創作落語と「コロッケの唄」の流行がある。一九五三年に亡くなっている。

5月10日――日和《ひより》違《ちが》い

天気予報の情報発信、防災への啓発活動などしている日本気象協会は、一九五〇年五月十日に設立された気象協会に始まる。五月十日は、日本気象協会創立記念日だ。

天気予報をしているのは気象庁。気象台による毎日の観測、気象衛星「ひまわり」はじめ、各国の衛星と連動していて、天気予報はよく当たるようになった。

でも、寄席《よせ》ではこんな小話がある。「天気予報、はずれましたね。この間なんか気象台職員の運動会が雨で中止になったんだから」。これが受けるのだ。

福岡管区気象台（福岡市）の職員に聞いてみた。「気象台のイベントが雨で中止になったことはあります。施設使用予約を何カ月か前にしていて、予報ができなかったのです」。まあ、これは仕方ないか。

天気予報は、戦時中は軍事秘密だった。当時、爆撃機などは「目視」で操縦していたから、天候は軍事作戦に左右するから。ちなみに潮干狩りの写真を持っていたら軍部の取り締まりの対象になった。海が遠浅を示し、敵の上陸作戦を助長するという。

こんな時代はいらないが、二〇一七年七月に「共謀《きょうぼう》罪《ざい》」の主旨を盛り込んだ改正組織犯罪処罰法が施行された。あんな時代に向かっている？

天気を扱った落語に「日和違《ひよりちが》い」がある。

用足しに行きたい男が、空に雲が増えてきたので、天気を気にしている。占い師に聞くと「今日は雨が降る天気じゃない」と答えてくれた。

それを聞いて出掛けると、大降りの雨。米屋で米俵《こめだわら》を雨具にするが、代金を取られた。占い師に掛け合うと「今日は雨が降る。天気じゃない」と言ったという…。言葉の面白さ…。

ところで、靴をほうって天気予報する子。もう見ないなあ。

5月11日　やかん

岐阜市の観光名物である長良川の鵜飼《うが》いは五月十一日から始まる。十五夜の名月と川の増水など、危険がある時を除き、十月十五日までほぼ毎日開催される。同市役所によると、鵜匠たちが、交代で古典的な漁法である鵜飼いを見せてくれる。

四代目三遊亭円歌《さんゆうていえんか》さんが「岐阜の人は風邪引かないんですよ、うがい（鵜飼い）が盛んですから」と笑いを取っていた。岐阜、長良川といえば最初に鵜飼いが出てくるほど有名。

私が住む福岡県でも朝倉市《あさくらし》、うきは市に鵜匠《うしょう》がいて、筑後川で鵜飼いを見せてくれる。筑後川上流になる大分県日田市《ひたし》でもある。京都、愛知などでも鵜飼いが開かれる。

鵜飼い船には、かがり火がたかれる。これはアユが光に驚き、移動する際に鱗《うろこ》が光に反射することで、鵜の捕獲の目標になる。鵜の首にはひもが絡めてあり、アユは胃にまで入っていかないようになっている。鵜も大変だ。

鵜が登場する「やかん」という噺《はなし》がある。

物知りの隠居《いんきょ》、尋ねられて知らない、なんて言いたくない。今日も長屋《ながや》の八五郎がやってきた。隠居は、来る連中を「愚者《ぐしゃ》」と呼ぶ。「ああ来たな愚者。何か用か愚者」

「ぐしゃぐしゃだ」

「ご隠居さん、ところでマグロは何でマグロってえの」

「真っ黒だからマグロ」「コチって魚がいますね」「コチに泳いでくるからコチ」

「じゃ、ウナギは」「鵜飼いって漁法があるな。鵜がアユをのむのならいいが、このひょろ長い魚をのんだものだから、鵜が苦しい、鵜が難儀《なんぎ》をしている、鵜が難儀、でウナギになった」

やがてやかんの由来、講談調になる。

立川談志《たてかわだんし》で聞いた。新作のような「やかん」だ。三代目三遊亭金馬《さんゆうていきんば》の歯切れのよさ。

5月12日――鼻《はな》の狂歌《きょうか》

五月十二日は「こども読書週間」の最終日。子どもたち、本を読んでいるかな?

「こども読書週間」は、読書推進運動協議会が制定したもので四月二十三日から五月十二日までの三週間。

最初は、五月一日~十四日の二週間だったが、二〇〇〇年の「こども読書年」を機に期間を延長した。五月五日が「こどもの日」になっていることから、この時期になっている。

読書というと思い出す。数学者で作家の藤原正彦《ふじわらまさひこ》さんだ。読書、読書、読書を勧める。「学生には強制的に読書をさせたい」と書いた文を何度も読んだ。

藤原さんは「深く考える時は母国語で考える。母国語を深く理解するには読書が必要」「子どもの時にこそ読んでおくべき本がある。大人になって読んでも感性が受け付けない」などと主張する。

私の次女は、小学高学年から本を読むようになったが、比例するように日本語が正確になった。藤原さんの言葉を実感している。現在は、作業療法士として病院に勤務し、患者さんと言葉を交わしながらリハビリの手伝いをしている。言葉の大切さを知ったかな?

泰平の世になった江戸時代。子どもたちに読み書きを教える寺子屋が、地域差はあるが、全国に広がったことが、日本の識字率を向上させた。武士、僧侶たちが武士以外の子どもにも教えていた。そんな様子が描かれるのが「鼻《はな》の狂歌《きょうか》」。江戸で「鼻ほしい」。

武士が論語の素読《そどく》を指導している。ところが、この武士、かつての戦で鼻をけがした影響で、息が鼻から漏れて発音がうまくできない。それでも師を見て本を読もうとする子どもは真剣そのもの。師と子どもの勉学に励む様子は見ものの。

桂福団治《かつらふくだんじ》さんが、この噺《はなし》で主人公が馬に乗るところは必見。

5月13日——深見新五郎《ふかみしんごろう》（三遊亭円朝作）

日本の自然主義文学の先駆けで、明治期に活躍した田《た》山花袋《やまかたい》。『田舎教師』『時は過ぎ行く』などの作品を残し、自然主義文学の重鎮《じゅうちん》と位置づけられる。田山は一九三〇（昭和五）年五月十三日に亡くなった。今日は「花袋忌」。

自然主義文学とは、簡単に言えば、人が生きていく上での醜いところも描き出そうという文学。醜いとは、性欲を含めた欲、嫉妬などが対象になるという。

花袋に『蒲団《ふとん》』という作品がある。一九〇七（明治四十）年の作品だ。

小説家竹中には妻、子ども三人がいる。文学を志す女子学生を弟子とした。その女性の恋人が現れる。竹中は嫉妬《しっと》を含め、二人に翻弄《ほんろう》される。

結果的に女性弟子は、下宿していた竹中の家を去った。その女性弟子の使っていた夜具に顔をうずめ、女性弟子のぬくもりを感じ取って、泣くのだ。

自分と実在した弟子をモデルにした上、愛欲を描き、当時、大変な話題になった。

その『蒲団』より約五十年前の一八五九年、三遊亭円《さんゆうていえん》朝《ちょう》（一九〇〇年死去）は、「真景累ケ淵《しんけいかさねがふち》」を書き、怪談に交えて愛欲も描いている。その「深見新五郎《ふかみしんごろう》」という噺《はなし》。

殺人事件を起こした旗本の深見新左衛門の家は、取りつぶされている。新左衛門の息子新五郎は切腹を思ったが、質屋のあるじに拾われ働くことになった。

新五郎は、女中として働く園を思い、何かと親切にする。園が、風邪を引いた時、熱心な看病をして、恩をきせるように関係を迫る。園は拒絶する。ある日、物置に行った園を襲い、藁《わら》の上に押し倒すが、園は動かなくなった。藁を切る刃物の上だった…。

長編怪談噺《ばなし》の一話。

落語は、花袋文学よりはるかに先を走っていた？

硬い話になった。桂歌丸《かつらうたまる》、三遊亭円《さんゆうていえん》生《しょう》の録音がある。

5月14日 ── 浜野矩随《はまののりゆき》

五月の第二日曜日は「母の日」。年によってはこの日も母の日になる。

母の日には、日ごろの母親の働きに感謝し、カーネーションを贈る。亡くなっている場合は、白いカーネーションを捧げる。今、自分がここにいることに感謝し、母を思おう。

私の母は、私が十八歳になったばかりの四月、四十九歳で亡くなった。

十億の人に十億の母あらむもわが母にまさる母ありなむや

一周忌の法要に来たご住職の法話で、仏教哲学の暁烏《あけがらす》敏《はや》（一九五四年死去）のこの歌のことを聞いた。まだ、原書には触れてないが…。

約三十年後。私が、その同じ年齢になった時のこと。この年で死なければならなかった母の無念さが、伝わってきたような思いが沸き上がり、いたたまれなくなった。

母親が命をかけて息子への愛を見せる噺《はなし》が「浜野矩随《はまののりゆき》」。

金工細工《きんこうざいく》の名人浜野矩安《のりやす》。この人が五十歳を過ぎて急《きゅう》逝《せい》した。残った息子矩随が後を継いだが、矩随が作った猪は豚にも見え、馬を作れば足が三本しかない。

それでも若狭屋《わかさや》だけは、どんなに駄作《ださく》でも二朱《にしゅ》を出して引き取ってくれた。が、この日、若狭屋は酒を飲んでいた。矩随に「人に迷惑かけて生きている。死んでしまえ」。

母親に話すと「死ぬ前に、おっかさんに残す形見《かたみ》と思って観音様を彫《ほ》っておくれ」

矩随は、冬にも関わらず、水を浴びて観音様に取りかかる。七日七晩かけて、彫り上げた観音様を母親に見せる。母親は「これを若狭屋に見せておいで。五十両が一文欠けても売らない、と言え」と。父親の作品と見まがうほどの出来栄えだった…。

浜野矩随は、初代（一七八七年死去）、その子二代目（一八五二年死去）がいた。

古今亭《ここんてい》志《し》ん生《しょう》、古今亭《ここんてい》志《し》ん朝《ちょう》の父子二代の名人が語る「浜野矩随」。よかったなあ。

5月15日――大喜利《おおぎり》

人気のテレビ番組『笑点』。日曜日の夕方、落語家がずらりと並んで、出題に答える「大喜利《おおぎり》」で、座布団の獲得合戦をやっている。落語ファンでなくても、笑点の出演者は分かる、というほどの人気番組だ。

一九六九（昭和四十一）年五月十五日に放送が始まった。六十歳を超えている私が十歳の時だ。出演メンバーはご存じの通り。昔を思い出すと三遊亭小円遊《さんゆうていこえんゆう》、春風亭梅橋《しゅんぷうていばいきょう》、五代目三遊亭円楽《さんゆうていえんらく》たちがいた。あの世にあるという寄席《よせ》「極楽亭」の出演者になっている。

「末広演芸会《すえひろえんげいかい》」（一九七五～八一年放送）の末広珍芸シリーズもあった。桂米丸《かつらよねまる》さんの司会で、四代目柳家小《やなぎやこ》せん、四代目春風亭柳好《しゅんぷうていりゅうこう》たちが出ていた。くだらない答えを出すと、顔に墨《すみ》を塗る罰があった。アナウンサー馬場雅夫《ばばまさお》（一九九三年死去）が、解説もしていた。

馬場の『落語大学』『落語ものしり119の雑学』の著作は今も本棚にある。

「大喜利」とは。寄席では、都合で時間が余ってしまう時がある。出演を終えて楽屋《がくや》にいる人たちを集めて再度、高座《こうざ》に並んで上がり、謎かけなどの遊びを披露《ひろう》する。最後を意味する「切り」というのだが、客との縁は切れない。「喜利」とうまい字をあてた。

落語家が、テレビを通して人気者になるのはいいが、気になることはある。

小円遊は「笑点」で「きざ」を演じて売れた。寄席や地方の落語会でも「きざをやれ」という客の要望があり、本来の落語ができなくなった。悩み、酒を飲みすぎ、病気になり四十三歳で死去した。

「おばかキャラ」を演じる林家木久扇《はやしやきくおう》さんを、私の近くにいた人が「本当にばかだ」と真面目に評したことがあった。ばかかどうか、落語を聞き、著作、絵画作品を見たら分かる。やーねえ。

5月16日 — 俳人諸九尼《はいじんしょきゅうに》

（宮原勝彦作）

俳聖松尾芭蕉《はいせいまつおばしょう》（一六九四年死去）が、江戸深川《えどふかがわ》から弟子曽良《そら》と奥州、北陸を目指して旅立ったのが一六八九年五月十六日（元禄二年三月二十七日）。『奥の細道』への旅だ。『野ざらし紀行』への旅、『笈《おい》の小文《こぶみ》』への旅に続く三番目の本格的な旅だ。

日本旅のペンクラブは、芭蕉にちなんで五月十六日を「旅の日」に制定している。今日は誰も知らない落語「俳人諸九尼《はいじんしょきゅうに》」。知らないはずだ。私が作ったのだから。

久留米藩（福岡県久留米市）の耳納連山《みのうれんざん》の麓《ふもと》に住む庄屋の妻永松《ながまつ》なみが、旅の俳諧師有井湖白《はいかいしありいこはく》と出会った。芭蕉の孫弟子である。

子を生んでいないなみに家族の視線が向けられていた。その圧迫感とあらがうように俳諧に励んだ。やがて湖白がこの地を離れる時がきた。弟子の訪問指導は、俳諧師の宿命なのだ。「湖白さまは、私に喜びをくれた人。この喜びを失ってはいけない」

なみは、家、古里を捨て、五七五にかけての「人生の旅」に出ることを決意した。湖白を追った。驚いた湖白だったが全てを受け入れた。

その後、なみは諸九《しょきゅう》と号し、京都、大阪で注目される女性俳諧師になった。湖白亡き後、仏門に身を捧げた。一七七一年、俳聖・芭蕉に触れたいと、京都から松島（宮城県）を往復する旅に出て二二〇〇キロを歩き『秋風の記』を著している。女性版『奥の細道』だ。

世を捨《す》て見る分別や山ざくら　諸九尼

この落語脚本は、初代三笑亭夢丸《さんゆうていゆめまる》の「夢丸新江戸噺」の最終選考まで残った。

諸九尼を書いた著作は金森敦子さん『江戸の俳諧師奥の細道を行く　諸九尼の生涯』（角川文庫）、浮穴《うきあな》みみさん『夢行脚俳人諸九の恋』（中央公論新社）などがある。直木賞作家葉室麟《はむろりん》の『千鳥舞う』（徳間書店）に出てくるお葉さんは諸九尼がモデルだ。

諸九尼像と俳句
田主丸諸九尼顕彰会作成

5月17日 ― 京《きょう》の茶漬《ちゃづ》け

「これでインスタントかい？」。五代目柳家《やなぎや》小《こ》さんが食品会社「永谷園」の味噌汁を飲んでいたテレビコマーシャルのせりふだ。後に孫の柳家花禄《やなぎやかろく》さんも出演した。

大相撲の元小結・高見盛《たかみさかり》関が、現役時代には、お茶漬けを食べ、振分《ふりわけ》親方としても、ふりかけでご飯を食べていた。「ふりかけ」親方が面白い。

西日本新聞社事業部にいたころ。弊社事業の理解を求めて永谷園の本社を訪ねたことがある。私の話を丁寧に聞いてもらった。好印象の会社なのだ。

五月十七日は、永谷園が定める「お茶漬けの日」。江戸時代中期、京都宇治《うじ》の人で永谷宗円《ながたにそうえん》（一七七八年死去）の命日に当たるのが由来。宗円は、煎茶の製法を考えた人で「煎茶の祖」といわれる。永谷園創業者の祖先という。

「お茶漬けの日」には「京の茶漬け」だろう。

桂米朝《かつらべいちょう》が、「京の茶漬け」のCDで話している。京言葉で、帰り支度を始めた人に「お茶漬けでも」というのがある。愛想言葉で、お茶漬けを出すどころか、準備もしていない。「早く帰って」との意味もある。

大阪の男、この茶漬けを食べたくて仕方ない。京都の知人宅を訪ねた。留守番をする奥さんに旦那《だんな》の帰りを待たせてもらう。間もなく昼ご飯という時間だ。

「私は朝八時に家を出た」と暗に茶漬けの催促。奥さんも必死で耐えている。帰ると見せかけて、奥さんから「ほな茶漬けでも」という言葉を引き出した……。

大阪の天満天神繁昌亭《てんまてんじんはんじょうてい》であった桂春雨《かつらはるさめ》さんの独演会で、「京の茶漬け」を聞いた。京都のおかみさんの目つきが印象的。狸《たぬき》ばやしでは、桂《かつら》かい枝《し》さんが、演じてくれた。

京都市役所に聞いた。「お茶漬けでも」という言葉は、現在は、高齢者の一部が使っている程度という。聞いてみたいところだが、今や「幻の方言」というところか。

5月18日 堪忍袋《かんにんぶくろ》（益田太郎冠者作）

実業家、劇作家、音楽家などとして活躍した益田太郎《ますだたろう》冠者《かじゃ》は、「かんしゃく」（五月九日）でも少し紹介している。総合商社の先駆けである三井物産の創業者益田孝《ますだたかし》（一九三八年死去）の二男で、本名は太郎。長男は早くに亡くなったので事実上、孝の跡取りとして育った。

益田孝は、新潟県佐渡の生まれ。三井物産のほかに日本経済新聞の前身・中外物価新報を創刊している。茶道でも知られた。太郎は、若くして英国留学。帰国後は、銀行を経て、精糖会社役員、帝国劇場役員、貴族院議員もしている。

英国留学中に親しんだオペレッタなどを元に、益田太郎冠者として多くの戯曲を書いている。太郎冠者が作詞した「コロッケの唄」は、大正時代のヒット曲。私が幼いころの一九六〇年頃も、大人たちが歌っていた。多彩な才能を見せた太郎冠者だったが一九五三年五月十八日に亡くなっている。七十八歳だった。

太郎冠者の創作落語に「堪忍袋《かんにんぶくろ》」というのがある。夫婦げんかばかりの熊五郎夫婦。今日もけんかしているので大家が止めに入った。大家は、中国の故事を話す。「その男は何を言われても怒ったことがない。家にある水瓶《みずがめ》に怒りなどを吹き込んで、蓋《ふた》をするという」と。「お前たちも、袋でも作って、けんかの元を袋に入れたらどうだ」と諭す。

女房が袋を縫った。その袋に熊五郎が「このばか女」。今度は女房が袋に「この役立たず亭主ー」。二人は不思議とすっきりとして夫婦仲がよくなった。

やがて評判になり、近くの人たちがこの袋にけんかの元を吹き込むものだから、ぱんぱんに膨れた…。

東京でも上方でも演じる人は多い。「受けろ、客―」。落語家が叫んでいるかも。

5月19日　ストレスの海《うみ》（春風亭昇太作）

織田信長軍と今川義元軍が戦い、義元が討ち死にした桶狭間《おけはざま》の戦いは、永禄《えいろく》三年五月十九日（一五六〇年六月十二日）、現在の愛知県であった。

軍勢で劣っていた織田軍は、情報収集をさせ、義元の護衛が手薄になる時期、場所を察知し一気に攻めた。信長の戦上手を知らしめる戦いで、テレビや映画でもよく描かれる。

二〇一七年、NHKの大河ドラマ『おんな城主直虎《なおとら》』では、落語家の春風亭昇太《しゅんぷうていしょうた》さんが義元を演じた。ほとんどしゃべらず、表情、所作《しょさ》だけの演技だった。

昇太さんはテレビで「台本を見たらほとんどせりふがないじゃないですか。楽だなと思って撮影に行ったらめちゃくちゃ難しかった」と話していた。

昇太さんとは少なからず縁がある。二〇〇四年、福岡県主催の第十九回国民文化祭で福間町《ふくままち》（現、福津市）が行った「ふくま演芸まつり」で、全国から集まったアマチュア落語家の審査を昇太さんと一緒に担当した。

昇太さんは「城」には、玄人《くろうと》はだし。城に興味を持った西日本新聞こども記者の取材相手に昇太さんを選び、橋渡しをした。その子ども記者の取材に同席したが、こども記者が繰り出す城の質問、疑問に丁寧に答えてもらった。

そこで今日は、昇太さん作の「ストレスの海」。ストレスがたまることは健康によくない。夫を心配する妻は、笑いを誘おうと、だじゃれを連発し、果ては山に行け、海に行けとしつこい。これがストレスの原因であることなど、気がつく妻ではないのだ。海にボートで繰り出した夫に起きる事件…。

昇太さんらしいブラックユーモアも笑えるし、現代社会が抱える問題も潜ませている。CDが出ている。

5月20日 — 雁風呂《がんぶろ》

実在の人物が次々に登場する噺《はなし》「雁風呂《がんぶろ》」を紹介する。短くしたいところだが、物語が分かるように書いてみる。

徳川光圀《とくがわみつくに》が、東海道掛川の飯屋《めしや》で昼食を取っている。屏風《びょうぶ》を見ると、確かな筆使いで雁《がん》に松が描かれている。この絵は土佐光信《とさみつのぶ》の作と思った。「おかしなことだ。松なら鶴を描くはず。雁には月なのだが…」

商人二人が入ってきた。「これは見事な絵だ。土佐光信《とさみつのぶ》だ。名人は違う」と言う。光圀は名乗って、絵の意味を教えてほしいと頼む。驚いた商人だが、一人が絵の解説をする。

日本に飛来する雁は、木の枝をくわえてくる。途中、疲れた時、枝を海に落としてとまり木にして羽を休ませる。日本に着いたら、気に入った松にとまり枝を落とす。帰りにまた自分の枝をくわえていく。絵は、雁がその枝を取りにきたところを描いている、と。

松の下に残った枝の数が、日本で死んだ雁の数。この枝で風呂《ふろ》を沸かし旅人に入ってもらい、雁の供養をするという。

商人は、上方《かみがた》の淀屋辰五郎《よどやたつごろう》の二代目という。豪商だが、贅沢《ぜいたく》が過ぎて処分された。辰五郎は、淀屋の復活を思い、かつて貸した金の集金途中という。今から柳沢吉保《やなぎさわよしやす》へ用立てた三千両を返してもらおうと江戸へ向かう途中だった…。

土佐光信は、室町時代の大和絵《やまとえ》の絵師で、宮廷の絵《え》所預《どころあず》かり、幕府御用絵師《ばくふごようえし》となる。土佐派を確立した。大永《だいえい》五年五月二十日（一五二五年六月十日）に死去している。土佐派は、狩野派と並ぶ日本画の流派。


淀屋は、江戸時代前期から中期にかけた大阪の豪商。淀屋辰五郎は一七〇五年に幕府の奢侈《しゃし》禁止令に触れ、処分を受けている。

5月21日　禁酒番屋《きんしゅばんや》

福岡市の高島宗一郎《たかしまそういちろう》市長は、二〇一二年五月二十一日、約一万八千人の市職員に対し一カ月の間「自宅外の飲酒を禁止する通知」を出した。

市職員（当時）による飲酒運転事故で子ども三人が亡くなる悲惨な事故があった。飲酒運転の危険性が改めて啓発され、厳罰化される機会となった。ほかにも福岡市職員による、酒絡みの不祥事がやまず、嗜好《しこう》の問題に触れる珍しい通知を出す決断をした。

「酒は百薬《ひゃくやく》の長」といわれるが、あくまで「適量」が前提だ。私は、二〇〇五年二月二十六日に酒を飲み過ぎて、どぶに落ちるという失態《しったい》をやらかした。わが人生の「二・二六事件」だ。以来、酒を飲まなくなった。酒席ではコーラで酔うすべも身につけた。

高島市長の「禁酒令」で「禁酒番屋《きんしゅばんや》」を紹介する。

江戸時代のある藩。酔った武士同士、けんかになり「抜け」「いざ」と真剣勝負。一人が切られ、切った方の武士は翌朝、その罪を悔いて切腹。これを嘆いた殿様の一声。「家中の者は酒を飲むな。余も飲まぬ」。やがて、隠れ飲みする者を取り締まるため、武家屋敷に入る門に「禁酒番屋」が置かれた。

酒飲みのこの武士。酒屋で一升《しょう》を平らげ、自宅に一升持ってくるよう命令した。さあ、番屋詰の武士と、酒屋とのバトルだ。菓子と偽った荷物が改められ、徳利《とっくり》が出てきた。苦し紛れに言う「水カステラ」という言い訳がおかしい。

二〇一七年五月二十一日。福岡市のイムズホールであった柳家喬太郎《やなぎやきょうたろう》独演会。喬太郎さんは、この「禁酒番屋」をやった。福岡市の禁酒通知を知っていた？

この疑問を二年後の一九年三月に聞くことができた。

喬太郎さんは「福岡市でこんなことがあったの？　まじかあー。これは偶然です」。

5月22日 あたま山《やま》

夏の果物、サクランボが出回るころだ。商店には、赤やピンクの美しいサクランボが並ぶ。「果物の宝石」といわれるのがよく分かる。

一九七〇年ごろの高校生のころ、喫茶店でレモンスカッシュを注文すると、グラスの中にサクランボが入っていた。友人は、口に放り込み、実を食べて種を出して、ヘタを口でもごもごさせて結び目を作り「キスが上手になる」と言って自慢していた。

金原亭馬生《きんげんていばしょう》さんで聞いた「唐茄子屋《とうなすや》」で、カボチャを売る若旦那《わかだんな》が、昔を思い出し「芸者《げいしゃ》がしらたきを口で結び目を作った」なんてのろけていた。この遊び、昔からあったんだ…。おっと、話が脱線してしまった。

花見で重宝するソメイヨシノなどでは、実はなっても大きくならない。桜の一種のミザクラという木の実がサクランボだ。生産は山形県が七割を占める。

サクランボが出てくる噺《はなし》は「あたま山」がある。

けち兵衛。花見に出ても酒を飲むでもなく、料理を食べるでもない。落ちていたサクランボを食べた。翌日、頭が痛い。見てもらうと桜の木の芽が出ている。芽はみるみる大きくなって桜の花が咲いた。

近くの者がその桜の下で花見を始め、屋台《やたい》も出たりして大賑わい。酔っ払って頭から落ち、耳にはしごをかけて登っていくものまで現れた。けち兵衛はたまらず、植木屋を呼んで木を切ってもらった。そこには大きな穴。雨が降ったら池になってしまった…。

噺はもう少しで落ちになる。考えれば考える程、不思議な噺だ。ユーモア精神でいえば超一級の噺だ。

『徒然草』の四五段に似ている。関連を知っている人、教えて。

5月23日　ラブレター

五月二十三日は「ラブレター」の日。

松竹が、映画『ラブ・レター』（一九九八年）を公開した日に合わせて制定している。五（恋）二三（文）という。ラブレター。古くは「懸想文《けそうぶみ》」といって、三十一文字にしたため、草木を添えて、人を介して想う人に送ったという。短歌は、教養を示すものだろう。昔の人たちは風流だ。というか、通信手段がないから、必然的にそうなった。

映画『青い山脈』（一九四九年、今井正監督。ほかも）で、男子生徒が女子生徒に送ったラブレターが、学校に知れてしまった。職員会議で問題になる。どんな内容かを教師が読み上げる。『変しい変しい私の変人…』『恋しい恋しい私の恋人』の間違いでしょうなあ」。笑った。

「ラブレター」という落語がある。四代目柳亭《りゅうてい》痴楽《ちらく》が録音を残している。随分とテレビでも見た。

男がやけに浮き浮きしている。何でも、銀座のクラブ「ジフテリア」のナンバーワンホステスからラブレターをもらったというのだ。ただ、彼女は夜学で習ったから夜にしか読めない字という。友達が、そんなことはないだろうと、手紙を読ませてもらう。

「かれいにももひきあげます」「それは、『かれしにもうしあげます』だよ」

「こなだ　こなだ　こなだ」「『こないだは　こないだは』だよ」

「あなたは、はたけのたにしだわ」「あなたは、わたしのかれしだわ」

「あらいやよ」

「それは彼女の名で、あらい・やよっての」

十一代桂文治《かつらぶんじ》さんが演じていた。十代目桂文治の父柳家蝠丸《やなぎやふくまる》作と教えてもらった。

5月24日　ゴルフ夜明《よあ》け前《まえ》（桂三枝作）

松山英樹《まつやまひでき》さん、池田勇太《いけだゆうた》さんたちの活躍、宮里藍《みやざとあい》さんの引退などが話題になった近年の日本プロゴルフ界。選手たちの活躍が、そのまま人気に左右するから選手たちは大変だ。最近は、男女ともに将来性がある若いプロがいる。期待したい。

ゴルフ場は、全国に約二千四百場があるという。最も古いゴルフ場が、兵庫県神戸市にある「神戸ゴルフ倶楽《くら》部《ぶ》」。一九〇三（明治三十六）年五月二十四日に開業したという。この日が「ゴルフ場記念日」になっている。

英国人貿易商アーサー・ヘスケス・グルーム（一九一八年死去）が、外国人相手に開場させた。このゴルフ場から、日本人で初めて全英オープンに出場した宮《みや》本留吉《もとめきち》（一九八五年死去）、日本初のプロゴルファー福井《ふくい》覚治《かくじ》（一九三〇年死去）が出ている。

ゴルフの起源は、いくつもあるという。スコットランドをはじめ、中国にもその説があるという。日本にもゴルフの元になるような遊びが、どこかに隠れているかもしれない。

ともあれ、ゴルフ場の開設は明治になってから。だから、幕末の志士たちはゴルフを楽しむことはなかった。しかし、彼らにゴルフをやらせたのが桂三枝《かつらさんし》（現、六代目桂文枝《ぶんし》）さんだ。三枝さん創作の「ゴルフ夜明け前」を紹介する。

幕末の一八六六年、薩長連合がなり、世は倒幕派の薩長、佐幕派の新選組などが血を血で洗う抗争《こうそう》となっていた。時代の先端を走る坂本龍馬は、英国では、こるふをして友愛を図った後に大切な協議をする、と聞きつけた。早速、こるふ場を造り、近藤勇たちを招いて龍馬がゴルフを楽しむ…。

本当に彼らがゴルフを楽しんでいたら。幕末の混乱での死者は激減していたかもしれない。

私は、ゴルフは門外漢《もんがいかん》。穴があったら入りたい。

近藤さん！
ごるふ
日和ですね
そうですね
坂本さん！
光

5月25日 — 鶯宿梅《おうしゅくばい》

平安時代の村上《むらかみ》天皇は、歌を奨励《しょうれい》、自身も琵琶《びわ》や琴《こと》を演奏して平安文化の発展に寄与したとされる。康保《こうほう》四(九六七)年五月二十五日に亡くなっている。

歌を奨励したからだろう。「鶯宿梅《おうしゅくばい》」という逸話が残っている。

清涼殿《せいりょうでん》前の梅の木が枯れた。近侍《きんじ》が、その代わりによく似た梅を探すと、都の西でその梅が見つかった。家の者に断って、梅の木を植え替えた。その梅の枝には

勅《ちょく》なればいともかしこき鶯《うぐいす》の宿はと問はばいかに答へむ

という歌の短冊《たんざく》が下がっていた。

天皇の希望なら梅を差し出しますが、このに木に来るウグイスにはどう言いましょうか との意味だ。この歌は、歌人の紀貫之《きのつらゆき》(九四五年死去)の娘の歌だった。村上天皇は、思慮不足を悔いたという。

紀貫之の娘は紀内侍《きのないし》で、この歌の作者とされる。歌集の編纂にも携わっている。生年没年は不詳だ。

この逸話が、落語「鶯宿梅」になっている。

養子の若旦那《わかだんな》が、芸者《げいしゃ》遊びばかりしている。見かねた仲人《なこうど》が意見をした。若旦那は「養子はつらい。芸者もばかにして『養子くさいじゃないかいな』と歌われた」と悔しがる。

「それは『鶯宿梅じゃないかいな』と歌ったのだろう」とその逸話を話してきかせるという噺《はなし》。

この噺のごく一部が、改作されて別の噺「春雨宿《はるさめやど》」(五月三日参照)になったという。

三遊亭円窓《さんゆうていえんそう》さんは「鶯宿梅」を独自の演出をして高座にかけているという。私はまだ聞いたことがないまま書いている。「恐縮ばい」

5月26日 — 腕食《かいなぐ》い

子どものころに見たドラキュラの映画。二本の歯がとがった男が、女性の首筋にかみついて血を吸うシーンに、西洋にはこんな化け物がいるのだ、と信じ込んで怖かった。

原作『吸血鬼ドラキュラ』を書いたのは、英国の作家ブラム・ストーカー（一九一二年死去）。著名な俳優の秘書をして、演劇関係者との交流で吸血鬼の構想ができたようだ。その初版は一八九七（明治三十）年五月二十六日に発刊された。

モデルは十五世紀、ワラキア（現ルーマニア）の君主ブラド・ドラキュラ・ツェペシ（一四七六年死去）。敵兵や自国の反逆者を串刺しにして並べるなど、残虐《ざんぎゃく》行為で有名になった。一方で、国を毅然《きぜん》と守り抜く英雄との見方も残っている。

日本版の解説によると、最初の日本語版は一九五七年に出た、とある。この取材のために、複数を図書館で読んだが、その一冊には赤茶けた血痕《けっこん》が数滴あって驚いた。

落語にドラキュラのような噺《はなし》がある。昼間は何ともない女が、夜になると血を求めるのだ。「腕食《かいな》い」だ。

勘当《かんどう》された若旦那《わかだんな》が昔、店にいた番頭《ばんとう》が開く店に居《い》候《そうろう》をしている。若旦那に財産家の娘の養子の口がきた。ただ、娘の婿になった男は、次々と家を出ていく。娘は夜中に裏の寺に行き、ばりばりと音を出すらしい。それさえ我慢をと、番頭が縁談をまとめる。

初夜。若旦那が寝入ると、娘はやはり出て行く。気がついた若旦那が、つけていく。娘は、墓を掘り出し、死んだ赤子の腕にかぶりつきチューチューと血を吸っている。「死体の血を吸い、腕をかじるのは私の病気」と告白する…。

七代目笑福亭松《しょうふくていしょ》鶴《かく》が、松葉《まつば》のころ、福岡県城島町《じょうじままち》の酒蔵寄席で演じた。噺のうまさと怖さで、ぞくぞくしたことを覚えている。

5月27日—陽成院《ようぜいいん》

古来の短歌の魅力を現代に伝えている小倉百人一首《おぐらひゃくにんいっしゅ》。鎌倉時代の歌人で政治家の藤原定家《ふじわらていか》（一二四一年死去）が、京都小倉山山荘《おぐらやまさんそう》で、百首の選定を終えたのが文暦《ぶんれき》二（一二三五）年五月二十七日とされる。この日が「百人一首の日」になっている。

　定家は、十八歳から七十四歳まで克明《こくめい》な日記『明月《めいげつ》記《き》』（多くが国宝）を記しており、この日の項に「（前略）古来ノ人ノ歌各一首、天智《てんじ》天皇ヨリ以来、家隆《いえたか》、雅経《まさつね》ニ及ブ」（『定家明月記私抄』堀田善衛著、ちくま学芸文庫）と記している。

　小倉百人一首は、御家人《ごけにん》宇都宮頼綱《うつのみやよりつな》（一二五九年死去）が、小倉山山荘の障子《しょうじ》の装飾《そうしょく》として、交流が深い定家に色紙《しきし》の作成を依頼したことに始まる。定家は、古くは飛鳥時代の天智天皇に始まる百人を選び、さらにその代表作を選んだ。膨大な仕事量だ。

　小倉百人一首の歌が、落語に登場するのは「千早《ちはや》ふる」と「崇徳院《すとくいん》」が知られる。もう一つ「陽成院《ようぜいいん》」というのもある。

　陽成院（九四九年死去）は、八七六年に九歳で天皇に即位。政治は、摂政《せっしょう》である伯父・藤原基経《ふじわらのもとつね》に託した。陽成天皇《ようぜいてんのう》時代、そばで殺人事件が発生、嫌疑《けんぎ》がかかるなどして十五歳で退位した。当時としては長寿《ちょうじゅ》で八十歳まで生きている。

筑波嶺《つくばね》の峰より落つる男女川《みなのがわ》恋ぞつもりて淵《ふち》となりぬる　陽成院

　この歌が登場するのが「陽成院」という噺《はなし》。「千早ふる」と同じで、男が、物知りを自認する人にこの歌の意味を教えてほしい、という。男女川を相撲取りとした珍説《ちんせつ》が繰り出される。

　演じ手はもういない、かな？

　演者を養成しないと…。

5月28日――たがや

享保《きょうほう》十七（一七三二）年は、全国的に凶作《きょうさく》、疫病《えきびょう》に見舞われて百万人といわれる餓死者《がししゃ》が出た。

八代将軍徳川吉宗《とくがわよしむね》は、この慰霊《いれい》のために享保十八年五月二十八日（一七三三年七月九日）、川開きに合わせて、花火を打ち上げた。隅田川は屋形船《やかたぶね》が出て大変なにぎわいとなった。これが今に続く両国花火大会の始まり。

この花火を描く噺《はなし》が「たがや」。

桶《おけ》、樽《たる》の胴に巻く竹で編んだ帯状の「たが」を作る職人がたがや。

両国の川開きの花火が上がろうというころ。両国橋の上は見物人でいっぱい。そこに家へと急ぐたがやが通りかかった。「しまった、川開きだ。ほかの道を回ればよかった」と思ったが、橋を渡ればうちはそこ。人をかき分けて橋に入った。

向こう側から、供の侍二人を連れ、馬に乗った殿様がやってきた。こっちは殿様、混んでいても人はよけて道は開ける。

突き飛ばされたたがやの道具箱が転がり、小さく丸めていた竹がほどけた。片方の端を道具箱が押えていたものだから、竹はビューンと伸びて殿様の鼻をこすって陣《じん》笠《がさ》を跳ね上げた。

殿様は「屋敷へ参れ」「屋敷ぃ行ったらあたしの首は胴についちゃいません、お許しを」。やがて開き直ったたがやと侍、殿様の大立ち回りになる…。

この噺の結末は、現在とは逆だった。庶民の力が増してきた江戸時代後期に演出が変わったという。

どっちにしても花火の褒《ほ》め言葉「玉屋」をもじった「たがやー」のさげがぴったり。

5月29日——蒟蒻問答《こんにゃくもんどう》

煮物には欠かせないこんにゃく。福岡博多《はかた》の名物、屋《や》台《たい》のおでんのこんにゃくをがぶりとやるあの、堅くもなく柔らかくもない、やや頼りない歯ごたえ。それに主役でも脇役でもない中途半端、いや、中間層の気持ちをつかむような存在感も憎めない。

五月二十九日は、全国こんにゃく協同組合連合会が制定した「こんにゃくの日」。529の語呂合わせ、それに、こんにゃく芋《いも》の植え付けが今ごろになるという。全国一の産地である群馬県の農家は忙しいのだろう。

おあつらえの噺《はなし》がある。「蒟蒻問答《こんにゃくもんどう》」。舞台となるのは今の群馬県安中市《あんなかし》。

江戸を逃げてきた男が、上州安中のこんにゃく屋六さんを頼ってきた。六さんが世話したのが空き寺の住職。適当な経《きょう》を習って、男は住職になった。

そんなところへ曹洞宗本山永平寺《そうとうしゅうほんざんえいへいじ》の修業僧が問答を、と求めてきた。「問答に負けたら、寺を追い出されちまうだよ」と寺男。そんなところに六さんが来て「問答？おれがやろうじゃないか」。六さんの作戦が、何を聞かれても何にも答えないというもの。

形だけは立派な住職になった六さんと修行僧の問答が始まる。

何を聞いても答えない六さんに、修行僧は「曹洞宗で一番の荒技《あらわざ》『無言《むごん》の行《ぎょう》』でござるな。ならば無言で問う」。所作だけで二人の問答が繰り出される。

やがて修行僧は平謝《ひらあやま》りして「とても拙僧《せっそう》が及ぶところではありません」。後で見事な種明《たねあ》かしがされる。こんにゃくだけに裏表のない明確な落ちだ。

安中市出身の桂《かつら》ひな太郎《たろう》さんは愛着たっぷりに演じる。六代目春《しゅん》風亭柳橋《ぷうていりゅうきょう》が印象深い。上方《かみがた》の「餅屋問答《もちやもんどう》」が、「蒟蒻問答」になったと聞く。

女性の僧でもある露《つゆ》の団姫《まるこ》さん、桂《かつら》そうばさんの「餅屋問答」もいいなあ。

5月30日　純情詩集《じゅんじょうししゅう》

（三代目三遊亭歌笑作）

ブタの夫婦がのんびりと　畑で昼寝をしてたとさ
夫のブタが目を覚まし　女房のブタに言ったとさ
いま見た夢はこわい夢　俺とお前が殺されて
こんがりカツにあげられて　みんなに食われた夢を見た
女房のブタが目を覚まし　あたりの様子を見るならば
今まで寝ていたその場所は　キャベツ畑であったとさ

三代目三遊亭歌笑《さんゆうていかしょう》の「純情詩集」の傑作《けっさく》「豚の夫婦」だ。

一九四五（昭和二十）年八月。第二次世界大戦の敗戦後、原爆投下の広島、長崎はじめ全国が焼け野原になっていた頃。東京の寄席《よせ》で無事だったのは人形町末広《すえひろ》だけ。落語をやろうにも、落語家は出征したり、疎開したりして、消息不明。

人形町末広の席亭《せきてい》・石原幸吉と歌笑が上野で出会った。「人形町末広のお席亭でしょ、三遊亭歌笑です」と自己紹介して、新時代にふさわしい落語の必要性を説いた。

歌笑は、人形町末広でいくつもの「純情詩集」を石原に披露《ひろう》した。これが、どこに行っても受けて日劇、国際劇場にも出演して爆笑を呼び、超人気者になった。

この人気者が三十二歳の若さで逝ってしまった。一九五〇（昭和二十五）年五月三十日、東京・銀座で大《おお》宅壮一《やそういち》らと、雑誌社企画の対談を終えた後、外に出て道路を横断しようとして進駐軍《しんちゅうぐん》の車にひかれたのだ。

元相撲取りの演芸評論家小島貞二《こじまていじ》の『こんな落語家がいた』（うなぎ書房）から引いた。

私の手元には、ラジオ番組での三題噺《さんだいばなし》の会で、歌笑が創作した「熱海の海岸」というレコードがある。できがよくない、と放送されなかったらしい。それだけに貴重だ。

5月31日——長短《ちょうたん》

五月三十一日は「世界禁煙デー」。世界保健機関（WHO）が設立四十周年となった一九八八年に制定している。喫煙《きつえん》による健康被害を防ごうとの狙いだ。

日本たばこ産業の調査がある。一九六五（昭和四十）年の喫煙率は男八二・三パーセント、女一五・七パーセントだった。これが二〇一七年には男二八・二パーセント、女九・〇パーセントになった。

一九七〇年代に嫌煙権《けんえんけん》という言葉が生まれた。やがて飛行機、長距離列車などが禁煙となり、さらに二〇〇二年に健康増進法が制定されたことなどが、喫煙者減になっているようだ。

居酒屋《いざかや》なども禁煙にされようとしているが、ここまで必要なのだろうか。要はし好品。子どもの前では吸わないなど、周囲に気遣いができる人を増やせばいいような気がするが。

禁煙デーに申しわけないが、落語国には、キセルで一服してフーッと紫煙《しえん》を出すところが実によく出てくる。「花見《はなみ》の仇討《あだう》ち」の敵役は、たばこを吸い過ぎて頭がくらくらしているし「夢金《ゆめきん》」の船頭《せんどう》は「けつからヤニが出るほど好きだ」というせりふを言う。

忘れてはいけないのが「長短《ちょうたん》」の気が短い男だ。短七《たんしち》という名で登場したりするが、この人もたばこ好きだ。いや、この時は、気の長い長さんが、ゆっくりとゆっくりとたばこを吸うのにイライラして「たばこの吸い方を教えてやる」と、その見本を見せるのだ。

それが早いのなんの。「こうキセルにたばこを詰めるだろ、煙草盆《たばこぼん》で火を着ける、吸う、ぽんとはたくんだ」。みるみるうちに十服ぐらいを吸う。長さんが、あることに気がついた。それを教えようとする…。

中学一年のころ、柳家小《やなぎやこ》さんのテレビで聞いたこの落語でファンになった。ファン出発の落語だ。八代目 雷《かみなり》門助六《もんすけろく》もよかった。

【六月】

6月1日 — 空海《くうかい》の柩《ひつぎ》（和田《わだ》誠《まこと》作）

六月一日は、日本写真協会による「写真の日」。一八四一年のこの日、薩摩藩主島津斉彬《しまづなりあきら》が、写真撮影された日として一九五一年に制定された。

この記録がのちに誤りと判明した。島津は一八五七年九月十七日に写真撮影されていた。写真は写すものだが、定着感もあったからだろう。「写真の日」は移さなかった。

写真から落語を見た。「写真の仇討《あだう》ち」がある。ほかに「空海《くうかい》の柩《ひつぎ》」があった。イラストレーター和田誠さんの創作落語だ。

一九七九年に東京かわら版が主催して「和田誠寄席」が東京で開かれ、和田さん作の四席が披露され、レコードになった。五街道雲助《ごかいどうくもすけ》さんが演じたのが「空海の柩」だ。

道具屋に変わった物がある。武士が尋ねても道具屋も分からない。見知らぬ男が置いていったのだ。「二個の亀って言ってました」「亀？　亀には見えぬし一個しかない…」

男が再度現れる。「これはニコンのカメラ。空間のひずみってやつかなぁ、これに入って江戸時代にやってきた」「空海の柩だって？……」

レコードにある作品と演者は、「荒海や」春風亭小朝《しゅんぷうていこあさ》さん、「鬼ケ島」柳家小三治《やなぎやこさんじ》さん、「闇鍋《やみなべ》」入船亭扇橋《いりふねていせんきょう》。どれも絵にも描けない面白さだ。

一九七九（昭和五十四）年十二月二十五日。私はこのレコードを購入して、福岡市の屋台《やたい》「千代《ちよ》」に入った。そこにいたのが、教育評論家阿部進《あべすすむ》（二〇一七年死去）。カバゴンだ。レコードを見せると「和田誠とは友達だから」とサインをくれた。日付も書いてある。

クリスマスの夜に落語のレコードを買って、屋台に入った二十三歳。もてない…。

レコード発売から三十二年たった二〇一一年六月。独演会で福岡県久留米市にきた雲助さんの楽屋を訪ね、このレコードを見せて、サインをもらった。

「こんなレコードがまだあったんですねえ」。「空海の柩」に大切に仕舞っておいた。

6月2日 — 本能寺《ほんのうじ》

織田信長が、京都の本能寺で、家臣である明智光秀の急襲《きゅうしゅう》を受けた。信長は、燃える本能寺に消えた。本能寺の変だ。天正《てんしょう》十年六月二日（一五八二年六月二十一日）のことだ。

光秀がなぜ謀反《むほん》を？　信長が、光秀につらく当たった結果の私憤説《しふんせつ》が有力だが、二〇一七年九月に見つかった光秀の書簡《しょかん》に「室町幕府の再興を目指した」とあったという。

直木賞作家葉室麟《はむろりん》（二〇一七年死去）に、黒田如水《くろだじょすい》を描いた『風渡る』（講談社）がある。葉室は、本能寺の変は、羽柴秀吉《はしばひでよし》と光秀の共謀《きょうぼう》としている。これは面白い。

本能寺は、約三百年後の一八六四年、薩摩藩と長州藩がぶつかった禁門の変でも焼失している。歴史の目撃者である。

落語に「本能寺」という芝居噺《ばなし》がある。桂米朝《かつらべいちょう》が、元落語家の桂小春団治《かつらこはるだんじ》で、踊りに転じた花柳芳兵衛《はなやぎよしべえ》に教わったと、CDの解説文に書いている。

芝居噺の型には、落語の登場人物がそれぞれ役を演じるものと、落語家がそのまま芝居を演じるものがある。七段目《しちだんめ》や蛸芝居《たこしばい》などは前者、本能寺は後者だ。

本能寺に憩《いこ》う織田信長に明智光秀が面会を求めてくる。「中国攻めを私に」という光秀に対し、信長は冷たい。その上、言葉遣いなどに怒り、森蘭丸《もりらんまる》に何度も頭を打たせる。

この直後、光秀は信長を襲う。舞台は大立ち回りの見せ場。だが、ずっこけるのが落語。舞台にイナゴが飛び回り、役者の顔にとまるやら、舞台も客席も騒動になる…。なぜイナゴなのか。噺にちゃんと仕込んである。どたばったの面白さ…。

なかなか生では聞かない噺で聞きたいと思っていた。二〇一九年三月、京都の本能寺で信長の墓参りをしたその足で、そばの誓願寺《せいがんじ》であった桂《かつら》よね吉《きち》さんの勉強会にいった。演目は何と「本能寺」だった。信長の引き合わせか、聞きたいという本能が呼び込んだ？

6月3日――有馬小便《ありましょうべん》

直木賞候補作家木下昌輝《きのしたまさき》さんの『天下一の軽口男《かるくちおとこ》』（幻冬舎）を読んだ。手習《てなら》いなどそっちのけで笑い話を考え、思いを寄せる女の子に話を聞かせる少年彦八。少し年上の男、武左衛門《ぶざえもん》との交流もあった。

武左衛門は江戸に出た。彦八も江戸に出て、武左衛門と再会した。二人は協力して話を考案し、話し上手たちに挑んでいく。武左衛門は、のちに江戸で噺《はなし》の名手《めいしゅ》として知られる鹿野武左衛門（一六九九年死去）となる。彦八は上方に帰り、生国魂《いくたま》神社の小屋掛《こやが》けで米沢彦八《よねざわひこはち》として噺を聞かせ、大名の物まねなどで人気となる。

はらはらするような場面も多く、楽しく読んだ。一読して損はない小説だ。

米沢彦八は、上方落語の祖といわれる。大阪・生国魂神社である噺の会で大変な人気になる。出向いた名古屋で正徳《しょうとく》四年六月三日（一七一四年七月十四日）に亡くなった。創作した噺は多く笑話本『軽口御前男《かるくちごぜんおとこ》』（一七〇三年）などの著書が残っている。

その中にある原話の一つが「有馬小便《ありましょうべん》」という噺になっている。

何か金儲けの方法はないかと男が、隠居《いんきょ》に相談した。「温泉宿にはまだ二階に便所がない。二階から小便させるのはどうか」という。たまった小便は肥やしとして売る、という。

教わった通り、男は竹の節を抜いて、桶《おけ》を持ち、有馬温泉街を「二階から小便さしょ」と流し歩いた。一階に下りる手間が省けると、面白がる客がいた。今度は、若い芸者《げいしゃ》の客ができた。見事なさげにつながる。

三代目桂春団治《かつらはるだんじ》が録音を残している。高座に美を求めた春団治だが、こんな噺もさらりと演じる。芸者の頼みを聞いて下を向いて小便を受ける男。はみ出たものが竹の外側を伝い落ちてくる。手を離そうにも竹は動かせない…。前田《まえだ》憲司《けんじ》さんの的確な解説がいい。

6月4日——疝気《せんき》の虫《むし》

六月四日は「虫歯予防デー」だったが、今では「歯と口の健康週間」の初日だ。

この日は「虫の日」でもある。昔は、人の体には虫がいて悪さをするから病気になると考えられていた。「虫のいどころ」「虫が好かない」「虫のいい話」「無死満塁」など、虫が絡む言葉がいくつもある。ん？

漢方で「疝気《せんき》」といえば、男の下腹部の病気のこと。これも虫のせいと考えられた。睾丸炎《こうがんえん》、尿道炎《にょうどうえん》、膀胱炎《ぼうこうえん》、腸炎《ちょうえん》などの総称という。経験したくない病気だ。トイレに行く間も惜しいぐらい忙しかった時、膀胱炎になった。あの不快感、思い出したくない。

「疝気《せんき》の虫《むし》」という落語がある。

医者が、妙な虫を見つける。色も形もたとえようがない。虫が「疝気の虫」と名乗る。普段は「別荘」と呼ぶ睾丸に住む。そばが大好きで、人がそばを食べると、胃まで上ってそばを食べ、暴れる。嫌いなものはとうがらし。とうがらしが身体に触れるだけで死ぬ。だから、とうがらしが近づくと睾丸に逃げる、と聞いたところで目が覚めた。

疝気を訴える急患が出た。往診に行った医者は、新しい治療法を試みる。

患者の口の前に妻がそばを持っていって虫をおびき出し、とうがらしの入った水に浸そうとの治療だ。ところが、妻がそばを食べたものだから、疝気の虫は妻の体に入ってしまい、妻が苦しみだした。とうがらしの水を飲ませた。虫たち、別荘を探すが…。

男の疝気に女の癪《しゃく》。落語には、癪の治療法もあるから面白い。

「疝気の虫」は、古今亭志ん生《ここんていしんしょう》が有名。立川談志《たてかわだんし》も楽しんでやっている、と解釈して録音を残している。私は、柳家権太楼《やなぎやごんたろう》さんの生を楽しく聞いた。

新作で鳴らした三代目三遊亭円右《さんゆうていえんう》が、この噺を「新治療法」という演目で録音を残している。

6月5日――くやみ

明治以降、これまでに二十一人の国葬《こくそう》が執《と》り行われた。日付をみると六月五日に二回、国葬が行われている。皇《こう》室典範《しつてんぱん》では、大喪《たいそう》の礼も国葬にあたるとされる。ここでは含んでいない。

一九三四（昭和九）年六月五日、東郷平八郎《とうごうへいはちろう》（侯爵《こうしゃく》、元《げん》帥《すい》、海軍大将）。一九四三年六月五日、山本五十六《やまもといそろく》（元帥、海軍大将、連合艦隊司令官）。

国葬の判断は、戦前は勅令《ちょくれい》により、のちに国葬令が定められた。戦後は、閣議で決定する。戦後は唯一、一九六七（昭和四十二）年に吉田茂（内閣総理大臣）の国葬があった。近年は、国の機関と遺族との合同葬、国民葬という形がとられている。

国葬が二回あったことから六月五日は「くやみ」という噺《はなし》にした。

国葬から「くやみ」かい、と怒られそうだが、生きていれば必ず死を迎える。偉い人も庶民も同じだ。

人が亡くなれば、葬儀、告別式が行われる。葬儀は「死者を葬る儀式」で、告別式は「親族、知人が死者に告別する式」となる。

参列者はくやみを言う。くやみとは「人の死をとむらう言葉」と辞書にある。難しいがそのいい方を教える落語は「短命《たんめい》（長命《ちょうめい》）」のまくらなどで語られる。

さて、その「くやみ」という落語は。

店の旦那《だんな》が亡くなった。出入りの者たちが、くやみを言うがろくなくやみがない。この男も少しばかりずれている。「こんないい旦那が亡くなるとは」と、いい出だしだったが、残されたきれいなおかみさんに触れたところから怪しくなる…。

桂枝雀《かつらしじゃく》の「くやみ」がCDになっている。人の死も題材にする落語の底力…。

6月6日 ろくろ首《くび》

入梅《にゅうばい》が近くなり、これから夏に向けて、怖い話、怪談などが登場し始めるころだ。

六月六日で思い出すのは、米国のオカルト映画『オーメン』（一九七六年）。この日の六時生まれの男の子が、成長とともに悪魔の片鱗《へんりん》を見せてくる。

六六の語呂合わせで「ろくろ首」を紹介する。日本の妖怪《ようかい》だ。『日本妖怪学大全』（小松和彦編、小学館）にある横山泰子《よこやまやすこ》さん（法政大教授）の論文を見てみる。

『諸国百物語《しょこくひゃくものがたり》』（著者不明、一六七七年）に「越前で鶏《にわとり》かと思ったら女の首。にこにこと笑う。男が刀を抜いて威嚇《いかく》すると逃げた」「奥州《おうしゅう》で、侍の妻が、女の首が浮《ふ》遊《ゆう》するのを見て、にらみ返して追い払った」

『今昔百物語評判《こんじゃくひゃくものがたりひょうばん》』（山岡元隣著、一六八六年）には「西国で女のむくろから首が離れ、窓の破れから出ていったのを僧がみた」

などの記述が紹介されている。

このあと、芝居の演出や絵画などで首が伸びる様子が具体化され、ろくろ首が社会に広く認知されていくことが解説されている。

落語にも「ろくろ首」というのがある。

主役は与太郎。結婚した兄の幸せな暮らしを見ている与太郎。結婚がしたくなった。しかし、与太郎だ。相手は誰もいない。ところが隠居《いんきょ》が与太郎に縁談を持ってきた。与太郎はどこに行ってもよく眠れるというところに目を付けたのだ。

資産があって美人。しかし、問題があった。夜中に首が伸びるろくろ首なのだ。隠居は与太郎にそのことを伝え、よく眠るのなら大丈夫、と見合いをさせて、その日のうちに婚礼となり、夜を迎える…。

大阪の桂《かつら》そうばさんの「ろくろ首」が面白い。また聞けるのを、首を長くして待っている。

6月7日──荒大名《あらだいみょう》の茶《ちゃ》の湯《ゆ》

徳川家康を描けば、必ずそばにいる人物。それが本多《ほんだ》正信《まさのぶ》だ。家康の鷹匠《たかじょう》として仕えていたが、三河一向一揆《みかわいっこういっき》（一五六三年）で一揆側の武将として加わり、家康と敵対したこともあった。やがて、家康への帰参《きさん》がかない、家康の知恵袋《ちえぶくろ》となって活躍する。

関ケ原の戦（一六〇〇年）では、徳川秀忠と同行している。その後も江戸幕府の老中、二代将軍秀忠の執政《しっせい》として活躍した。家康の死を見届けたのち、元和《げんな》二年六月七日（一六一六年七月二十日）に死去している。

関ケ原の勝利で天下統一を揺るぎないものにした家康だが、豊臣秀吉死去（一五九八年）から関ケ原までは、さまざまな動きを見せる。この時期を描く「荒大名《あらだいみょう》の茶《ちゃ》の湯《ゆ》」という噺《はなし》がある。

秀吉死去の後。天下を狙う家康が、自分の勢力を拡大しようと画策《かくさく》を始めた。家康は、一人でも多くの大名を配下にしたい。

家康の軍師本多正信が、秀吉の子飼いともいえる加藤《かとう》清正《きよまさ》、福島正則《ふくしままさのり》、黒田長政《くろだながまさ》たち七人を茶の湯に招いた。招待状が届いたのはいいが、武芸には自信があるものの茶道は知らない。困り果てている六人。唯一、千利休《せんのりきゅう》から指導を受けていたのが細川忠興《ほそかわただおき》だ。

「わしの通りにすればよい」と忠興。茶の湯に乗り込んでいくのも忠興が先頭だ。忠興は戦の傷で頭がやや右に傾いている。みんなが頭を右に傾けて茶室に入った。

茶会になる。清正が茶碗を持ち上げると、伸ばしたあご髭が茶碗に浮いた。これをぎゅーっと絞って茶碗に茶を戻すなど、とんでもない茶会になる。

笑福亭鶴光《しょうふくていつるこう》さんで聞いた。笑福亭風喬《しょうふくていふうきょう》さんも自分のものにしている。

6月8日 八問答《はちもんどう》

六月八日…。六月八日…。

「うーん、落語がない」「お前、三百六十五日分の落語を書くと言うたじゃないか。まだ、半分も到達してねえだろ」「へい。でも落語がない」「なんか考えんと…」「六八、四十八。八が二つもある。八問答だ！」

苦しい言い訳になってしまった。八がつく日で「八《はち》問答《もんどう》」という噺《はなし》でいく。ここで使ったら、七月も八月も八の日があるのに使えない。一か八か。鉢巻《はちま》きを締めて、はちきれんばかりの力を使って、はっちゃきで…、え、もういい？

「八問答」は、主に前座《ぜんざ》の口ならしとして語られる噺だが、名人三代目三遊亭金馬《さんゆうていきんば》もやっていた。あの歯切れのよさといったらないし、全部、本当に聞こえて、学術的な雰囲気も出てくるからすごい。

隠居《いんきょ》と男の会話で「八は末広がりで、とにかく縁起がいい。世の中は八で成り立っている」と隠居。その「八」のパレードが始まる。

「信心するなら八幡の八幡さん。腹八分目は医者要らず。盗人《ぬすっと》でも蜂須賀小六《はちすがころく》は位ももらった。弓矢の名人鎮西八郎《ちんぜいはちろう》、どうだ八はすごいだろう」

「牛若丸《うしわかまる》には八がない」「牛若丸の八艘跳《はっそうと》び、習った剣術が鞍馬八流《くらまはちりゅう》。弁慶《べんけい》は七つ道具で一番勝負、八になる」「石川五右衛門《いしかわごえもん》は？」「五右衛門がいるところは山門《さんもん》。合わせて八門《はちもん》だ」「江戸は八百八町《はっぴゃくやちょう》、ホトトギスは八千八声《はっせんやこえ》」

ここから私が引き継ぐ。八代目桂文楽《かつらぶんらく》は、文楽は過去に七人もいなかったが八代目を名乗っている。

「ラッキー7」は、米国での野球試合で、七回の攻撃中、凡フライが風に押されて本塁打になったことに始まる。一点入って八…。もういいって。

6月9日——転宅《てんたく》

六月九日は、語呂合わせから、日本ロックセキュリティ協同組合が制定する「我が家のカギを見直すロックの日」になっている。

「サツ記者」と呼ぶ警察担当記者をしていたころ。忍び込み専門の男の逮捕を記事にしたが、男は、二階でもわずかに開いた窓から侵入できると供述した。注意だ。

今では、暗証番号式、指紋照合など鍵の種類も多彩だ。江戸時代には、刀鍛冶《かたなかじ》が錠前《じょうまえ》をこしらえたという。錠前ができる前は、戸口の内側に棒を斜めに突っ張って、戸が開かなくするのが戸締まりだった。あの棒の名が、用心棒《ようじんぼう》。しんばり棒ともいう。

「転宅《てんたく》」という噺《はなし》がある。

愛人の家を出るとき、戸締《とじ》まりをするように言っている旦那《だんな》。この日は、本宅へと帰っていった。名残を惜しむ時間がちょっと長かった。この間に泥棒が忍び込み、残った料理を食べ、徳利《とくり》の残り酒を飲んでいた。

顔をあわすなりに「静かにしろい。金を出せ」。驚いたのは女。怖いのを我慢して一人語り。「あら、いい男じゃないの。え、泥棒？　私も昔は泥棒だったのよ。あの旦那、もう、別れようと思うの。あんた、家に奥さんかなんか、いるんでしょ。あら、一人者？　なんだあ、こんなあたしでよかったら女房にしてくれる？」

口車に乗せられた泥棒だ。夫婦約束をすっかり本気にして、今晩は泊まっていくという泥棒。女は、二階に柔道と空手の先生の「用心棒」がいると、うそを言って、女は泥棒から財布の中身まで取り上げて追い返した…。

戸締まり、用心棒が出てくることで「ロックの日」の落語ということで。ろく（ロック）でもない原稿だ、という声が聞こえそう…。

6月10日―時《とき》そば

六月十日は「時の記念日」。天智《てんじ》天皇の時代、六七一年六月十日、日本で初めての時計である水時計が時を刻み始めた。

太陽と地球の距離、自転、公転で時間、日付という概念が生まれた。思えば、人類の最初の科学は、時間を計り、暦をどう作るかに始まった。

落語が主に作られた江戸時代の時間は、日の出と日の入りを基準に、昼と夜をそれぞれ六等分した長さを「一時《いっとき》」としている。「一時」が約二時間。季節によって長さが変わるから、時間についてはおおらかだったようだ。

朝「明け六つ」「朝五つ」「昼四つ」「昼九つ」「昼八つ」「暮れ七つ」

夜「暮れ六つ」「夜五つ」「夜四つ」「暁九つ」「暁八つ」「暁七つ」

これで二十四時間。ところで「三時のおやつ」は、「昼八つ」が今の午後三時ごろにあたるところからきている。

時間が重要に絡む落語が、江戸の「時そば」、上方の「刻《とき》うどん」。

「今日は寒いね」というせりふがあるから冬場の噺《はなし》だろうが、「梅雨寒《つゆざむ》」なんて言葉もあるので、そこはご容赦《ようしゃ》。

屋台《やたい》のそば屋をやたらと褒めている客がいる。褒めて褒めちぎって、十六文の銭《ぜに》を払うとき「細かいから手をだしな」「ひいふうみい」と八文払ったところで「今、何時だい」「九つです」「十、十一、十二…」

見ていた与太郎が「一文ごまかしやがった」。これをまねるから…。

刻うどんは、また演出が違っている。東西で聞き比べが面白い代表的な落語だ。

外国人が、日本でお年寄り相手にこれを実際にやった事件があったなあ。

6月11日――居残《いのこ》り佐平次《さへいじ》

映画『幕末太陽伝』（一九五七年）を撮った映画監督の川島雄三《かわしまゆうぞう》は、一九六三年六月十一日に亡くなっている。四十五歳。駆け足の人生だったが、いろんな映画を残している。日本映画初のキスシーンを撮ったのは川島だった。

川島の『幕末太陽伝』は、俳優フランキー堺を一躍有名にした映画でもある。これが縁なのかフランキーは、映画『羽織《はおり》の大将』（一九六〇年）『与太郎戦記』（一九六九年）でも落語家役をしている。

『幕末太陽伝』は廓噺《くるわばなし》の「居残《いのこ》り佐平次《さへいじ》」を軸に、品《しな》川心中《がわしんじゅう》、お見立《みた》て、三枚起請《さんまいきしょう》、夢金《ゆめきん》などの名シーンが登場する。石原裕次郎、二谷英明たちが初々しい。

居残り佐平次には、妙な思い出がある。

国立演芸場（東京）で立川談志《たてかわだんし》が「談志ひとり会」のとりねたで「居残り」をやった。噺半《はなしなか》ば、「この噺やめた」と楽屋に引っ込んでしまった。

すると出演予定になかった立川志《たてかわし》の輔《すけ》さんがセーター姿で出てきて「今きたら、師匠が降りてきて『つなげ』って言われまして」と、「居残り」の続きを演じ始めた。

客も志の輔さんの噺を受け入れ始めたころ、舞台《ぶたい》そでから「もういいよ」と談志の声。その後、談志は、代書《だいしょ》屋《や》をやり直した。どこまでも気まぐれな談志だ。

「居残り」では遊び人の佐平次の調子のよさ、ずるさ、したたかさが存分に描かれる。母親への思いやりを見せる一面が少し見える。だからか。佐平次を許してしまう。

ほかに桂文朝《かつらぶんちょう》、古今亭志ん朝《ここんていしんちょう》、柳家小三治《やなぎやこさんじ》さんで聞いた。長年、語られている噺だがさげが定まらないことで知られている。

誰かぴたりとくるさげを作ってくれるのを待っている。いや、できているかも？

6月12日　酢豆腐《すどうふ》

雑節《ざっせつ》の「入梅《にゅうばい》」は、六月十一日か十二日ごろになる。梅雨明けの目安になるのは雑節の「半夏生《はんげしょう》」というのがあって七月二日か三日ごろ。いずれにしても、これから数週間は雨が多くてうっとうしい日が続くことになる。

梅雨も静かに降る雨が続けばいいのだが。二〇一七年七月には、私が住む町のそば、福岡県朝倉市《あさくらし》で豪雨による大変な被害が出た。大分でも、秋田でも…。

樹も草もしづかにて梅雨《つゆ》はじまりぬ　日野草城《ひのそうじょう》

部屋ごとにしづけさありて梅雨きざす　能村登四郎《のむらとしろう》

梅雨入りを描く俳句だ。「しづか」という言葉が効果的な二句だ。

「しづか」といえば、この時期に静かに忍び寄ってくるものがある。カビだ。

カビを描く噺《はなし》に「酢豆腐《すどうふ》」「ちりとてちん」がある。まずは「酢豆腐」。

若い者たちが集まって、暑気払《しょきばら》いの相談をしている。何とか酒の都合はついた。肴《さかな》がない。ぬか漬けの古漬《ふるづ》けがある。取り出すには、ぬか床《どこ》に手を突っ込んで…。爪にぬかが入り、においが付いて女にもてない、と誰も古漬けを出さない。

昨日、兄貴分が、豆腐を買っていたのを思い出した。だが、与太郎が、気を使って「ねずみいらず」（隙間《すきま》なく締め切る戸棚）に入れたという。案の定、豆腐はカビだらけ。

そこにやってきたのは、きざで知ったかぶりの伊勢《いせ》屋《や》の若旦那《わかだんな》。「舶来物《はくらいもの》の珍味《ちんみ》」だと言って、この豆腐を食わせてみようと…。

悪巧《わるだく》みには絶妙《ぜつみょう》の協力体制が出来上がるのが落語の魅力なのだ。半可《はんか》通《つう》を酢豆腐と呼ぶのはこの落語からという。

狸《たぬき》ばやしで、桂《かつら》ひな太郎《たろう》さんが演じた。若旦那のきざぶりは絶品。

6月13日――ちりとてちん

「酢豆腐《すどうふ》」が、上方に移り、独自の演出が加わって「ちりとてちん」になる。それが、今度は東京に伝わり、東京でも演じる人がいる。だから東京には「酢豆腐」を演じる人と「ちりとてちん」を演じる人がいる。両方をやる人がいるのだろうか？　探るのはよそう。とうふから見ていれば答えが見えてくる。

「ちりとてちん」という噺《はなし》は。

隠居《いんきょ》は自分の誕生日に碁《ご》の会を催した。が、呼んだ人たちが都合悪くなって欠席し、料理が残ってしまった。そばにいる世辞《せじ》のいい男を呼んで食べてもらうことにした。

男は、灘《なだ》の酒に「灘の酒というものがある、と聞いたことはあるがいただくのは初めて」「鯛《たい》の刺身」「鰻《うなぎ》の蒲焼き」にも「初めてだ」「初めてだ」。隠居は喜んでいる。

隠居は、豆腐があったことに気づく。それが、カビだらけ。捨てるよう女中に言ったものの、持ってこさせ、におうのを我慢して唐辛子などを混ぜて瓶に入れてふたした。食通を気取る竹のやつをぎゃふんと言わせたくなったのだ。

竹がやってきた。「灘の酒？　偽物《にせもの》だろう。鯛の刺身？　江戸っ子は鮪《まぐろ》だよ」

隠居がおもむろに「竹さん、台湾名物《たいわんめいぶつ》ちりとてちんって知ってるかい」「え、あ、あー、あっちにいるときよく食べた」「においがね、きつくてね。食べ方教えてくれるかい」「あれはにおいが命だよ」と言わせて、腐った豆腐を食べさせてしまう。

滝川鯉昇《たきかわりしょう》さんは、著書『鯉のぼりの御利益《ごりやく》』（東京かわら版刊）で、腐った豆腐を食べ、その結末を書いている。私にも実際に話してくれた。

狸《たぬき》ばやしでは、柳《やなぎ》家《や》さん喬《きょう》さんが熱演した。鯉昇さんは、経験からだろう、真に迫る。露《つゆ》の団四郎《だんしろう》さんのも笑った。

6月14日――夏《なつ》の医者《いしゃ》

「夏《なつ》の医者《いしゃ》」という噺《はなし》だ。

百姓をする男が、腹痛を訴える病気になった。この村には医者がいないので、息子が山向こうの村に医者を迎えにいくことになった。ふもとの道を回って医者方に来た。今度は、急ぐ方がよいと山越えの道を行く。

一休みしていると、突然、真っ暗になった。うわばみ、大蛇《だいじゃ》からのまれたらしい。懐剣《かいけん》を持っていない。腹を割くこともできない。医者は、大黄《だいおう》という薬草を腹の中にまいて、下痢《げり》を起こさせる。効果が出た。奥の光る場所が尻の穴だ。ここを通って外に出た。

医者は無事に病人を診察した。チシャの食べすぎによる食当たりだった。薬を出そうとしたが、薬籠《やくろう》を大蛇の腹に忘れてきた。医者は、山に戻り、大蛇を見つけた。大蛇はひどい下痢で、木にもたれ息づかいも激しい。

「お前の腹に薬籠を忘れた。もう一度、のんでくれ」。大蛇は「夏の医者は体に悪い」

チシャと医者が掛かった落ちだ。

大阪でも東京でもよく演じられている。

チシャは「萵苣」と書く。欧州原産のキク科の野菜だ。葉と球状のものがある。レタスと同じ仲間という。よく、焼き肉を包んで食べることもある。あれ、注意しておかないと指までかじるから。大黄という薬草も実際にある。「地獄八景亡者戯《じごくばっけいもうじゃのたわむれ》」でも、鬼の腹の中でまかれる。三遊亭円生《さんゆうていえんしょう》が録音を残している。生ではまだ聞かない。

六月十四日、特に絡んでくる落語が思い当たらなかったのだ。苦しい思いをした。

病気になった男の村には、医者がいなかった。無医師（六一四）だった。

6月15日——雷《かみなり》の小話《こばなし》

米国紙幣の百ドル札の肖像画は、ベンジャミン・フランクリン（一七九〇年死去）が描かれている。米国独立宣言（一七七六年）の起草委員、同宣言署名者の一人。ペンシルベニア州知事などを歴任している。

政治家として活躍しているが、気象学者、物理学者としての実績もあるからすごい。知られているのが雷の実験だ。

神の怒り、よからぬ前兆として恐れられていた雷を電気と証明したのだ。一七五二年六月十五日、フランクリンは、雷雨の激しいところに凧《たこ》を揚げた。雷が凧に落ちると、下の方で通電を示すテスターの針が振れるのを確認した。

神の怒りという社会的不安の解消に一役買っている。雷に対して科学の目を向けさせ、避雷針《ひらいしん》など、事故防止につながっていった。

日本でも雷は、神につながる恐れ多い存在だった。俵《たわら》屋宗達《やそうたつ》（一六四三年死去）の「風神雷神図屏風《ふうじんらいじんずびょうぶ》」は、天才画家の巧みな想像力が生んだ。後の尾形光琳《おがたこうりん》（一七一六年死去）にも大きな影響を与えている。

落語にもさまざまな形で雷が登場する。

「宮戸川《みやとがわ》」で男女二人を結びつけたのは雷だった。「景清《かげきよ》」では雷に打たれた男の目が見えるようになる。

さっきまで暴れていた雷が弁当を落としていった。「雷って何食ってるのかな。二段弁当じゃねえか。上のふたを開けると、なんだへそが入っている。下はなんだろう」と見ようとすると雷が「へその下は見るな」

極めつけ。古今亭志ん生《ここんていしんしょう》がやっていたのが「雷は怖いねえ」「なるほど」。

6月16日　饅頭怖《まんじゅうこわ》い

全国和菓子協会が、六月十六日を「和菓子の日」に制定している。

嘉祥《かしゅう》元（八四八）年六月十六日に、仁明《にんみょう》天皇が、菓子十六個を備えて改元を祝ったという日に由来している。嘉祥は、女房（女官）言葉の菓子につながる。

和菓子は、穀類、豆類を主な材料にして砂糖を使って作る。遣唐使が持ち込んできた金平糖なども、和菓子に入るという。

対して洋菓子は室町時代に入ってくるカステラなどがある。小麦粉、卵、乳製品などが主な材料になる。現在はパティシエ、洋菓子職人がすごい人気の職業になっている。

和菓子の代表格といえば、饅頭だ。いろんな菓子があるが、ここは饅頭にしないと原稿が前に進まない。ということで「饅頭怖《まんじゅうこわ》い」だ。

一時、教科書にも採用されたことがあり、とても有名な噺《はなし》だ。前座噺《ぜんざばなし》として若手の落語家が早い時期に覚える落語でもある。しかし、ベテランが演じると、趣のある噺になるし、怪談噺《かいだんばなし》のような演出もある。

男たちが、集まって怖い物を言い合っている。「クモ」「俺はヘビ」「金が怖い」。ある男が「何をばかなことを言う。ヘビなんか食ってやる」とうそぶくが、本当に怖い物を白状させられ「饅頭」という。

言ったそばから寒気がして、家に帰った。仲間内の悪巧《わるだく》みが始まる。男の家にたくさんの饅頭を放り込んだ…。

桂福団治《かつらふくだんじ》さんが、学校で開催される落語会でよく語る。泣く、怒る、笑うなどの感情と表情を分かりやすく語り、饅頭怖いに引き込んでいく。若いうちにこんな噺家《はなしか》に触れるのは幸せだ。

学校で落語会を企画した先生に感謝することだ。「わがしの恩」だ。

6月17日—植木屋娘《うえきやむすめ》

六月の第三日曜日は「父の日」。二〇一八年は六月十七日が、父の日だった。

五月第二日曜日の「母の日」に比べ、まだなじみが薄いようだ。母の日のカーネションに対し、父の日はバラを贈る。

父の日は、一九〇九年、父親一人に育てられた米国の女性が、亡くなった父親の誕生日に、教会で父に祈りを捧げたのが始まりという。

父親が活躍する落語を探してみた。どれも、寸足《すんた》らずで、どじな男ばかり。何とか引き出したのが「植木屋娘《うえきやむすめ》」。

植木屋をする男、読み書きができないので、商いの書き付けなどは、寺の和尚に頼んでいる。年も押し詰まったころ、男は請求書を書いてくれと頼んだ。和尚《おしょう》も忙しい。寺の手伝いに来ている伝吉《でんきち》に代わりをさせた。

この伝吉、働きに無駄がない。やがて、植木屋の仕事の差配《さはい》までするようになり、男は伝吉を気に入った。一人娘のおみつも伝吉を思っていることを知った。娘の婿にと思うようになり、和尚に掛《か》け合ったが、和尚は断る。

おみつを思う父親。何とかしようと、伝吉を呼び、酒の用意をして「私も母親も用事がある」と出掛《でか》けて、おみつと伝吉と二人っきりにさせるなど、あの手この手の仕掛けを繰り出す。見事、おみつは、伝吉の子を身ごもった。

和尚に「ようも、おみつを傷ものにしたな」とはうそのけんか言葉。父親は、うれしくってしょうがない…。植木屋の「根」回しが功を奏した。

初代桂春蝶《かつらしゅんちょう》が、ラジオで実の娘のことをまくらで話しながら、楽しくやっていた。二代目桂小南《かつらこなん》の録音も楽しい。

6月18日　木乃伊《みいら》取《と》り

米国の動物学者エドワード・シルベスター・モース（一九二五年死去）が、初来日したのが一八七七（明治十）年六月十八日。この十八日が「考古学出発の日」だ。

来日したモースは、その二日後、横浜から新橋に列車で移動中に見たものが気になり、のちに発掘調査を行った。これが縄文《じょうもん》後期、約三千年前の貝塚と分かり、土器、人骨など、貴重な史料が出土した。これが東京品川区、大田区にまたがる「大森貝塚《おおもりかいづか》」だ。

ドイツ人医師シーボルトの次男ハイリンヒ・フォン・シーボルト（一九〇八年死去）も「大森貝塚」の発掘調査に加わった。動物学者モースよりも考古学としての知識は高かったが、モースの発見が、日本考古学の「夜明け」になったのは申すまでもない。

考古学の研究幅は広いが、その中にミイラ研究も含まれている。

「ミイラ取りがミイラになる」ということわざがある。ミイラ発見は、遺跡に入るなど困難なため、その途中で死に、本人がミイラになることから、同化するという意味になる。

なぜミイラを取るのか。研究であり、一方では盗掘でもある。ミイラは不老長寿《ふろうちょうじゅ》の薬ということで高額で売れた。

「考古学出発の日」にちなみ「木乃伊《みいら》取《と》り」を紹介する。

若旦那《わかだんな》が、吉原に遊びに行ったまま五日帰らない。番頭が連れて帰ると行ったきり、戻らない。とびの頭が迎えにいくが、これも戻らない。

両親は「お前が甘やかすから」とけんかになるが、腕をまくった飯炊《めした》きの清蔵《せいぞう》が「首に縄つけてでも連れて帰るだ」と吉原へ乗り込んで行った…。

若者たち、この若旦那のようにならないことだ。明るいみらいのためにも。

楽松《らくまつ》時分の三遊亭《さんゆうてい》鳳楽《ほうらく》さんで聞いた。

6月19日 ― 綴《つづ》り方《かた》狂室《きょうしつ》 （四代目柳亭痴楽作）

朗読の楽しさを伝え、普及活動をしているNPO日本朗読文化協会は、六月十九日を「朗読の日」に制定している。

抑揚をつけ感情を込めた朗読には感動する。私の所属する俳句会「芝句会《しばくかい》」には元アナウンサーがいて、選句する前に全作品を読んでくれるのだが、即興《そっきょう》朗読にもかかわらず、句の特徴を捉えて読み上げ、句の魅力を引き立ててくれる。

朗読で思い出すのが、四代目柳亭痴楽《りゅうていちらく》の「綴《つづ》り方狂《かたきょう》室《しつ》」。七五調でしゃべり出す。しゃべりというより、これは、正確な発音による朗読なのだ。

「東京娘の言うことにゃ　サノ言うことにゃ　柳亭痴楽はいい男…」という決まり文句の「東京娘の言うことにゃ」はじめ、一九六〇年のカラーテレビの販売開始に伴った「カラー時代」や「青春のめざめ」「猫の恋」など三百はあるという。

事件や時代変化に応じて、常に内容を変えていたというから、作文力、創作力はすごい。「綴り方」というタイトルが納得できる。

有名な「恋の山手線」の一説だ。「上野をあとに池袋走る電車は内回り　私は近ごろ外回り　彼女はきれいな鶯芸者《うぐいすげいしゃ》日暮里《にっぽり》笑ったあのえくぼ　田端《たばた》を売っても命がけ…」

九州を東周りに一周する「九州の恋」には、地元だけに笑える。

三遊亭歌笑《さんゆうていかしょう》が事故死した一九五〇年五月三十日の翌日。NHKラジオで歌笑出演の番組を予定していた。急きょ、痴楽が代演に呼ばれ、歌笑の「純情詩集」を歌笑そっくりに演じたようだ、と演芸評論家小島貞二《こじまていじ》が『こんな落語家がいた』（うなぎ書房で書いている。痴楽は大人気になる。チャンスを確実に生かす痴楽の実力。すごかったのだろう。

6月20日──六尺棒《ろくしゃくぼう》

アニメに登場するパパキャラクターから「理想のパパ」を選ぶランキングで「理想のパパ」部門で一位になったのは野原ひろしさん（クレヨンしんちゃん）だった。2位はフグ田マスオさん（サザエさん）、3位が草壁タツオさん（となりのトトロ）。（二〇一九年のインターネット調査。全国二十〜三十代女性二千三十二人が調査対象）。

　野原ひろしさんは、頼りなさそうだが、実態は、身長一八五センチ、商社勤務で三十五歳。一戸建てマイホームを持って、妻のみさえさんに頭は上がらないものの、しんのすけ、ひまわりの二人の子どもと触れ合う姿が人気だという。

　靴下の臭いが気になるけど「日本のサラリーマンもやる時はやるのだ」と、たまに大活躍を見せる。ひろしとみさえの夫婦も「理想の夫婦」として人気が高いという。

　六月十七日もそうだったが、二十日も「父の日」になる。野原ひろしさんのように、落語にも「やる時はやるのだ」と威厳《いげん》を見せた父親がいた。「六尺棒《ろくしゃくぼう》」の孝右衛《こうえ》門《もん》だ。

　息子の孝太郎が、遊んで何日も帰らない。ようやく戻り、夜中に戸をたたく。「夜中にどなたですかな。商いは十時限り。明日お越しを」「おとっつぁん、あなたの息子、孝太郎です」「おや、孝太郎のお友達で。うちに孝太郎というせがれがおりましたが、毎晩毎晩、遊んでばかりで、勘当しました。孝太郎にそうお伝えください」

　頼んでも戸を開けない。最後の手段。孝太郎は紙くずを拾って家に火を着けるという。それはたまらんと六尺棒を持って出てくる。孝太郎は逃げて、先回りして家に入った。

「孝太郎、あたしだ、戸を開けとくれ」。立場が逆になった。

　落語の父親って、損な役回りだなあ。

6月21日──樟脳玉《しょうのうだま》

畑のあぜ道で、ネジバナを見つけた。春の終わりぐらいから咲きはじめ、今ごろになるとよく見かける夏の花だ。茎にくるくると回りながら上っていくようにピンクの小さな花が咲く。

大学時代のラグビーのグラウンドの端にもよく咲いていて、この花を見ると、梅雨時の泥と砂にまみれての練習を思い出す。まだシャワーが無くて、土から突き出た水道の蛇口《じゃぐち》で頭や体を洗っていた。「わー汚い」という女子の声が聞こえた。

ネジバナは、ラン科の多年草。花言葉が「思慕《しぼ》」という。「ねじ」と「思慕」で思い出したのが「樟脳玉《しょうのうだま》」。

樟脳玉とは、昔の防虫剤。クスの幹を水蒸気で蒸して得る液体を固めて作る。梅雨時だ。箪笥《たんす》に必要なころでもある。これが、青白い炎を出してよく燃える。

妻のおきんを亡くした捻兵衛《ねじべえ》。まだまだ、妻を思い、仏壇で念仏を唱える毎日。仕事も手につかない。捻兵衛は、小金をためており、箪笥にはおきんの着物を相当持っているという。

目を付けたのが、同じ長屋《ながや》の二人組。金も着物もいただこうと計画。捻兵衛が、仏壇に手を合わせているところに、樟脳の粉を燃やして屋根からつるし、人魂《ひとだま》に見せた。

翌日、訪ねて「立派な葬式だった。浮かばれているだろう」と持ちかけると「妻の人魂が出た、浮かんでいない」と捻兵衛。しめたと「着物に気を残している。寺に納めてやろう」と親切ごかしでたくさんの着物を奪った。二度目に金をいただこうと…。

三遊亭円生《さんゆうていえんしょう》のCDで楽しんでいる。東京の公民館の落語会で、桂夏丸《かつらなつまる》さんがやった。生で初めて聞いた。

6月22日——庭蟹《にわかに》

「この蟹《かに》、まっすぐ行くぜ」。すると蟹が「へへ、酔ってんだよ」

何気ない小話《こばなし》でも古今亭志ん生《ここんていしんしょう》の録音を聞くと、笑ってしまう。

蟹が出てくる噺《はなし》を三遊亭司《さんゆうていつかさ》さんが演じた。初めて聞いた落語で、かってに「しゃれ番頭」という名前を付けておいた。あとで「庭蟹《にわかに》」という演目《えんもく》だと知った。

あるじが言う。「番頭さん、あなたはしゃれがうまいんだってね。よそで評判ですよ。そのしゃれってやつを見せておくれ」「見せるものじゃありませんが、旦那《だんな》、それでは題を出してください」

旦那が、ひょっと見ると、庭に蟹がはっている。「庭に蟹がいますよ」「しゃれはそうにわかにはできません」

「…」

ほかの題のしゃれも旦那には分からない。最後には怒り出した。後で小僧が「あれはしゃれになっている」とそっと教える。番頭にもう一度しゃれをやってくれと頼む旦那。このあと、さげになる。

「蟹の念仏」ということわざがある。くどくどしゃべっていること。蟹が泡を吹く様子に見立てている。しゃれが分からない旦那の「蟹の念仏」が聞こえてきそうだ。

カニといえば、水族館でタカアシガニを見たときには驚いた。三メートルはあろうかという長い脚。人の体さえも引きちぎるのではないかと思った。日本にはいないが、ヤシガニのはさみは人の指ぐらいちょん切ってしまいそうだ。

六月二十二日は「かにの日」になっている。大阪を本拠とする料理店「かに道楽」が制定した。星占いの蟹座の初日であることと、五十音で「か」は六番目、「に」は二十二番目という理由もあるのだ。いやぁ、深いわけがあった。かんにんしてほしい。

庭に蟹がいますよ
しゃれは
そうにわかには
できません
光

6月23日 ― ふたなり

二十三日は「文の日」。手紙の日だ。

一月二十三日に「文違《ふみちが》い」、五月二十三日に「ラブレター」を紹介した。八月二十三日には「茗荷宿《みょうがやど》」を準備している。今日は、手紙シリーズとして「ふたなり」を選んだ。

ふたなりとは、男女の性器を同時に持つ人のこと。しかし、これが大きなテーマではなく、手紙が鍵《かぎ》になる噺《はなし》だ。

村の男二人が、長老《ちょうろう》にいとまごいをしている。村の金十両で、馬を飼うと出て行った二人だが、茶屋《ちゃや》で遊び、金を使い果たした。二人はわびているものの、情け深い長老をうまく使おうとの魂胆《こんたん》もある。

二人の言葉に男気を出した長老。隣村《となりむら》で十両を借りてやる、と夜にもかかわらず出て行った。しかし、大の恐がり。化け物のうわさが絶えない深い森にさしかかると、女が声を掛ける。女は道ならぬ恋をして子を身ごもり、死ぬためにここに来たという。

死ぬのをやめさせようとしたが、供養《くよう》してもらうために十両を持って出てきたと聞き、今度は死ぬことを勧める。この十両を持ち帰れば、用事は済むのだ。

長老は女に丁寧に首のつり方を教えるが、誤って自分が死んでしまう。その様子を見て、女はやっぱり生きよう、と持っていた手紙を長老の懐《ふところ》に入れて帰った。

役人が調べで、手紙を読む。「いけないこととは知りながら、おなかに子を宿してしまいました…」「この者は男に見えるが、女子か?」。真面目な取り調べがさげになる。

「生き死に」が交錯《こうさく》する噺だ。人間、死ぬまで生きなきゃいけない。

古今亭志《ここんていし》ん生《しょう》、桂米朝《かつらべいちょう》のCDで楽しんでいる。

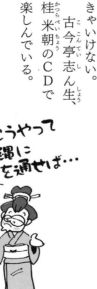

6月24日 宇宙戦争《うちゅうせんそう》（桂米丸作）

米国の実業家が、自家用飛行機を操縦《そうじゅう》していたところ、その周辺で九機の見慣れない飛行物体が現れた。飛行物体は急上昇、急降下をするなど、当時の飛行機ではあり得ない飛行をしたという。一九四七（昭和二十二）年六月二十四日のことだ。

これは、「空飛ぶ円盤」として、全米に報道された。のちに米国空軍は「未確認飛行物体（UFO）」との言葉を使用した。この日が「UFO記念日」になっている。のちに実業家の目撃談は、目の錯覚説《さっかくせつ》が有力視されたという。

UFOの目撃談、写真、映像は数多い。ファンも多い。限りない宇宙だ。地球外生命体の存在があるかもしれない。でも、肯定する材料があるかというと、どうだろう。UFOを大多数で目撃した例もあるが「宇宙人」が操縦する飛行機ということではない。

ラジオで「空をいつも見ている天文学者から、UFO発見の報告がない。仮に見つけても、自然の発光現象や流星、飛行機であると判断できるからだろう」と言っていた。

本当に宇宙人がいて、世界の首脳が情報を隠している？それも否定できない。

それはそれとして星新一《ほししんいち》（一九九七年死去）の「賢明な女性たち」を元に桂米丸《かつらよねまる》さんが創作した「宇宙戦争」という噺《はなし》がある。

日本の上空にたくさんの空飛ぶ円盤が現れた。地球を攻撃する、という宣戦布告もあった。応戦する日本。ところが、日本の武器では、空飛ぶ円盤に届かない。円盤から日本語で語りかけてくる。「私たちが欲しいのは美しい女性たち。美しい宇宙でわれわれと一緒に愛を語りましょう。美しい女性たち」と言ったものだから、避難していた女性たちはこぞって円盤に吸い込まれていった。おばあちゃんまで吸い込まれたいと…。

落語界最長老の桂米丸さん、まだまだ元気だ。

6月25日——牛《うし》ほめ

六月二十五日は「住宅の日」という。

大工や左官、屋根職人たち、職人の技術を信用してほしいと、全国建設労働組合連合会が制定している。

二〇一六年三月、西日本新聞社を退職したのを機に、築二十年を超えていた落語ホール「狸《たぬき》ばやし」がある自宅の外壁、内装などをやり直した。

二カ月ほどかかったが、足場を組む鳶職《とびしょく》に始まり、後から入ってくる大工、外壁、内装、塗装、電設などの職人が、実に手際よく仕事を進めてくれた。

出来栄えがまた、いいのだ。腕に職を持つ人たちの強さとはこんなところにある。

落語「寿限無《じゅげむ》」でも「食《く》う寝るところに住むところ」と出てくる。人に「住むところ」が必要な限り、この仕事は生き続けていく。

住宅が主題になるのが東京で「牛ほめ」、上方で「池田の牛ほめ」という噺《はなし》。

佐兵衛《さへえ》おじさんが、家を新築した。父親が与太郎に「家をほめてみろ。小遣いがもらえる」と家のほめ言葉を教わる。おじさんが気にしているのは、台所に使った柱の節穴だ。これを隠す妙案を教えることで、小遣いの額が変わってくる。

「左右の壁は砂摺《すなず》りで」を「佐兵衛のかかあは引きずりで」とやり「畳は備後の五分べり」とほめるところを「畳は貧乏でぼろぼろだ」というので、紙に書いてもらう。カンニングをしながらも、何とかほめた。さあ最後の台所。与太郎の決め手がどうでるか…。この後、牛をほめる。

古今亭志《ここんていし》ん上《じょう》（現、桂《かつら》ひな太郎《たろう》）さんで聞いた。大阪では女性の桂二葉《かつらによう》さんが、甲高《かんだか》い声で演じて笑いを誘っていた。ほか、多くの人が演じていた。

6月26日——天狗裁《てんぐさば》き

六月二十六日は「拷問《ごうもん》犠牲者《ぎせいしゃ》を支援する国際デー」。一九八四年のこの日、公務員による拷問を禁止する「拷問等禁止条約」が発効し、日本も一九九九年に批准《ひじゅん》している。

日本国憲法は、三十六条で「公務員による拷問は絶対に禁止」と明確に示している。九条の戦争放棄《ほうき》を含め、世界中の手本となる憲法だと考える。

ついでだが九十九条で、国会議員たちは日本国憲法を尊重、擁護《ようご》することが定められている。改憲論議の前に、誰もが日本国憲法を知る機会を作ることから始めるべきだ。

今も、世界の至る所で拷問が行われているのだろう。容疑者や戦争捕虜《ほりょ》への拷問など、伝わっているのはごく一部だと思う。人間性も人権も根こそぎ踏みにじる行為は、拷問に限らず、あってはならないこと。

江戸時代、さまざまな拷問があった。歴史の本を読むと、図があったりして具体的に紹介されているので、興味がある人は一読を。

落語国にも、公務員による拷問を受ける人がいる。「天狗裁《てんぐさば》き」という噺《はなし》だ。

昼寝をしている男が鼻から提灯《ちょうちん》を出したり引っ込めたり。にやにや笑ったりするので、見ている女房は男に「どんな夢みたの」「夢？　見てねえ」「見てたよ。教えてよ」夢の話をしろ、しないで「さあ殺せ」の夫婦げんか。仲裁に入った隣の友達、大家までが、夢を知りたがって、また大げんか。男と大家の裁判にまで発展する。

男の勝訴を宣言した奉行。しかし、奉行がまた、夢の話を聞きたがる。

「あっしは本当に夢なんざ見てないんですよ」「さては幕府転覆《てんぷく》を狙う…、この男引っ立てぇ」。奉行の命で縛り上げられ松の木につるされる。絵に描いたような拷問だ。

狸《たぬき》ばやしで柳家《やなぎや》さん喬《きょう》さんが、二回も演じてくれた。ゆーめーな噺なのだ。

6月27日 日照権《にっしょうけん》（五代目春風亭柳昇作）

都会、人口密集地でのマンション建築が相次ぐのが一九六五（昭和四十）年頃。高層マンションが建てば、日影ができる。その日影になるところが、太陽の光を受ける権利を求めて裁判になった。

一九七二年六月二十七日、最高裁判所が、日照権は法的に保護するという判断を示した。この日が「日照権の日」になっている。これが新作落語になった。五代目春風亭柳昇《しゅんぷうていりゅうしょう》作の「日照権」だ。

柳昇は、子どものころからテレビで見ている。日曜の「大正テレビ寄席」にはよく出演していた。「私は春風亭柳昇と申しまして、春風亭柳昇といえば、わが国では…、私ひとりでございます」。柳昇は、四十年ぐらいこの言葉を話している。でも面白かった。

東京に夫婦で行った時、柳昇が出ている寄席に行きたいという妻、桂文朝《かつらぶんちょう》が出ている寄席に、という私。結局、文朝の方に行ったが、文朝は休演で古今亭円菊《ここんていえんぎく》が出てきた。妻の「柳昇さん、見たかった」という言葉が、随分と続いた。のちに夫婦で出席した落語会の打ち上げで円菊と一緒になり、妻が円菊ファンになった。

柳昇とは、東京・浅草の地下鉄田原町駅を上がったところの焼きそば店の前ですれ違った。話をする機会はなかった。そこの焼きそば、おいしくて今もよく食べている。おっと、その「日照権」という噺《はなし》。

住民の会合が開かれている。高層マンションが建つから、この町内が日影になる。「与太山さん、いかがですか」「私、夜勤で昼、寝ているんです。昼が暗いと助かります」別の意見が出る。「太陽にこちら側に来てもらうのはいかがでしょう」「そんなことできませんよ」

代表して魚屋さんが地主に抗議に行った。「マンションには二百戸が入るんですよ。儲《もう》かりますよ、魚屋さん」。丸め込まれる始末…。

6月28日——浮世床《うきよどこ》

織田信長・徳川家康勢と、浅井長政・朝倉義景勢が戦った姉川《あねがわ》の合戦《かっせん》は、元亀《げんき》元年六月二十八日（一五七〇年八月九日）にあった。戦いの場所は現在の滋賀県長浜市。浅井は織田の妹市《いち》と結婚しており、信頼関係にあった。一方で浅井は、朝倉とも代々の信頼関係があった。そこに織田の重なる朝倉への介入に浅井が反発、浅井・朝倉が、反織田でまとまって姉川の合戦に至る。

この姉川の合戦が出てくる落語が「浮世床《うきよどこ》」。

床屋で順番を待つ客がたまっている。「おい、そっちは何やってんだい」「本を読んでる」「本を読んでるって？お前、字読めるのかい？」「読めるよ、立て板に水だい」「じゃ、読んでくれよ」「てえこうきってんだ」「太閤記《たいこうき》だろ」

「一つ、あね、あね、あね、がわのかつせんのことなり」「姉川の合戦だろ」

本読みは続いていく。「ま、ま、真柄十郎左衛門《まがらじゅうろうざえもん》は…、むかついて、むかついて…」「真柄十郎左衛門がむかついていると。向かっていく、だろ」

ここに出てくる真柄十郎左衛門は、朝倉氏の家臣で実在の人物。福井県立一乗谷《いちじょうだに》朝倉氏遺跡資料館によると、朝倉氏を書いた古文書『朝倉始末記』に真柄十郎左衛門の記述があり、大男、怪力、勇猛で名をはせ、大太刀《おおたち》を振り回したという。

確かにこの合戦に参加している。劣勢になっても敵陣に向かっていき、討ち死にしたという。真柄のものと伝わる大太刀も各地に残っている。見てみたい。

こんなことを少しでも知って聞くと、浮世床もがぜん楽しくなるが…。いや、知らなくてもいいのが落語。浮世床の続きは、半公の女にもてたのろけ話に移っていく。

楽松《らくまつ》時代の三遊亭《さんゆうてい》鳳楽《ほうらく》さんで聞いた。三代目三遊亭金馬《さんゆうていきんば》の録音も楽しい。

6月29日 ― 三枚起請《さんまいきしょう》

天才的な三味線の演奏技術を持っていた、という女性音曲師《おんぎょくし》立花家橘之助《たちばなやきつのすけ》。音曲師でありながら落語家への影響力も持つ異色の存在だった。

男を手玉に取り、浮き名を流す橘之助だ。橘之助との三角関係で、落語家同士のけんかも起きて、これが原因で芸人人生を棒《ぼう》に振ることになった落語家もいた。

六代目朝寝坊《あさねぼう》むらくと駆け落ちして結婚。離婚後は、橘ノ円《まどか》と再婚した。一九三五（昭和十）年六月二十九日、大雨で自宅が水害に遭い、円とともに亡くなった。

演芸評論家で脚本も書いた榎本滋民《えのもとしげたみ》（二〇〇三年死去）は、自作戯曲『たぬき』で、橘之助を主人公に据《す》えた。山田五十鈴《やまだいすず》（二〇一二年死去）が橘之助を演じ、その弟子を古今亭志ん朝《ここんていしちょう》が演じていた舞台をテレビで見たことがある。橘之助が「狸《たぬき》」「今度は、権助提灯《ごんすけちょうちん》」と、次々に落語の演題を出して志ん朝にそのさわりを演じさせるシーンが印象的だった。

私は、東京に住んだことがなく、生の舞台に触れる機会がなかったのが残念だ。

橘之助のように、男を手玉に取る女が登場するのが「三枚起請《さんまいきしょう》」。

起請とは、約束文書のこと。ここでは「あなたの妻になります」という、結婚を約束する文書だ。これが、その遊女《ゆうじょ》から知り合いの三人の男にそれぞれに渡っていたから男たちはたまらない。結束して女をとっちめる計画がまとまった…。

桂《かつら》ひな太郎《たろう》さんの遊女、これがいい。柳家権太楼《やなぎやごんたろう》さんは、だまされた男たちが見事。

ところで二〇一七年秋に、二代立花家橘之助が誕生した。三遊亭小円歌《さんゆうていこえんか》さんが襲名《しゅうめい》し、八十二年ぶりに「橘之助」の大看板が復活した。踊りに歌に三味線、しゃべりに素晴らしい芸で寄席《よせ》の華となっていた小円歌の橘之助さん。三十年前と変わらぬ美貌《びぼう》。これから楽しみだ。

6月30日 太閤《たいこう》の猿《さる》

　上野動物園にミニチュア電車の先頭に猿が乗って運転する「お猿電車」が走っていた。一九四八（昭和二十三）年に始まり、子どもたちに人気だった。

　ゆっくり走っていたが、安全性などが考慮され、一九七四年六月三十日に「お猿電車」は去る。テレビで見た記憶があるが、実際には見ていない。

　猿といえば、最近、よく聞く小話がある。

　父母と子ども二人の四人、ペットの猿が乗った車が事故を起こした。みんな病院へ行ったところに猿が現場に残っていた。猿は言葉が理解できるという。

　お巡りさんが猿に聞いた。「子どもたちは何していた？」「（仕草《しぐさ》で）ゲーム」「お父さんは」「（同）缶ビール飲んでいた」「お母さんは？」「（同）化粧していた」「猿、お前は？」「（同）運転していた」

　猿にちなんで猿に似ていた豊臣秀吉《とよとみひでよし》が登場する「太閤《たいこう》の猿《さる》」を紹介する。

　秀吉の信頼が厚い鞘師曽呂利新左衛門《さやしそろりしんざえもん》に秀吉が聞く。「わしは猿に似ているか」。似ているとは言えず、とんちがある新左衛門は「猿が殿に似ているのです」「ならば、わしに似ている猿を探してまいれ」

　百姓が飼っている猿が秀吉にそっくりだった。引き合わせると、秀吉が気に入り、そばに置くことにした。同じ着物を着せると瓜二《うりふた》つ。猿が上手に秀吉をまねる。

　秀吉は、剣術の稽古に使う袋竹刀《ふくろしない》を猿に持たせ、面会に来る大名たちの首を叩《たた》かせては面白がっていた。伊達《だて》政宗《まさむね》が、被害者たちからその話を聞く。政宗は秀吉に会う前に猿に会う…。

　初代森の福郎がＣＤに残している。ぜひ生でもキキたい。

【七月】

7月1日―矢橋船《やばせぶね》

滋賀《しが》県《けん》条例で七月一日は「琵琶湖《びわこ》の日」。琵琶湖の水質悪化の問題が指摘され、環境改善を目指して一九九六年に制定された。

県面積の六分の一を占める琵琶湖。日本一の湖としてよく知られており、滋賀県のシンボル。湖との名があるが、川で海につながっており、法的には河川だという。

高校を卒業してすぐ。当時、滋賀県栗東《りっとう》町（現、栗東市）にいた兄を訪ねた時、琵琶湖を見て、その広さに海だと思った。確かに、昔の人は「うみ」と呼んできた。

大巨人ががばりと陸地をつかみ、瀬戸内海に置いたのが淡路島、くぼんだところが琵琶湖になったのか…。十八歳でそんなことを考えた。

琵琶湖南部、大津市―草津市矢橋《やばせ》を結ぶ渡し船が「矢橋船」。近江八景《おうみはっけい》の一つ「矢橋帰帆《やばせのきはん》」だ。この船は、強風雨などで欠航が多く、歩いた方が早かったことがよくあった。これが歌に詠まれ「急がば回れ」のことわざが生まれた。

明治時代には、蒸気船が運航したという。矢橋船が、そのままの題で落語になっている。

桂米朝《かつらべいちょう》が、長老から聞いた古い噺《はなし》を、独自の演出で復活させたとCDで話している。

船着き場はにぎわっている。乗客は一人いくらの渡し賃《ちん》を払う。二人で三人分払ってゆっくり座ろうという客もいる。渡し賃の交渉、駆け引きが楽しい。

客の間で問答が始まる。こっちの客は上等の酒の燗《かん》をつけようにも徳利がない。遊び心たっぷりに未使用のしびんで燗をつけて振る舞い酒が始まった。あっちでは武士と浪人者のいさかいが始まる…。狭い船上での出来事が描かれる。

琵琶湖といえば。敬愛する江戸時代中期の女性俳人諸九尼《しょきゅうに》（一七八一年死去）が、京都から松島（宮城県）への旅を終えて5カ月ぶりに帰り、琵琶湖を見た句。

はらりはらり荻《おぎ》吹く風
やひわのうみ　諸九尼

7月2日——もう半分《はんぶん》

江戸は永代橋《えいたいばし》の近くで夫婦が営む酒屋。店で飲ませてもいる。老人の客がやってきた。一杯ではなく「半分ください」。

うまそうに飲むと「もう半分ください」。半分ずつ二杯飲むなら、最初から一杯飲めばいいじゃないか、と思う店主。老人はひとりごとのように話を始める。

「酒が好きでね。やめられなくなるんですよ。だから半分ずつ飲むと二杯飲んだ気分になって、お足も一杯分ですみます。あはは」。感心するようでしない店主だ。老人は帰った。

後にはずっしりと重い財布。みると五十両。店主は追いかけようとするが、女房が「あんな年寄りじゃないか。知らないふりしよう。五十両、うちも欲しいじゃないか、ねえ」

血相変えて老人が戻ってくる。「金、忘れていませんでしたか」

娘が吉原へ身を売ってこしらえた金。これがないと困るんです、という老人に知らぬ存ぜぬ、力ずくで追い返してしまった。老人は川に身を投げて死ぬ。

この女房に子どもが生まれた。子どもの顔は、あの老人そっくり。怪談噺《ばなし》へ…。

一九七四（昭和四十九）年、福岡市で五代目春風亭柳朝《しゅんぷうていりゅうちょう》と古今亭志ん朝《ここんていしちょう》の「二朝会」があった。そこで、志ん朝がこの「もう半分」を演じた。柳朝は「宿屋《やどや》の仇討《あだう》ち」。

東京で評判だったこの「二朝会」は、柳朝の健康上の問題で間もなく中止された。思えば貴重な会を聞いた。

この「もう半分」は、五代目古今亭今輔《ここんていいますけ》もうまかったなあ。

どうして七月二日がこの落語？　今日は一月一日から百八十三日目。一年のちょうど半分の日。

「もう半分」と思うか「まだ半分」と思うか、それはあなた次第。

7月3日——蛸芝居《たこしばい》

雑節《ざっせつ》に「半夏生《はんげしょう》」というのがある。夏至《げし》から十一日目で七月二日か三日ごろになる。梅雨もそろそろ明けようかというころで、農作業では田植えを終わらせる目安とするころ。

農作業はいろいろなものを目安にしている。古くは、星に線を引いてに星座を作ったのも、一年を通して農作業の目安をつけるためだ。

関西では「半夏生」にはタコを食べる習慣があるという。福岡育ちの私はあまりなじみがない。なぜタコかというと、タコには足が八本あり、吸盤《きゅうばん》もある。稲穂もしっかり根付いてほしいとの願いが込められている。

それで今日は「蛸芝居《たこしばい》」だ。

この商家は、旦那《だんな》から丁稚《でっち》までみな芝居好き。朝、表でほうきをかけている丁稚二人がもう芝居。分けられて一人が仏壇の掃除。「位牌を磨く芝居があった」と芝居。子守りをする。「子を抱いた芝居があった」と芝居。出入りの魚屋まで芝居で入ってきた。「ほなタコもろとこう。酢ダコかゆでダコでいただきましょ。すり鉢をかぶしといて」

タコは「食われてなるか」とすり鉢を持ち上げて逃げだす。このタコが芝居をする。気づいた旦那とタコとの芝居になる、タコは墨《すみ》をはく。真っ黒だ。「だんまり」の形での旦那とタコの芝居は見ものだ。めちゃくちゃな落語だが、めちゃくちゃ面白い。

芝居を知らなくても十分に楽しめる。私も芝居のこと、ほとんど知らない。

この噺《はなし》をはじめ、桂米朝《かつらべいちょう》から桂吉朝《きっちょう》に多くの芝居噺が引き継がれた。

そして吉朝の弟子桂よね吉さんが「蛸芝居」をよく高座にかけている。自分のものにしたという確信を得たのだろう。吉朝をほうふつとさせる「蛸芝居」を狸《たぬき》ばやしで披露し、客を吸い寄せていた。

7月4日——佃祭《つください》

ナシの産地、鳥取県の「東郷町二十世紀梨を大切にする町づくり委員会」は七月四日を「梨《なし》の日」に制定している。東郷町は現在、湯梨浜町《ゆりはまちょう》になっている。

ナシは江戸時代には各地で栽培されていた。二十世紀梨は、一八八八（明治二十一）年に千葉県松戸市で発見され、栽培の中心になっていく。十九世紀の発見だが「二十世紀には主力になる」という願いが込められ命名された。あの甘い梨…。願いはかなった。

「ナシ」は「無し」につながるから「有りの実」と言い換える場合もある。

その「有りの実」が登場するのが「佃祭《つください》」だ。

基礎知識として。長野市に古くからある戸隠《とがくし》神社。多くの信仰を集めるが、有りの実を供えて虫歯・歯痛予防の御利益を得る。江戸の街からは、戸隠神社の方を向いて川に実を投げ入れて手を合わせる。

商家のあるじが船で佃祭に行った。帰ろうと最後の船に乗ろうとしたら、女が袖《そで》を引く。昔、身投げをするところを助けた女だった。今は佃島の漁師と所帯を持って幸せだと。家に招かれ、くつろぐうちにさっきの船が沈んで大惨事になった。

あるじの家では、遺体が戻らないが、葬儀の準備が始まる。翌日。葬儀という時にあるじが戻ったからまた大騒ぎ。訳を聞いた与太郎は感心して、身投げを探す。女が川に向かって手を合わせている。ふところはおもりの石で膨らんでいる。助けようと体をつかむが「戸隠さまに歯痛のお願いしているとこだよ。石？　これは有りの実」

桂《かつら》ひな太郎《たろう》さんで聞いた。いい「はナシ」だ。

佃祭は、東京・佃にある住吉神社の祭礼。八月初旬に開く。神輿が出る「本祭り」は三年に一度。普段は「蔭祭り」として行われる。

7月5日―釣《つ》りの酒《さけ》

「大声」の異名を持ち、テレビにもよく出演していた四代目三遊亭小円馬《さんゆうていこえんば》。身内にジャズ歌手がいることもあって、歌がうまく、明るい人柄だった小円馬は一九九九年七月五日に亡くなっている。生の高座には、接していないような気がしている。

福岡市に落語会で来た三遊亭小遊三《さんゆうていこゆうざ》さんに思い出話をうかがった。

「私の師匠（三遊亭遊三《さんゆうていゆうざ》さん）の兄弟子が小円馬師匠です。入門したばかりのころ、あいさつしましたら『大学出ているのか？　くその役にも立たねえ』と一喝されました」

この一言で小遊三さんは、当時「大学中退」で通していた。

「相撲が好きでね。テレビで相撲見ていて、こたつの足つかんで力んでましたよ。『名大関って言うけど、名大関なんていない。名大関なら横綱になっている』ってね」

演芸評論家矢野誠一《やのせいいち》さんは『落語長屋の知恵』（青蛙房）で、やはり相撲が好きな小円馬の思い出を書いている。

「結婚式の披露宴で行司のまねをしたが、これはうまかった。相撲好きは『花筏《はないかだ》』に見事に昇華《しょうか》されている」と。

小円馬の「花筏」は聞かなかった。テレビでは「花見酒」や「釣りの酒」を見たことがある。ということで、今日は柳家金語楼《やなぎやきんごろう》が有崎勉《ありさきつとむ》の名で書いた「釣りの酒」。

金はないが、酒が飲みたい男がいる。釣り好きの人に、釣りの話を持ちかけて、機嫌をよくして一杯ごちそうになろうと考える。

釣り談議で「川はどこかに出掛けますか？」と問われて「浅瀬川で」「それは相撲取りでしょ」「魚は何が好きです」「お刺し身です」「キスはどうですか」「夜に一回ぐらい」「夜釣りでキスですか？」「私とどうですキスを」「盛り上がりがこないと思います…」

夜釣りにウイスキーをやりながらと誘われ、ついていった男だが…。

7月6日――西行《さいぎょう》

「この味がいいね」と君が言ったから七月六日はサラダ記念日　俵万智《たわらまち》

歌人俵万智さんの歌集『サラダ記念日』(一九八九年刊行)は、現代歌人協会賞を受賞した。この歌から七月六日はサラダ記念日になった。

刊行当時。西日本新聞社の同僚が、この歌集を読んでいた。見せてもらった上司と私は「何これ」と驚いた。のちの大ベストセラーだ。洞察力、勘がいい同僚は、私が退職した年に社長になった。ちくしょー、彼より早く読んでいれば、私が社長になった?

落語国にも優れた歌人がいる。西行《さいぎょう》だ。平安時代後期の実在の歌人だ。

実際の西行は、元武士で佐藤義清《のりきよ》。悲恋、近親者の死などからか、二十三歳で出家。嵯峨《さが》、鞍馬《くらま》、高野山で修行し、歌を学んだ。有力な歌人との交流はほとんどなかったという。それでも新古今和歌集に、一歌人としては最高の九十四首が入っている。

仙人《そまびと》の暮にやどかる心地していほりをたたく水鶏なりけり

風になびく富士の煙の空に消えて行方も知らぬわが思ひかな

願はくば花の下にて春死なむそのきさらぎの望月《もちづき》の頃

西行は、右の一首を辞世の歌として、文治《ぶんじ》六(一一九〇)年二月、今の大阪で死去した。辞世の歌からだろう。能「西行桜」も生まれている。

さて、落語の「西行」。武士佐藤義清は、恋人が詠んだ歌の意味を理解できず、出家して歌を学ぶ旅に出る。道で出会った馬子《まご》が、馬に話かける言葉にその手がかりを見つける…。

会話がほとんどなく、落語家のしゃべりで進んでいく地噺《じばなし》。力がいる噺だ。

三代目三遊亭円歌《さんゆうていえんか》がテレビでやっていたのを数回見た。生で聞きたいが、この噺を聞くには提灯《ちょうちん》がいる。歌道に暗いから。これ「道灌《どうかん》」の落ちだった。

7月7日——祇園会《ぎおんえ》

京都では、祇園祭《ぎおんさい》が開かれている。七月一日に始まり、十七日の前祭、二十四日の後祭には、山鉾《やまほこ》が京都の街に繰り出す。美しく飾り付けた山鉾は見ものだ。

山鉾の中で演奏されるのが、祇園囃子《ぎおんばやし》。笛や太鼓などで「コンチキチン」と呼ばれる上品さを持つお囃子だ。祭りは三十一日までの一カ月間、八坂神社とその一帯、京都市全体でさまざまな行事が行われる。暑い京都の夏が、さらに暑くなる。

八六八年、平安京の中で、当時の国の数である六十六本の鉾を立てて疫病《えきびょう》など、厄災《やくさい》の除去を願ったことに始まるという。長年、都であり続けてきた京都の気品ある暮らしが、祭りの基礎になっているようだ。

この祭りが江戸者には、どうも面白くない。「祇園会《ぎおんえ》」という噺《はなし》がある。

京見物に来た江戸の三人連れ。金が少なくなった。京にいるおじさんに世話を頼んだが、「身内の面倒はみても、二人は他人だから面倒は見ない」と言われた。人情に厚い江戸の人間なら、三人一緒に面倒をみるところ。二人は、しぶしぶ江戸に帰った。

男はおじさん、おじさんの友達三人で、酒を飲むことになった。酒がうまい。「灘《なだ》の生一本」と京都の二人が自慢する。

京の酒は江戸に「下る」まで一カ月、杉樽《すぎだる》に入れられて船で揺られるから香りも浸透している。江戸で飲む酒はさらにうまい、と男も負けてはいない。

「江戸は犬が多くて糞《くそ》があって汚い街」。これに怒った男は「京なんざ、寺が多くて線香臭い。江戸は街に威勢があって魚がいい。いい鯛《たい》を眼肉だけ食ってあとは犬にくれてやるんだ。だから江戸の犬は威勢がいいし、いい糞をする」

これから祇園祭と、江戸の祭りのお囃子を比べることになる…。意地の張り合いだ。

7月8日　三十石《さんじっこく》

七月八日は、全国質屋組合連合会が制定する「質屋の日」。

江戸時代は、庶民の窮地《きゅうち》を救っていた。鍋《なべ》、釜《かま》の日用品も質草になったという。

落語のねたを質入れした落語家がいた。一八七四（明治七）年に亡くなった初代桂文枝《かつらぶんし》が、得意の「三十石」を質入れしたという。寄席で客が「三十石」を要求しても「質入れしているから」と断っていたらしい。おおらかな時代。話題作りもあったかもしれない。

その「三十石」を紹介する。上方落語だ。東京でも演じられる。

三十石は、淀川を行き来する船で京都伏見と大阪の約四十四キロ結んだ。米が三十石載《の》ったのでこの名がある。江戸時代初期から明治期の中ごろまであった。

江戸時代末期の侠客《きょうかく》・清水次郎長《しみずのじろちょう》の子分、森の石松は、大阪から京都行きの三十石に乗った。「すし食いねえ、お茶飲みねえ、江戸っ子だってね」の名せりふは、三十石でのこと。浪曲の二代目広沢虎造《ひろさわとらぞう》（一九六四年死去）の真骨頂だ。

船頭唄がいい。唄が終わると噺《はなし》の中心は、約三十人の乗客に移る。自己紹介が一通り済むとクイズ、謎かけ遊びが始まるのだ。

「一とかけまして」「感心な寺の子坊主と解く」「心は。辛抱（心棒）すれば十字（住持）になる」「い、とかけまして」「茶の湯の釜と解きます」「ろ（炉）の上にある」たわいのないやりとりが船上を和ませる。

物売りの小舟「喰らわんか船」とのけんか、船上での大捕物《おおとりもの》、ろくろ首騒動など、時間の許す範囲で演者の演出が楽しめる。

歌川広重《うたがわひろしげ》がこの「喰らわんか船」の見事な浮世絵を描いている。

福岡入りした六代目笑福亭松鶴《しょうふくていしょかく》で聞いた。船頭唄がよかったなあ。

7月9日—船徳《ふなとく》

　寺社の縁日で「四万六千日」というのがある。その縁日にお参りすると四万六千日お参りしたのと同じ功徳《くどく》があるという。便利、いや、ありがたい縁日だ。

　有名なものが、江戸時代の元禄《げんろく》年間（一六八八～一七〇四年）に始まったという東京・浅草浅草寺の「四万六千日」。現在は七月九、十日で、浅草寺一帯は、ほおずき市でにぎわう。

　平山秀幸監督の映画『しゃべれどもしゃべれども』（二〇〇七年）で、国分太一さん演じる若手落語家が、ガールフレンド役の香里奈さんにほおずきを買うシーンがよかった。ほおずき市は、テレビのニュースで見るばかりで、まだ行ったことがない。

　平山監督とは、講演会で一緒になり、落語の話題で盛り上がったことがある。

　「四万六千日、お暑い盛りでございます」と噺《はなし》を始めたのが八代目桂文楽《かつらぶんらく》の「船徳」だ。

　勘当されている若旦那《わかだんな》の徳兵衛、船宿の二階に居候《いそうろう》をしている。親方が、どこかで働いてみないか、と水を向けたところが「船頭になる」と言い出した。

　親方は、若旦那が船頭になることを伝えようと、船頭全員を呼ぶ。船頭たちは、日ごろの悪さがばれたと勘違い。怒られる前にわびようとするが…。ここが前半の見どころ。

　後日。四万六千日参りの二人連れ。道は混み合っているし暑い。浅草寺近くの船着き場まで船で行こうと、駆け込んだのがこの船宿。若旦那の新米船頭が二人を乗せて船を出すことになった。どこまでも一生懸命の新米船頭の犠牲者となる。

　後半もあるが、暗くなる。後半を演じる人は少なくなったようだ。

　亡くなる半年前ぐらいの古今亭志ん朝《ここんていしちょう》の名演を熊本市で見た。柳家小三治《やなぎやこさんじ》さん、柳家《やなぎや》さん喬《きょう》さん、滝《たき》川《がわ》鯉昇《りしょう》さんでも聞いた。夏を代表する噺。演じ手は多い。

7月10日――お初徳兵衛《はっとくべえ》

七月九日の「船徳」は、若旦那《わかだんな》の新米船頭徳兵衛が、へとへとに疲れて、いままで乗せていた客に「お願いがあります。船頭一人雇ってください」というさげで終わる。昨日、書かなかったさげを今日、紹介した。

寄席《よせ》でもよく聞くことができる。夏を代表する滑稽《こっけい》噺《ばなし》といってもよさそうだ。

この「船徳」には後半があり「お初徳兵衛《はっとくべえ》」として続いていく。元は、江戸時代末期に出来上がった新内節《しんないぶし》の『お初徳兵衛浮名桟橋《うきなのさんばし》』という。さらにルーツをたどると近松門左衛門《ちかまつもんざえもん》（一七二四年死去）の『曽根崎心中《そねざきしんじゅう》』に行きあたる。

その『曽根崎心中』は、一七〇三年、遊女お初と醤油問屋の手代徳兵衛が愛し合った末、露天《つゆのてん》神社（大阪市北区曽根崎）で心中を図った実際の事件を題材にしている。

事件が、戯作者により戯曲となり、音楽家の目に止まって唄にもなり、さらに落語へと改作された。日本人の創作力は古くから素晴らしいものがあったのだろう。

これだけで、創作を巡る壮大な旅をしたような気持ちになった。

その「お初徳兵衛」。

何とか一人前の船頭になった徳兵衛。旦那衆など、たくさんの客を船に乗せるようになった。ある時、吉原に繰り出す客の中に芸者お初がいた。お初は幼なじみだった。

お初を船で送る途中、夕立に遭った。これがきっかけになり、二人は結ばれる。ところが、お初を思っている別の男の策略で、二人は心中を決意するように追い込まれる。しかし、死にきれなかった…。

前半に比べ、後半はあまり聞くことがない。古今亭志《ここんていし》ん生《しょう》が録音を残している。

7月11日——市助酒《いちすけざけ》

全国専修《せんしゅう》学校各種学校総連合会は、七月十一日を「職業教育の日」にして、専修学校などへの理解を広げている。技術、技能を学び、社会での即戦力として通用する人材を育てる学校だ。

その内容は、看護師、歯科衛生士、作業療法士、理学療法士、大工、左官、電気工事、料理、服飾など、実に多様だ。

落語が生まれた江戸時代では、技能・技術者であれば、親方のもとで修業し、商業であれば奉公をして学ぶ。「道具屋」では、おじさんが与太郎に商売を教え、「かぼちゃ屋」「唐茄子屋政談《とうなすやせいだん》」では、天秤棒《てんびんぼう》の担ぎ方から始まる。「市助酒《いちすけざけ》」を見てみる。

伊勢屋という質屋。番頭と小僧が、夜に算盤《そろばん》を入れて帳簿合わせをしている。小僧は、まだ十二、十三歳。朝から働いており、眠気も出て算盤を間違えてしまう。頭をごつんとたたかれて、泣きだしてしまった。

騒ぎに気づいたあるじが、出てきた。小僧を寝かせて、番頭と話し込む。

あるじは、番頭が、小僧だったころを引き合いに出して、客への対応や気遣いのなさを指摘して、あのとき下手すれば、大事な客を減らすところだったと諭《さと》す。

小僧に仕事を教えている番頭だが、その番頭は、あるじから、あるいは、ほかにいた多くの先輩たちから仕事を仕込まれたのだ。

「市助酒」の主題は別にあるが、一面では職業教育を描く落語でもある。ほか、たくさんの落語に描かれるように昔は、社会全体が、職業教育の場だった。

教養科目を経て専門分野に入っていく大学。技術、技能とそれに特化した学問を学ぶ専修学校。選択の時期にある人たち、迷っているなら、ちょいと落語を聞いて一休みしてみたら。

7月12日　犬《いぬ》の目《め》

七月十二日は「人間ドックの日」という。

一九五四（昭和二十九）年のこの日、東京の東京第一病院（現、国立国際医療研究センター）が、初めて人間ドックを実施した日という。「ドック」とは、船を造ったり、修理したりする施設のこと。人間を船にたとえて名付けられた。

人間ドックは、予防医学の観点から、人の健康状態、病気の早期発見などを目指して、体全体の検査をする。今は一日で済むが、昔は数日間入院して、検査を受けた。

人間ドックでは、当然、目の検査もある。視力、見える範囲、色の判別など、目だけでも検査はたくさんある。目の調子を悪くした男が目医者を訪ねる噺《はなし》がある。「犬の目」だ。

目を見た医者が言う。「目の裏側が汚れているので、物がかすんで見える」「治りましょうか」「うちでは、少し変わった治療法をやっております。目をくりぬいてきれいに洗いましょう」

医者は、患者に下を向かせて、後頭部を叩いて目を抜き、きれいに洗って、弟子に陰干しをさせていた。弟子があわててやってきた。「目がありません！」

いつもの犬がうろうろしている。犬が目を食べたらしい。仕方ないので、犬の目をくりぬき、男に入れた。

「よく見えるようになった」と男が喜んで目医者を訪ねてきた。「でも猫を見たら吠《ほ》える、小便するとき、片足を上げるようになりました…」

人間が犬のようになった噺で、これが本当の「人間ドッグ」。

笑福亭風喬《しょうふくていふうきょう》さんがよく演じている。年季明けしたばかりだった桂《かつら》小梅《こうめ》さんでも聞いた。

7月13日――化《ば》け物使《ものつか》い

七月十三日は「オカルト記念日」だという。米国映画『エクソシスト』（一九七三年）が日本で一九七四（昭和四十九）年のこの日に公開されたという。

「オカルト」を直訳すれば「神秘的」「超自然」ということになる。

当時十八歳だった私も映画館に走った。あの愛らしい子役のリンダ・ブレアさんが、悪霊に憑《つ》かれて、恐ろしい声、顔になった。エクソシストとの戦いなどに肝《きも》を冷やした。それからブームとなり映画『ポルターガイスト』（一九八二年）などが作られた。

落語国にもちゃんとエクソシストがいる。映画のエクソシストより強いかもしれない。

「化け物使い」という噺《はなし》がある。

人使いが荒くて悪評判の隠居《いんきょ》がいる。奉公人が二、三日で音を上げる。今度来た杢助《もくすけ》は無骨《ぶこつ》だがよく働く。三年も働いたが、もういやだという。隠居が、化け物屋敷といわれる家を買ったからだ。「働くことは好きだが、化け物屋敷は嫌だ」と出て行った。

一人になった隠居に一つ目小僧が出てきた。ちょうどいいと用を言いつける。有無を言わさない。今度は大入道が出てきた。大きいので天井掃除を言いつける。のっぺらぼうの女も気に入って用を言いつける。化け物を見下ろすところはエクソシストより強い…。

古今亭志《ここんていし》ん朝《ちょう》、桂《かつら》ひな太郎《たろう》さん、橘《たちばな》家《や》円《えん》太郎《たろう》さん、三代目橘《たちばな》家《や》文蔵《ぶんぞう》さんで聞いた。それぞれ、隠居、杢助の演出が少しずつ違う。誰もが楽しかった。

私自身、怖いというか、不思議な体験がある。

高校一年のころ。二年生が修学旅行に行っている最中、二年生担任の教諭が、職員室前の廊下を棒ぞうきんで掃除していた。後で「先生は修学旅行に行かなかったんですよね」と聞くと「行ったよ、担任だから」。確かに見たのだ。生き霊だった？

7月14日――鰻《うなぎ》のたいこ

お中元《ちゅうげん》は、普段、世話になっている人に七月十五日に行う贈り物だ。「あ、明日だ。今から間に合わない」と思った人、でも大丈夫。八月十五日でもいいのだそうだ。中国の宗教である道教《どうきょう》からきた風習で上元、中元、下元という三元の一つ。

中元は七月十五日で、これまでの罪が許される「贖罪《しょくざい》の日」という。さあ、罪を許してもらいましょう。

お中元が出てくる「鰻のたいこ」を紹介する。

夏の盛り。座敷にお呼びが掛からない「野だいこ」と呼ばれる幇間《たいこもち》の一八《いっぱち》。お中元を装う羊羹《ようかん》を「えさ」にして知り合いの家を訪ねて、上がり込もうとの魂胆。目当ての家を訪ねたが、旦那《だんな》は留守。奥方は、一八の持ち物に「何、それ」。

えさを取られてはたまらない。何とか逃げ出した。これからは、往来で知り合いの懐《ふところ》に飛び込むつもり。

道で浴衣がけの男と出会う。どこかで見たが思い出せない。分からないまま声を掛けた。男は、鰻屋《うなぎや》に誘う。一八は、男へのよいしょ、とにかく持ち上げる。店の鰻、酒までほめ上げる。大変な気遣いだ。一杯飲んでいるうちに男は帰っていった。

祝儀の一つもあるだろう、と鰻屋の帳場に尋ねたが、なかった。ここから一八の受難だ。勘定は、全部自分持ち。やけに高い。男が土産に六人前を持ち帰っていた…。

一八の態度が豹変《ひょうへん》するところが、後半の見せ場。昭和の名人といわれた八代目桂文楽《かつらぶんらく》、古今亭志ん生《ここんていしんしょう》の対照的な芸を味わってほしい。二人とも得意ねたなのだ。いずれも録音がある。

桂ひな太郎さんの名演を見た。

7月15日――竈幽霊《へっついゆうれい》

大陸に対する防衛と交流、九州統率《とうそつ》のために大宰府政《だざいふせい》庁《ちょう》（福岡県太宰府市）が置かれたのが六六七年。政庁の東北にそびえる宝満山《ほうまんざん》（八二九メートル）が、信仰の対象となり、国家安全、遣隋使、遣唐使の航海安全、目標成就が祈られた。

宝満山の麓に六七三年に創建されたというのが宝満宮竈門《かまど》神社。宝満山が竈《かまど》の形に似ているのでこの神社名になった。神社に「竈」という文字が使われるのは極めて珍しいという。

この神社は今、良縁に御利益が高いとされ、一日と十五日が祭礼だ。今日、七月十五日も良縁やいい仕事との出合いなどを願った参拝客で賑わっていることだろう。

乱暴だけど竈門神社と同じ文字があるから「竈幽霊《へっついゆうれい》」という噺《はなし》を紹介する。

竈は、かまどのこと。土壁と一体化したように造るもの、持ち運びができるものがある。しっかりと造られたへっついは、高価だったようだ。

道具屋にへっついが置いてある。買った人が、必ず戻しにくる。三円で売れて翌日には引き取り賃一円五十銭をもらうからへっついは残るは、一円五十銭は儲《もう》かるという具合。やがてへっついに幽霊が出るとうわさが広がり、客が来なくなった。

道具屋は、熊五郎に一円を付けて引き取ってもらう。熊五郎がへっついを運んでいると、壁にぶつけて壊れ、そこから三百円という大金が出た。その夜に幽霊が出た。

左官の幽霊だ。ある時、丁半《ちょうはん》ばくちで大勝ちして、三百円をへっついに埋め込んだ。その日にフグに当たって死んだ。三百円に気を残して、幽霊となって出てくるのだ。熊五郎と幽霊で丁半ばくちとなる…。

金銭欲を描くがいい味が出ている落語。へっついで煮炊きするから味が出る。

7月16日 鮑《あわび》のし

七月十六日ごろに「海の日」がある。ハッピーマンデーで動く祝日だから、少しずれるかもしれない。海に囲まれた日本だが、流通状況がよくなかった昔は、生の魚介類は貴重な食べ物だった。

私が幼かった一九六〇（昭和三十五）年ごろ、九州の内陸部では、刺し身など生ものは「無塩《ぶえん》」と呼んで、祝い事があるときでしか食べられなかった。高級品なのだ。

夏の海産物を代表する、といえば鮑《あわび》だろう。あのこりこり感…。私は鮑のすしが大好物。高いから食べないけど…。

贈答品につけるのしは、今は紙だが、昔は鮑だった。鮑の身をのして、紅白の紙をつけたものだ。これが、落語になっている。海の日の落語は「鮑のし」、上方で「祝いのし」。甚兵衛《じんべえ》の人のいいところがよく出る噺《はなし》だ。

甚兵衛、金がないのでその日のご飯が食べられない。女房が「隠居《いんきょ》の所で五十銭借りてこい。その五十銭で尾《お》頭《かしら》つきを買って、祝言がある大家に祝いとして持っていけば、お返しに一円くれる。五十銭を隠居に返して残った五十銭で米を買う」という計画案を示す。

甚兵衛、五十銭を借りる隠居にも、尾頭付きを買う魚屋にもこのからくりをしゃべってしまう。二人ともあきれるが甚兵衛さんならと、許すところに甚兵衛の人柄が知れる。

尾頭付きのタイが五十銭では買えない。魚屋は大負けして鮑三枚を上手に籠《かご》にいれて贈答品に仕立てた。

大家の家に行く甚兵衛。大家は鮑に怒る。「磯の鮑の片思い」と言って婚礼があるうちには縁起が悪い」という。甚兵衛が「鮑のし」の由来で大家に挑むことになる…。

三代目桂春団治《かつらはるだんじ》、三遊亭小遊三《さんゆうていこゆうざ》さん、桂歌春《かつらうたはる》さんたちで聞いた。やはり笑う。

7月17日 ― 裕次郎物語《ゆうじろうものがたり》

（昔昔亭桃太郎作）

私が落語ファンになったのは父（故人）の影響が大きい。父は一九四五（昭和二十）年の敗戦を旧満州（中国東北部）で迎え、ソ連軍（当時）の捕虜《ほりょ》となりシベリア抑留生活を送っている。その収容所で落語家昔々亭桃太郎《せきせきていももたろう》と一緒になった。柳家金語楼《やなぎやきんごろう》の実弟だ。

父は桃太郎との交流を子守歌のように聞かせてくれた。桃太郎の収容所脱走の話など、興味深かった。桃太郎は戦後、寄席《よせ》に復帰したが人気回復はせず一九七〇年に亡くなった。

一方、金語楼はテレビ、映画で大活躍。私は、そんな金語楼を「遠縁のおじさん」という感覚で見ていた。これが落語ファンになる元なのだ。

一九八〇年。六代目春風亭柳昇《しゅんぷうていりゅうしょう》一門の春風亭笑橋《しょうきょう》さんが、真打ち昇進とともに昔々亭桃太郎（のちに昔昔亭）を襲名した。私は「あの名前が復活した」と小躍りして喜んだ。たまに上京する時、寄席で桃太郎さんを見るたびにその魅力が深まっていった。

二〇〇五年。桃太郎さんに、先代桃太郎のことや自宅に私設寄席「狸《たぬき》ばやし」を開設していることなど綴《つづ》り、出演依頼をした。桃太郎さんは「これも縁でしょう」と出演を快諾。こうして同年七月、狸ばやしで昔昔亭桃太郎独演会が実現した。

そのとりねたで「裕次郎物語《ゆうじろうものがたり》」が出た。NHKテレビの「日本の話芸」では数度放送された。大スター石原裕次郎のかっこいい生き方と、自身の生い立ちを対比しながら、裕次郎をたたえる。とにかく笑いが多いすてきな落語だ。CDが出ている。お薦め！

その裕次郎は一九八二年七月十七日に亡くなった。五十二歳。若い。桃太郎さんは裕次郎の大ファン。墓参りをして、この落語の着想を得たという。

裕次郎物語、聞けば嵐を呼ぶぜ！

7月18日　胴乱《どうらん》の幸助《こうすけ》

職場や地域でもめごとが起きる。「ちょっと待った。それはこうであって、こうだろ、双方共に分かったかい。ようし、これで落着」と。

リーダーシップがあって、気が優しくて、いろんなもめごとを解決できる…。こんな人になれたら、どんなに格好いいだろう。

江戸時代初期にそんな男がいた。幡随院長兵衛《ばんずいいんちょうべえ》。唐津藩（佐賀県）の武士の子とされる。江戸は浅草花川戸《はなかわど》で口入れ屋、今の就職斡旋《あっせん》の仕事をしていた。町人の若者が、徒党を組んだ「町奴《まちやっこ》」の頭領となって任侠《にんきょう》を気取り、けんかの仲裁などして誇りとしたようだ。

長兵衛は、対立していた旗本の水野十郎左衛門《みずのじゅうろうざえもん》（一六六四年死去）に明暦《めいれき》三年七月十八日（一六五七年八月二十七日。異説もある）、だまし討ちのようにして殺害された。このことから、芝居に脚色されて、現代にその名が伝わっている。

けんかの仲裁を生きがいとした男が出てくるのが上方落語の「胴乱《どうらん》の幸助《こうすけ》」。「胴乱」とは、腰に下げる革製で四角形の袋。薬などを入れた。

田舎から大阪に出て、割り木（燃料の木）屋を営む幸助。仕事一筋で、娯楽など何も知らない。唯一の楽しみがもめごとの仲裁。中に入って手打ちをさせ、お互いに酒を振る舞う。「おやっさん、ありがとうございます」。これが楽しみなのだ。

「幡随院長兵衛のように、大きなけんかをまとめたい」というのが願いなのだ。

二人連れが、幸助がやってくるのを見つけ、酒を目当てに、にせのけんかを仕込む…。落着させて次のけんかを探す幸助。稽古屋から義太夫節「お半長右衛門《はんちょうえもん》」で嫁いびりの場面を聞いた。物語を現実と間違え、その嫁いびりをただそうと幸助の「活躍」が始まる…。

仲裁をするのはいいが、それは人としての幅と奥行き、見識を持つのが前提となる。

7月19日――桃太郎《ももたろう》

桃が店頭に並ぶころだ。山梨県は、日本の桃の三割以上を生産する。山梨県果樹園芸会は、七月十九日を「やまなし桃の日」にしている。桃が百《もも》につながることから、二つ並べて二百。一年の二百日目に当たるのがこの日だからという。

漫画家東海林《しょうじ》さだおさんが、食べ物のエッセー「丸かじりシリーズ」で、桃について書いていた。

スーパーで、品のある女性の買い物かごに桃が二つあった。桃を食べるには、果汁の多さから相当の技術を要する。皮をむくのも大変、かぶりついても服などを汚すから、私は流し台に顔を突っ込むようにして食べる。あの女性もそうして食べるのだろうか…。

こんな内容に大笑いした。ともあれ、桃は傷付きやすく、栽培は難しい。あの桃色の果実には、たくさんの人の気遣いが詰まっている。

桃から生まれたのが桃太郎。有名なおとぎ話だ。岡山などにゆかりの地がある。

このおとぎ話から生まれた「桃太郎」という噺《はなし》がある。桃太郎を話し終えるか終らないうちに子どもはすやすやと寝入ってしまった…。これは昔の話で、暮らしが夜型になり、子どもの寝る時間も遅くなっている。

おとぎ話をしてやるから寝たらどうだ。子どもを寝かそうという父親だ。「昔昔、あるところに…」「そこどこ?住所は?」「住所などない。おじいさんとおばあさんが住んでいました」「名前は?」

困っている父親に子どもがうんちくを話し始める。「この話は、住所を特定しないことで、身近さを出しているんだ。おじいさんとおばあさんは、本当は父母。おじいさんとおばあさんにして物語にやわらかみを持たせているの」。聞いている親が眠ってしまう…。

こんなこと書いているうちに、私も眠たくなった。

7月20日——田能久《たのきゅう》

映画『社長シリーズ』などに出演した俳優の有島一郎《ありしまいちろう》は一九八七年七月二十日に亡くなっている。名古屋市出身、七十一歳。確実な演技力はテレビでも欠かせない名脇役だ。

私にとっては『若大将シリーズ』（一九六一〜七一年）で、主役の加山雄三《かやまゆうぞう》さん演じる田沼雄一の父親田沼久太郎が印象深い。久太郎は、すき焼き店主。雄一とはぶつかってばかりの頑固者《がんこもの》。雄一のよき理解者であるおばあちゃんが、飯田蝶子《いいだちょうこ》（一九七二年死去）だった。若大将のライバルで青大将石山新次郎の田中邦衛《たなかくにえ》さん。懐かしいなあ。

このシリーズで、久太郎が経営するすき焼き店が「田《た》能久《のきゅう》」だ。

落語「田能久」を紹介するために、有島一郎、若大将シリーズまで引き出してきた。自分ながら、ばかなことをやっている。

阿波《あわ》徳島、田能村の久兵衛。芝居が得意で、仲間と田能久一座を作って巡業中。しかし、母親が病気との知らせで一人山道を急いでいる。休んでいると、蛇の化け物うわばみが出た。久兵衛をのむつもりだ。

うわばみに名を聞かれ田能久というと「狸《たぬき》？　化けてみろ」。衣装を取りかえてはいろいろな役になる田能久にうわばみは大喜び。うわばみは「怖い物はあるか」という。もめごとが起こるから「金」と答える。うわばみは「たばこのヤニだ。内緒だぞ」と別れた。

村に帰り着いた田能久。うわばみのことを話すと、村人がたばこのヤニをいっぱい持ってうわばみ退治に行くことになった。

ぼろぼろになったうわばみが田能久のところにやってくる。「内緒だといったのにたばこのヤニのことしゃべったな。これは仕返しだ」。後は落語を聞いて。

うわばみのやつ「怖いものは饅頭《まんじゅう》」とでも言っておけばよかったのに。

7月21日――高砂《たかさご》や

七月二十一日は「神前結婚記念日」という。

昔の結婚式はほとんどが自宅で行われていた。「たらちね」の八五郎は、大家が縁談を持ち込んだその日に、新婦になる女性を長屋に連れてきた。名前も知らないうちに夫婦になった。まあ、落語らしい乱暴な、簡単すぎる結婚風景が描かれる。

一九〇〇（明治三十三）年五月にあった皇太子（のちの大正天皇）の神前結婚式が、庶民のあこがれとなった。このことから、現在の東京大神宮（東京）が、神前結婚式を一般にも広げようとPRを始めた日が、七月二十一日だった。こうして「三献《さんこん》の儀《ぎ》」（三三九度）などがある神前結婚式が広がっていく。

神前結婚式でよく披露されるのが謡《うたい》三番だ。新婦のお色直しの時などに登場するという。有名なのが「高砂《たかさご》」で「高砂やこの浦舟《うらぶね》に帆《ほ》を上げて…」をよく聞く。

「高砂」は能の一つ。播磨《はりま》・高砂の浦の松と、津・住吉の松が「一つの根から分かれた松」と主張する老夫婦に神主が導かれていく様子を描く。夫婦の幸せと平和と繁栄を願う能という。歌詞は「月もろともに出潮《いでしお》の」と続いていく。

この「高砂」を結婚式で披露するために懸命に稽古をする男を描く「高砂や」という落語がある。ひょんなことから八五郎が、お店《たな》の婚礼の仲人《なこうど》を務めることになった。大家に相談すると「あいさつばかりじゃない。仲人ならば謡の一つも披露しろ」と「高砂」を習う。ところがうまくいかない。気が付いたのがうたい初めが「豆腐―」という売り声に似ているというところ。「豆腐―」といわなければうたえなくなった…。

柳家小三治《やなぎやこさんじ》さん、絶品だった。

7月22日 ― 猫怪談《ねこかいだん》

ニャンニャンの猫の日だ。

猫が落ち着いた様子で人を見ていると、何かをたくらんでいるような気がしてくる。

今の話聞きたる顔の炬燵猫《こたつねこ》　山下くにお

私に俳句を教えてくれた師匠に、猫を詠んだこんな句があった。

『江戸《えど》の怪奇譚《かいきたん》』（氏家幹人著、講談社）に猫にまつわる怖い記録があった。

『想山著聞奇集《しょうざんちょもんきしゅう》』（一八五〇年）に江戸の武士の飼い猫が来客に「来たか」と言った。来客が驚くと飼い主は「以前も話したのを聞いた」と、平然と応対した。

『耳嚢《みみぶくろ》』（一七九五年）に寺の庭で猫がハトを狙っているので、住職がハトを逃がすと、猫が「残念」と言った。住職が「お前は化け物か」と問いただすと、猫は「十年生きていると言葉を話す。霊力も持つ」と返答した。（いずれも要約）

ということで七月の「猫の日」には「猫怪談《ねこかいだん》」という噺《はなし》を紹介する。

与太郎の親代わりの親分が死んだ。大家は、葬式代にと奉加帳《ほうがちょう》を回して金を集めた。与太郎は、早桶《はやおけ》を買い、早桶を担ぐ天秤棒《てんびんぼう》の相方を、長屋の甚兵衛《じんべえ》に頼んだ。大家がちょうちんを持って三人で、谷中《やなか》の寺に運んでいく。

上野の森近く。甚兵衛は、長屋でも一番の恐がり。それを知って与太郎が脅かす。「もう出るころかな」。前棒の甚兵衛は後ろが怖くて、与太郎と前後を交代しようと早桶を下したところ、ひもが切れて親分の遺体がごろり。

大家と甚兵衛が、早桶を買いに行き、夜中に遺体の番をする与太郎。やおら遺体がひょこひょこ動き出した…。

猫は直接、登場しないが、演じ手も聞き手も「猫の仕業」という前提になっている。

7月23日—目薬《めぐすり》

日本カシス協会が、七月二十三日を「カシスの日」に制定している。

カシス?「カシスオレンジ」というカクテルがあるぐらいしか知らない。

カシスとは「すぐり」のことで、ユキノシタ科の落葉低木で黒い果実がなる。中部地方の山で自生しており、青森県では栽培が盛んという。カシスとはフランス語だそうだ。

この実に含まれるアントシアニンが、目の健康によくて、カシスを使った健康食品が販売されている。

「目は心の鏡」「目は口ほどに物を言う」「目から鱗《うろこ》が落ちる」。目に関係することわざはもっとある。最初に情報を得る体の部位だ。大事にしなければ。

目を病んだ人が登場するのが「目薬」。

これを演じる人が必ず言うのが「あまりにもばかばかしいので誰もやらない」。

思い出してみると春風亭《しゅんぷうてい》小朝《こあさ》さん、桂枝助《かつらえだすけ》、露《つゆ》の五郎《ごろ》兵衛《べえ》で聞いた。

字が読めない人が出てくる。しかし、ふだんから看板などを見ているので、字を全く知らないという状況ではなく、うっすらとは分かるのだ。

この状況を教えてくれたのが、俳句会で一緒にいたおばさんだ。「青春が戦時中で、学校で英語を習ってない。ABCは分かるけど、順番が変わってまとまると読めない」。これだ、と思った。この状況を思い浮かべると、この噺《はなし》の理解が深まる。

目を病んだ男が目薬を買った。使用法が袋に書いてある。「このくすりめしりにさすべし」。何とか判読したが「め」が分からない。湯屋ののれんの「女」の崩し字と思ったからたまらない。「女しりにさすべし」。女房の尻に粉の目薬を差そうとするが…。

字が読めない悲喜劇が、夫婦の信頼関係と重なるほのぼの感…。

7月24日――権助魚《ごんすけざかな》

北海道の動物園を描いた映画『旭山動物園ペンギンが空をとぶ』(二〇〇九年)でも描かれていたが、最近の水族館の演出が素晴らしい。

水槽を横から見てきた私たちは、驚くばかり。天井に水槽があり、水槽の中を歩くような構造のものまで…。水族館の人気は高まっているという。

「水族館の父」と呼ばれる人がいる。東京帝国大学教授の飯島魁《いいじまいさお》(一九二一年死去)だ。一八六一年七月二十四日(文久元年六月十七日)に静岡県浜松市で生まれた。東京帝国大学理学部に学び、ドイツに留学をする。この時、森鴎外と交流したという。動物、魚類学者で、日本鳥学会も創設し動物学をリードした。

一九〇三(明治三十六)年、大阪堺市であった第五回内国博覧会で披露された水族館を設計し、管理をした。本格的な水族館としては、日本初で東洋一といわれた。博覧会終了後も堺市が引き継ぎ、堺水族館として人気を保った。生きた魚を見るのは漁師ぐらい。だから、当時の人たちには水族館は、新鮮だったに違いない。

飯炊《めした》きの権助が小さな「水族館を開く」のが「権助魚」。夫が浮気をしているようだ。妻は、飯炊きの権助に夫の様子を探るよう頼む。夫の後をついていく権助だが、夫に見抜かれてしまう。

夫は権助に小遣いをやり「大川で網を打って魚をとって遊んで、これからその友達と飲むことになった」と言えと、魚屋で魚を買って帰るように言う。

魚屋で権助が買ったのが、カツオの片身、目刺し、スケトウダラ、伊勢エビ、かまぼこなど。権助が一つ一つこの「水族」を解説するところが面白い。

演じ手は多い。権助、いろんな落語で出てくるが、一筋縄ではイカない人物だ。

7月25日――素人鰻《しろうとうなぎ》

この時期は「夏の土用《どよう》」。土用といっても何のことか分からない。

四つある季節のそれぞれの終わりの十八日間を土用といって、季節の変わり目を知り、心身でそれなりの準備をした。

今、知られているのが「鰻《うなぎ》を食べる日」の「土用の丑《うし》の日」だ。小暑から立秋までの土用に丑の日は二回ある。この原稿を執筆した年は七月二十五日と八月六日だ。

エレキテルで知られる江戸時代中期の本草《ほんぞう》学者平賀源《ひらがげん》内《ない》（一七七九年死去）が、夏の暑さで鰻の蒲焼《かばや》きが売れなくなるのを「土用の丑の日に滋養のある鰻を食べると病気にならない」というpの宣伝案を出して、夏場の鰻をPRした、という逸話がある。

これが当たって、夏場でも鰻を食するようになったという。

鰻が出てくる「素人鰻」という噺《はなし》がある。

鰻屋が開店した。店主は、職人を雇っているが、けんかして職人が出て行った。仕方ないから店主が鰻を割いて焼こうとする。客が鰻を注文する。いけすの鰻を捕まえようとする。やっとの思いで手に取った。ぬるぬると鰻が手から前に出て行く。そうはさせないと、また首を捕まえるが、店主、鰻に合わせて前に前に出ていく…。

省略される場合が多いが、明治維新で武士が武士でなくなり、新しい商売を始める元武士たちがいた。この噺も店主は元武士で、鰻を捕まえたことなどないのだ。

演者は、親指を鰻に見せてにょろにょろと出てくる様子を見事に演じてくれる。

滝川鯉昇《たきがわりしょう》さんは「親指がうまくいかない」と別の演出をしている。桂歌丸は、親指が鰻の頭に見えた。うまかったなあ。

7月26日——豊志賀《とよしが》

七月二十六日は「幽霊の日」だ。

四世鶴屋南北《つるやなんぼく》（一八二九年死去）創作の『東海道四谷怪《とうかいどうよつやかい》談《だん》』が、一八二五年、中村座で初演された日にちなむ。お岩さんで知られるこの芝居は、男女の遺体が戸板の裏表に貼り付けられる「戸板返し」など、新しい演出が取り入れられ評判になった。

お岩さんのモデルとされる人は、夫を支えた良妻という。この人を祭る四谷於岩稲荷田宮神社《よつやおいわいなりたみやじんじゃ》が東京にある。現在も、『四谷怪談』に関係する芝居や映画を制作する際は、役者、スタッフ陣が参拝し、安全祈願、興行の成功を祈願するという。

『東海道四谷怪談』とよく対比される落語に「真景累《しんけいかさね》ケ淵《がふち》」がある。明治時代の落語家三遊亭円朝（一九〇〇年死去）が一八五九年に創作を始めた。長編で、八〜九に分けられ、今は独立した噺《はなし》で語られる。そのうちの「豊志賀《とよしが》」を紹介する。

あんまで金貸しの皆川宗悦《みながわそうえつ》が、金の返済を催促した旗本深見新左衛門《ふかみしんざえもん》に殺される。後に宗悦の娘豊志賀は富本《とみもと》節《ぶし》の師匠となった。

豊志賀とたばこ屋の新吉が深い仲になる。母と子ほどの年の差だ。豊志賀に熱心に稽古にくる若い娘お久がいた。豊志賀は、やがて新吉とお久の仲を疑い始める。

豊志賀に異変が起こる。目の下にでき物ができ、ひどくなる。新吉とお久への誤解も深くなる。できものは顔半分を腫《は》れ上らせ、新吉に近づき「こんな顔になった」「こんな顔になった」。迫真の高座となるところだ。

毒を飲まされ顔が腫れるお岩さん。でき物で顔が腫れる豊志賀。いずれも幽霊となる。

三遊亭円生《さんゆうていえんしょう》、桂《かつら》歌丸《うたまる》が録音している。円朝ものは演じてもこの「真景累ケ淵」は、やる人、やらない人に分かれるようだ。

7月27日――菊江《きくえ》の仏壇

「仏壇の日」というのがある。
天武天皇《てんむ》（六八六年死去）が、六八五年三月二十七日に「仏像と経を置いて礼拝供養せよ」との詔《みことのり》を出した、と日本書紀に記録されていることから、全日本宗教用具協同組合が、毎月二十七日を「仏壇の日」に制定している。

小学五年のころ、同居の祖父が死んだ時に父（故人）が「お前が知る人が初めて仏壇に入る。よく拝むように」と言った。成長とともに神仏からは遠ざかったが…。

還暦前後から、寺に足が向くようになり、会社を定年になった二〇一六年に直木賞作家葉室麟《はむろりん》と京都の東寺や三十三間堂などを巡った。巨大な仏像、等身大の仏像などを見ながらどう死ぬかを話し合った。二年もしないうちに葉室は亡くなったが…。

仏壇は、死者と自身を結ぶ窓口のような気もしてきた。実家に戻っては、仏壇に両親や葉室を思い、話しかけている。

「菊江の仏壇」という噺《はなし》がある。東京では「白さつま」で演じられる。主人公は妻の病気も顧みない放蕩《ほうとう》息子。落語らしい。

茶屋遊び好きの若旦那《わかだんな》。嫁を持たせれば遊びはやむだろうと、貞淑なお花と結婚させた。やがて、また茶屋遊びが始まり、お花は、病気になり実家に帰った。

旦那が、お花を見舞いに行く日。旦那は、若旦那が遊びに出ないよう番頭に見張りをさせる。若旦那は、番頭の隠れ遊びを暴露《ばくろ》するぞ、と脅しにかかる。

折衷案《せっちゅうあん》として、遊びには行かないが芸者菊江を家に呼ぶことになった。お花は死に、旦那は、その騒ぎの最中に家に帰ってくる。さあ菊江を仏壇に隠した…。

若旦那の放蕩は常軌《じょうき》を越える。演じる方も聞く方も賛否があるようだ。

7月28日　青菜《あおな》

七月二十八日は、語呂合わせで「菜っ葉の日」になっている。

夏の盛り、小松菜、ほうれん草、キャベツにレタスなど、葉物野菜を食べて食事のバランスをということのようだ。今は野菜に四季はないが、昔は夏の葉物野菜は総じて少ない。

あるじが、植木屋の水のまき方を褒めるところから始まる「青菜」はやはり、夏の噺《はなし》。菜っ葉の日にふさわしい。

「植木屋さんに庭に水をまいてもらうと、水たまりができないし、庭中がまんべんなく浸っている。いや見た目だっていいんだよ。きれいになった庭木や庭を通ってくる風が心地よい…」。もともと丁寧なあるじが、褒めるもので植木屋は謙遜《けんそん》する。

あるじは、植木屋に酒を振る舞う。柳蔭《やなぎかげ》という酒に、氷の上の鯉のあらいが盛りつけられている。

あるじは、その後の肴に青菜をすすめる。「青菜、好物です、いただきます」という植木屋だが、台所事情が分からなかった。青菜は切らしていたのだ。奥さんの名文句をここで聞くことができる。感心した植木屋が、自宅であるじをまねるが失敗をする。

柳蔭は、焼酎とみりんを混ぜたもので、冷やして飲む暑気払いの高級酒。おいしいのか、と考える。想像してみて。焼酎とみりんを混ぜたものだ。比率の妙があるのだろうか。

氷を浮かべて飲むところに高級感があるのだろう。ところで噺の中で柳蔭を「直《なお》し」とも言っている。「直し酒」とは、古くなり味が変わった酒に、酒を混ぜて飲めるようにした酒のこともいう。

私は一九七七年秋、高校二年生の修学旅行で東京に行った時、東宝名人会に行った。落語初体験が六代目春《しゅん》風亭《ぷうてい》柳橋《りゅうきょう》の「青菜」だった。今も柳橋が目に浮かぶ。

7月29日——次《つぎ》の御用日《ごようび》

不思議な落語を紹介してみる。上方落語の「次《つぎ》の御用《ごよう》日《び》」。桂米朝の録音で聞いている。笑福亭松鶴《しょうふくていしょかく》がテレビでやっていたのも見た。

丁稚《でっち》の常吉は、お嬢さんの縫い物の稽古のお供をして道を歩いている。お嬢さんは、向こうからくる男が怖いという。常吉は「昼の日中に何が怖いものがありますか」と言って、男を見ると、なるほど怖い。

天王寺屋藤吉《てんのうじやとうきち》という纏《まとい》振り。お嬢さんの店の借家に住む。暑いために、着ている法被《はっぴ》の裾《すそ》をそれぞれの手で持ち上げ、頭の後ろで日よけにしていた。これが子どもの目にはとてつもない大男に見えた。二人は天水桶《てんすいおけ》の陰に隠れた。

藤吉は、家主の娘と丁稚と分かって面白がり、二人に近づき頭の上で「いぇぁっ」と言ったのだ。この声を聞いてお嬢さんは健忘症になった。

旦那《だんな》は怒って、奉行所に届け出て裁きとなる。

奉行は書面を見て困る。「天王寺屋藤吉、子どもの上で『いぇぁっ』と言ったということはどういうことじゃ」

「お奉行さま、わたい子どもの上で『いぇぁっ』と申したことはございません」「何、子どもの上で『いぇぁっ』と申しておらぬと言うのだな」

これが何度も繰り返され、奉行が「この裁き次の御用日に致す。奉行、喉《のど》が痛うなった」と落ちるのだ。

文字で「いぇぁっ」と書いたが、聞くと違うかもしれない。「えぁっ」かもしれない。喉を絞めて独特の声を出さなければ、あの声は出ない。

この落語を七月二十九日にした理由。

この原稿を執筆した七月二十二日の「次の土曜日」が七月二十九日だった。

7月30日——馬《うま》の田楽《でんがく》

「田楽」。平安時代中期に、農耕行事に伴う踊りから起こった芸能だ。これを専門とする田楽法師が現れ、座も発生した。もう一つ、豆腐などに練り味噌を付けて焼いた料理。豆腐にくしを刺した様子が、田楽踊りに似ているので、この名になったという。

豆腐のほかに、茄子《なす》、こんにゃくなどの田楽のおいしさといったらない。土地には、それぞれ自慢の味噌があるから、一カ所に集めて「全国田楽まつり」でも開いてくれないだろうか。

この味噌もきっと田楽料理のために運ばれていく味噌だったのだろう。「馬の田楽」という落語のことだ。

馬子《まご》が、味噌だる二つを背負わせた馬を引いている。味噌を注文した酒屋に着いた。誰もいないので、馬子は休んでいる間に居眠りをしてしまった。

馬の回りに村の子どもたちがやってきた。はらの下をくぐるなど遊び始める。しっぽを抜いて釣りのてぐすにしようという。しっぽは抜かれるは、はらをくぐる子どもは、ぶらさがったものに頭をぶつけるはで、馬は驚いて逃げてしまった。

驚いたのは馬子。馬を探し回り、村人に尋ね回る。「味噌つけた馬しらねえか」「味噌付けた馬見なかったか」。耳が不自由な人だったり、まわりくどい言い方をする人だったりして要領を得ない。馬を探す馬子の悲壮感。

馬は労働力であったが、牛も含めて、家族なのだ。

七月三十日に「馬の田楽」？　まあ、晦日《みそか》というところで。

橘家円太郎《たちばなやえんたろう》さん、長講に耐える一席に仕上げ、ぐいぐいと私や客を引き付けた。上方《かみがた》の笑福亭風《しょうふくていふう》喬《きょう》さん、馬と遊ぶ子どもたちの茶目っ気が印象的。どちらも馬かった。

7月31日―隅田川《すみだがわ》

米国の発明王トーマス・アルバ・エジソン（一九三一年死去）は、一八七七（明治十年）年七月三十一日に蓄音機の特許を取った。この日は「蓄音機の日」になっている。この年の十二月六日に完成させた蓄音機で音を録音し、再生に成功している。

日本では、一八八九（明治十二）年に東大のユーイング教授が、エジソンの蓄音機を東京商法会議所で公開したという。販売されるのは一九〇三（明治三十六）年で、蓄音機と音曲を録音したレコードが銀座天賞堂から同時販売された。

三遊亭円朝《さんゆうていえんちょう》、談洲楼燕枝《だんしゅうろうえんし》（いずれも一九〇〇年死去）らの声は、三年違いで残らなった。

蓄音機が出てくる落語がある。四代目柳亭痴楽《りゅうていちらく》がよく演じた「隅田川《すみだがわ》」。

「綴《つづ》り方狂室《かたきょうしつ》」で人気を得たが、歌も得意だった。佐藤惣之助《さとうそうのすけ》作詞、山田栄一《やまだえいいち》作曲、東海林太郎《しょうじたろう》（一九七二年死去）歌の「すみだ川」を歌う。自慢の「携帯型透明蓄音機《けいたいがたとうめいちくおんき》」を取りだして、レコードをかけるようにして歌う。

「銀杏返《いちょうがえ》しに黒繻子《くろしゅす》かけて泣いて別れた隅田川…」

何のことやら。銀杏返しは女性の日本髪の形の一つ、黒繻子は、黒い絹織物のこと。

この携帯型透明蓄音機の性能が良くない。針が引っ掛かるのか、同じところを繰り返したり、とたんに早口になったりする。かと思えば、歌が緩やかになって低音になって、あわててぜんまいのねじを巻くのだ。

「そうだったわね、あなたが十八、私が十七…」と女優田中絹代《たなかきぬよ》（一九七七年死去）の声色もいい。痴楽は本当に器用な落語家だった。

永井荷風《ながいかふう》（一九五九年死去）の小説「すみだ川」が元になっている。四月三十日で紹介したが、荷風は十九歳ごろ、朝寝坊《あさねぼう》むらくに弟子入りして一年弱の間、落語家だった。

【八月】

8月1日―家《い》見《えみ》舞《ま》い

八月の始まりだ。夏の盛りであり、水の使用量が一番多い月となる。八月一日は「水の日」。一九七七年、国土庁（現、国土交通省）が、節水を呼びかけて制定した。

節水で思い出す。福岡市では一九七八～七九（昭和五十三～五十四）年に大渇水に見舞われた。雨が少なく、福岡市の「水瓶《みずがめ》」になっているダムというダムに水が少なくなった。ダムの水は底を尽き、ひび割れした山肌がその渇水を物語っていた。

この期間に計二百七十八日間も、時間給水制限があった。学校はプールを自粛し、家庭の台所にはバケツやポリタンクを置き、トイレでもバケツの水を流すという、それは大変な暮らしだった。蛇口をひねると水が出るという暮らし、水のありがたさを体に浸みこませた日々だった。

昔の家庭の台所は、陶器の水瓶を置くのが普通だった。こんな暮らしが描かれるのが「家見舞い」「肥瓶《こえがめ》」、大阪では「祝いの壺」だ。

世話になっている兄ぃが、引っ越しをした。二人は、祝いをすると訪ねていったが、台所に水瓶がなかった。「水瓶を贈りましょう」と出ていった。道具屋に行くが、値段が高い。二人合わせて一銭しかない。持たないのとほとんど同じだ。

道具屋を回るうちに、無料の水瓶を見つけた。聞くと便所に埋めていたやつだ。二人が天秤棒《てんびんぼう》で担っていくが、後棒の男の方がにおいに悲鳴を上げた。洗うのも互いにいやだ、という。「水を入れてにおいを抑えよう」と水を入れて兄ぃの家に持っていった。

喜ぶ兄ぃから、冷や奴、こうこ、ご飯をごちそうになるが…。

九代目桂文楽《かつらぶんらく》さん、柳家権太楼《やなぎやごんたろう》さん、滝川鯉昇《たきがわりしょう》さん、桂米朝《かつらべいちょう》、みんな面白いし、水も漏らさぬ演出だった。

8月2日 ― 雪《ゆき》の戸《と》田川《だがわ》

「上方落語福岡県人隊」というグループがある。福岡県出身の露《つゆ》の団四郎《だんしろう》さんが、同県出身者、同県ゆかりの人に呼びかけて二〇〇八年に発足した。

二〇一〇年から、毎年八月二日になると、福岡入りし約一週間、県内各地を公演する。人気が出て、公演会場も増えている。

メンバーは団四郎さん（福岡県芦屋町出身）桂梅団治《かつらうめだんじ》さん（福岡大卒）笑福亭恭瓶《しょうふくていきょうへい》さん（福岡市出身）桂《かつら》よね吉《きち》さん（九州工業大卒）桂三四郎《かつらさんしろう》さん（第一経済大卒）笑福亭《しょうふくてい》風喬《ふうきょう》さん（福岡県うきは市出身）桂《かつら》そうばさん（福岡市出身）笑福亭呂好《ろこう》さん（柳川高卒）。

団四郎さんは、食品会社勤務を経て一九七七（昭和五十二）年、露《つゆ》の五郎兵衛《ごろべえ》（当時、露《つゆ》の五郎《ごろう》）に入門した。九州人には上方弁は難物だ。発音の根本的な違いがある。芸に厳しい五郎兵衛は「言葉使えるまで稽古つけへん」。団四郎さんは、上方弁のアクセントを書いた本などで一つ一つの言葉の発音を覚えたという。

五郎兵衛は、怪談噺《ばなし》の名手。自身の怪談噺の会に幽霊役として団四郎さんを使った。団四郎さんは、五郎兵衛が持つ多くの怪談噺を吸収することになる。九州男児だ。

五郎兵衛直伝、団四郎さん得意の怪談噺「雪の戸田川」。

佐野犬伏（栃木県佐野市）で商売をする男が、江戸に出た。集金も順調だが、家に残した妻が「もう出産」という手紙を受け取り、急ぎ家に帰ることにした。

中山道《なかせんどう》途中の深谷（埼玉県深谷市）の戸田川河原で雪の中、みすぼらしい女と出会う。よくみると昔、言い交わした女だった。懐かしむ一方、今後のことを思い、男は女を殺してしまった。その女の幽霊が男を襲う。

舞台が整えば、団四郎さんは、演者と幽霊の早変わりの演出も見せる。

8月3日——代書屋《だいしょや》

日本司法書士会連合会は、八月三日を「司法書士の日」に制定している。

一八七二（明治五）年八月三日、明治政府が、司法制度整備の一つとして証書人、代書人、代言人の三つの職能を定めた。この職能を現代にあてると、証書人は公証人、代書人が司法書士、代言人が弁護士になるという。

法務局や裁判所、検察庁などに提出する文書を書けといわれても、一般者はどう書けばいいのか戸惑うばかり。これを司法書士が代筆してくれる。

法務大臣が認定する認定司法書士は、簡易裁判所で扱う訴訟などでは代理人にもなれる。身近な法律の専門家といったところ。

戦前の一九三五（昭和十）年ごろ、大阪で実際に代書人をしていた落語家がいた。四代目桂米団治《かつらよねだんじ》だ。いろいろな人の代筆をするうち、自作落語「代書屋《だいしょや》」（代書とも）を作って一九三九年に初演した。しっかりと引き継がれ、大阪でも東京でも演じる人は多い。

「儲《もう》かった時も代書屋の同じ顔」。三代目桂春団治《かつらはるだんじ》は、よくこの川柳を紹介していた。

笑顔の代書人には、複雑なことが絡む文書の代筆は頼みにくい。的確な川柳だ。

就職を希望する男が、代書人のところに飛び込んできた。履歴書を書いてくれという。

「履歴書てなんやとうちのやつに聞いたら、知らん。隣のおやじに借りよう思たら、昨日まであったが使ったのでない。物知りのおっさんに聞いたら、代書人に書いてもらえといわれて、ここにきた。履歴書って何？」

こんな男の履歴書が出来上がっていくが、代書屋はさんざんな苦労を強いられる。

三代目桂春団治、柳家権太楼《やなぎやごんたろう》さん、桂ひな太郎さん、代書屋のあきれ果てた顔。いずれも絶品だった。狸《たぬき》ばやしでは、上方の若手桂《かつら》そうばさんが演じてくれた。

8月4日　千両《せんりょう》みかん

暑い盛りだ。夏真っ盛りにミカンを探す落語がある。「千両みかん」だ。

ミカンは冬の果物。まあ、夏ミカンは別にして。しかし最近は、ハウスで温度調整をするのだろう、夏でもちゃんとミカンが並んでいる。食べ物に季節感がなくなって久しいが、年中あるとやはり旬のものがいいと意地でも思ってしまう。

昔は、季節と食べ物がきっちりとしていた。夏にミカンはないのだ。だから、こんな噺《はなし》が生まれた。

大店《おおだな》の若旦那《わかだんな》が病気になり、明日をも知れない重病だという。医者の見立ては「心に強い思いがある。これをかなえれば病気は治る」。番頭が探りを入れることになる。若旦那は「そう。思っているものがある。あの…」「あの？」「甘いにおいがして」「甘いにおい？　どこの娘さん？」「女と違う」

柳家喬太郎《やなぎやきょうたろう》さんは「ここで『崇徳院』と違うって分かったでしょ」というくすぐりを入れる。あのいたずらっぽい顔がなんともおかしい。

聞けばミカンが食べたいというのだ。番頭は「何ならこの部屋中ミカンでいっぱいにしましょう」と安請け合いをする。季節が夏ということをすっかり忘れていた。

真夏にミカンを探し回る番頭だ。ミカン問屋に行きやっと見つけたミカンの値段は一個千両だ。

落胆する番頭だが、旦那は「安い」と千両でミカンを買うのだ。若旦那、うまそうにミカンを食べ、三袋を残すが…。

番頭は、大概の落語でしっかり者が多い。この番頭は、一個千両のミカンと暑さで金銭感覚が狂った。未完の人生…。

8月5日――丑三《うしみ》つタクシー

（桂かい枝作）

日本で初めてタクシーが走った日が、一九一二（大正元）年八月五日という。東京・数寄屋橋で発足したタクシー会社が、六台で営業を開始した。これを記念して、全国ハイヤー・タクシー連合会は、この日を「タクシーの日」にしている。

今、どれぐらいのタクシーがあるのだろう。国土交通省の調査で二〇一六年三月末現在、事業所が六千二百三十一社、その保有台数が十八万八千七百二十一台。個人タクシー三万五千百五十台。合わせると二十二万三千八百七十一台となる。

タクシー業界で「お化け」という言葉があるそうだ。偶然の客が、遠方の行き先を言うこと。つまり、高額の売り上げにつながることらしい。

西日本新聞社の先輩の話。四十年ぐらい前、誰もが知る有名人と個人的な友達で、その人の軽井沢（長野県）の別荘を訪ねることになった。東京駅について電話で「東京からどういくの」と聞くと「東京駅からタクシーに乗って。H邸といえば分かる」との答えだった。財布をにらみ、先輩は、列車を選んだ。

タクシーでよく語られるのが心霊話。乗せた女性客が消え、座席を見たら水にぬれていたとか、テレビでも話題になる。

大阪の桂《かつら》かい枝《し》さんの創作で「丑三《うしみ》つタクシー」というのがある。

深夜に男がタクシーに乗った。立派な車だが、タクシーと様子が違う。暗い性格の運転手が乗っていた。運転手の話を聞いていくと、転職したばかりで、以前の職業で使っていた車を改造したらしい。それは霊柩車《れいきゅうしゃ》だった…。

まだ、生で聞いていない。かい枝さんには、福岡県久留米市の個人宅であった落語会で、おばあちゃんが大活躍する「ハル子とカズ子」で大笑いさせられた。

8月6日——後生鰻《ごしょううなぎ》

八月六日。広島の「原爆の日」である。九日、長崎の「原爆の日」。そして十五日の「終戦の日」は、日本人はもちろん、世界中が忘れてはいけない。

一九三七（昭和十二）年の日中戦争に始まる戦争の結末を四五年八月十五日に迎えた。

戦争に突き進み、戦後処理までの長い期間、庶民の暮らしはどうだったのか。記録、書物、映像などを見ながら振り返るのもいいかもしれない。アニメ映画『この世界の片隅で』（片渕須直監督、二〇一六年）を薦めたい。親子で見ることができる。

戦争の悲惨さを忘れてはいけないのに「正しい戦争」ならしていいようなことを主張する人たちがいる。私は、ジリジリと刺すような今のこの暑さを、あの戦争に至るまでと最悪の結末を考える機会にしている。

話が急に変わって申し訳ない。

七月二十五日でも触れたが六日は、執筆年の二回目の「土用《どよう》の丑《うし》の日」。これにちなんで「後生鰻《ごしょううなぎ》」を紹介する。

信心深い旦那《だんな》は、蚊が血を吸っていてもたたかないほど。浅草・浅草寺にお参りの途中、鰻屋が、鰻を割こうとしているところを見て「何をする」「客の注文で蒲焼《かばや》きにします」

旦那は、交渉の末、鰻を買い、前の川に放り込んで「いい功徳をした」と喜んだ。次の日も次の日も鰻を買って逃がす旦那。

鰻屋は働かなくても金が入り旦那を「福の神」と呼んでいる。ところが、ぴたりと来なくなった。何日か後、旦那がやって来た。しかし、鰻を仕入れていない。鰻屋のおやじの急場しのぎと旦那の行動の結末とは……。

寄席《よせ》で聞いたかな？　記憶が、鰻のようにつかみきれずにいる。

8月7日――小言念仏《こごとねんぶつ》

死者を家庭に迎える盆が近い。私のように日ごろ不信心でも、この時期、死んだ友達の顔や姿が浮かんでくる。四十五歳ぐらいのころ。幼なじみと一緒に飲んで帰る途中「スキップができるか」という。「できる」というのと同時に、二人でスキップした。酔っているうえ、数十年ぶりのスキップだ。ぎごちない。

それから間もなく、そいつは帰らない人になった。スキップは、童心に戻りたかったのだろうか？　盆が近いとそんなことを思い出す。ほら、死者はちゃんと帰ってくる。

仏壇をほったらかしにしている人も多いかもしれない。「仏ほっとけ」とは、映画『男はつらいよ』で聞いたせりふ。今日あたり、仏壇の掃除でもしたらいかがだろう。

「小言念仏」という噺《はなし》がある。信心のために仏壇の前で念仏を唱えるおじいさんが登場する。が、信心の気が抜けるというやつで、何かのついでに念仏を上げているから面白くなる。

「なむあみだぶ、なむあみだぶ、なむあみだぶ…」。仏壇をなめるように見回して「おばあさん、お仏壇の掃除ぐらいしなさいよ、蜘蛛《くも》の巣が張っているよ、全く」

「なみあみだぶ、おい、ご飯が焦げてるよ。うちじゃありません、お隣です？　教えてやれよ、隣だってご飯焦げていいわけないんだから。若夫婦だろ、別のことしてやがる」

どじょう屋が通る。おつけの実に買おうとするから念仏の途中で「なむあみだー」と大声を出して「どじょや、どじょや…」。念仏が入れ替わっている。阿弥陀《あみだ》さまの困った顔が想像できる。

狸ばやしでは、柳家喜多八《やなぎやきたはち》の絶品が聞けた。喜多八もこの時期に思い出す人になってしまったが。

8月8日——勘定板《かんじょういた》

八月八日は、全国珠算《しゅざん》連盟が制定した「そろばんの日」。

ぱちぱちと玉をはじく音からきている。

そろばんの女性講師を取材した時「そろばんには数学の基礎が全部入っています」と力説された。平方根、微分積分も計算できるという。

三桁《けた》、四桁の暗算を競うテレビ番組があったが「あの出演者はそろばんの熟練者です。熟練するとそろばんが頭にあり、指で玉をはじくよりも速く動かすことができます」とも話してくれた。算数、数学ができなかった私は驚くばかりでその晩は眠れなかった。

そろばんの歴史は紀元前、メソポタミアに始まるというから気が遠くなる。日本でも早くからあったのだろうが、明確に記録があるのは一五七〇年ごろという。

「勘定板《かんじょういた》」という噺《はなし》がある。

ある村の変わった便所。浜辺に、杭《くい》に荒縄でつなげた板が、いくつも置いてある。村人は、この板をまたいでする。後は、満潮となり海水がきれいに洗い流して板だけ残る。天然の水洗トイレだ。

そしてこの村では、うんこのことを勘定、板のことを勘定板と言っている。

この村人たちが江戸に出てきた。宿屋で、催してきた人が出てきた。番頭に「勘定ぶちてぇだが。あの勘定をしたいだよ」「いえいえ、宿代は宿をたつ時で結構でございます」「そうではねぇ、勘定板がほしいだよ」

主人に相談すると、勘定板をそろばんと勘違いするから噺が面白くなる。

昔昔亭桃《せきせきていもも》太郎《たろう》さんが面白い。

私は、子どものころ、五珠《ごだま》の箱形そろばんを車のおもちゃ代わりにして遊んだ。よく走った。

8月9日 — 強情灸《ごうじょうきゅう》

八月九日。長崎の「原爆の日」だ。犠牲者のご冥福を祈り、苦しんでいる方々にお見舞い申し上げます。原爆投下の惨状を伝えるとともに、核兵器廃絶を含め、世界に平和を訴えていくのは日本の役割だ。これを認識する人が日本のリーダーであってほしい。

話は変わるが、この日は、全日本鍼灸《しんきゅう》マッサージ協会が八と九で「鍼灸・マッサージの日」に制定している。

鍼《はり》と灸は、東洋医学の治療法の中心となる。六世紀に仏教とともに伝来して以来、日本で独自の発展をした。経穴《けいけつ》と呼ばれるつぼを灸や鍼で刺激することで治療効果を得る。

古くさいという印象があるかもしれないが、科学的検証も進み、ＷＨＯ（国際保健機関）は、鍼灸について一定の疾病に治療効果を認めている。

灸が出てくる噺《はなし》が「強情灸《ごうじょうきゅう》」だ。

男が、灸を据えてきたと自慢している。背中に片側十六、両側で三十二の灸を一つずつ据えると聞いて「江戸っ子だい、気が短けぇんだ」と言って一度に三十二据えて、それを我慢《がまん》したんだ、と鼻高々だ。

これを聞いた強情っ張りが、もぐさを大量に出して、圧し固めて左の腕に載せて火をつけた。「石川五右衛門《いしかわごえもん》を知っているか。釜《かま》ゆでにされても鼻歌を歌った。八百屋お七は十八で火あぶりになったんだ」とか勢いはすごい。おっと、灸に火が回ってきた…。

この噺には、熱い湯に入る様子など、やせ我慢の小話が使われる。江戸っ子気質を知ることができて楽しい。

前座噺として語られることが多いが、北九州市で古今《ここん》亭志《ていし》ん朝《ちょう》が「強情灸」を出した。名人の「強情灸」に聞く方が熱くなった。

8月10日――蜘蛛駕籠《くもかご》

人気のヒーロー『スパイダーマン』が、米国のマーベル・コミックに登場したのは一九六二年八月十日。この日をスパイダーマンに変身する青年ピーター・ベンジャミン・パーカーの誕生日とする人もいるそうだ。

原作者のスタン・リー（二〇一八年死去）、アーティストのスティーブ・ディッコさんの想像力が、あの蜘蛛《くも》男を誕生させた。

蜘蛛男に対抗して、私もムカデの能力を得る人の物語を考えた。というのも二〇一五年春、押し入れの毛布に手を触れた時、ムカデがいて右手中指の先端を刺された。焼き鳥の串《くし》を第二関節の奥まで突き通されたかと思った。激痛！　この体験が元になった。

ムカデに刺された男は、日ごろ仕えている毘沙門天《びしゃもんてん》に反抗するムカデになり、人を刺しては悪人へと変えて、社会混乱を起こしていく。

靴を見ると履きたくなるという弱点を持ち、藤原秀郷《ふじわらのひでさと》にわらじ百足を見せられ、夢中になっているうちに討たれる。え、面白くない？　じゃやめた。

私の右手中指には四年もたった今も刺された跡が残っている。恐るべしムカデ。

おっと、本題は蜘蛛だった。「蜘蛛駕籠《くもかご》」を紹介する。上方では「住吉駕籠《すみよしかご》」。

駕籠を担ぐ人を雲助《くもすけ》という。あっちこっちにわくようにいるから、という。駕籠屋は二人一組。一人が新米。酔っ払いの男に声をかけ、さんざん絡まれたりして失敗ばかり。

首尾よく「酒手を出そう」という客を捕まえた。いい客のようだが、駕籠屋のすきを見て、二人が駕籠に乗りこんだ。ばかに重いので疑問に思うが、そのうち、駕籠の中で相撲のまねごとが始まり…。

桂福団治《かつらふくだんじ》さん、桂米朝《べいちょう》、桂吉朝《きっちょう》が絶品だった。

8月11日—怪談《かいだん》乳房榎《ちぶさえのき》（三遊亭円朝作）

「真景累《しんけいかさね》ケ淵《ふち》」「塩原多助《しおばらたすけ》一代記」「文七元結《ぶんしちもとゆい》」などを創作し、幕末から明治時代に活躍した三遊亭円朝《さんゆうていえんちょう》は一九〇〇（明治三十三）年八月十一日に死去した。六十一歳。

道具仕立て芝居噺《はなし》から素噺《すばなし》に移り、自分だけの噺をと、創作にも取り組んだ。創作した噺を挙げたらきりがない。名人といわれる弟子たちを数多く育てている。

円朝の張り紙が出るとその寄席《よせ》は満員になったという。いったいどんな語りで人を魅了したのだろう。録音機の発明はまだなく、円朝の声は残されなかった。

円朝の墓がある東京・全生庵は幕臣山岡鉄舟《やまおかてっしゅう》（一八八八年死去）が創建した。生前、二人の交流は深かった。かつては、この寺で命日に合わせて円朝祭があり、ファンを交えて奉納落語会、扇子供養《せんすくよう》、落語家の出店などがあった。

数ある円朝作品から今日は「怪談乳房榎《かいだんちぶさえのき》」を紹介する。

武士で絵師の菱川重信《ひしかわしげのぶ》の弟子磯貝浪江《いそがいなみえ》は、重信の妻おせきに思いを寄せる。磯貝は、重信の留守を知って夜に訪問し、仮病を使って長居をしたあげくに関係を迫る。おせきは承知しない。磯貝は息子に刀を向けて脅し思いを遂げる。

重信が邪魔になった磯貝は、使用人の正介を使って重信を呼び出し殺害する。正介は、幽霊となった重信が、寺院に描きかけている絵を仕上げて、落款《らっかん》を押す様子を見る。

磯貝は、おせきの家に入ることになり、また正介を使って息子の殺害を計画する。しかし、正介は、重信の幽霊を再度見ることになり、息子を連れてこの地を離れる。おせきは、乳の腫《は》れ物に苦しみ、やがて幻覚に悩まされ自殺する…。

悪の栄えた例はない。磯貝は…。

三遊亭円生《さんゆうていえんしょう》の録音がいい。

8月12日　かぼちゃ屋《や》

上を向いて歩こう　涙がこぼれないように　思い出す
春の日　一人ぽっちの夜

一九六一（昭和三十六）年、永六輔《えいろくすけ》作詞、中村八大《なかむらはちだい》作曲、坂本九《さかもときゅう》が歌って大ヒットになった『上を向いて歩こう』。

坂本は、一九八五（昭和六十）年八月十二日、御巣鷹《おすたか》山《やま》での日本航空ジャンボ機墜落事故で亡くなった。

この日、私は記者として福岡空港に走った。少しずつ明らかになる乗客名簿に「大島九」とあるのに「これ坂本九じゃない？」と記者たちが気付き「九ちゃんも犠牲」という記事になった。

中村（一九九二年死去）は、福岡県久留米市で育った作曲家。永（二〇一六年死去）は、落語にも造詣《ぞうけい》が深かった。関連著書をいくつも読んだ。三人そろって「六八九トリオ」、永と中村で「六八コンビ」ともいわれた。

『上を向いて歩こう』は、海外での曲名が『ＳＵ《す》ＫＩ《き》ＹＡ《や》ＫＩ《き》』となり、欧州でヒットの火が着き、一九六三年六月、米国でもヒットランキングで一位になった。

この歌には「上を向いて歩こう」という歌詞が四カ所出てくる。

落語にも「上を向く」噺《はなし》がある。「かぼちゃ屋」だ。上方《かみがた》では「みかん屋」。

遊んでばかりいる男におじさんが困っている。かぼちゃ屋でもやらせてみようと、天秤棒《てんびんぼう》にざるをつけ、かぼちゃを売らせるようにした。元値は、小が十二銭《せん》、大が十三銭。「いいかい、売るときは上を見るんだ」。一銭でも二銭でも掛け値をしろという意味。ところが与太郎は売るときは、上を向いている…。

今日は、涙がこぼれそうになる原稿なので、私も上を向くことにする。

8月13日――紀州《きしゅう》

七代将軍徳川家継《とくがわいえつぐ》が八歳で早世したため、紀州藩主だった徳川吉宗《よしむね》（一七五一年死去）が、享保《きょうほう》元（一七一六）年八月十三日に八代将軍に就いている。

将軍吉宗は、水野忠邦《みずのただくに》を老中に据えて享保の改革を行う。目安箱を置いて庶民から広く意見を求めた。開封には吉宗自身が立ち合い、採否も自ら行った。庶民の意見を知ると同時に、役人の不正なども探ろうとの意図だ。

武芸、学問、実学の奨励を行い、洋書輸入の一部解禁なども行っている。裁判の迅速化のため、判例をまとめた公事方御定書《くじがたおさだめがき》の制定も。一方で、年貢を五公五民と厳しくして百姓一揆《いっき》を招く結果にもなっている。

将軍吉宗誕生を描くのが「紀州《きしゅう》」だ。

七代将軍が亡くなった。水戸公、尾州公、紀州公（吉宗）の御三家から将軍を選ぶことになった。尾州公は、登城途中、鍛冶屋《かじや》から鉄をたたく音を聞く。「トンテンカン」が「天下取る」と聞こえ、これは縁起がいいと喜ぶ。大久保加賀守《おおくぼかがのかみ》が「七代目ご他界、跡目これなく万民《ばんみん》撫育《ぶいく》のため任官あってしかるべし」と三人に問う。水戸公は、高齢を理由に辞退した。尾州公は、一度遠慮した方がかっこいいと思い「余は徳薄くしてその任にあたわず」と答えた。そこをまあなんとか、とくると思ったのだが、大久保は、すぐに紀州公に同じ問い。紀州公は同じ答えを言うが「とはいえども任官いたすべし」と答えた。

こうして、将軍は紀州公が継ぐことになった。下城の道。尾州公には鍛冶屋の音がやはり「天下取る」と聞こえるが…。

もちろん創作。学生たち、歴史の試験で間違わないでほしい。

8月14日――死神《しにがみ》（三遊亭円朝作）

盆のさなかである。亡くなった人たちの霊が戻ってきているといわれる。

私の両親、義父は亡くなっている。その他にも知っているたくさんの人が彼岸を渡った。今日は、死んだ人をできるだけ思い出して、その姿に語りかけてみることにする。

人の死には、死に神が関わっているという。死に神を辞書で引くと「人を死に誘う神」とある。死んだ人たちは、みんな死に神に出会い、誘われたのだろうか。

「死神」という噺《はなし》がある。

金の算段ができないでいる男。ふーっと死ぬことを思った。「死んだことないからな、どうやったら死ねるだろか…」「教えてやろうか」

老人だ。あばら骨が一本ずつくっきりと見える。「おらあ死に神だ」

死に神は、男に医者になれという。「儲《もう》かるぞ。病人のそばにいくと必ず死に神がいて、枕元に座っていたら何もするな。足元にいたらまじないを言え。死に神は帰らなくちゃならない。すると病気は必ず治る」と言って、まじないを教えてくれた。

往診の依頼が来た。行くと足元に死に神。まじないで死に神を払うと長患いが治った。男は、行くところの病人を治し、金がわんさかと入る。女を連れての大名旅行だ。そしてやがて一文無し。

また医者をやるが、今度は行くところ行くところ死に神は枕元。ある時、大家の主人を見たら、やはり枕元。莫大な治療代を出すと言われて、男は考えた…。

狸《たぬき》ばやしでは、橘家円太郎《たちばなやえんたろう》さんが「ちょっと太めの死に神」と断って、見事に演じてくれた。柳家小三治《やなぎやこさんじ》さん、柳家喬太郎《やなぎやきょうたろう》さんもよかった。

死に神への願い。連れていくのは、どうか年齢順にしてほしい。

8月15日――地獄八景亡者戯《じごくばっけいもうじゃのたわむれ》

絵本作家田島征彦《たじまゆきひこ》さんの『じごくのそうべえ』（童心社）。初版が一九七八年。私の手元にあるのが一九九九年発行の八十四刷。熊本県南関町《なんかんまち》で田島さんが個展をしたときに購入し、サインをもらった。その折、田島さんがこの絵本の話をした。

この絵本は、落語「地獄八景亡者戯《じごくばっけいもうじゃのたわむれ》」を元にしている。桂米朝《かつらべいちょう》が、古くて文字だけのものでほとんど意味不明だった落語を今に分かるように再構築した。

田島さんが振り返る。「これを絵本にするのに、やはり米朝師匠に許可というか、連絡をしておこうとお宅を訪ねました。最初、ちょっと怖そうで、用件を伝えると、ああしてこうしてと指導をしようか、という雰囲気でした」

「私はお土産に京都の祇園祭《ぎおんさい》を描いた絵本『祇園祭』を手渡すと、米朝師匠がこれを気に入り、あなたなら自由に描きなさい、と言ってもらえました。米朝師匠の指導があろうがなかろうが、実は、もう絵本は完成していました」

その長い噺《はなし》。サバに当たって死んだ男が天への長い道を歩いていく。前を行くのはさっき葬儀の手伝いにいって棺桶《かんおけ》にいたおじさんじゃないか。

三途《さんず》の川で着物をはぎ取る奪衣婆《だつえば》、赤鬼、青鬼がいる。閻魔《えんま》大王の裁きを受けて極楽か、地獄かの判定が下される。

場面、場面で主人公が次々に入れ替わる。演者として力がいる難物だ。

米朝は、あの世にあるという寄席「極楽亭」を紹介し「桂米朝近日来演」と看板があると話していた。本当にあの世へ行ってしまったが…。

お盆最終日の十五日だ。死者が生者の心に一時戻り今日、また帰っていく。

行くなら極楽へと、思う日にしたい。私も日ごろの悪行を反省する。

8月16日――錦《にしき》の袈裟《けさ》

一九三五年八月十六日、富山県で山根忠さんと孝さんという双子の兄弟が生まれた。忠さんが山根青鬼さん、孝が山根赤鬼（二〇〇三年死去）という名前の漫画家になった。

赤鬼に『よたろうくん』という作品がある。記憶の引き出しを開けて、小学生のころに読んだ作品の一つを紹介する。

よたろうくんが、懸命に新聞を読んでいる。それも長時間。ふだん、本さえも読まないのに、親も近くの人もおかしい、どうかしたのかと心配になる。

よーく調べてみたら、よたろうくん、新聞に「ま」の字がいくつあるか数えていたのだった。「間抜け」と怒るおやじに「『ま』だけを数えたから間抜けだ」と笑い飛ばす。

この『よたろうくん』、もちろん落語の与太郎をモチーフにした作品だ。

与太郎といっても多彩だ。大概、ぼーっとしていて頼りない人間だが、一人前の大工で棟梁《とうりょう》の信頼は厚く、母親をとても大事にしている与太郎だっている。そしてこの「錦《にしき》の袈裟《けさ》」では、結婚して妻を養っている。尻に敷かれているけど。

若い者にとってライバルは隣町だ。あっちがそうならこっちはこうだと、今度はみんなで錦《にしき》のふんどしを締めて吉原に繰り出すことになった。錦といえば、金糸、銀糸を余すところなく使って織りこんだ高価な絹織物。借りたのだが、与太郎の分だけ足りない。

与太郎の妻は、仲間の付き合いに自分の亭主だけ行かないのは「妻の恥」と、和尚さんに袈裟を借り、金の工面もして、送り出すのだから、えらい。

袈裟をふんどしにすると、あの輪が、ひざ上三十センチにぶら下がるという。知らないよ、そんなこと。あとは、本物の落語を聞いて。

先代古今亭志ん五《ここんていしんご》が楽しかったなあ。

8月17日――唐茄子屋政談《とうなすやせいだん》

南瓜《かぼちゃ》煮てこれも仏に供えけり　高浜虚子
へんくつの面で店守《も》るかぼちゃかな　宮原勝彦

虚子の俳句と自作句を並べてみた。おこがましいのは承知だ。

カボチャもスイカも暑い盛りに収穫するから、夏の季語かと思っていたが、両方ともに秋の季語。カボチャは、焼いても煮ても天ぷらにしてもおいしい。日持ちもするし、昔の食卓には欠かせない野菜だった。

カボチャが登場する噺が「唐茄子屋政談《とうなすやせいだん》」。唐茄子とはカボチャのこと。

遊びが過ぎた若旦那《わかだんな》。家にもなじみの芸者にも見限られ、身を投げようとしたところを偶然、おじさんに助けられる。「なんでえ、お前だったのか、助けるんじゃなかった」

おじさんは小言を並べながらも、カボチャの行商をさせる。力がない若旦那の悲痛の行商だ。道すがら吉原を眺めて、遊んでいたころを思い出す。端唄《はうた》の一つもでてくる。おっと、気を取り直して商売、商売。

疲れて倒れたところを親切な人が、カボチャを売ってくれた。たどりついた裏長屋。カボチャを買ってくれたおかみさんの家で弁当を開く。子どもが弁当に目の色を変える。ひどい貧乏に同情した若旦那は、売り上げをおかみさんにやって帰る。

これが元で、大変な事件、裁きに発展していく…。柳家権太楼《やなぎやごんたろう》さんが「米の飯」をキーワードにして演じていた。「天道さまと米の飯は付いてくる」という甘い見通しや、「米の飯の弁当を食う」ところを浮き彫りにした。

柳家小のぶ《やなぎやこ》さんは、堅実な演出だった。古今亭志ん橋《ここんていしきょう》さんのおじさんの演出が光る。もう一つ光る場所がある。狸《たぬき》ばやしでは金原亭馬生《きんげいていばしょう》さんが、見事に演じてくれた。

8月18日——ざこ八《はち》

八月十八日は「米の日」だ。米を分解すると「八」「十」「八」になるからという。普段食べている米を辞書で引いてみた。

米とは、イネの種子の皮をはいだもの。そのままを玄米、搗《つ》いてぬかを除いたものを白米、精米という、とある。イネは、イネ科の一年草。東南アジア原産。水稲《すいとう》と陸稲《おかぼ》がある。日本では弥生時代から栽培され、農業上、最も重要な作物、とある。

稲の耕作は縄文時代という説もあるが、その後どうなったのだろう。自然に育った稲を食べても耕作とは違う。田んぼをつくり、種子をまいて育てる計画栽培があったとするにはもう少し証拠がいるような気もする。

米は日本人の主食として今も昔も重要な作物であることは間違いない。

米屋が舞台になる噺《はなし》が「ざこ八」だ。

眼鏡屋のせがれ鶴吉が、米や雑穀を扱う「ざこ八」の娘絹との縁談がまとまった。ざこ八の養子になるのだ。鶴吉は、周囲がうまいことやった、などとはやすもので嫌になり、婚礼をすっぽかして姿を消した。

数年後、鶴吉が大金を持って帰ってきた。大阪で働いていたという。ところが、鶴吉の代わりにお絹の婿になった男が遊び人で、店はつぶし、お絹に悪い病気をうつした上に死んだという。仲人だった人は、それも全部、鶴吉のせいだという。

鶴吉は、お絹を嫁にした上、稼いだ金で米相場に手を出して成功し、ざこ八を再建させる。お絹もいい医者、いい薬で、体はすっかりよくなった。

落語とはいえ、少しできすぎ。面白い噺として聞かせるには、演者は相当の力がいる。

三代目桂三木《かつらみき》助《すけ》の録音、林家《はやしや》彦六《ひころく》も録音が素晴らしい。

8月19日　加賀《かが》の千代《ちよ》

八月十九日は「俳句の日」。八一九でこの日になった。五七五では日付にならない。

私も俳句を愛好して十年以上が過ぎた。福岡市の「芝句会」、福岡県太宰府市の「太宰府句会」の会員だ。参加するたびにさんざんな目に遭っている。「芝句会」には漫画家長谷川法世《はせがわほうせい》さん、映画評論家矢野寛治《やのかんじ》さんたちがいて、遠慮のない酷評に笑うしかない。

江戸時代、俳句は俳諧《はいかい》といった。発句と呼ぶ最初の五七五の次に、別の人が七七を詠んで、次の人が五七五を詠む。これを連続させ、だじゃれなどが盛り込まれる言葉遊びの一つだった。

そこに松尾芭蕉《まつおばしょう》（一六九四年死去）が、発句を主とした素晴らしい作品を作り、俳諧を一気に文学の域に持ち上げた。

芭蕉の少し後の時代。女性俳人加賀千代《かがのちよ》（一七七五年死去）がいて「朝顔に釣瓶《つるべ》とられてもらひ水」という句を残している。「千代尼句集」「四季帖」などの句集がある。

この千代が落語になっている。「加賀の千代」。

加賀千代が主人公でなく、間接的に出てくるところが落語らしい。金に困っている甚兵衛《じんべえ》さん、女房から「ご隠居《いんきょ》に借りといで」と追い出される。必要な金は八円五十銭。女房は二十円と言えという。「二十円は高い。言いにくい」と甚兵衛さん。

「いいかい、半分の十円なら貸そうとなるだろ。十円貸してと言ったら五円になる。それじゃ足りない」。落語の女房は、賢いし、ずうずうしい。

隠居は、貸す金を勘違いして百円かい、二百円かいとつり上げていく。さあ、どこで加賀千代が登場するか。では、お楽しみに。

ほとんど演じられなくなった噺《はなし》を桂歌春《かつらうたはる》さんが早くから掘り起こしをしていた。狸《たぬき》ばやしでは、春風亭一《しゅんぷうていいち》之輔《のすけ》さんが素晴らしい一席。

8月20日　二十四孝《にじゅうしこう》

感染症のマラリアは近年でも、年間二〜三億人が感染して百五十万〜二百七十万人の死亡者が出ている。

英国の医科学者ロナルド・ロス（一九三二年死去）が、一八九八年八月二十日、マラリアの感染源が、ハマダラカの胃にいるマラリア原虫と突き止めた。これからこの日が「蚊の日」という。ロスは、一九〇二年にノーベル生理学・医学賞を受賞している。

アフリカ、東南アジア、南アジアなどの旅行では、ハマダラカに刺されないようにすることが大事だ。長袖《そで》、長ズボンは必須で、虫除け剤などの準備が必要だ。日本でも年間一〜二人の死亡者があるという。

日本ではコガタアカイエカに刺されると日本脳炎に感染することもある。蚊は怖い。そんな話につながっていくのが「二十四孝」だ。

とにかく乱暴ものの男。夫婦げんかで妻に手を上げようとしたのを止めた母親を蹴飛ばしてしまった。大家が、中国の「二十四孝」の話をして諭す。二十四孝とは、中国に伝わる二十四人の親孝行の物語。王祥《おうしょう》、孟宗《もうそう》、郭巨《かくきょ》、呉猛《ごもう》たちがいる。

大家は、男に分かりやすく話して聞かせるが、男は茶化して聞かない。「親孝行したら小遣いをやる」との言葉に身を乗り出した。

家に帰って男は、二十四孝の男たちをまねて、母親に「鯉が食べたいか？」「川魚は嫌いだよ」「タケノコが食べたくないかい」「歯が悪いからいい」と、うまくかみ合わない。それでは、と母親が寝たら、蚊に食われないようにうちわで仰いでやろう。呉猛をまねてみた。しかし、男は酒を飲んだものだから、寝入ってしまった…。

蚊の命助けし後の手の痛み　宮原勝彦

8月21日――お化《ば》け長屋《ながや》

「淳ちゃん」として親しまれているタレント稲川淳二《いながわじゅんじ》さん。おなじみの「怪談」で、引っ張りだこだ。

稲川さんの怪談が、今ほど有名ではなかったころの一九九四年。福岡市で怪談の会を開く稲川さんが、西日本新聞社を訪れた。記者として私が、応対した。応接室で、稲川さんの話を聞きながら「どんな雰囲気で怪談を語るのですか」との質問をした。

「はい」と応じて稲川さんが、ぽつりぽつりと語り、やがて表情も変わり、迫真に迫った。マネージャーが「その辺で」と止めた。稲川さんに霊が取り憑《つ》いたのではないか、と思うほどだった。マンツーマンでの稲川さんの怪談を聞けた。貴重な体験だ。

稲川さんは、工業デザイナーでもある。タレントの傍ら一九九六年には、通産省（当時）のグッドデザイン賞を受賞している。多才な人は一九四七年八月二十一日生まれ。

稲川さんじゃないが、怪談話をする噺が「お化け長屋」。上方では「借家怪談《しゃくやかいだん》」。

長屋の空き部屋を、住民たちが、物置や、雨の日の洗濯物を干す場所に利用している。大家には内緒だ。借り手など現れて欲しくない。

「借りたいやつが来たら、大家には教えずに俺のところに回してくれ。何とかして帰すから」と長屋の男。借りたい人がやってきた。その男が家に上げてやおら話し始める。

「あのうちは、女が一人で住んでいたんだが、賊《ぞく》が入ってね。盗みだけで出ていきゃよかったんだが、女に気が行ってね。ところが、女が騒いだものだから、賊は匕首《あいくち》で乳をぶすっと刺して返す刀で首を切った。昼のうちは何ともないが…」

うまく追い返した。次に借り手が来た…。

狸《たぬき》ばやしでは、桂福団治《かつらふくだんじ》さん、桂歌春《うたはる》さんと、東西のこの噺が登場している。

8月22日——猫《ねこ》と電車《でんしゃ》

八月二十二日は「チンチン電車の日」という。

東京馬車鉄道が、東京電気鉄道になり一九〇三（明治三十六）年のこの日、新橋―品川間で路面電車の営業を始めた日にちなんでいる。

電車は、一八九〇年の内国勧業博覧会《ないこくかんぎょうはくらんかい》があった上野公園で披露され、一八九五年には京都で走っている。

東京の電車事情は、東京電気鉄道に続いた新規の東京市街鉄道、東京電気鉄道の三社が合併して東京鉄道となり、東京都電へと変遷《へんせん》していく。公共交通機関として線路が広がっていった。チンチンと鐘を鳴らしたのでチンチン電車と呼ばれた。

今では、姿を消しつつあるが、九州では熊本、長崎、鹿児島などで、地域の「足」となり、観光客を楽しませている。

二十二日でお気づきの人は多いと思う。そう「にゃんにゃん」で苦しい思いで猫の落語を紹介してきたが、今日は、電車の日と猫で「猫と電車」を紹介する。

東京の橘家蔵之助《たちばなやくらのすけ》さんが「古い落語を引っ張り出して、自分なりに演じています」と、よく高座にかけている。この噺《はなし》に出てくる電車は、路面電車のこと。乗客が電車に乗れば、車掌が近寄ってきて、行き先までの切符を売るという、そんな乗り方だった。

男が友達の家を訪ねると、子猫が生まれていた。男は猫好きで一匹もらってかえることになった。その帰り、電車に乗った。電車は動物を乗せてはいけない決まりがある。

懐《ふところ》に入れては見つかってしまう。車掌が切符を売りに来た。猫を帽子の中に隠したが…。

車掌のミケんにしわが寄りそうなやりとり、男の表情…。笑えるにゃー。

光

8月23日──茗荷宿《みょうがやど》

茗荷屋《みょうがや》という宿屋。養子で来た亭主が怠け者。掃除が行き届かず、汚くしているから泊まる客がいない。

ただ一人、定宿にしている飛脚がいた。この日は、百両を運ぶ途中に泊まり、帳場に預けた。日ごろの貧乏で亭主は、その百両に目がくらんだ。包丁で刺そうとするが、女房が気付いてやめさせた。

女房が言う。「ミョウガを食べると物忘れをするというから、食べさせよう」。夫婦しての悪巧み。食事は、ミョウガご飯、ミョウガの味噌汁。まだまだたくさん。翌朝、飛脚は百両を忘れていったが、途中で思い出し戻ってきた。悔しがる宿屋夫婦…。

辞書を引くと、ミョウガはショウガ科の多年草。葉は広い披針《ひしん》形で、夏に淡黄色の花をつける。若芽や花穂《かすい》を食用とする。多く食べると物忘れをするという俗説がある、と書いている。

二〇一六年十一月、第十回博多・天神落語まつりで、桃月庵白酒《とうげつあんはくしゅ》さんが、この「茗荷宿《みょうがやど》」をやっていた。

とぼけた宿屋の亭主がいいし、ミョウガづくしの料理を「またか」という表情で食べる飛脚の表現が素晴らしかった。どんな料理かは、白酒さんの高座で聞いてのお楽しみだ。どれも納得のいくミョウガ料理が出てくる。

寄席《よせ》ではよく出ているのだろうか？　白酒さん以外で、生でもラジオでも聞いたことがない。ミョウガだけに忘れたのかもしれない。

二十三日は「文の日」。飛脚は文を運ぶから、この噺を持ってきた。文にちなむ三つ目の噺となった。文の算段も尽きた…。

8月24日——親子酒《おやこざけ》

酒をこよなく愛した歌人若山牧水《わかやまぼくすい》は、一八八五（明治十八）年八月二十四日、今の宮崎県日向市で生まれている。この日は「愛酒の日」になっている。命日の九月十七日にも、牧水のことを書いているので併せて読んでもらうとうれしい。

友酔はず我また酔はずいとまなくさかづきかはし心を温む

ほんのりと酒の飲みたくなるころのたそがれがたの身のあぢきなさ

酒ほしさまぎらはすとて庭に出でづ庭草をぬくこの庭草を

それほどにうまきかと人のとひたらばなんと答へむこの酒の味

中学校のころ、短歌を暗誦《あんしょう》する宿題が出た。私は、たまたま自宅にあった本に出ていた牧水の「白玉の歯にしみとほる秋の夜の酒はしづかに飲むべかりけり」と「それほどに…」を覚えて授業で発表した。教師から「もう酒の歌かね」と笑われた。

親子そろって愛酒家という噺《はなし》がある。「親子酒」だ。冬場の噺だが、酒に免じて容赦。

短い噺なので、まくらで酒が絡む小話がよく登場する。笑い上戸に泣き上戸…。酔っていくように次第に「親子酒」に引き込まれるのも噺家の技術ならでは。

ある商家。息子の酒癖の悪さが父親にしては心配の種。「お前ばかり酒をやめろとは言わない。私だってやめるから」

二週間もすると、我慢がならなくなったのは父親だ。「おばあさん、暖まるものがほしいなあ」「くず湯ですか」。長年連れ添っている夫婦だ。酒が欲しいと分かっていて言っているから面白い。酔っ払ったところに息子が帰ってきた…。

五代目柳家《やなぎや》小《こ》さん、桂文朝《かつらぶんちょう》がよかった。三《さん》遊亭好楽《ゆうていこうらく》さんもよく演じている。上方《かみがた》の若手桂そうばさんも持ちねたにしている。

8月25日――ラーメン屋《や》

落語は生きている。時々、実感する。
五代目古今亭今輔《ここんていいますけ》が、よくやっていた落語に「ラーメン屋」がある。柳家金語楼《やなぎやきんごろう》が、有崎勉《ありさきつとむ》の名で書いた新作落語だ。テレビで何度も見たし一九七四（昭和四十九）年、福岡市であった今輔一門会で、今輔の「ラーメン屋」を聞いた。感動した私は、楽屋を訪ねた。今輔は、当時十八歳の若造に、にこやかに応対してくれた。桂米丸さんもそばにいた。

今輔死後、二〇〇四年ごろ。この噺《はなし》がやたらと懐かしくなり、東京の寄席《よせ》に電話したりして、この落語の演者を探した。

程なく古今亭寿輔《じゅすけ》さんのことを知り、電話を差し上げた。「今輔師匠から教わってやっています。後輩にも、落語協会の人にも教えましたよ。私のテープ送りましょう」と寿輔さん。そのテープで、私は、久々に「ラーメン屋」を聞くことができた。

ずっと後、五街道雲助《ごかいどうくもすけ》さんの「夜鷹《よたか》そば屋《や》」という噺を聞いた。この噺が「ラーメン屋」の江戸時代版だった。

また、二〇一七年六月、大分県由布市の「ゆふいん寄席」で十一代目桂文治《かつらぶんじ》さんが「ラーメン屋」を演じた。楽屋で話を聞くと、寿輔さんから教わったとのこと。

金語楼→今輔→寿輔→文治。この間、約四十年。桂米助《よねすけ》さんもどこかに絡むはず。

噺は、落語家から落語家へと継承され、その登場人物たちも新しい命を持つことになる。やはり落語は生きている。その「ラーメン屋」。

老夫婦の屋台のラーメン屋に、若者が飛び込んでくる。三杯を平らげ、金がないので交番へ突き出せという。夫婦が家に若者を連れて帰り、話し込み、打ち解けていく…。

日本で初めての即席ラーメンが発売されたのが一九五八（昭和三十三）年八月二十五日、日清食品の「チキンラーメン」で、この日が「即席ラーメン記念日」。

8月26日　だくだく

俳聖《はいせい》といわれる松尾芭蕉《まつおばしょう》（一六九四年死去）の優れた弟子十人「蕉門十哲」の一人に森川許六《もりかわきょりく》がいる。旧彦根藩士の森川百仲《ももなか》のこと。武術全般に優れ、宝蔵院流槍術《ほうぞういんりゅうそうじゅつ》の鎌十字槍《かまじゅうじやり》を使えば名人と伝わる。書もでき、狩野安信に学んだ絵師でもある。

文武両道の武士が、俳諧《はいかい》を志して芭蕉に入門したのが、江戸勤務をしていた一六九二年。許六の名をもらう。芭蕉の俳句紀行文『奥の細道』の完成を受けて、杖《つえ》をつく芭蕉、旅に同行した曽良の姿を描いている。曽良の姿の絵は珍しいという。

彦根藩ゆかりの寺には、許六の襖絵が残っているという。

一竿《ひとさお》は死装束や土用ぼし　許六

武士らしい句を残して許六は、正徳《しょうとく》五年八月二十六日（一七一五年九月二十三日）に亡くなっている。

絵や槍が得意な許六から「だくだく」を思い出した。

家に何もない男。絵師に頼んで、壁などに箪笥《たんす》、長持、へっついなど立派なものを描いてもらった。用心のために、なげしには、見事な槍も描いてもらった。

この家に目が悪い泥棒が入った。箪笥の引き出しを出そうと思っても出ない。こっちの長持はと、探ってみて絵だと気付く。

「絵に描いて、道具を持っているつもりになってやがる。それならおれもつもりになって盗もう。引き出しを開けたつもり、中の着物を出して風呂敷に包んだつもり…」。

泥棒に気付いた男。「つもりになってやがる。じゃ、おれもつもりで脅かしてやれ」と、なげしの槍をつかんだつもり、ぎゅっとしごいて、泥棒の腹を突いたつもり…。

テレビで見たが、昔のことで演者を覚えていない。私は汗がだくだく…。

8月27日――葛根湯医者《かっこんとういしゃ》

旧福岡藩士で医学、朱子学、本草《ほんぞう》学などを学んだ貝原《かいばら》益軒《えきけん》。十八歳で福岡藩に仕えたが二代藩主黒田忠之《くろだただゆき》の怒りに触れて、浪人暮らしをしている。この殿様の怒りの原因がよく分からない。

三代藩主光之《みつゆき》に許されて、藩医として帰参している。間もなく、京都に留学して儒学者木下順庵《きのしたじゅんあん》ら、高名な学者たちとの交流で勉学を深めている。

『黒田家譜《かふ》』をまとめ、『筑前続風土記《ちくぜんぞくふどき》』や、『大和本草』『養生訓』など多くの著作がある。今はあまり聞かないが本草学とは、植物、とりわけ漢方における薬草、また、薬の原料となる動物、鉱物も含めて研究する学問だ。

健康指南書『養生訓』については、一月三十一日の「短命」でも少し紹介している。

最晩年まで、勉学一本の人生だった益軒は、正徳《しょうとく》四年八月二十七日（一七一四年十月五日）に亡くなっている。

これはもちろん、益軒のことではないが、薬草が出てくる噺《はなし》として「葛根湯医者《かっこんとういしゃ》」を紹介したい。

葛根湯とは、葛の根に、麻黄《まおう》、桂枝《けいひ》、芍薬《しゃくやく》、甘草《かんぞう》などを混ぜて煎《せん》じた薬だ。発汗を促し、風邪に効果があるという。

何でも葛根湯を出す医者がいる。「腹痛だな、葛根湯を出しましょ」「頭？　頭痛だな、葛根湯を出しましょ」「あ、そちらの方は」「私は付き添いで」「付き添いか、葛根湯を出しましょ」

短いので「手遅れ医者」同様、医者が出てくる噺、健康に関する噺などのまくらに使われる。大分県のゆふいん寄席《よせ》で春風亭三朝《しゅんぷうていさんちょう》さんが「やかんなめ」のまくらでやっていた。

腹痛だな！
葛根湯を出しましょう…
そちらの方は
付き添いか！
葛根湯を…
光

8月28日 — 館林《たてばやし》

立秋を過ぎたとはいえ、まだ暑い。二〇一八年のこの日も各地で猛暑日（三五度以上）の地域が相次いだ。

高温記録歴代ランキングを見ると①四一・〇＝高知県四万十市江川崎②四〇・九＝埼玉県熊谷市、岐阜県多治見市④四〇・八＝山形市⑤四〇・七＝山梨県甲府市となっている。（気象庁ホームページより）

最高気温五位には入っていないが、暑さで思い出す町がある。群馬県館林市。

その理由を探ってみると、年間の猛暑日の日数にあった。二〇一〇年は四十一日で一位タイ。二〇一一年は三十日で一位。二〇一二年三十二日で一位と、館林市は、この三年間で連続一位になっている。（同）

太平洋高気圧がもたらす暖かい空気が、市街地北西にある赤城山から熱風となって吹き降りてくるのが暑さの原因という。冬は赤城おろしが吹くし、暑くて寒い町なのだろう。

市民は気温を測ることを励行し、暑さ対策として打ち水などをしているという。

落語「館林《たてばやし》」を出すためこれだけの前置きをしてしまった。二十八日は特に絡まない。

半さん、剣術の稽古で自信が出てきた。師範に諸国行脚の武者修行に出たいと話した。

師範は、体験談を話す。上州館林の酒蔵で、盗賊が入って蔵に逃げ込んだ。それでは拙者が、と米俵を一つ放り込み、相手が切りつけた腕を取り、投げて捕らえた。相手の腕がなかったから勝てたが、間違えば危うく死ぬところだったと。

帰る途中、半さん、けんかした酔っぱらいの侍が蔵に立てこもっていると聞く…。

春風亭一之輔《しゅんぷうていいちのすけ》さんで聞いた。その高座で「三遊亭兼好《さんゆうていけんこう》さんに教わった」と話していた。

珍しい落語と思う。

館林市のみなさん、「館林」の演者に気温以上に熱い声援を。

8月29日　G&G（小佐田定雄作）

八月二十九日は「焼き肉の日」になっている。焼き肉が出てくる噺《はなし》…。「二番煎じ」で、猪の肉を焼いて食べるが、これは一月十八日で紹介している。さて、困った。焼き肉、焼き肉…。

そういえば上方《かみがた》の桂雀三郎《かつらじゃくさぶろう》さんが「桂雀三郎withまんぷくブラザーズ」というバンドで『ヨーデル食べ放題』（リピート山中作詞・作曲）という曲を歌っていた。

二〇〇〇年九月、東京であった紙切りの三代目林家《はやしや》正楽《しょうらく》さんの襲名披露にこのバンドが登場して、雀三郎さんが見事な歌声を披露して、三代目襲名を祝っていた。「焼き肉バイキングで食べ放題　食べ放題ヨレイヒ　フランクフルトは焼き放題　焼き放題ヨレイヒ……」。以前はスーパーの精肉売り場で、エンドレスで流れていた。

バンドで歌う雀三郎さんならではの噺を落語作家小佐《おさ》田定雄《だだお》さんが創作している。「G&G」だ。GはじじいのG。

グレーのスーツを着た年寄り森。まだまだ、頑張れると女の子をナンパしていた。そのうちに年寄りの鹿田と会う。派手な服装、派手なネックレスを身に付けて、やはり女の子をナンパしている。聞くと老人ロックバンド「G&G」に入っているという。

「そんな地味な格好じゃいかん」とそのロックバンドの稽古に引っ張られていく森。

たくさんの歌が登場し、『宇宙戦艦ヤマト』の替え歌が、最高の盛り上がりを見せてくれるのだ。雀三郎さん、噺の途中で、楽屋に引いて、ギターを持ち出してくる。決めぜりふは「ファイヤー」。もう焼き場に行くのも近いのだ。

この噺の後に上がった桂米朝は「私もそろそろ…」と、その落ちを受けたまくらにしたという。

8月30日 ― 菜刀息子《ながたんむすこ》

北朝鮮の拉致に遭い、行方不明のままの日本人がいる。日本に限らず、世界には外国旅行中、戦争、事件事故に巻き込まれて行方不明のままの人がいる。

国連人権高等弁務官事務所などは、この解決と啓発の意味を込めて八月三十日を国際失踪《しっそう》者デーにしている。北朝鮮の日本人や韓国人拉致のように、主に国家犯罪を対象にしている。

失踪を少し身近にみる。警察庁によると二〇一六年の行方不明者は、男五万四千六百六十五人、女三万百八十六人の計八万四千八百五十一人という。借金、家族、職場の人間関係、事件・事故などが絡んでいる。

私の住む福岡県小郡市が人口約六万人。わが街の人口以上の人の所在が分からない。行方不明者の人たち、どうか早く家族、知人に連絡を取って、まず安心をさせてほしい。

若者が行方不明になる噺《はなし》がある。「菜刀息子《ながたんむすこ》」だ。

父親が息子を怒っている。紙の断ち切り包丁を作るように言ったのに、出来上がったのが「菜刀《ながたん》」だった。菜切り包丁のことだ。かばう母親だが「こんなことじゃ、仕事もできない男になる」と家を閉め出した。息子は、戻らなくなった。

鍋焼きうどん、タケノコ、金魚えー金魚…。さまざまな売り声が時間経過を教える。

一年がたつ。夫婦で息子のことが話題になる。父親が「息子がかわいくないはずがないだろう」と吐露する。息子が大好きだったのだ。

夫婦で寺参りに出掛けると、参詣客をあてにした乞食《こじき》たちがたくさんいる。母親が、その中に息子に似た乞食を見つけた。まさしく息子だった。

厳しい父親が取った態度、その息子の言葉は…。

8月31日　応挙《おうきょ》の幽霊《ゆうれい》

名だたる幽霊画だけを展示する展覧会「幽霊　妖怪大全集」が二〇一二年六月、全国に先駆けて福岡市博物館で開催された。主催する西日本新聞社の担当者として私は、伝円山応挙《まるやまおうきょ》作の幽霊画二点と対面した。

すごい迫力。「出ておいで」と念じたが、だめだった。が、会期中、出入り口のシャッターが自然に下がるなど怪奇現象がいくつか起きた。

応挙は、今の京都府亀岡市の農家に生まれ、京都で絵を学んだ。写実技法をよく使い、のぞきからくり用の「眼鏡絵」も描いている。相国寺（京都）で、大作「大瀑布図《だいばくふず》」や「敲氷煮茗図《こうひょうしゃめいず》」などを見た。絵師としての幅と奥行きを知るに十分だった。応挙は一七九五年八月三十一日（寛政七年七月十七日）に亡くなった。

応挙の絵が出てくる噺《はなし》が「応挙の幽霊」。

骨董屋《こっとうや》の店主、幽霊画の掛け軸を安く仕入れてきた。何でも「応挙の幽霊」という。高額での売買がまとまった。喜んだ店主は、掛け軸に鰻《うなぎ》と酒を供えて酒を飲む。

すると掛け軸の幽霊が出てくる。幽霊とはいえ、いい女。意気投合して一緒に酒を飲んだ。都々逸《どどいつ》が出たりして、それは上機嫌だったが…。

直木賞作家葉室麟《はむろりん》の『恋しぐれ』（文芸春秋）で、与謝《よさ》蕪村《ぶそん》（一七八三年死去）と応挙の交流が描かれる。応挙は、「眼鏡絵」で次々に変わる風景画の中に突然、女性の絵を登場させる。足元はぼーっとしていて「幽霊だ！」と、驚かす。実は、この絵は若いころ亡くした妻を描いていた。この絵が新たな物語に発展していく。

蕪村と応挙、文士上田秋成《うえだあきなり》（一八〇九年死去）も絡み、物語はしっとりとして深い。葉室と交流があった京都在住の作家澤田瞳子《さわだとうこ》さんの作品『若冲』（文芸春秋）に蕪村と応挙も出てくる。葉室作品と人物像の違いが興味深い。今日は、京の話でもある。

【九月】

9月1日――杭盗人《くいぬすっと》

大仏に二百十日もなかりけり　正岡子規《まさおかしき》

雑節《ざっせつ》の「二百十日」は、立春から二百十日目。九月一日ごろになる。米、果樹は収穫期を直前に控え、農家にとっては台風の襲来が気になるころ。

季節を詠むのが俳句。子規も敏感に反応している。大仏には、台風はこたえないだろうと、やや面白みを含む句意だと思う。

句意とくれば、九月一日は「杭《くい》の日」。東日本基礎工事協同組合が「くい」の語呂合わせで一九九三年に制定している。この日は、基礎工事の大切さを再確認するとともに、工事関係者の物故者を追悼しているという。

一九二三（大正十二）年には、関東大震災が起きている。「防災の日」でもある。耐震を伴う建物の基礎工事の杭一本の重要性は増すばかり。

杭といえば「杭盗人」という短い噺《はなし》がある。

夫婦が寝ていると歩く音がする。忍び込みだ。「音がするよ、ネズミかな」

泥棒は「チュウチュウ」と鳴きまねをする。「ネズミにしては音が大きい。猫だろう」

「ニャー」「犬かな」「わん」「象だろ」「パォーン」

「象がいるはずがない、泥棒だな」。気づかれた、と泥棒は逃げて、池の中に飛び込んだ。杭にしがみついている。暗い。「あれだ、泥棒だ」「あれは杭じゃないか」「くいくいくい」

こんな噺から、泥棒が登場する落語に入っていく。泥棒といっても、大した泥棒は出てこない。

親分から忍び込みの「抜き足差し足」を習ったものの、家を出る時からやったものだから、目的の家に着いた時には朝になっていた、という小話は何回聞いても笑える。

9月2日 ぞろぞろ

九月二日は、「靴の日」。東京・銀座の婦人靴専門店「ダイアナ」が、制定している。足元を気遣うのはおしゃれの基本だということだろう。

「靴」で思い出したこと。

坂本龍馬《さかもとりょうま》（一八六七年死去）は、袴《はかま》に靴姿。米国大リーグの「シューレス・ジョー」ことジョー・ジャクソン（一九五一年死去）。靴擦れに悩み時々裸足でプレーした。いくつかの映画になっている。

バルセロナ五輪（一九九二年）の男子マラソンに出場した谷口浩美《たにぐちひろみ》選手。給水地点で靴を踏まれて転倒、靴が脱げた。それでも8位入賞。「こけちゃいました」と笑顔だった。

洋式トイレのふた。あれは、靴をチェックし、靴ひもを結ぶためにあるそうだ。

昔の日本の「靴」は、わらじだった。藁《わら》で編んだ草履《ぞうり》というか、サンダルに近い。楕円《だえん》形をしている。先端にある二本のひもで足首に結ぶ。足裏の動きにぴたりと合うから、長く歩けるし、疲れない。必需品だった。

わらじが出てくる噺《はなし》が「ぞろぞろ」。

四谷左門町《よつやさもんちょう》で茶店をする老夫婦。旅人用にわらじも売っている。最近、わらじが売れないので、於岩稲荷神社《おいわいなりじんじゃ》に願掛《がんか》けをした。とたんに、わらじが売れ出した。次々に客が来て「わらじくんねぇ」。

売り切れても客がくる。「もうありません」と断ると、客が「そこにぶら下がってるよ」と引っ張って買っていく。見ると天井から、ぞろぞろとわらじが下りてくる。

向かえの床屋が、おれも、と於岩稲荷神社へ願掛けしてきた。すると客が並んでいる。

落語協会のかつての機関誌が「ぞろぞろ」。寄席《よせ》に客がぞろぞろ…。

東京都新宿区左門町にある於岩稲荷神社

9月3日——桜鯛《さくらだい》

「昭和の名人」といわれた六代目三遊亭円生《さんゆうていえんしょう》は、一九七九（昭和五十四）年九月三日に亡くなった。生まれは一九〇〇（明治三十三）年九月三日だから、誕生日に亡くなった。

母親が女義太夫《おんなぎだゆう》語り。円生は、幼いころから義太夫で高座に出た。胸を痛めたことから、落語に転向した。噺《はなし》はうまいし、義太夫仕込みの歌もうまい。

落語協会の会合で円生が「若い者の芸が悪い」と発言。桂文楽《かつらぶんらく》が「円生さん、あんたも昔下手だった」と返した。何の本にあったか？　円生の先輩である文楽の対応が興味深い。

円生の福岡入りは結構あった。五代目三遊亭円楽《えんらく》、三遊亭円窓《えんそう》さんたちを連れた一門会などで、高座を楽しんだ。「妾馬《めかうま》」「御神酒徳利《おみきどっくり》」など。寄席では「おかふい」を聞いた。

一九七八年の落語協会分裂騒動が、円生の転機になった。協会会長の五代目柳家《やなぎや》小《こ》さんと真打ち昇進の基準で意見が対立し、円生一門とその賛同者が落語協会を脱退し、新しく「落語三遊協会」を設立した。

その後、寄席側が「三遊協会は寄席に出演させない」と宣言したことで結果的に円生一門だけが三遊協会にとどまり、自主的な公演を続けた。

約一年後、円生は高座を下りてすぐに倒れ、亡くなった。その直前の様子を、弟子の三遊亭円丈《さんゆうていえんじょう》さんが「誕生日に靴を贈ったが、その靴を重いと言った」と書いている。多忙を極めた一年。疲労と心労で、体は限界だったのだ。

亡くなる直前の高座は「桜鯛《さくらだい》」だった。殿様が、鯛《たい》にはしを付けて、次の鯛を所望する。と、家来が、殿様の目を盗んで鯛をひっくり返すという短い噺。

その翌日、上野動物園のパンダ・ランランが死んだ。報道が同時になり「ランラン死ぬ　円生さんも死ぬ」と報道された。ファンは「カンカン」に怒った？

9月4日——城木屋《しろきや》

江戸時代にいた落語家の元祖のような人たちを見てみる。

江戸の鹿野武左衛門《しかのぶざえもん》（一六九九年死去）、上方《かみがた》の露の五郎兵衛（一七〇三年死去）と米沢彦八《よねざわひこはち》（一七一四年死去）。また、江戸に戻って三笑亭可楽《さんしょうていからく》（一八三三年死去）。

直木賞候補作家木下昌輝《きのしたまさき》さんの小説『天下一の軽口男』は、鹿野と米沢の交流を描く。大阪から江戸に出た鹿野。主人公米沢も江戸に出て再会し、鹿野が人気の噺《はなし》家《か》になっていくのを応援する。読み応え十分。

三笑亭可楽は、くしを作る職人で京屋又五郎《きょうやまたごろう》といった。話が上手で創作話を聞かせた。高じて一七九八年、「風流浮世おとし噺《ばなし》」と銘打った寄席《よせ》の営業を始めたが失敗。

一八〇四年、「一分線香即席咄《いちぶせんこうそくせきばなし》」として、線香が三ミリほど灰になる間に噺を作るという触れ込みで再出発。客から三つの題をもらって噺にまとめる三題噺が受けて人気を取った。滑稽本をいくつも出版している。

東海道、たばこ入れ、奉行。この三題をまとめたのが「城木屋」という。

城木屋の娘お駒《こま》に気がある番頭の丈八《じょうはち》。思いを書いた手紙を届ける。これが母親に見つかり、店中に知られる。丈八は、店の金を盗んで上方《かみがた》へ逃げた。

少しずつ江戸に戻ってくる途中、お駒に婿《むこ》を迎えるという話を聞いた。お駒を殺して自分も死のうと決意。お駒の寝所に忍び込むが、失敗。落ちていたたばこ入れから丈八は捕まえられる。これを裁くのは大岡越前《おおおかえちぜん》だ。調べに対して丈八のせりふが聞き所となる。

桂歌春《かうらうたはる》さんが得意としていて、歌春さんの古里・宮崎で聞いた。

ところで、九月四日は美容週間実行委員会が制定した「くしの日」だ。くし職人だった可楽につなげてみた。また、丈八が、逃げたところが上方（髪形）。くしに縁がある。

9月5日——一人《ひとり》酒盛《さかもり》

上方《かみがた》落語の重鎮《じゅうちん》、六代目笑福亭松鶴《しょうふくていしょかく》が亡くなったのは一九八六（昭和六十一）年九月五日。六十八歳。

テレビドラマ『どてらい男』で、主人公を何かと助ける男役や、NHKの土曜昼の番組に「松鶴小話教室」というコーナーがあり、笑福亭鶴瓶《つるべ》さんたち若手の即興小話の批評をしていた。大笑いして「おもろない」という締めが楽しかった。

テレビで「みそ豆」「らくだ」などを聞いた。腕時計をしたまま「初天神」をやっていたこともある。「なぜ、腕時計？」。名人がやることなので、真剣に考えた。

上方落語の復興に尽力した松鶴たち「四天王」は、私を上方落語の世界に引き込んだ。

一九七四（昭和四十九）年、私が十八歳のころ。松鶴一門会が福岡市であり、松鶴は「三十石《さんじっこく》」を演じた。船頭唄などに感動した。生で聞いたのはこの一度。

弟子の笑福亭松枝《しょうし》さんが著書『ためいき坂くちぶえ坂』で松鶴との暮らしを紹介している。「毎日、松鶴のぬくもりが残る布団を上げている。私は松鶴の弟子になったのだ」

バーで酔って「その筋」の者に近づき「勝負しょ」。これは、酒癖で酒の飲み比べのこと。その時、松鶴は酔って下着を汚し、弟子たちが脱がせていた。着物がはだけて男のものが丸見え。彼らは笑い出し、慌てて止めにきた弟子たちに「お前らも苦労するなあ」。

松鶴の名演は数多い。今日は、松鶴の酒飲みに敬意を表して、得意だった「一人《ひとり》酒盛《さかもり》」にしよう。

男が、いい酒を手に入れた。「一緒に飲もう」と友達を誘った。友達に酒の肴《さかな》を準備させ、支度をさせる。その注文が細かい上に、友達には一杯も飲ませない。友達が切れた…。

「らくだ」にしろ、えぐい酒飲みが出てくる。松鶴そのものだろうと思う。

9月6日—妾馬《めかうま》

九月六日は「妹の日」。漫画家畑田国男《はただくにお》（一九九六年死去）が制定した。

ほかにも「兄の日」六月六日、「弟の日」三月六日、「姉の日」十二月六日も制定している。九月六日がなぜ、妹の日かといえば「妹は『乙女』のイメージで乙女座の真ん中の日」ということらしい。

妹が出てくる噺《はなし》は「妾馬《めかうま》」だろう。「八五郎出世《はちごろうしゅっせ》」ともいう。どう違うのか。前半、大家と八五郎の対話を中心に描くか、後半、殿様と八五郎との対面を中心にするかで違ってくる、と聞いたが、誰か教えて。

大家から呼び出された八五郎。聞けば、殿様の屋敷に奉公に行った妹お鶴、跡継ぎになる男の子を生んだのだ。お鶴は「お方様《かたさま》」となり女性最高の出世だ。

八五郎は「へー、鶏を生んだ?」と意味が分からない。目録をもらえる、要するにお祝いの金がもらえるとあって、喜んで大名屋敷を訪ねる八五郎だ。

がらっぱちの異名そのもの。側用人三太夫《さんだゆう》相手に一歩も引かない。殿様から酒を出され、酔っぱらって、ふと見るとそこにお鶴がいる。小さいころからかわいがってきた妹だ。美しい着物を着て、立派な姿になったお鶴を見違えていたのだ。

「お袋が見たら涙流して喜ぶぞ。殿様、末永くかわいがってください」。がらっぱちの涙である。

江戸時代。いかんともしがたい身分の壁。町民側から見た権力側の理想をこんな形で物語にしたのだろう。

狸《たぬき》ばやしでは、桂歌春《かつらうたはる》さん、春風亭一之輔《しゅんぷうていいちのすけ》さんが演じている。入船亭扇遊《いりふねていせんゆう》さんでも二度、柳亭市馬《りゅうていいちば》さんでも聞いた。古くは三遊亭円生《さんゆうていえんしょう》でも。八五郎が涙する噺は珍しい。ですよね。

9月7日――目黒《めぐろ》のさんま

サンマの季節になった。塩焼きにして、しょうゆを垂らしてじゅーっという熱いところを口に入れる…。考えるだけでもつばがわく。

そのうまさは、近隣国などでも同じで現在では、日本、中国、韓国、台湾などとサンマの奪い合いになっている。資源の枯渇《こかつ》が問題となっている。

日本は二〇一九年に東京で開いた第五回北太平洋漁業委員会（ＮＰＦＣ）で、二〇年に公海での漁獲量を一定程度制限することが確認された。サバ、イワシ、イカなども資源を守ることを視野にいれた。乱獲で、庶民が食べられなくなる事態は避けてほしい。

江戸時代、サンマは、下魚《げさかな》といわれ肥料にしていた。安永年間（一七七二〜八一年）に「安くて永《なが》い」との年号をかけた宣伝が受け、サンマを食べるようになった。

「目黒のさんま」という噺《はなし》がある。

目黒に鷹狩《たかが》りに出た殿様。走り回り腹が減った。農家からいいにおいがする。サンマだった。食べたくなった殿様に「殿の口に入るものではござらん」「黙れ、戦場にあらば、いかなる物を食してでも戦に備えるのが武士」などと言って殿様、サンマを食べた。

これがうまいのなんの。城に帰っても夢に見るほど。縁者たちが集まった会合で、殿様ついにサンマを所望した。料理番たちは、焼いてはみたものの脂が強いため、脂を抜いた。のどに刺さったらいけないと、小骨を抜いて吸い物にして出したから、うまくない…。

ものを知らない殿様を、庶民が笑おうという抵抗感も見える。

噺の舞台になった東京・目黒では、サンマまつりが開かれている。狸《たぬき》ばやしでは、春風亭一《しゅんぷうていいち》之輔《のすけ》さんが、「黒田の殿様」も登場する古い形での一席。様《さんま》になっていた。

9月8日　手紙無筆《てがみむひつ》

九月八日は「国際識字《しきじ》デー」。一九六五年のこの日、イランのパーレビ国王（当時）が、軍事費の一部を識字教育に回すと発言したのを受けて、ユネスコ（国連教育科学文化機関）が制定した。

現代でも、国によっては識字率二〇パーセント程度というところもある。日本も一〇〇パーセントではないようだ。戦争、貧困などで、教育を受ける機会がない人たちがいる。

江戸時代は、寺を活用した「寺子屋」が広がり、武士や僧侶などが庶民にも「読み書きそろばん」の教育をしている。地域差もある。江戸時代の「識字率」が時々、示されているが、どの程度を「識字」とするかが明確でないから鵜呑《うの》みにはできない。

「日本人のリテラシー」（リチャード・ルビンジャー著、柏書房）によると、一六九一年ごろに成立した史料『土《ど》芥寇讎記《かいこうしゅうき》』に大名二百三十四人を調査した結果、五パーセントぐらいが、読み書きができなかった、というから興味深い。一八九九（明治三十二）年の陸軍省（当時）の新兵の調査では二三・四パーセントが「読み書き算術を知らざる者」とされたという。

落語には字が読めないために起こる悲喜劇を描く噺《はなし》がいくつもある。ただ、読み書きができなくても、したたかに生きている。落語「手紙無筆《てがみむひつ》」、上方《かみがた》では「平《ひら》の蔭《かげ》」もそんな落語だ。

おじさんから手紙をもらった男が、字が読めない。兄貴のところへ手紙を持ってきた。ところがこの兄貴も実は字が読めない。「今日はだめだ。明日来い」「ひまそうじゃないか、頼むよ」と食い下がる男。

逃げられなくなった兄貴の「おじさんと会った時、なにか言っていたかい」と探りを入れながらの手紙の〝解読〟が笑える。

桂《かつら》ひな太郎《たろう》さん、笑《しょう》福亭風喬《ふくていふうきょう》さん、橘家文蔵《たちばなやぶんぞう》さんで聞いた。演者は多い。しかし、本当の手紙の内容は分からないところを聞き手が気づいてほしい。

9月9日――皿屋敷《さらやしき》

世の中「陰と陽」があって釣り合いが取れている。数字では陰が偶数、陽が奇数。奇数が重なる日は、陽が重なりバランスが崩れるため、お祝いなどして調整する。一月一日、三月三日、五月五日、七月七日。順に元旦、桃の節句、端午《たんご》の節句、七夕。

九月九日。一桁《けた》の数字で一番大きい奇数が重なる。この日を重陽の節句という。今では、あまり聞かなくなったが、平安時代からこの日は、酒の杯《さかずき》に菊の花びらを浮かべて、酒を酌み交わす。観菊会なども催されてきたという。花札にも描かれている。

菊つくり得たれば人の初老かな　幸田露伴《こうだろはん》

作家幸田露伴（一九四七年死去）が三十七歳で作った俳句。

菊の花は、育て方が難しく、満足する花を咲かせられるころには「初老」を迎えているという句だ。初老は四十歳の別称。おれも大人になったという喜びが表現されている、と俳人長谷川櫂《はせがわかい》さんが『国民的俳句百選』（講談社）で解説している。

菊…。お菊さん。うん、今日は「皿屋敷《さらやしき》」である。

兵庫の播州皿屋敷、東京の番町皿屋敷。ほかにも全国にその話はあるようだ。私の住む福岡県には嘉麻《かま》市にもその話が伝わる井戸がある。

屋敷に奉公するお菊、主人の誘いを断り続けている。主人は、これは大事なものだと十枚の皿をお菊に管理させる。主人は、お菊の知らぬ間に一枚の皿を抜いておく。後であらためさせ、一枚足りないことを理由に折檻《せっかん》し、斬って井戸に投げ入れる。

お菊は亡霊となり、主人を殺した。その後も浮かばれず、井戸に住み着いてしまった。一まーい、二まーいと、もの悲しく皿を数えるから怖いのなんの…。

重陽の節句で菊の話から、皿屋敷になった。聞く（菊）違いだった。

9月10日——首屋《くびや》

街を歩けば、必ずと言っていいほど、広告が目に入る。ビル、看板、バスや列車の車体。社屋そのものが広告になるものや、社名や商品名が、電飾で見事に浮かび上がったりする。

　これらは「景観を守る」という意味で、都道府県などの定める条例で一定の制限をパスした上で掲示ができる。屋外広告物法だ。

　日本屋外広告業団体連合会は、この法律が一部改正された日の九月十日を「屋外広告の日」に制定している。店名を書いたのぼり旗、立て看板、ポスターはもちろん、チラシであっても、壁や電柱に貼り付ければその対象になる。設置する場合は、状態によっては自治体などへの事前連絡、審査が必要になる。

　かつて、公衆電話ボックスに置かれたピンク系のチラシもこの法律の対象になる。ほとんどが無許可だったので、取り締まる側と置く側のいたちごっこが続いていた。

　人が広告を付けたサンドイッチマンは、屋外広告物になるのかな？　一般論では、対象外になるようだ。移動しているところがネックになるようだ。ネックといえば自分の首を売る「首屋《くびや》」の男もこの法律の対象外かもしれない…。

　泰平の世から、幕末の騒乱の世になった。再び、侍の刀の出番となろうかというころ。ある旗本が、新調《しんちょう》した刀の切れ味を知っておきたい。

「首屋―」「首屋―」と売り声を出して往来を歩く男がいる。使用人に話をさせると首を切らせて七両二分という。旗本は早速招き入れた。

　旗本が金を払い、刀を抜いてひしゃくの水で刃を濡らして、刀を振り下ろす。男はひょいとよけて…。

　旗本の地団駄が見える。小気味のいい噺《はなし》だ。

9月11日―なめる

二〇〇一年九月十一日。米国中枢同時テロがあった。犠牲者の方々、その後に引き起こされた戦争での犠牲者の方々のご冥福を祈ります。

私は、戦争に反対し、戦争の遠因となるような政治の動きを注視していきたい。

話はがらりと変わる。

愛らしさと凛《りん》とした美しさを合わせもった女優夏目雅子《なつめまさこ》。

一九七七（昭和五十二）年、化粧品のCMで注目され、翌年にはテレビドラマ『西遊記』の三蔵法師《さんぞうほうし》役で人気になった。作家伊集院静《いじゅういんしずか》さんと結婚した。

自身の人生設計も、女優としての活躍もこれからという時、急性骨髄白血病を発症して一九八五年九月十一日に亡くなった。二十七歳。

映画では、宮尾登美子《みやおとみこ》原作の『鬼龍院花子《きりゅういんはなこ》の生涯』（一九八二年）が、印象的だった。土佐の興業権を手にした有力者の養女松恵役。さまざまな騒動に巻き込まれる。決めせりふが「あんたらなめたらいかんぜよ」。

「いかん」と言われたらしたくなるのが人情。「なめる」という噺《はなし》がある。

わき腹のできもので悩んでいるお嬢さん。治療で治らず、易で「四つ年上の男になめてもらうと治る」と出た。女中と二人で芝居見物などして、男を探している。芝居の客席で、年齢を明かした八五郎。甘い言葉にだまされて、お嬢さんの家を訪ねることになった。

行くと大変なもてなしで、女中に「お嬢さんが気にいっている」などとおだてられ、お嬢さんのできものをなめさせられた。そこで女中が騒ぎ出す「酒乱で乱暴なおじさんがやってくる」。八五郎は追い出された…。

昔の噺では、できものは、ここに書けない場所にあった。三遊亭円生《さんゆうていえんしょう》のCDが楽しい。

9月12日——星《ほし》取《と》り棹《ざお》

夜になり、子どもが、棹《さお》を振り回している。親が聞くと、空に光る星を落とすという。親が「届かないだろう。屋根に上がれ」

「落語家の祖」といわれる安楽庵策伝《あんらくあんさくでん》（一六四二年死去）が、一六二三年に完成させた笑話本『醒睡笑《せいすいしょう》』に「星《ほし》取《と》り棹《ざお》」という題で掲載されている。

一七七五年の滑稽本『今様咄《いまようばなし》』には、この小話に「星が落ちるか。あれは雨が落ちてくる穴だ」などの言葉が加わっている。

空に黒幕が張られて夜がくる、という発想で創作されている。黒幕の向こうには、そのまま太陽があるということだ。作者は、地動説を知っていたのか？

古代ギリシャは、早くも地球が動く説を持っていた。コペルニクス（一五四三年死去）、ガリレオ・ガリレイ（一六四二年死去）が主張した地動説は、権力側の圧力で広がりを見せなかった。後続科学者の研究によって、揺るがないものになったのは一八三八年だ。

地球儀は、天正遣欧使節《てんしょうけんおうしせつ》が持ち帰り一五九一年に豊臣秀吉（一五九八年死去）に見せたという。

江戸時代、地動説を説いたのは本木良永《もときりょうえい》（一七九四年死去）、志筑忠雄《しづきただお》（一八〇六年死去）、司馬江漢《しばこうかん》（一八一八年死去）などがいる。蘭学を学び、それぞれ著書を出して、コペルニクスの地動説の解説をはじめ、化学、物理学などの発展に寄与した。

地動説が、庶民にまで、理解が広がっていたかは疑問だ。暮らしに大きな影響がないのが理由だろう。とすると、作者は地動説を知らなかった？　どちらにせよ、創作の目は、昔からはるか宇宙をも見ようとしていた。すごいなあ。

九月十二日は「宇宙の日」。一九九二年のこの日、毛利《もうり》衛《まもる》さんが米スペースシャトル「エンデバー」に乗って宇宙を飛んだことに由来する。

9月13日――真《ま》二《ふた》つ（山田洋次作）

映画『男はつらいよ』（一九六九年開始）シリーズで知られる映画監督の山田洋次《やまだようじ》さんは一九三一（昭和六）年九月十三日生まれ。八十七歳を超えて現役を続けている。

二〇一八年六月、その最新作『妻よ薔薇《ばら》のように　家族はつらいよⅢ』を見て、山田映画の健在を実感した。林家正蔵《はやしやしょうぞう》さん、立川志《たてかわし》らくさんの掛け合い、よかった。

『馬鹿が戦車でやって来る』（一九六四年）の田舎の騒動は、子ども心に人間の性《さが》を見た思いがした。『小さなおうち』（二〇一四年）では、大人の世界に翻弄《ほんろう》される若い家政婦を見事に描いていた。もっと面白い映画を作ってほしい。

山田さんの落語好きは有名で『男はつらいよ』シリーズで寅さんが、おいちゃん、さくらたちを前に一人でしゃべるシーンの間《ま》は落語だ。

同シリーズでは五代目柳家小《やなぎやこ》さんも出演している。その小さんから山田さんに新作落語の依頼がきた。「電信柱と郵便ポストなどが出る噺《はなし》はできない」という注文を受けて、山田さんが書いたのが「真二つ」。

商売繁盛を願い、古道具屋は、成田の不動さまへお参りに行った。帰り、農家で休ませてもらっていると、大根を干す棹《さお》の一本になぎなたが使ってある。その刃に落ち葉が落ちると真二つに切れる。

「名刀だ」と思った古道具屋は「杖にするから」とうそを言って、安く手に入れる。これは不動さまの御利益と、その足でお礼参りに引き返した。なぎなたは農家に預けた。

農家は、気を利かせて刃を取り外し、柄を杖の長さに切りそろえ、刃は二つに折って半分は池に捨てたという。池に行くとフナが半分に切れて泳いでいる……。

小さん一門が引き継いでいる。きっと出合える噺だ。

9月14日——崇徳院《すとくいん》

瀬を早み岩にせかるる滝川のわれても末にあはむとぞ思う　崇徳院《すとくいん》

小倉百人一首《おぐらひゃくにんいっしゅ》にある崇徳院の歌。岩で二つに分かれた水もまた一緒になる、という意味で、困難を伴う恋愛を応援している。この崇徳院の歌が登場するのが「崇徳院」。

若旦那《わかだんな》が患う。手伝いの熊五郎が聞くと、茶店で見た娘さんに恋患いという。別れしなに娘に「瀬を早み岩にせかるる滝川の」と書いた短冊を渡された。若旦那は「また会いましょうの意味」と悟って患ってしまった。

旦那から、その娘を捜せと言われて歩き回る熊五郎だ。歩き回る熊五郎の「瀬を早みー」の声も哀れみを帯びてくる。そのころ。相手の娘方も、この若旦那を捜していた…。

ほのぼのとした噺《はなし》にされた崇徳院だが、波乱の人生で死後には妖怪扱いされている。

崇徳天皇は一一二三年、四歳で即位した。鳥羽上皇から院政を引かれ、政治よりも歌会の開催に熱心だった。一一四二年、三歳の近衛天皇に譲位して崇徳院（上皇）となる。近衛天皇が一一五五年に死去すると、後白河天皇が即位した。崇徳院は、自分の子が天皇にならなかったことが不満だった。

この不満から、崇徳院は藤原頼長《ふじわらよりなが》と組んで保元《ほうげん》の乱（一一五六年）を起こしたが敗れ、讃岐《さぬき》（香川県）に流された。

この時代の朝廷、貴族、武士の関係は複雑。表面を紹介するとこんなことになる。

讃岐に流された後は、政界を疎《うと》みながらも、写経、仏教信仰の暮らし。一一六四年九月十四日（長寛《ちょうかん》二年八月二十六日）に亡くなった。が、政界は死を無視した。亡くなるまで髪、爪を切らなかったと伝わり、妖怪扱いの元になったようだ。

狸《たぬき》ばやしで、桂歌春さんが演じてくれた。

9月15日―竹《たけ》の水仙《すいせん》

藤沢宿（現在の神奈川県藤沢市）の宿屋に大酒を飲んで大飯を食べて長逗留《ながとうりゅう》している男がいる。あるじが宿代を求めると一文無しという。男は、あるじに竹のある山に案内させ、竹を切らせる。男は、その竹で花立てと水仙《すいせん》の花のつぼみをこしらえた。

宿屋の入り口に飾ると、竹のつぼみは、ぱっと花を咲かせた。殿様一行が通ると武士が来て売れと言う。あるじは男の言った値段で二百両と言うと、武士は怒って帰った。

やがて武士が戻ってくる。「あの竹細工は名人左甚五《ひだりじんご》郎《ろう》の作で、世に二つとないもの。殿がぜひにとの所望だ」と今度は三百両で売れた…。

彫刻の名人左甚五郎を扱った「竹の水仙」という噺《はなし》。甚五郎ものは「三井の大黒」「ねずみ」などがある。どれもいい落語だ。

甚五郎は、実在の人だろうか？　江戸時代初期の人で、大工、彫り物の名人と伝わる。日光東照宮、上野寛永寺の造営に携わったという。東照宮の「眠り猫」などが左甚五郎作と伝わる。各地にも甚五郎作といわれるものがある。

私の推測だが。「甚五郎という名人が確かにいた。その甚五郎が死去した後、大工、彫刻の名人級に達した人を周囲が甚五郎と呼ぶ習慣ができた。称号のような統一的なものではなく、同時に複数の甚五郎がいたこともあった…」

竹細工にかかわる人に聞いた。「つぼみが後に花に開くような竹細工は可能か？」。その答えは「秘密」。落語は楽しむためにある。

桂歌丸がこの噺を口演中、高座そばにゴキブリが出てきた。気付いた歌丸は、裏方を呼んだが、ゴキブリは姿をくらました。こんな珍しい出来事に遭遇した。場所は「秘密」。

ところで。なぜ九月十五日？　竹がつく有名人竹下景子《たけしたけいこ》さんの誕生日でした。

9月16日　三味線《しゃみせん》栗毛《くりげ》

九月十六日は「競馬の日」だ。一九五四年のこの日、日本中央競馬会（ＪＲＡ）が発足した。桜花賞、菊花賞、天皇賞など、ビックレースとなるとやはり心が騒ぐ。

以前、ＪＲＡのテレビＣＭにシンガーソングライター友部正人《ともべまさと》さんの『朝は詩人』という曲が使われた。陽光が馬の美しいシルエットを見せ「夜明けの景色につながれて子馬は水を飲んでいる」と歌われていた。

実は友部さんの大ファン。このＣＭ制作者の高いセンスに拍手した。また、私の京都の定宿旅館の隣が騎手武豊《たけゆたか》さんの自宅。うん、ＪＲＡとは縁がある（ただ、それだけだけど）。

競馬の魅力は何といっても、美しい栗毛の馬たちの疾走だ。栗毛の馬が登場する「三味線栗毛《しゃみせんくりげ》」という落語がある。

大名酒井雅楽頭《さかいうたのかみ》には長男、長女、次男角三郎《かくさぶろう》がいた。雅楽頭は角三郎と馬が合わず、下屋敷に遠ざけた。

角三郎は、気にすることもなく、目の不自由なあんま錦木《にしきぎ》と友になる。角三郎の身体をもむ錦木は「大名になる骨をしている」という。「大名になったら検校《けんぎょう》（目の不自由な人の最高官位）にしてやる」という約束ができ上がった。

雅楽頭が死去し、跡継ぎの長男が病弱で、角三郎が大名になった。二代目雅楽頭は、錦木と再会を果たした。約束通り錦木を検校にした。

大名になったのを機に馬を買った。美しい栗毛で名を「三味線」。雅楽《うた》が乗るから三味線という…。

三代目三遊亭小円朝《さんゆうていこえんちょう》、六代目春風亭柳橋《しゅんぷうていりゅうきょう》がやっていたという。三遊亭円生《えんしょう》は、小円朝のうまさに、演じるのを控えていたらしい。客の目がこえていたということだ。

9月17日 ― 試し酒《ためざけ》（今村信雄作）

白玉の歯にしみとほる秋の夜の酒はしづかに飲むべかりけり　若山牧水《わかやまぼくすい》

酒と旅を愛した若山牧水は一九二八年九月十七日に亡くなっている。今の宮崎県日向市出身。山に囲まれた村で、自然を詠む牧水の歌の原点がここにある。

医者の長男。医学か、文学かに悩んだが、文学を取り、進学した早稲田大学では、北原射水《きたはらしゃすい》（のちの白秋）、中《なか》林蘇水《ばやしそすい》と「早稲田の三水」といわれる。酒豪で鳴らし、酒は一日一升（一・八リットル）を飲んだといわれる。四十三歳という若さでの死去は、酒の影響か。

落語界の酒豪は、演者としては古今亭志ん生《ここんていしんしょう》、登場人物としては「試し酒《ためざけ》」の久蔵だろう。志ん生は、関東大震災の揺れで最初に思ったのが、酒屋にある酒瓶などが壊れ、土に飲まれること。近くの酒屋に駆け込んで酒を飲めるだけ飲んだという。さて久蔵は。

旦那《だんな》同士、酒の話になった。「外で待たせているうちの久蔵は五升ぐらい飲む」と言ったものだから「いや、五升も飲めるものじゃない」「いや、久蔵ならきっと飲む」と、結局、久蔵が五升飲めるか、賭《か》けることになった。

事情を知った久蔵。ちょいと中座をして、戻り「その賭け受けましょう」と、二人の前で飲むことになった。久蔵、一升入りの大杯で飲み干しては、酒のうんちくを話す。二杯、三杯…、四杯…。さすがに酔ってきたが、五杯目も見事に飲み干してしまった。

賭けなど、どうでもよくなった旦那二人は、久蔵に喝采を送る…。

中国には、かぼちゃを何個食べられるか、似た話がある。説明は酒枡《さけます》。

狸《たぬき》ばやしでは、こけら落としの会で春風亭《しゅんぷうてい》あさり（現、橘家円太郎）さんが演じてくれた。六代目春風亭柳橋《りゅうきょう》、五代目柳家《やなぎや》小さんの録音、いいなあ。

9月18日 — 中沢家《なかざわけ》の人々《ひとびと》（三代目三遊亭円歌作）

「敬老の日」のころだ。これをテーマにする落語というと「中沢家の人々」だろう。

三代目三遊亭円歌《さんゆうていえんか》の創作落語。噺《はなし》を聞いていると、本当のことだと信じてしまうから不思議だ。いや、本当かうそかなんて、もうどうでもいい。噺が真に迫ってくるんだから。

「あたしんちには、私の両親がいて、先妻の両親がいて、今のかみさんの両親がいてね、年寄りが六人だよ、六人。佃煮《つくだに》ができるほど年寄りがいる。便所も六つあるから」

「あたしの両親なんか、私が若いころ、噺家になるって言ったら、親父が、出てけってんだ。母親は、かばってくれると思ったら、たばこ吸いながら、あたしゃお前なんざ、生んだ覚えはないよって、そっぽ向くんだ」

「それが、あたしが家を新築するというと同居するってやってきた」

「あたしゃ身延山で得度した日蓮宗の僧侶だよ。寺での修業時代、心筋梗塞《しんきんこうそく》で倒れてね。病院に運ばれたんだ。寺から病院行ったの俺ぐらいだろう。それをうちの弟子は、近親相姦で倒れたと説明したんだ」

「ある日、ばばあたちが道歩いてたんだ。車が止まって車の運転手が、まごまごしてるとひき殺すぞって言うんだ。ばばあたち、負けてないよ。うるせえ、ひけるものならひいてみろ、昔は人が車引いてたんだ、ってね」

年寄りギャグの連続だ。「年寄りをそんなに悪く言うもんじゃない」という批判もあったんだけど「愛情があるからこそ、言えるんだ」と言っていた。

まともに話したら六十分を超える噺。元気だった円歌も彼岸の人。

若い人も必ず高齢者になる。そばの年寄り。それはあなたが行く道だ。

佐賀市の「旅館あけぼの」でのあけぼの寄席で、聞いた。迫力あった。

9月19日――ざるや

明治の歌人、俳人の正岡子規《まさおかしき》は、長い闘病生活の末、一九〇二（明治三十五）年九月十九日に亡くなった。「糸瓜忌《へちまき》」だ。その前日に

糸瓜咲て痰《たん》のつまりし仏かな
痰一斗糸瓜の水も間に合わず
をとゝいのへちまの水も取らざりき

この三句を詠んで、三十五歳で「仏」となった。

東京帝国大に学び、夏目漱石《なつめそうせき》たちとの交流、俳句、野球に熱中した。学校は中退し、新聞記者となり日清戦争の従軍記者をした。その帰りの船で喀血《かっけつ》、結核《けっかく》を患った。最後は布団から離れられなかった。妹律《りつ》の看病で丹念な日記を書き、俳句を作り続けた。

糸瓜は食用になり、たわしに加工される。糸瓜から取る水は、咳止《せきど》めに効果があるとされ、子規は庭に植えていた。「取らざりき」。死を覚悟した子規の心中が見える。「痰のつまりし仏かな」「へちまの水も間に合わず」

子規の本名は正岡升《のぼる》。収穫した糸瓜は、きっとざるに載せたことだろう。

「ざるや」という噺《はなし》を連想した。

新米のざる売り。あるじが株をやっている家にくる。あるじは「上がる」という言葉が好きだ。「こののれん、はね上げて入ります。このざるは米上げざるです」「いいね、どこに住んでいるんだい」「上野です」「ますますいい。名前は」「上田のぼるです」「祝儀をやっとくれ」

十代目金原亭馬生《きんげんていばしょう》、当代馬生さん、五街道雲助《ごかいどうくもすけ》さんたち師弟の「ざるや」は最高でござる。寄席《よせ》でもホールでも場所を選ばない。

狸《たぬき》ばやしに出演してもらった当代馬生さん、先代馬生と娘の池波志乃《いけなみしの》さん、馬生の父志ん生《しょう》の思い出話をいっぱいしてくれた。至福の時間だった。

9月20日——永代橋《えいたいばし》

東京の中央区と江東区をつなぎ、隅田川に架かる永代橋。鉄製のアーチが夜にはライトアップされて美しい。

永代橋は、一八〇七年九月二十日（文化四年八月十九日）、富岡八幡宮祭大礼の日に橋中央部分が落ちる事故が起きている。死者・行方不明者が計約千四百人という大惨事。

滝沢馬琴《たきざわばきん》（一八四八年死去）が、『兎園小説余録《とえんしょうせつよろく》』でこの事故を明確に記録している。この祭礼では三十数年ぶりに山車《だし》が繰り出し、ことのほか見物人が多かった。事故を見ようと橋を渡ってくる者に押されて、前にいる人が落ちたようだ。武士が刀を抜いて押し寄せてくる群衆を制止したとある。

この事故が落語になっている。「永代橋」。御徒町で古着屋をする太兵衛《たへえ》。これを手伝う武兵衛《ぶへえ》。この二人がそろって粗忽者《そこつもの》。間違った言葉を勘違いするから、間違いが直るという具合。

武兵衛が、富岡八幡の祭礼に出掛ける。永代橋の手前、武兵衛は、二両と書き付けが入った紙入れがないのに気付く。さっきぶつかったのはすりだった。困っていると、知り合いの山口屋の主人と出会った。永代橋のそばに新築していた。家に招かれ、酒を飲んでいると、表が騒ぎになる。永代橋が落ちたのだ。「侍が刀を抜いて人を追い返した」などと聞く。武兵衛は、山口屋に泊まっていくことにした。

太兵衛のところには、死者から出た紙入れの書き付けから「武兵衛が橋の事故で死んだ」と役所から連絡が届いていた…。

事故を扱う噺《はなし》だからスピード感が必要かもしれないが、林《はやし》家《や》彦六《ひころく》のゆるやかな語りの録音に逆に深みを感じた。はしではなく、真ん中を行く落語家だった。

9月21日―粗忽《そこつ》の使者《ししゃ》

国際的な問題になっている認知症。記憶、言語、生活、人格などに重大な影響を及ぼす病気だ。この病気について国を超えて理解をしようと、九月二十一日は「世界アルツハイマーデー」。国際アルツハイマー協会と世界保健機関（WHO）が共同で制定している。

アルツハイマー病は、ドイツの医師アルツハイマー博士（一九一五年死去）が、一九〇六年に症状などを発表して知られるようになった。

以後、脳の病気として研究が進み、脳の萎縮などに原因が見えてきたが、まだ解明できていないのが現状だ。

東洋医学では、もっと古くからこの病気を認識していた。「健忘」として、その原因を内臓の不調とし、心臓、肺、肝臓などの健康を回復させる治療をしてきた。そうすることで、脳への血流が保たれ「健忘」を防ぐという。『五臓元気で認知症知らず』（賀久一郎《かくいちろう》著）より。

厚生労働省の予想では、認知症の発症者は増えていく見通しというから怖い。

認知症の疑いがある？　物忘れの激しい武士の噺《はなし》がある。「粗忽《そこつ》の使者《ししゃ》」だ。

ある藩の武士地武太治武衛門《じぶたじぶえもん》。この人が、殿様のお気に入りなのだが、物忘れが激しく、周囲も困っている。治武衛門が、別の藩に使者として出向くことになった。馬に乗り堂々とした姿で先方の屋敷に入った。

客間に通されて「そしてその口上は」と問われたが、これを思い出せない。その対処法として、尻をつねられると思い出すという。指先に力がある者などが呼び出され、尻をつねるという騒ぎとなる。やがて大工がやっとこを持って現れる…。

五代目柳家《やなぎや》小《こ》さんの名演。先代三笑亭《さんしょうてい》夢楽《むらく》の治武衛門は威厳とまぬけさを融合させていた。

9月22日　猫《ねこ》の災難《さいなん》

やってきました。猫の日の落語だ。「にゃんにゃんにゃん」の二月二十二日が「猫の日」であることから二十二日を「猫シリーズ」にしている。

「猫の災難」という噺《はなし》がある。

男が、隣のおかみさんが、捨てようとするタイをもらった。といっても、頭と尾、それをつなぐ骨だけ。隣の猫が、患っていて、見舞いにもらったタイを猫に食べさせた余りなのだ。

すり鉢をかぶせるとこれが、見事なタイ。どうして食べようかと思案していると、兄ぃがやってきた。「おい、いいタイじゃないか。刺し身、焼き物にしても二人じゃ十分だ。おれが酒を買ってくるから、刺し身なんかを準備していてくれ」

酒を買ってきた兄ぃ、タイが骨ばかりだったことを知る。「いや、三枚にしたところで、隣の猫が持っていって」。苦しい言い逃れ。タイに思いを残す兄ぃは、酒を置いてタイを買いにいった。残った男、待ちきれずに全部の酒を飲んでしまう…。

帰った兄ぃだが、今度は酒がない。男のいいわけが楽しい。

多くの落語で兄ぃは、しっかりもので、後輩には厳しいしやさしいが、この「猫の災難」では、兄ぃにいいところがない。

猫を大事にする家、猫が嫌いな家。これが隣り合っているといろんな問題が起こる。

嫌いな猫が、自宅庭などに入ってくる時は、ちゃんと目を見て「入ってくるなよ」と言葉で伝えることだ。通じる時があるから。

桂文楽《かつらぶんらく》さんがよく演じていた。上方では、露《つゆ》の五郎兵《ごろべ》衛《え》。橘家文蔵《たちばなやぶんぞう》さんは、酒を飲みたい兄ぃの顔が真に迫っていた。

9月23日――五光《ごこう》

安土桃山時代、欧州との交流が始まり、カルタ、カード類が入ってきた。

そのカルタをまねて、日本で初めてカルタを作った所が、天正《てんしょう》年間（一五七三〜九二）、現在の福岡県大牟田市。このことから同市立三池カルタ・歴史資料館が一九九一年に開館しカルタの歴史を伝え、研究を継続している。

花札も欧州のカルタを参考にした。江戸時代初期には現在の図柄になったようだ。

一月「松に鶴」二月「梅にウグイス」三月「桜と幕」四月「藤とホトトギス」五月「アヤメと八ツ橋」八月「ススキと月、雁《かり》」九月「菊と盃」十月「紅葉と鹿」十一月「小野道風とカエル、柳に燕」十二月「桐に鳳凰」

どの札も、絵として、デザインとしても素晴らしい出来栄え。遊びの中にも季節を取り入れるところは、四季に応じた暮らしをしてきた日本人ならでは。

この花札、ばくちに使用されたことから江戸幕府は、販売禁止にしている。販売が解禁されたのが一八八六（明治十九）年。その約三年後、任天堂が一八八九年九月二十三日に創業して花札を製造販売している。

この日にちなんで花札が登場する「五光」という噺《はなし》を紹介する。

桜が咲くお堂で、坊主が何かを念じているところを旅人が見かける。お堂には松もあり、鳳凰の彫り物がある。旅人が村に入り、一晩泊めてもらった家には、娘が患っていた。その夜、娘は死んだ。

あの坊主、この娘を呪《のろ》っていたと気づいた旅人が、お堂へ行くと、坊主は、崩れ落ちて灰になった。雨が降り、光が差していた。桜、坊主、松、鳳凰、雨とくれば「五光」だ。

ばかばかしい噺だが、怪談として迫力ある演出で話す落語家には後光が見える。

9月24日 みどりの窓口《まどぐち》（立川志の輔作）

JRが、国鉄と言った時代の一九六五（昭和四十）年九月二十四日、全国の主要百五十二駅に「みどりの窓口」が設置された。この日が「みどりの窓口記念日」になっている。

「窓口」の設置で、特急列車、寝台列車（今はもうない）などの利用状況がオンライン化され、指定席切符の購入が簡単になった。

それでも、長兄が一九六七年二月に大学受験するために東京行きの切符を買うときは、両親、叔父さんが駅に行くなど、手分けして切符を確保していたような記憶がある。オンライン化してもその性能もまだ、低かったのかもしれない。

立川《たてかわ》志《し》の輔《すけ》さんに「みどりの窓口」という噺《はなし》がある。作家清水義範《しみずよしのり》さんの同名短編を元に志の輔さんが落語に仕上げた。

みどりの窓口に勤務する駅員。今日もたくさんの客がやってくる。旅行や仕事で列車の切符を買いにくるのだが、だれもが要求がすごい。中には「その切符売らないんだな。本当はあるんだろ。その箱開けてみろ」。箱とはコンピューターのこと。

悲鳴が聞こえそうだが、そこは業務。笑顔を絶やさず応対するところが偉い。ようやく、仕事が終わり、一杯飲もうと居酒屋に入った駅員…。

清水さん原作、志の輔さん創作の落語は「踊るファックス」など、数本がある。

志の輔さんによると、師匠立川談志《たてかわだんし》は新作を好まなかった。しかし「楽屋で聞いてくれていて、お前の新作はいい。どんどんやれ」とお墨付きをもらったという。

志の輔さんは「みどりの窓口」について「宇宙旅行が日常になる未来でも『火星に寄って、いや金星にも、月にも』と言うのが、人の欲のような気がしています。新作でも普遍的なものを求めていきたい」と話してくれた。

9月25日——権助提灯《ごんすけぢょうちん》

生活情報紙『リビング新聞』が、毎日、毎日、仕事がある主婦にリフレッシュをと一月二十五日、五月二十五日、九月二十五日を「主婦休みの日」に制定している。それは大賛成。だが、その「主婦休みの日」をカバーするのは「主夫」になるのかな？　いえ、決して文句があるわけでは…。

こんな日にこの噺《はなし》を紹介していいものなのか。まあ、落語だからして…。この噺に出てくるおかみさんは、「主婦休みの日」を先取りしたのではなかろうか？

時代は、江戸時代後期、明治初期だろうから、その辺の社会風俗というか、その辺りも考慮してもらえば。

「権助提灯《ごんすけぢょうちん》」という噺。

旦那《だんな》には愛人がいて、これは妻も公認（いや、落語だから）。風の強い日の夜、妻が「こんな日は、女は心細いものです。泊まってあげなさい」という。旦那は、出掛けることにしたが、奉公人でまだ寝ていないのが権助。提灯を持って送り届けることになった。

今度は愛人がいう。「私を思いやる奥様こそ、本心は旦那にいてほしいものです」と旦那を家に帰してしまった。

家でまた、愛人宅へ行けという。旦那は行ったり来たり。その都度、権助は提灯に灯をつけたり消したり。旦那が「権助、行くぞ、提灯に灯を入れろ」「旦那、夜が明けた」

本当は、どちらからも愛されていないのかもしれない。旦那がいなけりゃ、休みになるのだから。

九代目三笑亭可楽《さんしょうていからく》の録音がいい。旦那がだんだん情けなくなってくる様子が目に浮かんでくる。

9月26日　ワープロ

ワープロ。正確にはワードプロセッサ。文書作成編集機。パソコンが普及し、ワープロは影が薄くなったが、九月二十六日は「ワープロ記念日」に制定されている。

一九七八（昭和五十三）年のこの日、東芝が初めての日本語ワープロを完成させ、発表した日にちなんでいる。かな、カタカナ、漢字、ときにはローマ字が混在する日本語。

アルファベット大小各二十六文字で成り立つ言語とは根本的な違いがある。開発はとてつもない技術が必要だったはずだ。その販売価格は六百万円を超えていた。

西日本新聞社で、原稿をワープロで打つようになったのは一九八八（昭和六十三）年。記者が、女性指導員から研修を受けたが、みんな漢字の変換ミスが多かった。

このワープロを題材にした新作落語「ワープロ」がある。

上方《かみがた》の桂福団治《かつらふくだんじ》さんは、病気で声を失った経験から手話を覚え、手話落語の考案者でもある。その活動が広まり、聴覚障害者の弟子入りが相次いだ。その一人、宇《う》宙亭福《ちゅうていふく》だんごさんの創作落語の一つが「ワープロ」だ。

福だんごさんは、一九八三年、入門して楽福亭ポパイ。一九九五年に真打ちに昇進して福団治亭くいだおれ。のちに宇宙亭福だんごを名乗った。米国など各国公演を果たしている。ふだんから明るい性格の福だんごさんだ。

さあ、その「ワープロ」。ワープロを購入したいと、電器店にいくストーリー。

手話で懸命に「語る」福だんごさんだ。手話が分からない人は、兄弟子たちが横で通訳をしてくれる。聴覚障害のある人たち、通訳を聞く人にも笑いが起こる。

「話せない」落語家福だんごさん。すごいから。

手話落語の宇宙亭福だんごさん

9月27日 — 九州吹《きゅうしゅうふ》き戻《もど》し

昨日、九月二十六日は、統計上、日本に最も台風が襲来する日だという。洞爺丸《とうやまる》台風（一九五四年）、狩野川《かのがわ》台風（一九五八年）、伊勢湾《いせわん》台風（一九五九年）などが、この日に襲来している。

その一日違い一九九一年九月二十七日に台風19号が、長崎県佐世保市に上陸した。そのまま、有明海を渡り、福岡県南部を通り、福岡市を通過した。その後、山口県をかすめて北海道に再上陸した。六十二人が亡くなった。

当時、福岡県大川市にあった西日本新聞社大川支局にいた私は、支局兼住居の玄関が雨で浸水しようかというとき、合羽を着て長靴を履いて取材に行った。ものすごい風雨の中、車を走らせ、写真撮影した。

十三日前の九月十四日には台風17号が、ほぼ同様のコースを通過し、死者十一人が出たばかり。九州北部は、本当に痛いダブルパンチだった。

台風から、こんな噺《はなし》があるのを紹介する。「九州吹き戻し」

遊びが過ぎて勘当された若旦那《わかだんな》。幇間《たいこもち》になったが、借金は増えるばかり。江戸に居られなくなり、肥後・熊本へやってきた。江戸屋という名の旅籠に泊まると、その主人は、江戸で昔なじみの男。やはり江戸を逃げて、熊本で旅籠《はたご》をして成功していた。

若旦那は、熊本でも幇間になり、人気を得て稼げるようになった。たまった金が百両近く。やはり江戸が恋しい。江戸に帰るために船に乗った。だんだん雲行きが怪しく、やがて台風に巻き込まれ、船は遭難…。

九州が舞台になる落語は珍しい。この『落語暦』で「深山《みやま》がくれ」（十月二十五日）など、いくつかを紹介している。

この噺、露《つゆ》の五郎兵衛《ごろべえ》がテレビでやったのを聞いたきり。

9月28日——たちきれ

九月二十八日は「プライバシーデー」という。

作家三島由紀夫《みしまゆきお》（一九七〇年死去）の作品『宴《うたげ》のあと』が、「自分をモデルにしている」と、政治家がプライバシー権を主張し、三島、出版社を訴えた。一九六四（昭和三十九）年のこの日に判決が出て、政治家側が勝訴（のちに和解）した日という。

プライバシーとは、私事、私生活、秘密などをいい、権が付くと、第三者から侵されない法的権利、という意味がある。これには、個人、公人、有名人など、立場によってその権利も変化してくるから複雑だ。

「たちきれ」とか「たちきれ線香」という噺《はなし》がある。

商家の人、その親戚一同が集まり、会議が開かれている。若旦那《わかだんな》が芸者との遊びが高じて店の金を持ち逃げしたのだ。

噺には出てこないが、いつどこでどんな遊びをしたのか、調べられつぶさに報告されたに違いない。

その上でああだ、こうだとんでもない処分案が検討される。その結果、乞食《こじき》にしたらと番頭の案が採用された。若旦那、たまらず会議の場に乗り込んだ。番頭の威厳に満ちた対応にへこまされる若旦那。結果は蔵の中に閉じ込められることになった。

プライバシーもなにもない、身柄拘束だ。

ようやく蔵を出た若旦那、恋しい芸者を訪ねたが…。

芸者と遊ぶ代金を「花代」という。値段は、線香一本燃える時間がいくらと計算したという。線香が消えたことが「たちきれ」となる。

若旦那と芸者の思いは本物だったようだ。純愛を描く珍しい噺で、屈指の大ねたという。多くの人の微妙な心理描写を表現するからかもしれない。

9月29日——鉄拐《てっかい》

有史以来、日本と中国はさまざまな形で交流をしてきた。第二次世界大戦で日本が負けたのが一九四五年。国交が絶えていたが、さまざまな経過があり田中角栄《たなかかくえい》（一九九三年死去）と周恩来《しゅうおんらい》（一九七六年死去）の両首相が一九七二（昭和四十七）年九月二十九日、国交を回復する声名を発表した。

この日が「日中国交正常化の日」になっている。

その友好の証しとして、一カ月後に中国からジャイアントパンダのカンカンとランランが、東京の上野動物園にやってきた。日本はあの愛らしいパンダに熱狂した。戦争に対する認識、日本首脳の靖国神社参拝などに批判を受けながらも、国交は継続している。

落語界ももちろん、日中交流がある。「鉄拐《てっかい》」という噺《はなし》がある。

北京にある日本の貿易商社。その創立記念日に派手な余興をしてきた。いろいろな芸人を呼んだため、今回は、これまでにない変わり種を探すことになった。番頭が芸人捜しの旅にでた。すると、息を吹いて自分の分身を出す仙人鉄拐を見つけ、連れて帰った。大評判となって、鉄拐は一流芸人になった。

別の興行師が、これに対抗する芸人を捜したところ、張果老《ちょうかろう》という仙人を見つけた。ひょうたんから馬を出すのだ。今度は張果老が評判になる。鉄拐の人気が落ちる。鉄拐は、張果老が酔っているうちにひょうたんを飲み込んでしまった…。

日本の七福神のような、道教の八仙人に鉄拐、張果老がいる。

一八〇〇年初めの笑話本にこの原話があるという。奇想天外、落語の自在な物語作りが生み出した噺だ。

立川談志《たてかわだんし》、露の五郎兵衛《つゆのごろべえ》の録音が面白さを伝える。

9月30日 つる

工事現場などで働いているクレーン。建築資材をつり上げては、目標のところに置く様子を見ていると、その精巧な技術に驚く。建設中のビルの最上階でクレーンを操縦するのは相当の精神力、集中力がいるはずだ。操縦する人は孤独との戦いとも聞く。

九月三十日は、日本クレーン協会、クレーン・ボイラ等安全協会が制定する「クレーンの日」。一九七二（昭和四十七）年のこの日に「クレーン等安全規則」が定められたことにちなむという。

このクレーンで思い出した噺《はなし》が「つる」だ。なぜかというと、英語にするとクレーンは「crane」で、鶴も「crane」。同じなのだ。機械のクレーンが、鶴に似ているからこの名になったという。日本語でも「鶴」と〝吊る〟なのだ。

鶴の絵を見てきたという男が「どういうわけで『つる』というんです？」と、隠居《いんきょ》に尋ねた。

「昔は首長鳥といった。唐土《もろこし》の方からオスがつーっと飛んできて、松の木にぽいととまった。今度はメスがるーっと飛んできて松の木にぽいととまった。これでつるになった」。感心する男。これを別の人に教えたくなった。忙しいという男に無理やり聞かせるが、うまくいかない。

この隠居の説を男が「真に受ける場合」と「冗談と見抜いた上で、面白がってほかで話す場合」があるから、つられないように。聞き手には注意が必要だ。

どちらかといえば軽い噺なのだが、大ベテランの桂歌丸が、よくやっていたし、面白かった。最近、上方の女性落語家桂《かつら》二葉《にょう》さんの「つる」をよく聞く。甲高い声で話す二葉さん、自分の物にしたのではないか。

【十月】

10月1日　眼鏡屋盗人《めがねやぬすっと》

日本眼鏡《めがね》関連団体協議会は、十月一日を「メガネの日」に制定している。「1001」を横にすると、眼鏡の形に見えるのがこの日になった理由だ。

日本眼鏡技術者協会福岡県支部による「メガネの日」にちなんだ「認定眼鏡士」のPR活動を取材したことがある。目の医学的知識があり、眼鏡を作る技術が認められた資格をいう。毎年の講座を受講して資格が継続される。

現在は、業界で資格認定をしているが、国家資格としての制度化も必要という。よい眼鏡を提供したいと懸命なのだ。

眼鏡の歴史は古い。レンズという意味では紀元前になる。眼鏡としては、一二八〇年ごろ、イタリアで発明されたようだ。

日本には、キリスト教宣教師《せんきょうし》フランシスコ・ザビエルが一五四九年、キリスト教とともに眼鏡を伝えた。徳川家康も眼鏡を使用し、江戸時代中期になると、眼鏡が販売されていたという。時代劇に丸眼鏡をした人が出ても何らおかしくはないのだ。

眼鏡の噺《はなし》がある。「眼鏡屋盗人《めがねやぬすっと》」だ。

眼鏡を売る店の前。夜になって三人組の男が、泥棒に入ろうと相談をしている。これを聞いた丁稚《でっち》。男たちがのぞこうとする節穴に、将門眼鏡《まさかどめがね》という、一つのものがいくつにも見える眼鏡をはめた。泥棒の一人が「たくさんの丁稚がいる」

今度は、大きく見える顕微鏡《けんびきょう》のレンズをはめた。代わった男が「大きな丁稚がいる。化け物屋敷だ」。親分がのぞくと遠眼鏡《とおめがね》を逆にして節穴にあてた。「奥に行くまでに朝になる」

将門眼鏡とは、プリズムを加工し、物をいくつも見せるレンズを使った道具。江戸時代にはあった。

将門眼鏡で見れば、不入りでも客は満員に見える。

10月2日 甲府《こうふ》ぃ

十月二日は「豆腐の日」。日本豆腐協会が制定している。豆腐で紹介する落語を「甲府《こうふ》ぃ」にする。「甲府ぃ」には、思い出が詰まっている。初めて生で聞いた落語だ。私は、福岡県田主丸町（現、久留米市）で一九五六（昭和三十一）年に生まれた。明確なファンになったのは中学一年。テレビで五代目柳家小《やなぎやこ》さんの「長短《ちょうたん》」を聞いてから。

それからテレビ、ラジオで落語を聞いた。落語の演者と演題を書きとめ、ある程度まとまったら「ベスト10」を決めて喜んでいた。少年の頭は、落語家と演題でいっぱいになった。あの情熱が少しでも勉強に向いていたら…。

一九七二（昭和四十七）年秋、高校二年の修学旅行で、東京に行った時。東京にいた兄に頼み、寄席《よせ》に連れていってもらった。有楽町にあった東宝名人会。出演者で覚えているのはWけんじ、七代目橘家円蔵《たちばなやえんぞう》、六代目春風亭柳《しゅんぷうていりゅう》橋《きょう》。

円蔵が「甲府ぃ」、柳橋が「青菜」だった。

初めて見た落語でもある「甲府ぃ」。

甲府の善吉。両親は死に、伯父に育てられた。身延山《みのぶさん》久遠寺《くおんじ》に「一角の男になる」と願掛けして江戸に出た。浅草で巾着《きんちゃく》をすられ一文無し。腹が減り、豆腐屋のおからを盗み食いした。若い者たちから袋だたきに遭うところを豆腐屋の主人が助ける。

豆腐屋も法華《ほっけ》を信心していることから、豆腐の行商として働くことになった。「豆腐ぃ胡麻《ごま》入りがんもどき」の売り声は評判で得意先は増えた…。豆腐屋の娘と結婚。十年がたち、久しぶりに甲府への里帰りとなる。

「一角」どころか豆腐だけに「八つ角」にもなっている。初めて聞いた落語は古里のようなものだ。古里はとうふにありて…。

10月3日―おかめ団子《だんご》

みたらし団子の、み（三）し（四）ご（五）から、毎月三、四、五日は「みたらし団子の日」になっている。山崎パンが制定している。

本来「みたらし」とは、御手洗と書いて、神社にある手洗い場のこと。

団子のルーツは、京都下鴨神社《しもがもじんじゃ》の祭りで、平安時代に始まったという「御手洗祭《みたらしさい》」にあった。神社内を流れる御手洗川に足を浸して健康を祈る祭りだ。ここの茶店で売られたのがみたらし団子。

この祭りは現在、土用の丑《うし》の日を含む十日間で開かれている。この祭りで、やはりみたらし団子が販売されるそうだ。

みたらし団子の団子から「おかめ団子」を紹介する。江戸の麻布《あざぶ》に文政年間（一八一八―三〇年）から明治三十年まで実在した団子店「おかめ団子」がモデルになっているという。

大根売りの男が、母親の土産にいつも団子を買って帰る。この日は、遅く団子を買いに行った。売り切れた後だったが、あるじが親切に団子を作って売ってくれた。男は、あるじが金勘定していたのを見た。母親は病気が重い。悪事が思い浮かんだ。

金を盗もうと団子屋に戻ってくると、団子屋の娘が、庭の木に帯をかけて首をつろうとしていた。親が一方的に進める縁談が嫌だった。間一髪のところで止めた大根売り。駆けつけたあるじから感謝されるが、金を盗みにきたことを白状する…。

最後にはできすぎた内容になるが、これを自然に面白く聞かせるのが技術だろう。古今亭《ここんてい》志《し》ん生《しょう》の名演がCDになっている。林家たい平さんが「ぜひやりたい噺《はなし》」と言っていた。

別に十月三日でなくてもよかったのだが、「十月三日の空白」を埋めたいという挿絵担当との「談合」です。

10月4日――転失気《てんしき》

NTT（日本電信電話株式会社）が行っている電話番号案内「104」の日が、十月四日になっている。もう一つ、この日は、無くしたものをもう一度本気で探そうという「探しものの日」にもなっている。

無くしたものを探すなら、あなたは何を探しますか？「初恋のあの淡い気持ち。あのころに帰りたい…」。もう遅いだろ。

こんなきれいなものを探すのならいいのだが、小坊主の珍念が、あらぬものを探し回る噺《はなし》が「転失気《てんしき》」だ。

住職を往診した医者が、最後に「和尚、転失気はございますかな」と聞いた。住職は転失気を知らない。かといって、物知り、知恵者という自負心もあるので「いや、ございません」と答えた。医者は「ああ、そうですか」と帰っていった。

さあ、気になって仕方ない住職だ。「弟子の珍念、あいつは若いが意外に物知りだ。聞いてみよう」と思うが、素直に聞けない。

「転失気を知っているか？　知らない？　この間教えたばかりではないか。すぐに教えると、お前のためにならない。前の花屋さんに聞いてきなさい」「へーい。転失気？　教えてもらった覚えはないが…」。

あちこちに聞き回る珍念だ。実は「転失気」は、医学書「傷寒論《しょうかんろん》」にあるという「〇〇〇」のことだった。実際にこの落語を聞いたときの楽しみにしておいてほしい。「傷寒論」とは、中国の後漢時代、二〇五年ごろに成立した医学書。

誰もいません。ためておかずに力いっぱい、はいどうぞ。

10月5日——佐々木《ささき》裁《さば》き

達磨《だるま》は、インドの国王の子息と伝わる仏教僧。五～六世紀を生き、中国に渡り、中国禅宗を開いた。五二八年十月五日に亡くなったとされ、この日が「達磨忌」。

京都大の西平直《にしひらただし》教授の公開講座に出席したのが縁で、著書『無心のダイナミズム』（岩波現代全書）を読んだ。そこに達磨の記述があった。

達磨は「無心論」を説いた。「心が不安だ」という弟子の慧可《えか》に「その不安を解消する。心を取り出してみよ」と達磨。心は取り出せない。

「もう、お前の心を落ち着かせることができた」。心とは実態のないもの。実態のない心が不安を起こしているのだから、不安そのものもないのだ。（以上、要約）

九年間、壁に向かって座禅をしたともいわれる。この粘り強さが、何度倒れても立ち上がる「起き上がりこぼし」として日本で広まり、大願成就のシンボルとなった。

達磨の起き上がりこぼしが出てくるのが「佐々木裁《ささきさば》き」。江戸では「佐々木政談」。

奉行、佐々木信濃守《しなののかみ》が、非番に田舎侍の格好をして市中を見回っている。そこに子どもたちが奉行ごっこをしていた。

奉行役の四郎吉が「佐々木信濃守である」と名乗る。頭を殴ったという「被告」の子どもが「お奉行さま。一つから十《とお》まで『つ』はそろっておりますか」と謎を掛ける。「『五つはいつつ』という。十につくべき『つ』が、ここにある。十まで『つ』はそろいおる」。本物の佐々木信濃守は感心してしまう。

後に佐々木信濃守が、四郎吉を奉行所に呼び出す。いろいろな問答を繰り広げ「与力とは」と問われ、四郎吉が、達磨の起き上がりこぼしを出す…。

桂梅団治《かつらうめだんじ》さんが、信濃守の威厳、四郎吉のかしこさとあどけなさを見事に表現した。

10月6日　ぜんざい公社《こうしゃ》

「お」をつけると、総じて丁寧な言葉になる。そうではないものに「お役所仕事」というのがある。なかなか用事が通らなかったり、ほかの部課に回されたりする様子をいう。

　これを払拭しようと立ち上がったのが千葉県松戸市の松本清《まつもときよし》市長（一九七三年死去）。一九六九年十月六日に「すぐやる課」を誕生させた。

　最初の仕事は、主婦から「子どもが熱を出した。夫は剣道大会に行っている」という電話だった。すぐやる課の課長、大会会場まで走り、夫を探し出した。

　松戸市にこの課は健在で、二〇一六年度には計二千八百四十八件の用件に対応したという。道路側溝のふたが壊れている、スズメバチの巣ができた、動物の死体がある、などの用件が多かったようだ。

　松戸市の試みは全国の自治体に広がり、十月六日は「役所改革の日」になっている。ところでこの松本市長、ドラッグ店「マツモトキヨシ」の創業者だ。

　これとは逆に旧態依然《きゅうたいいぜん》とした役所の様子を描く噺《はなし》が「ぜんざい公社」。

ぜんざい専門店を国が設置した。運営するのは「ぜんざい公社」。

　甘党の男、看板を見て食べたくなり店に入った。男は、住所、氏名、職業、役職を聞かれ、書類を作成され、健康診断を受けさせられる。ぜんざいに入れる餅は「焼く」という希望を伝えると、消防署の許可を取りに行かされる始末。

　大阪の三代目桂文三《かつらぶんざ》の作と伝わる。改作されながら成長を続け、東京にも大阪にもたくさんの演者がいる。

　昔昔亭桃太郎《せきせきていももたろう》さん、橘《たちばな》家蔵之助《やくらのすけ》さんたち、演じる人は多い。

　この落語は、聞いている方がいらいらして、腹が立ってくるから面白い。

10月7日―締《し》め込《こ》み

十月七日は十と七で、「盗難防止の日」。日本損害保険協会が制定している。

警察庁によると、二〇一七年の記録で、盗難のうち侵入窃盗《しんにゅうせっとう》が七万三千百二十二件。うち一般住宅の被害が三万七千二十七件発生している。会社や住居、倉庫などに侵入しての盗みが、一日平均二百件も起きている。

二十代のころ。給料日直後、部屋に置いていた財布から約八万円が無くなった。盗難と思わずに「どこかで使ったか。勘違い?」「友達が来て、後で連絡すると思って、持っていった」などの思いが巡り、警察に被害届を出しそびれた。

後日、警察から、別件で逮捕した容疑者が「あなたの部屋から盗んだと供述した。被害届を出すように」と連絡があった。金は戻らなかったが。

盗みは今も昔も身近な犯罪だ。だからか、泥棒の噺《はなし》は多い。

「締《し》め込《こ》み」を紹介する。

留守中に入り込んだ泥棒、着物などを風呂敷に包み込んだところに、家の亭主が戻ってきた。逃げようにも裏口はがけ。風呂敷包みはそのままに、台所の床下の物入れに入り込んだ。包みを見た亭主。「女房のやつ、男つくって出て行こうってつもりだ。これを売って路銀にしようって魂胆だ」。女房が湯から戻ってきた。もちろん夫婦げんか。

女房の言葉がすごい。男の啖呵《たんか》は「大工調べ」だが、女の啖呵はこの「締め込み」。女房は、昔、お前は私にこんなこと言ったんだ、と二人のなれそめを言い立てる。親しくなっていく様子がありありと再現され、けんかか、のろけか分からなくなってくる。昔、亭主は女房の心を盗んでいたのだ。

この噺は、桂《かつら》ひな太《た》郎《ろう》さんがいい。女房の啖呵をぜひ聞いてほしい。

10月8日――三人旅《さんにんたび》

「江戸っ子の生まれそこない銭をため」
無尽《むじん》、といっても分かりにくい。何人かが集まって金を出して、くじなどで当たった者がその金をもらえる、という仕組み。

　無尽に当たった男が、親父から「使ってしまわないと家に置かない」と言われて、友達二人を誘って京見物の旅に出た。これが「三人旅」。長い噺《はなし》だ。「神奈川宿《かながわしゅく》」「鶴屋善兵衛《つるやぜんべえ》」「おしくら」などと独立して語られ「祇園会《ぎおんえ》」で終わる。

　神奈川、小田原を通っていく道中で、がさつな三人連れ、騒動を振りまく旅となる。小田原で三人が馬に乗った。一人の乗った馬が、足が不自由。「こんな馬はおとなしいだろう」「一日一度は、乗った人を谷底へ放り込む。もうそろそろ…」「冗談じゃねえ、おろせ」

　その晩。宿屋での楽しみは、料理、酒のほか、やはり、その、小指の方。二人には、気に入った人がきた。ところが、一人の相方にやってきたのは九十歳を超えるおばあさん。翌朝、その男は「おらあ、ゆんべ三回便所に連れていった」とかんかん。

　十返舎一九《じっぺんしゃいっく》の『東海道中膝栗毛《とうかいどうちゅうひざくりげ》』（一八〇二年より刊行）に影響している。一九は落語にも詳しかったようだ。

　私のことだが。二〇一六年、直木賞作家葉室麟《はむろりん》、読売新聞記者の福留勉さんの三人で「定年旅行」として京都を旅した。大阪の飲み屋では、怖そうな兄さんが監視するように見られるわ、最後に大阪の天満天神繁昌亭《てんまてんじんはんじょうてい》の午前の部で締めくくるつもりが、休みだった。「取材不足」と怒られたのなんの。まるで「三人旅」のような小旅行だった。

　十月八日は、日本足袋《たび》工業懇談会による「足袋の日」だ。え、足袋？　まあ、旅にわらじと足袋はつきもので…。

10月9日　道具屋《どうぐや》

東京・上野と浅草の中間辺り、台東区松が谷に「かっぱ橋道具街」がある。妻とぶらぶらと歩いてみたが、商売、仕事、暮らしにかかわる道具が、何でもそろう商店街だ。

大正初め、水路の両側に古道具を並べる人たちが集まったことが、商店街に発展していったというから、歴史は古い。約八百メートルの商店街を東京合羽橋《かっぱばし》商店街振興組合が運営している。この組合が、語呂合わせで十月九日を「道具の日」に制定している。

大阪にも難波千日前《なんばせんにちまえ》に千日前道具屋筋商店街がある。必要とされる道具は売れる。道具を使えば、さらにそれに付随した道具も必要になる。道具店が一カ所に集まっていることで、相乗効果がある。規模の大小は別にして全国に同じような道具街があるのだろう。

「道具屋《どうぐや》」という落語がある。

与太郎がおじさんに呼び出され、怒られている。

「おめえ、遊んでばっかりっていうじゃねえか。今、お袋が泣いていたんだ」

「おじさん、色男はつらいね、年増泣かせた」

「お袋を年増ってのがあるか。おじさんが、道具屋の商売を教えよう」

「そこの行李《こうり》を開けてみろ。こののこぎりは、火事場で拾ってきた歯に柄をすげかえたやつ、この雛人形は首が抜けるから気をつけろ、木刀、股引《ももひき》、掛け軸も入っている。これを持って蔵前に行くんだ。おじさんの隣で店出している人に頼んでおいたから」

道具屋の符牒《ふちょう》で「ごみ」、まあ安物ばかりを持った与太郎が、新米の道具屋になる。客との珍妙なやりとりが繰り広げられる。

五代目柳家小《やなぎやこ》さん、柳家小三《やなぎやこさん》治《じ》さん、師弟で絶品の「道具屋」だった。

10月10日——まぬけの釣《つ》り

全日本釣り団体協議会と日本釣振興会が、十月十日を「釣りの日」に制定している。「トト」の語呂合わせからきている。「トト」は幼児語で魚のこと。

私が育った福岡県筑後地区では「ジジ」だった。トトろ変われば品変わるで、言葉も変わる。「カマトト」の意味は、知らないふりのこと。「かまぼこはトトなの?」とぶりっこをしている様子からきている。

日本では、釣りが遊びとして発展していくのは江戸時代。当然、釣り針やさおをつくる職人たちの技術などが、時代とともに高くなっていく。今は、競技の様相も見せている。

釣りが好きな落語家は三代目三遊亭金馬《さんゆうていきんば》、初代三笑《さんしょう》亭夢丸《ていゆめまる》、六代目笑福亭松喬《しょうふくていしょきょう》たちがいた。いや、もっといる。私は、釣りをしないが、私の句にこんなのがある。

うれしくも口はへの字の夏の釣り　宮原勝彦

釣りを商売にしている男が、与太郎と組んだから、この噺《はなし》が面白くなる。

「おしの釣り」がテレビ、ラジオ用に「まぬけの釣り」になった。

与太郎が言う。「七兵衛さん、釣りが好きだろ。それがばかだ。だってさ、長い時間かけて釣れるかどうか分からないのに釣りをして。それなら働いて魚買ったほうが利口だ」

七兵衛が「それがそうじゃない。殺生禁断《せっしょうきんだん》の池に行けば、魚は飢えているから、よく釣れる。問屋に持っていけば金になる」と得意満面。

役人に見つかったら「余命いくばくもない母親が魚を食べたいといいます。殺生禁断の池と知って参りました。母親の喜ぶ顔を見たら名乗って出る所存でした」と言い訳をするんだ、と二人一緒に釣りに出ることになった…。

福岡県大川市で、私たちが主催した落語会で、桂文朝《かつらぶんちょう》が演じてくれた。

10月11日―虱《しらみ》茶屋《ちゃや》

テレビでもおなじみだった八代目雷門助六《かみなりもんすけろく》は、一九九一年十月十一日に死去している。その数日後、私は講演をした。冒頭、講演テーマに全く関係のないこの助六の話をしてしまった。後で送られてきた講演要旨を読んで苦笑いした。

私は、助六を生で見る機会はなかった。心残りでもある。

浴衣に赤いステテコでたくさんの芸人が踊る「住吉《すみよし》踊り」は、夏の寄席《よせ》の呼び物。その指導者で中心的存在だった。また、助六の「操《あやつ》り踊り」は、絶品。糸でつるされた人形を表現した。両ひじが上がり、両手はだらりとぶら下がったまま、片方のかかとを中心に、コンパスを回すようにくるりと一回転する。

さらに。糸でつり上げられる様子。両足のかかとが浮き上がり、つま先だけで立ち、それから足の指の表、甲へと移り、崩れるように座り込む。これはＤＶＤとして販売されているようだ。

助六が得意にした「虱茶屋《しらみちゃや》」。踊りの素養が必要で、助六ならではだ。

シラミ。大きさ1ミリにもみたない寄生虫で頭に付くアタマジラミ、陰部に付くケジラミなどがいる。血液、体液を吸われ、かゆみに襲われる。

いたずらが大好きな旦那《だんな》。今日は、ガラス瓶《びん》にシラミを入れてきた。座敷で骨相占いをしようと、芸者たちの首筋の骨を見るふりをして、襟足《えりあし》にシラミを振りかけた。幇間《たいこもち》の一八には特に多く振りかけた。みんなむずむずし始める。

一八が踊るという。かゆみをこらえながら見せる踊り。これは見ものだ。

「操り踊り」も「虱茶屋」も息子である九代目雷門助六さんが引き継いでいる。

大変な苦労だろうが、次代につないでほしい。

10月12日――べかこ

絵師は一気に二頭の唐獅子《からじし》を描き上げた。足は大地を踏みしめてゆるぎがない。それに比べると、自分の龍《りゅう》は、自信のなさを勢いでごまかそうとしただけではないか。

「絵師に必要なものは気や。絵師の気は描こうとするものを生かさなならん。つまり、そなたの龍は死んでいて、わたしの唐獅子は生きている。その違いや」

直木賞作家葉室麟《はむろりん》の作品『墨龍賦《ぼくりゅうふ》』（ＰＨＰ研究所）から引いた。

自信たっぷりに話すのは狩野源四郎《かのうげんしろう》。その唐獅子の絵に驚いているのは、絵師の海北友松《かいほうゆうしょう》（一六一五年死去）。二人の出会いの場だ。源四郎は、狩野元信《もとのぶ》（一五五九年死去）の孫で、天才絵師といわれたのちの狩野永徳《えいとく》。

永徳は、豊臣秀吉、織田信長から絵の依頼を受けるなど、目覚ましい活躍をする。残る永徳の絵は少ないが「唐獅子図屏風《からじしずびょうぶ》」などを見た。その迫力に驚いた。

永徳は一五九〇年十月十二日（天正十八年九月十四日）、四十七歳で亡くなった。

永徳の鶏《にわとり》の絵が登場するのが「べかこ」。べかことはあっかんべーのこと。

上方《かみがた》の噺家《はなしか》泥丹坊堅丸《どろたんぼうかたまる》が、四国、九州に巡業に出た。どこも不入りで一座は解散。堅丸は、流れて佐賀武雄《さがたけお》の旅館に拾ってもらった。ここで一席、呼ばれて一席というち、評判を呼んで、城からお呼びがかかった。

城中で待たされる間、腰元たちのからかいの仕返しに、堅丸は、顔を崩して「あっかんべー」をやった。これが騒ぎとなり縛《しば》られ「鶏が鳴くまでは許さない」と言われた。

目の前の衝立《ついたて》には永徳の鶏の絵。堅丸は「永徳の鶏なら命がある。出てきて鳴いてくれ」。願いが通じ、鶏が絵から飛び出した…。

桂米朝は、鶏の絵の作者を永徳の孫探幽《たんゆう》（一六七四年死去）でやっていた。

10月13日―粗忽《そこつ》の釘《くぎ》

十月十三日は、引越専門組合連合会関東ブロックが制定する「引っ越しの日」。

江戸幕府が倒れ、一八六七年に大政奉還《たいせいほうかん》。一八六八年、王制復古令《おうせいふっこれい》が宣言されて、明治維新が一定の完成を見た。その後、明治天皇が、京都御所から江戸城への引っ越しを終えた同年十月十三日にちなんでいる。

テレビでは、大手引っ越し業者のＣＭを見ない日がない。引っ越しは、昔は大仕事だったが、業者のおかげで随分と楽になった。でも、最近は、引っ越し業者の従業員の人手不足がいわれている。人の荷物を扱う仕事、大変な苦労なのだろう。

落語では、本物の引っ越しとそうでない引っ越しがあることを教えてくれる。桂米朝《かつらべいちょう》が語っていた。「裏通りから表通りに出るように、よりにぎやかなところへ行くのがほんまもんの引っ越しや」と。

東京で「粗忽《そこつ》の釘《くぎ》」、上方で「宿替《やどが》え」。本物の引っ越しかどうかは定かではないが。

大きな荷物を背負って引っ越し先へと先に出た亭主が、やっと新居にきた。聞くと、顔見知りの犬のけんかを応援したり、出前持ちとぶつかり、道に迷ったり。

女房が、ほうきをかける釘を打ってくれと亭主に頼む。大工なのだ。調子に乗りすぎて、長めの瓦《かわら》釘を壁に突き通してしまう。「謝っといで」

慌てて道を隔てた向かいの家に行く。「うちは大丈夫ですよ」「いや、あのこんな、こんな長い釘ですよ」位置関係をやっと理解をする亭主だ。今度は釘の方向を見て確認して隣に行った…。

狸《たぬき》ばやしで、滝川鯉昇《たきがわりしょう》さんが、ひと味ふた味も違う演出で演じてくれた。

三遊亭小遊三《さんゆうていこゆうざ》さんも独演会でじっくりと聞いた。

10月14日 — 切符《きっぷ》 （桂梅団治作）

一八七二（明治五）年十月十四日、新橋—横浜間で日本初の鉄道が開通した。これを記念して十月十四日は「鉄道の日」。鉄道の敷設は続き、新橋—神戸間の東海道線が開通したのは一八八九（明治二十二）年。所要時間は約二十時間だった。

人々の暮らしが変わったが、落語界も変わった。落語家の東西交流が盛んになった。東京から大阪に行った落語家は二代目三遊亭円馬《さんゆうていえんば》、八代目桂文治《かつらぶんじ》たち。大阪から東京に行ったのは三遊亭百生《さんゆうていひゃくしょう》、桂小文治《かつらこぶんじ》たち。

居住という形でなくても、日々の交流で互いに噺《はなし》を教え合った。

江戸落語と上方落語と分かれていた噺が、両方で語られるのはこのためだ。出囃子、噺の途中で三味線や太鼓を鳴らす「はめもの」は大阪独特のものだったが、東京でも使われるようになった。

桂文朝《かつらぶんちょう》が「先輩が言っていました。『昔は、横浜まで行くのにも一泊でした』って」としみじみ話していた。今や東京—大阪間は新幹線で約二時間半だ。鉄道が誕生して百五十年。鉄道ファンが生まれるのも当然。「てっちゃん」という言葉をよく聞く。

「てっちゃん」で大阪の桂梅団治《かつらうめだんじ》さんが「切符」という落語を作っている。

酔っ払っている男が、大阪駅に来た。自分の行き先の駅をすっかり忘れている。親切な駅員さんだ。東海道線のどこかの駅だという男の行き先を思い出させようと、駅を一つ一つ読み上げていく。「違うなあ」「違う…」。最後には…。

狸《たぬき》ばやしで披露してくれた。

狸ばやしそばには、第三セクター甘木鉄道の松崎駅がある。梅団治さん、通過する一両編成のディーゼル列車に「おお」と歓声を上げてカメラを向けていた。

10月15日―笠碁《かさご》

「空によくこんなに、水があるねえ」。空を眺めながら、男が雨を憂いている。

　この場面で、「笠碁《かさご》」という落語は、梅雨の噺《はなし》かと思っていた。どうも違うようだ。季節を明確に示す物が出るわけではないが、これは「秋の長雨」らしい。

　演芸評論家のアンツルこと、安藤鶴夫《あんどうつるお》（一九六九年死去）が、名著『わが落語鑑賞』で笠碁は、秋の噺と書いている。その理由、特になし。昔からの習わしかもしれない。ということで秋の一五（囲碁）で「笠碁」は十月十五日にした。

「碁敵《ごがたき》は憎さも憎し懐かしし」。古い川柳が紹介される。

　碁仲間の男が二人。「上達するために今日はお互い、待ったはよしましょう」という約束で碁が始まった。ところが「待った」「約束ですよ。待ったなしです」「いや、これは待った、という程のことではなく、この手をよしてもらうだけです」「待てません」

　大人が、これだけ意地になるから碁は面白いのだろう。碁好きで知られる政治家の小沢一郎《おざわいちろう》さんと与謝野馨《よさのかおる》（二〇一七年死去）との対局と重ねたら失礼か？

碁の途中「へぼ」「ざる」と言い合うけんかになり、一人は帰った。

　長雨である。お互いが退屈で、退屈でたまらない。雨が続く。妻が気を使って「あのお宅へ行って碁を打ったら」と差し向けるが聞かない。一方の男も妻から「あのお方、お呼びに行ったら」。そんな声を聞かないのも、また似たもの同士。

　我慢できずに、雨の中出掛けて、相手の家の前を通る男…。ここは、この噺の世界に引き込まれよう。笠碁の見せどころ、見どころだ。

　五代目柳家《やなぎや》小《こ》さん、十代目金原亭馬生《きんげんていばしょう》ほか名演はいっぱい。大阪では桂《かつら》ざこばさん、その直伝で桂そうばさんが演じている。

10月16日——らくだ

十月十六日は「ボスの日」。

一九五八年、米国の女性が会社経営をする父親と従業員の関係を円滑《えんかつ》にするために提唱《ていしょう》したという。部下が上司を食事に誘ったり、プレゼントしたりする習慣があるらしい。

ボスというと、闇組織《やみそしき》の親分を思うが、上司、社長、政党党首などの意味がある。

「ボス」で最初に思いついたのが「らくだ」。

馬というが、本名不詳。「らくだ」というあだ名で乱暴者。この乱暴者が死んだ。

らくだの兄貴分で、丁の目の半次、あるいは手斧目《ちょうなめ》の半次、上方《かみがた》では「やたけたの熊」。身体中に傷がある男がやってきた。「ボス」だ。

「夕べフグを下げていたが、当たりやがった。葬式を出してやらないと…」。

屑屋《くずや》の久六が呼びつけられ、道具一式を取り上げられ、長屋《ながや》から香典を集めさせられ、大家には酒とにしめを持ってくるよう走らされる。拒んだ大家には、遺体を担ぎ込み「かんかんのう」を踊らせる半次と久六。

大家夫婦の驚きは想像を絶する…。

動物のラクダは、アジアやアフリカの砂漠にいて、日本にはいない。

岩崎均史《いわさきひとし》さんの『落語の博物誌』（吉川弘文館）に頼る。ラクダが初めて日本にきたのは一八二一年。オスとメスが長崎から入り、各地で見せ物にされながら江戸に入ったのは一八二四年。ほぼ同じころ、中国人の踊りが「かんかんのう」として長崎で踊られ、上方、江戸でも大流行する。

馬ほど精悍《せいかん》でなく、牛ほどの愛嬌がないラクダ。のそのそとしている人のあだ名になり、かんかんのうの流行が重なり「らくだ」という噺《はなし》を生んだ。（要約）

岩崎さんのおかげで原稿が楽だ。

10月17日――金満家族《きんまんかぞく》

（昔昔亭桃太郎作）

日本銀行貯蓄増強中央委員会（現、金融広報委員会）が一九五二（昭和二十七）年十月十七日に発足したのを記念して、この日を「貯蓄の日」に制定している。

勤労で得たお金を大切にしてほしい、との願いが込められている。

日本銀行と総務省によると二〇一六年の貯蓄総額は千七百五十二兆円。一世帯平均貯蓄は千八百二十万円という。

私の貯蓄は、平均貯蓄をはるかに下回っている。家のローンの残りと相殺すると…。うーん。悩んでもしょうがないか。落語を聞いて気楽に生きていこう。

「貯蓄の日」で思いついた落語が「金満家族《きんまんかぞく》」。

爆笑を呼ぶ落語家昔昔亭桃太郎《せきせきていももたろう》さんの作品。「金が欲しいという願望で出来上がった」という。NHKの『日本の話芸』でも放送された。

「あなた、この間、ポーカーやったでしょ」「うん、やった。勝ったような」「勝ったじゃないですよ。今日、そのお金が届いたんですよ、六十五億円。もう、お札が臭くて臭くて、どっかやってくださいよ」。この家の夫婦の会話だ。

今日のご飯が「宝石まぜご飯」。トイレが全部、金で造られ、どこが汚れているのか分からないのが妻の悩みだ。八百DKの家に住む。金を使おうと、プロ野球球団「巨人《きょびと》」を購入し、ドーム球場は庭に造ることにする。

子どもが大学を留年した。罰として小遣いを二千万円増やして五千万円にする。子どもが泣いて訴える。「勘弁して。そこの大学に行くのにハイヤーで九州一周して行っているのにー」

桃太郎さんのCDシリーズに入っている。そのCDでは師匠春風亭《しゅんぷうてい》柳昇《りゅうしょう》の思い出話やポール・マッカートニーさんなど、最高のまくらが楽しめる。

10月18日——寝床《ねどこ》

浄瑠璃《じょうるり》は、なかなか接する機会が少なくなった。明治時代に青春期を過ごした祖父（故人）は、集会所で、若い者が集まって浄瑠璃の稽古をしたと話していた。長唄とともに浄瑠璃は当時、大流行した。

博多座（福岡市）に、直木賞作家葉室麟《はむろりん》と人形浄瑠璃を見に行ったことがある。演題は『義経千本桜《よしつねせんぼんざくら》』だった。三味線に合わせた太夫の唄。聞き慣れてくると、確かに情愛豊かに唄われていることが分かる。あと何回か見れば、その魅力が分かってくると実感した。

浄瑠璃の中に義太夫節《ぎだゆうぶし》がある。その創始者竹本義太夫は、大阪の農家に生まれ、早くから浄瑠璃を修業。一六八四年に大阪道頓堀に竹本座を開設した。近松門左衛門《ちかまつもんざえもん》の作品を語るなど、大変な人気を博し、一七一四年十月十八日（正徳四年九月十日）に亡くなっている。浄瑠璃から竹本義太夫につながったが、この人の命日に「寝床」を紹介する。

この旦那《だんな》、義太夫を聞いているうちに稽古を始める。少し上達をしてくると、誰かに聞かせたい、という思いに駆られる…。自分の会を催すようになった。

おかみさんも旦那が義太夫の会をやりますという雰囲気になると事前に察知して、実家に帰ってしまう。

その義太夫の会の当日。長屋《ながや》の連中の出席を確認してきた二番番頭が、仕事があって忙しい、出産がある、風邪を引いているなどと、結果的に誰も来ないことを報告する。

気分を害した旦那は、長屋の連中を追い出し、店の者に暇を出すと宣言して、部屋に閉じこもった。さあ、番頭の出番だ。その懐柔策が見もの。

春風亭一之輔《しゅんぷうていいちのすけ》さん、旦那のすねる様子がめちゃくちゃ面白い。三笑亭《さんしょうてい》茶楽《ちゃらく》さんは、ベテランらしい落ち着いた寝床だった。

10月19日　外国人落語家《がいこくじんらくごか》

英語でどれぐらい意思疎通《いしそつう》ができるかをみる英語コミュニケーション能力検定「TOEIC」。語呂合わせから十月十九日が「TOEICの日」。国際ビジネスコミュニケーション協会が制定している。

日本の伝統芸能である落語だが六代目桂文枝《かつらぶんし》さん一門に、桂三輝《さんしゃいん》さんというカナダ出身の落語家がいる。外国人落語家はほかにもいる。

三輝さんの高座。英語を話す外国人が、コンビニで石けんを買おうとする。「石けん」と日本語で言っているのに店員が石けんを分かってくれない。「シャンプー髪洗う、手洗うシャンプーバージョン…。石けん。石けん、ね」

何のことはない。最初からハンドソープといえば店員は理解していた、という内容を話していた。

外国人落語家の第一号は、明治期にいた。初代快楽亭《かいらくてい》ブラックだ。いろんな本がその存在と活躍を紹介している。『古今東西落語家事典　諸芸懇話会＋大阪芸能懇話会編』（平凡社）で都家歌六《みやこやうたろく》がブラックを紹介している。

豪州生まれ。本名はヘンリー・ジェイムズ・ブラック。父は一八七二（明治五）年に『日新真事誌』という新聞を創刊。政府の圧力で廃刊し、父は上海に移った。ブラックは手品一座に雇われ、西洋手品師として寄席に上がった。

米国に行くが、再来日。寄席に上がったりするうち、一八九一年に三遊派に加入して快楽亭ブラックを名乗った。「べらんめえ」口調が受けて約十年間、スターの座にいたが一九二三年、東京で死去した。（要約）

二代目快楽亭ブラックさんが活躍中だ。かつては立川《たてかわ》談志《だんし》の元で修業した。父親が米国人だが日本国籍。英語はできないという。古典、新作、危うい噺《はなし》にも力を入れている。

10月20日　浮《う》かれの屑《くず》より

日本リサイクルネットワーク会議が一九九〇年に、十月二十日を「リサイクルの日」に制定している。

高度経済成長時代（一九五九〜七三年）の終焉《しゅうえん》、石油危機（一九七三年）が来て、大量生産大量消費ではなく、使ったものを資源として再利用する活動が盛んになった。缶、瓶、古紙、プラスチック、排水、汚水などがその例だろう。

江戸時代は、リサイクル社会だった。壊れた道具、鉄、布、紙など回収して、再利用した。落語でくず屋が、たくさん活躍するのも当然なのかもしれない。しかし、人口増加で大量のごみが出て、それを回収して海を埋め立てている。廃棄されるごみはそれなりに出ていたようだ。

上方《かみがた》に「浮かれの屑《くず》より」という落語がある。東京では「紙屑屋《かみくずや》」となる。

紙屑屋に居候をする男。「イソ公」と呼ばれるぐらい、居候が身についている。紙屑屋は、半ば怒って仕事の手伝いをさせる。「金物は金物、紙は紙、布は布と分けるんや」

教えに従って「金物は金物…」と鼻歌交じり。隣の稽古屋から三味線が聞こえてきた。それに合わせて歌い出す。一喝を受けて我に戻るが、屑の中から義太夫《ぎだゆう》の本が出てきた。「娘道成寺《むすめどうじょうじ》だ」。義太夫をうなり出す。唄、義太夫、踊り。演者にこの素養がなければできない。

現代とは違い、江戸時代にはリサイクルの前に、物を大切にする暮らしがあった。

「始末《しまつ》の極意《ごくい》」という噺《はなし》では「扇子を半分開いて使い、壊れたらもう半分を使えば倍に使える」と自慢する者もいれば「扇子を顔の前で開き、顔を振れば扇子は一生使える」と上には上がいる。しかしまあ、けちを自慢するようになったら、友達は増えない。

10月21日―提灯屋《ちょうちんや》

米国の発明王トーマス・アルバ・エジソン（一九三一年死去）が、照明の原型である白熱球を発明したのが一八七九年十月二十一日という。これを記念して日本照明工業会など三団体が、この日を「あかりの日」にしている。

日本では、行灯《あんどん》、ろうそくなどでわずかな光を頼りにしていた。ろうそくを入れた提灯《ちょうちん》は、江戸時代になって庶民に広がり、照明の一役を担った。

辞書を引くと「提灯持ち」というと、足元を照らす役目、そして人や物の長所を宣伝すること、その人をあざけっていう言葉、とある。提灯とは、「老人のしなびた陰茎《いんけい》」という意味も出てくる。「この提灯野郎」とは、そんな意味でもある。

提灯は、照明の道具としては出番が少なくなったが、祭り、盆踊りなど、風情を求める所には欠かせない。旅館、焼き鳥店などは、屋号が入った提灯は広告としても効果がある。昔は、各家に家紋入りの提灯があったようだ。

「提灯屋」という噺《はなし》。

町内に新装開店した提灯屋。「紋《もん》が描けなかったら提灯を無料で差し上げます」という広告を出した。長屋の連中は字が読めない。大家に読んでもらって意味を知ると、次々にその提灯屋を訪ねる。

「鍾馗《しょうき》が、大蛇を輪切りにした紋だ」「仏壇が地震に遭った紋」。判じ物、今でいうクイズで提灯屋を困らせる。字を読めない劣等感などは感じさせない。腕に職を付けて女房、子どもを養っている自負もある人たちだ。

大家が、わびを入れる意味で提灯屋にごく普通に提灯を注文するが…。

提灯も紋も、今の暮らしに遠くなり、演じる人は少なくなった。三遊亭小《さんゆうていこ》遊三《ゆうざ》さんが、博多・天神落語まつりでやったのが楽しかった。

10月22日——猫定《ねこさだ》

猫は人を襲うか？　私の家に野良猫が浸入した。ドアを開けて逃がそうとしたら、奥へと行った。仕方なく取り押さえたが、かみつくなどの抵抗を受け、腕などは血だらけ。

日本の民俗学の先駆者柳田国男《やなぎたくにお》（一九六二年死去）が一九一〇年に発表した『遠野物語』に、こんな話が紹介されている。

妻が一人で留守番中、飼っている猫が、妻に浄瑠璃《じょうるり》を語って聞かせ「誰にも言うな」と念押しした。後日。夫を訪ねてきた和尚が話す。寺でキツネが踊っていた。そこに赤い手ぬぐいを付けた猫が来て一緒に踊り始めた。その猫は、この猫だと。

妻が、猫の浄瑠璃語りを夫に告げると、猫は夜のうちに妻ののどをかんで殺し、姿を消した…。（要約）

ニャンニャンの「猫の日」。今日は、猫が敵《かたき》打ちをする「猫定《ねこさだ》」。

定吉が、殺されようとする黒猫をもらった。妻が猫嫌いで、懐に入れている。猫は、鳴き声でさいころの目を教えることが分かった。勝ち続ける定吉。猫定というあだ名がついた。

定吉は、事情で江戸を離れ、妻に猫の面倒を見るように頼み二カ月ほど留守にした。妻は、別の男と仲良くなり、定吉がじゃまになる。知らずに帰ってきた定吉、ばくち場へと行ったが、猫は鳴かない。帰る途中、竹槍《たけやり》で横腹を突かれた…。

この後。黒猫は、刺した男ののどをかみきり、不義をした妻ののどもかみきり、敵を討つ。さらに、葬儀に集まった人の前で、定吉夫婦の遺体を立ち上がらせる…。猫の恩返しであり、一方で妖術のすさまじさを見せる。

時間を要するし、熟練も要る。寄席《よせ》で聞ける噺《はなし》じゃないようだにゃー。

10月23日——代脈《だいみゃく》

世界で最も早く全身麻酔による手術をしたのが、日本人の医師華岡青洲《はなおかせいしゅう》（一八三五年死去）だ。

現在の和歌山県紀の川市で、宝暦《ほうれき》十年十月二十三日（一七六〇年十一月三十日）に生まれた。京都で漢方医学を学び、のちにオランダ医学などで外科を学んだ。

麻酔薬《ますいやく》を開発していく際、母、妻が実験台になった。母が亡くなり、妻は失明した。苦労を重ねて一八〇四年、六十歳の女性に全身麻酔をして、乳がん摘出に成功している。

医塾春林軒《しゅんりんけん》を開設して、たくさんの後継者を育てている。その数は千人に達するという。中でも本間棗軒《ほんまそうけん》（一八七二年死去）は、水戸藩の徳川斉昭《とくがわなりあき》（一八六〇年死去）の侍医になっている。

華岡青洲は、江戸時代の名医といえそうだ。

落語国にも名医がいる…、いや、迷医ばかりだ。見立てより夜遊びが得意だったり、うわばみに飲み込まれたりする。

「代脈《だいみゃく》」の尾台良玄《おだいりょうげん》は名医かもしれない。立ち振る舞いも見事で貫禄もある。しかし、物語の中心は弟子の銀《ぎん》南《なん》に移る。

良玄が、診察したお嬢さんの下腹を触ったところおならが出た。そばにいる母親に「最近、耳が聞こえず難儀している」とさりげない会話でお嬢さんを安心させた。

良玄が忙しく、そのお嬢さんの診察に弟子銀南に行かせることになった。良玄は、お嬢さんの下腹は触らぬように指導する。これができる銀南じゃなかった…。

代脈とは、担当医ではない医者が診察することだ。

笑福亭仁鶴《しょうふくていにかく》さん、最近、春風亭一之輔《しゅんぷうていいちのすけ》さんで聞いた。

10月24日──紋三郎稲荷《もんざぶろういなり》

茨城県笠間市の笠間稲荷《いなり》神社。創建は六五一年と伝わり、日本三大稲荷の一つ。農業、水産業、工業など、産業全般への御利益があるとされ、信仰を集めている。

笠間稲荷神社を大切にした旧笠間藩主井上正経《いのうえまさつね》（一七六六年死去）の一族に紋三郎《もんざぶろう》という人がいて、利根川周辺に多くの功徳を施した。このことから、この稲荷神社は「紋三郎稲荷」とも呼ばれる。

笠間稲荷神社では、恒例行事として「笠間の菊まつり」が十月二十一日から十一月二十六日まで開かれている。一九〇七（明治四十）年に始まった歴史ある菊まつり。境内には色鮮やかな大輪、懸崖《けんがい》、菊人形など約一万点が並ぶ。

この笠間稲荷神社を舞台にした「紋三郎稲荷」という噺《はなし》がある。

笠間藩主が、牧野氏になっていたころ。牧野氏の家臣山崎平馬《やまさきへいま》は、参勤交代で江戸勤番になったが、風邪で一同の出立より二、三日遅れて出発した。一行に追いつこうと、駕籠《かご》を頼んだ。

駕籠賃を値切らなかった。駕籠屋の二人「稲荷さまじゃなかろうか。しっぽもある」などと話している。平馬は、羽織の下にキツネの毛皮を着込んでいた。しっぽが駕籠の外にぶら下がっていた。

これが平馬の耳に入った。面白がってしっぽを動かした。驚いた駕籠屋に「私は稲荷さまの親族である」と言ってしまった。駕籠屋は得意になって吹聴《ふいちょう》する。

平馬が泊まる松戸の旅館のあるじにも話したものだから、稲荷信仰の強いあるじは大のもてなしよう。近所の者も平馬の部屋に賽銭《さいせん》を放り込む始末…。

桂歌助《かつらうたすけ》さんで聞いた。二代目三遊亭円歌《さんゆうていえんか》が得意だったとか。コーン度はいつ聞けるか。

10月25日―深山隠《みやまがく》れ

江戸時代、最大の内乱といわれた島原の乱は、寛永《かんえい》十四年十月二十五日（一六三七年十二月十一日）、現在の長崎県南島原市で起こった。百姓の酷使、重い年貢《ねんぐ》への不満、禁教令などが加わり、武士、領民が原城に立てこもった。その中心になったのが天草四郎《あまくさしろう》だ。

その一揆軍に森宗意軒《もりそういけん》という人物がいた。南島原市から島原湾を隔てた熊本県上天草市に森宗意軒神社がある。上天草市教委に尋ね、紹介してもらった『Q&A天草四郎と島原の乱』（鶴田倉造著、熊本出版文化会館）によると、森は、大阪で神職をしていて、娘がキリシタン大名小西《こにし》行長《ゆきなが》（一六〇〇年死去）の妻になったという。

行長に仕え、朝鮮出兵で、物資を運ぶ船頭として参加したが、遭難し南蛮船《なんばんせん》（ポルトガル、スペインの船）に助けられ南蛮、オランダに渡った。この時、火を使う術や、医学の外科を学んだとも。

大阪の陣（一六一四、一五年）では、真田信繁（幸村）軍として戦い、敗れて天草に逃れた。島原の乱では、兵糧《ひょうろう》担当をし、四郎の相談役だったという。（要約）

この森宗意軒の妻が登場する噺《はなし》がある。「深山隠《みやまがく》れ」。壮大な戦いが描かれる。

天草で女を首領とする盗賊が悪事を繰り返していた。男たちが山に入り戦いを挑むが、戻らない。庄屋の長男が敵討《かたきう》ちに行くがやられる。今度はその弟が挑んでいく。

弟は、手下たちを斬り、女首領も倒した。最後におどろおどろしい老婆が出てきた。「わたしは森宗意軒の妻じゃ。訳あって千人の生き血を捧げておる。そなたがその千人目…」

大活劇だ。芝居噺も含め、これだけ人が死ぬ噺は珍しいと思う。

露《つゆ》の五郎兵衛《ごろべえ》、桂吉朝《かつらきっちょう》が演じていたようだが、生で聞かないなあ。

10月26日——軽業《かるわざ》

シルク・ドゥ・ソレイユ（カナダ）、ボリショイ・サーカス（ロシア）など、サーカスが日本でも人気だ。人の技と大道具を駆使するソレイユ、人の技はもちろん、熊、馬などの動物が加わるボリショイ。それぞれに特徴があって面白い。

シルク・ドゥ・ソレイユの福岡公演中、主催者である西日本新聞社の一人として会場に詰めたことがある。

会場裏には、団員の子どもたちのためのテントの学校があり、複式学級のようにして勉強していた。人を楽しませる仕事をする人たちは、苦労も多いのだろう。世界各地へと団員たちに付いていく子どもたちだ。

サーカスは曲馬団《きょくばだん》といった。一八七一（明治四）年十月二十六日、東京・招魂社（現、靖国神社）であったフランスのスリエサーカスが公演したのを記念して、この日が「サーカスの日」になっている。一八六四年にもサーカス公演があった記録がある。

落語でサーカスといえば「軽業《かるわざ》」だろう。上方落語「東の旅」の一つだ。

伊勢参りの途中の喜六、清八。村に来ると、神社の普請がなって祭りが開かれている。見世物小屋が並ぶ。呼び込みが「山からとれた一間の大イタチ」と言うので金を払って入ると、大きな板に血が付いている、といういんちき。

あっちこっちでだまされ「軽業」の小屋に入った。口上も見事。そして出てきた軽業師が、綱渡りを見せる。

落語家が、扇子を横にして、その上を人差し指、中指を人の足に見せてその様子を表現してくれる。技はもっとたくさん出てくる。

高座で本物をごらんあれ。私もテレビでしか見ていない…。綱渡りのような原稿だ。

10月27日　粗忽長屋《そこつながや》

米国の第二十六代大統領オセドア・テディ・ルーズベルト（一九一九年死去）は、日露戦争（一九〇四〜〇五年）の停戦勧告をして、米国人初のノーベル平和賞を受賞している。その後、ルーズベルトは、軍事力を増していく日本を警戒する立場になっていく。

この大統領、一九〇二年秋、趣味の熊狩りに出た。収穫はなく、ハンターが何とか収穫をと熊を捜し、一頭を追い詰めルーズベルトに仕留めるよう促した。熊は追われる途中でけがをして、動けなかった。

ルーズベルトは「ひん死の熊を撃つのはスポーツマンシップにもとる」と撃たなかった。熊は生きることになった。「番記者」が、それをワシントン・ポストに掲載した。この話が広がり熊のぬいぐるみが「テディベア」と呼ばれるようになった。ルーズベルトの誕生日十月二十七日が「テディベアの日」。

死んだはずの熊が生きていた。落語「粗忽長屋《そこつながや》」の一席。行き倒れがあって、人がたかっている。八五郎が死人の顔を見て驚いた。同じ長屋《ながや》に住む熊五郎だ。役人に言うと、身元が分かってよかったと喜ぶ。八五郎が「今朝ね、顔を見たらぼーっとしていた。そそっかしいから自分が死んだのを気付かないでいる」

この人は昨日の夜から死んでいたのだ。役人が人違いを説明しても「いえ、当人を連れてきます」。長屋に帰ってきた。「熊、おめえ死んでいたぞ。遺体を引き取りにいくからついて来い」「兄い、俺死んだのか？　気がつかなかった…」

これから二人して、遺体を引き取りにいくからおかしみが増す。

この噺《はなし》は四代目柳家小《こ》せん。寄席《よせ》で出会うたびにこの噺をやっていた。

熊といえば、熊本県のくまモンだ。ルーズベルトにだって握手するモン。

10月28日――怪《かい》談《だん》牡《ぼ》丹《たん》燈《どう》籠《ろう》

十月二十八日は速記記念日という。その理由が、永井啓夫さんの『新版三遊亭円朝《さんゆうていえんちょう》』（青蛙房）の記述で分かる。田鎖綱紀《たくさりこうき》（一九三八年死去）は、日本語での速記術に取り組み、演説などで練習し『日本傍聴筆記法』を発表した。一八八二（明治十五）年十月二十八日、東京日本橋で速記講座を開講した。速記記念日はこの日にちなむ。

夜間学校の同級生の若林玵蔵《わかばやしかんぞう》（一九三八年死去）と酒《さか》井昇造《いしょうぞう》（一九一四年死去）は、この講座に参加。最後まで受講したのは、二人を含めた十七人で半分以下になった。若林と酒井が、政治家の演説を速記したものが、新聞社に提供されるようになった。

二人の速記を活用して、生で見るしかなかった三遊亭円朝の語りを本にすることになった。一八八四年、『怪《かい》談牡丹燈籠《だんぼたんどうろう》』が本になった。これが売れた。

円朝のしゃべりがそのまま本になったことが、作家二《ふた》葉亭四迷《ばていしめい》（一九〇九年死去）たちにも影響し、文章を文語体から口語体にする言文一致《げんぶんいっち》運動につながっていく。

若林は衆院速記主任、酒井は国会速記者になっている。

「怪談牡丹燈籠」は円朝二十五歳時の作品。「お露新三郎」「お札はがし」「栗橋宿」「関口屋のゆすり」に分けて語られる長編怪談だ。芝居、映画にもなっている。

旗本の子息新三郎にお露という恋人ができた。女中の案内で「カランカラン」と下駄の音をさせて、新三郎の家に通ってくる。しかし、お露は、既に死んでいた…。

「お札はがし」を柳家喬太郎《やなぎやきょうたろう》さんで聞いた。三遊亭円《えん》生《しょう》、桂歌丸《かつらうたまる》、ほかのCDがある。演者は多い。

10月29日――高津《こうづ》の富《とみ》

第二次世界大戦で日本は一九四五（昭和二十）年八月、無条件降伏を受け入れた。日本の主要都市が焼け野原になり、生活者を襲ったのは物資不足と貧困。

無謀な戦いに突き進み、国民を犠牲にし、多額の戦費を使ったつけはあまりにも大きく、夢と希望を見いだすにはまだまだ、時間がかかった。

戦後初、第一回宝くじが売り出されたのが、同年十月二十九日。一枚十円で、当選金十万円。たばこ、大根などが景品に付けられたという。六坪（二十平方メートル）の住宅が千五百円だったころ。当せん者は、どんな使い方をしたのだろうか。

江戸時代は、寺や神社の修復、新築費を賄うため、幕府公認で、寺社が富くじを売り出した。一攫千金《いっかくせんきん》を夢見た庶民たちが熱狂したようだ。

そんな様子を描いた噺《はなし》がいくらかある。大阪で「高津《こうづ》の富《とみ》」として語られ、江戸に移って「宿屋《やどや》の富《とみ》」になる。旅人が、宿屋のあるじに話している。「泊めてくれますか。あたしは大名に金を貸していて、取り立てに回っている途中。この間、家に泥棒が入ったが千両箱七十五しか持っていかなかった。最近の泥棒は情けない」。もちろんうそだ。

あるじは、副業に富くじを売っており、一分で売りつけた。「一番くじに当たると、私が千両出すのかい？　もらえる？　それじゃ当たったら半分、あるじにやろう」旅人の持ち金はその一分。文無しになったが、宿代などは踏み倒して逃げようとの計略だ。高津神社での抽選日がきた…。

番号を見比べていくと同時にその驚きをどう表現するのか。見せ所だ。

狸《たぬき》ばやしでは、古今亭志《ここんていし》ん上《じょう》さん（現、桂《かつら》ひな太郎《たろう》）の名演があった。

10月30日――紺屋高尾《こうやたかお》

明治期の半ば、まだまだ男女の意思による自由な結婚ができなかった時代。詩人で作家の島崎藤村《しまざきとうそん》（一九四三年死去）は、一八九六（明治二十九）年十月三十日に『文学界』で作品「初恋」を発表した。

まだあげ初めし前髪の　林檎《りんご》のもとに見えしとき　前にさしたる花櫛《はなくし》の　花ある君と思ひけり　やさしく白き手をのべて　林檎をわれにあたへしは　薄紅の秋の実に　人こひ初めしはじめなり『藤村詩集』（新潮文庫）の「初恋」より。

水に溶ける絵の具のような思いを見る。六十を過ぎたおじさんなのに…。

藤村が、私塾の教師として長野県小諸市に来たのが一八九八年。よく通った温泉宿が今の旅館「中棚荘」。その中棚荘が、十月三十日を「初恋の日」に制定している。落語で初恋が描かれているのか？「紺屋高尾《こうやたかお》」を見てみる。

真面目一本の紺屋（染め物屋）の職人久蔵。三浦屋の高尾太夫《たゆう》の花魁《おいらん》道中を見て、恋患いして寝付いてしまった。初恋だ。

大名だって振ることができる太夫と聞いて、諦《あきら》めていた。「なあに、売り物に買い物だ。金をためろ。三浦屋に連れて行ってやる」と励ます親方だ。

三年が立ち、たまった給金は十三両。親方が足して十五両にしてやった。医者に頼んで、久蔵は大金持ちになりすまして高尾太夫と会うことができた。

高尾は、久蔵に次はいつ来るかと尋ねた。久蔵は、うそをわびて全部を話し、また給金をためて三年後に必ず来ると涙ながらに訴えた。正直さが高尾太夫の心を打った…。

高尾太夫は、実在の花魁。初代から十一代までいたとの説がある。この噺のモデルは五代目らしく、神田の紺屋九郎兵衛の妻になり、ここで染める手ぬぐいが流行したという。

狸《たぬき》ばやしで立川生志《たてかわしょうし》さんが、独自の演出を加えて好演してくれた。

10月31日 ―― 禁演落語《きんえんらくご》

一九三七（昭和十二）年の盧溝橋《ろこうきょう》事件で始まった日中戦争。三八年には国家総動員法成立。三九年、国民徴《ちょう》用令《ようれい》施行。四〇年、大政翼賛会《たいせいよくさんかい》発足。四一年、治安維持法が全面改正された。

一億総活躍…、じゃなかった「進め一億火の玉だ」が歌われるのが四二年。ほかにも戦意高揚の歌、講談、映画などが、続々と登場する。さて落語は？

演芸評論家の矢野誠一《やのせいいち》さんが著書『ぜんぶ落語の話』（白水社）で紹介している。

「脳天気に生きる人物を高座にのせてよしとしてきた落語家には戦時体制邁進の軍事色を打ち出す新作は似合わない」「戦時体制にそぐわない五十三演目に禁演処置をとることで自粛の姿勢を当局に示した」（要約）。とはいえ、時局に迎合する戦意高揚落語は作られ、上演もされている。禁演五十三演目の主な演題は次の通り。

明烏、居残り佐平次、お見立て、親子茶屋、紙入れ、蛙茶番、子別れ上、権助提灯、三枚起請、品川心中、高尾、辰巳の辻占、付き馬、つるつる、二階ぞめき、錦の袈裟、引っ越しの夢、不動坊、文違い、木乃伊取り、宮戸川、山崎屋、悋気の独楽、六尺棒など。

これらは、四一年十月三十一日、東京・本法寺の「はなし塚」に葬《ほうむ》られた。その三十八日後の十二月八日に日本軍（当時）は真珠湾を攻撃、太平洋戦争に突入した。

倫理観を振り回せば、よろしくないことばかり。しかし、人のだらしないところを描くのが落語の本質でもある。戦争のために、落語家は落語本来の姿を否定せざるを得なかった。戦争は、あるべき姿を変えてしまう恐ろしい力を秘めている。

「禁演落語」は一九四六年九月三十日の「禁演復活祭」まで葬られていた。

落語を自由に楽しむ時代は守り続けたい。笑いごとじゃない。

はなし塚　本法寺（東京都台東区）

【十二月】

11月1日——鴻池《こうのいけ》の犬《いぬ》

十一月一日は「わんわんわん」で「犬の日」になっている。ペットフード工業会など六団体が一九八七（昭和六十二）年に制定している。犬のことをもっと理解しよう、との願いも込められている。

　赤ちゃんができた女性には戌《いぬ》の日に、おなかに帯を巻くお祝いがある。犬は安産で、子育てが上手なのだ。

　犬といえば「鴻池《こうのいけ》の犬《いぬ》」という噺《はなし》がある。

　鴻池とは、いわずと知れた豪商・鴻池善右衛門のこと。初代善右衛門（一六九三年死去）は、兵庫から大阪に移り、海運業を興し、両替商も始めた。二代、三代が業務を拡大。十代目で明治維新（一八六八年）を迎える。戦後の財閥解体で打撃を受けた。

　この鴻池が絡む噺だ。

　商店の前に三匹の子犬が捨てられた。黒、白、ぶち。丁稚《でっち》がかわいがるのをあるじは見て見ぬふり。すると、男が、「黒犬がほしい。日を改めてまた来る」という。

　後日。その男が反物、酒、鰹節《かつおぶし》などを持って黒をもらいにきた。聞くと鴻池善右衛門の使いで「養子縁組」の品という。大切に育てられた黒は、「鴻池の黒」として大阪中のボス犬となった。

　そこにいじめられながらやってきた犬がいた。見ると昔、一緒にいたぶちだ。「弟ではないか」「あー兄さん」。聞くと、白とは死に別れ、放浪の旅の途中。黒は、弟にたくさんの食べ物を与えてかわいがる…。

　三匹の犬の人生、いや「犬生」が描かれる。雀松《じゃくまつ》時代の桂文《かつらぶん》之《の》助《すけ》さん、ワンダフルな高座だった。

11月2日—無精床《ぶしょうどこ》

『雨降り』『待ちぼうけ』などの童謡で知られる福岡県柳川市出身の北原白秋。歌人、俳人でもある。戦争のさなか一九四二（昭和十七）年十一月二日に亡くなった。

この日は、柳川市が「白秋祭式典」を開催し、公募した詩の優秀作朗読などをして白秋を顕彰している。柳川市観光協会なども命日に合わせて一〜三日は、川下りの「どんこ舟」で、市街地を巡る掘割（水路）で水上パレードなどを実施し、観光客を楽しませる。

私もこの水上パレードのどんこ舟に乗ったことがある。晩秋の夜。結構冷える。あちこちの舟から「はくしゅうん」。くしゃみも白秋をたたえる。

北原白秋作詞、山田耕筰作曲の『あわて床屋』という童謡がある。

春は早うから川辺の葦に　カニが店出し床屋でござる
ちょっきんちょっきんちょっきんな

リズミカルで踊り出したくなるような歌だ。今も時々口ずさむ。

カニの店にやってきたのがウサギだ。兎にかく、急いでいる。あんまりせかされるし、耳はぴょこぴょこ動くから、慌てたカニはウサギの耳をちょんと切り落とす。

落語にもこれによく似たことが描かれる。「無精床《ぶしょうどこ》」だ。行きつけの床屋に行きそびれ、男は初めての床屋に入った。掃除はされていないし、水桶《みずおけ》にはボウフラが泳いでいる。飼っているという。弟子の小僧がひげをそり始める。刃が皮膚に引っかかる。親方が見ると「ばかやろう。このカミソリは、下駄の歯を削ってる方じゃねえか」。

店先に犬がいる。「また来やがったな。昨日、切り落とした耳をやったんだ」。ここまでくれば無精どころではない。

ところで。私が理髪店に行っても誰も気づかない。

11月3日——安産《あんざん》

十一月三日は「文化の日」。自由と平和を愛し、文化をすすめる日。

明治天皇（一九一二年死去）の誕生日で、戦前は「明治節」という祝日だった。

「いいお産の日」でもある。一九九四年のこの日、いいお産の日実行委員会が、出産に絡むイベントを開催したのを機に制定されている。

出産というと、落語では「町内《ちょうない》の若《わか》い衆《しゅう》」（十二月二十二日）で、間もなく出産する女性が登場し、「子ほめ」（二月二十六日）では、友達に出産祝いを出した代わりに酒をごちそうになろうという男が活躍？する。

「妾馬《めかうま》」（九月六日）も、八五郎の妹・鶴《つる》が殿様の子、お世取りを生んだことから物語が始まる。「七度狐《しちどきつね》」（四月二十四日）では、身ごもった女性が死に、土葬後に子が生まれたらしく、幽霊となって赤ちゃんをあやしながら寺の廊下を歩く。庵主《あんじゅ》に化けたキツネの脅し文句だけど。

出産が絡む噺《はなし》は、まだまだありそうな気がする。珍しい噺で「安産《あんざん》」というのがある。

夫婦に初めての子が生まれる。粗忽者《そこつもの》で知られる夫は、気が気ではない。産気づいた妻を見て産婆《さんば》を呼びにいく。経験豊富な産婆は、心得たものでゆっくり歩く。「これでちょうどいい」というが、男はじれったい。

産婆が家に着くと、産婆の言う通りお湯の準備を始める。へっつい（竃《かまど》）にまきと間違えゴボウを入れたりする。「天照皇大神宮《てんしょうこうだいじんぐう》さま、塩竈《しおがま》神社さま、梅の宮神社さま」と安産の神様を並べている…。

聞いたことがない。短くまとめる噺で、落語家にとっては「難産」な噺かも。

11月4日　初音《はつね》の鼓《つづみ》

源義経《みなもとのよしつね》（一一八九年死去）は、悲劇の主人公として伝わる。一一五九年の平治の乱で平清盛《たいらのきよもり》（一一八一年死去）に源義朝《みなもとのよしとも》（一一六〇年死去）が敗れ、義朝の九男義経は幼くして鞍馬寺に預けられた。

少年時代、牛若丸としてのエピソードは多い。のちに奥州平泉の豪族藤原秀衡《ふじわらのひでひら》（一一八七年死去）の庇護《ひご》を受けた。

平氏に対抗した兄・頼朝（一一九九年死去）が一一八〇年に挙兵すると、義経も挙兵。まず源義仲を破り、一の谷、屋島、壇ノ浦の戦いで平氏を破った。義経は、後白河院の信頼を得たことから、頼朝から敵視され、逃亡の身となり自刃《じじん》する。悲劇だなあ。

義経を支えたのが佐藤継信《つぐのぶ》（一一八五年死去）と佐藤忠信《ただのぶ》兄弟。継信は讃岐（香川県）屋島で義経を矢から守って戦死。忠信は、船が遭難し義経と離れ、京都でかつての味方に襲われ一一八六年十一月四日（文治二年九月二十二日）に死んだ。

義経、佐藤兄弟が絡む「初音の鼓」を紹介する。

古道具屋が、殿様に「初音《はつね》の鼓《つづみ》」を持ってきた。初音の鼓は、後白河院から義経が賜《たまわ》ったという名器。たたくと生き物が現れるという。

殿様が縁側に出て鼓をたたこうとしたが、「夫」（ぶ＝奉仕活動のこと）で庭を掃除していた百姓が目障りになったらいけないと縁の下に隠れた。

殿様が鼓を打つので、百姓は縁の下から出てきた。「なんじゃ」「夫です」「何の夫だ」「ただの（普通の）夫です」「忠信？　屋島の合戦の話をしろ」「知りません」「ならば、誰に聞けばよい」「（自分は仕事が終わったところで）次の夫（継信）に聞いてください」

「初音の鼓」は、別の内容の噺もある。

11月5日　持参金《じさんきん》

島根県松江市にある神話の国・縁結び観光協会が十一月五日を「縁結びの日」に制定している。「いいご縁」の語呂合わせという。

旧暦の十月を神無月《かんなづき》というのは、全国の神様が出雲大社に集まって神様がいなくなるから。島根県では神有月《かみありづき》と呼ぶのだそうだ。

神様が、「そっちの男とこっちの女、どうだい」とわいわいがやがや縁結びをする小話もある。人は縁がなければ出会わない。出会っても、また次に会わなければ、友達にも恋人にも、夫婦にもなれない。縁は本当に不思議だ。

「金の切れ目が縁の切れ目」という。この噺《はなし》は、その逆で「金がなかったために、夫婦の縁ができる」という「持参金《じさんきん》」を紹介する。

長屋のやもめに、商家の番頭が訪ねてきて、随分前に貸した二十円の返済を求めた。あいまいな返事をして番頭を帰した入れ替わりに、大家が来て「嫁をもらう気はないか」

訳ありで、おなかに子がいて間もなく生まれるという。これを承知なら二十円の持参金を付けようという。やもめは、目の色が変わった。二十円付きの嫁が夕方、やってくることになった。

また、番頭が来て催促だ。「番頭さん、夕方には二十円返せます」。安心した番頭が打ち明け話。「店の女とややこしい関係になって子ができた。解決がつかないうちに臨月や。大家に相談すると二十円の持参金でもつけたら貰《もら》い手はあるだろう。その貰い手があったんだと…」。

二十円はいつくる?……。

十返舎一九《じっぺんしゃいっく》の『東海道中膝栗毛《とうかいどうちゅうひざくりげ》』にも「持参金」同様の話が登場する。その関係性を調べてみる。

実は店の女と…
夕方には
二十円が
持参金
二十円…!
光

11月6日 ― 御見合中《おみあいちゅう》（昔昔亭桃太郎作）

十一月六日は、「お見合い記念日」という。

一九四七（昭和二十二）年のこの日、結婚紹介雑誌「希望」が、第二次世界大戦で婚期を逃した人のために、集団見合いを行った日。二十代から五十代の男女三百八十六人が、多摩川河畔に集まって見合いをした。

戦前は、家同士の約束で結婚が成立するなど、圧倒的に見合い結婚が多かった。国立社会保障・人口問題研究所の調査がある。

一九六五～六九（昭和四十～四十四）年で、恋愛四八・七パーセント、見合い四四・九パーセントで初めて恋愛が上回った。直近の二〇一〇～一四年は恋愛八七・七パーセント、見合い五・五パーセントで恋愛が圧倒している。百パーセントに満たないのは「不明」が含まれるから。

見合いといえば滝川鯉昇《たきがわりしょう》さんだ。著書『鯉のぼりのご利益』（東京かわら版）で見合いを八十六回したことを紹介している。中には「帰っていいですか？　主人のご飯を用意しなければ」と、既婚者も相手になっていた。

鯉昇さんの兄弟子昔昔亭桃太郎《せきせきていももたろう》さんがこれを元に「御見合中」という創作落語を作っている。

ジミ川テツオさん三十歳が、八十七回目の見合いに挑む。相手はハデ山ユリコさん二十九歳。草食系男子、肉食系女子と思われる。見合いでリードするのはユリコさんだ。

「あなた、趣味は？　私読書。ドストエフスキー、スポーツはテニス…」「私は、のぞき見、クレヨンしんちゃん、ゲートボール」「随分地味なのね」

話すうちにユリコさんの正体が見えてきた。年齢はもっと、結婚歴あり、子どもあり…。

桃太郎さんがCDを出している。一九六七年に無くなった寄席《よせ》人形町末広の思い出話などが楽しい。

11月7日 鍋草履《なべぞうり》

気が付けば立冬のころ。風が冷たくなった。鍋《なべ》が恋しくなるころ。十一月七日は、愛媛県の食品会社ヤマキが制定する「鍋の日」だ。

鍋といえば「鍋草履《ぞうり》」という噺《はなし》がある。桂歌丸《かつらうたまる》が、文字で残っていた噺を独自の演出を施して一席に仕上げたという。歌舞伎見物の噺。歌舞伎に詳しい歌丸。まくらで歌舞伎の四方山話が聞けると、得した気分になった。

芝居の最中。客席から注文を受けた鍋料理を運ぶ若い衆が、わずかの間、鍋を階段に置いたのが間違いだった。勢いつけて降りてきた別の客が鍋に足を突っ込んだ。

鍋を作り直そうとすると、先輩が「だまってりゃ分からない」と、客にそのまま出した。腹をすかせて待っていた客。鍋のふたを開けて喜んだ。「粋《いき》なもの持ってきやがる。崩し豆腐ですよ。ちょいとじゃりついてますがね」

別の所で、足を突っ込んだ男が騒いでいる…。

歌丸の筆頭弟子の桂歌春《うたはる》さんが、この噺を引き継いでいる。この噺を語るのは、落語芸術協会では歌春さんだけのようだ。それには訳がある。

歌春さん、後輩の願いに応えて「鍋草履」の稽古をつけた。これを師匠に伝えると「私がつくったような噺だ。演《や》りたかったら、私の所に稽古にくるように」と小言をもらった。

歌春さんが、これを後輩に伝えると、後輩は、演じるのをやめたという。

歌丸、歌春さん師弟の「鍋草履」を聞いた。これぞ「親子鍋」だ。幸運だった。

六代目三遊亭円楽さんも「鍋草履、歌丸師匠からいただいてます」。さすが、長くて深い信頼関係だ。

さて、今夜は、寄せ鍋といきますか？

11月8日　おせつ徳三郎《とくさぶろう》

「いい刃」の語呂合わせで十一月八日は「刃物の日」だ。全国にある刃物産地の業界、協同組合などが制定している。刃物は暮らしに欠かせない。料理人は、いい包丁を持ちたいとの願望があり、世界中を回る人もいる。「包丁」は元々、中国の料理人の名だ。

刃物が登場する噺《はなし》。前半「花見小僧《はなみこぞう》」、後半「刀屋《かたなや》」という「おせつ徳三郎」。

器量よしで知られる商家の娘おせつは、次々にくる縁談を断っている。両親が探りを入れる。いつもおせつの伴をする小僧を問い詰めると、花見の時期から、手代の徳三郎と恋仲になったとか。徳三郎はすぐに暇を出された。

そのうち、徳三郎は、おせつがどこかの若旦那と結婚するという話を聞いた。「あれほど約束をしていながら」と怒る。徳三郎は刀を持って婚礼に殴り込み、おせつを殺して自分も死のうと考え、日本橋の刀屋へ飛び込む。

殺気を感じ取った刀屋のあるじ、少しずつ徳三郎から話を聞き出す。徳三郎は、友達の話としておせつのことをしゃべり始める。

「そりゃ、刀で仇討《あだう》ちするより、自分がもっといい女をもらって、幸せになることの方が仇討ちになるんじゃないかい？」

そのころ、婚礼の席では、おせつが逃げ出して大騒ぎになっていた…。

刀屋のあるじが、血気にはやる徳三郎をなだめるところ。人生を分かった人の器量が見えるところで、落語家の技術が問われるところだ。

滑稽噺の名手五代目柳家《やなぎや》小《こ》さんが、人情噺めいた「刀屋」を見事に語っていた。芸域の広さを知る。

11月9日――秋刀魚火事《さんまかじ》

十一月九日は、消防庁が制定した「119番の日」。火災での消防車や、急患での救急車の出動要請は「119」番だ。

そんなこと、子どもでも知っている、と思うでしょ。これが、119番が必要になった時は、大概が慌てていて、すんなりとかけられない。本当だから。

119番は正式には「緊急通報用電話番号」という。電話が自動化された後の一九二六（昭和元）年に開始された。この時の番号は112番だった。そのころはダイヤル式で、112が間違いを起こしやすいことから、翌年に119番に改められた。

消防庁ホームページによると、二〇一〇年の通報回数が七百九十六万八千七百七十九件（一日平均二万一千八百二十二件）。うち五百万九千五百二十件が急病・事故、九万三千七十件が火災だった。いたずらが十万八千二百八十二件。

いたずらは消防法に違反し、偽計業務妨害罪も適用されることもある。

サンマを焼いて火事と勘違いさせて驚かせようという噺《はなし》が「秋刀魚火事《さんまかじ》」。

油や薬を商っている地主は、とにかくけち。長屋の連中は、何とも嫌な思いをしている。娘が珊瑚のかんざしを落とした、見つけた者には礼をする、というので、長屋の連中は草を刈って探した。地主は「これで草刈りの手間賃が要らない」と喜んでいる始末。何か仕返しを考える。

火事だー、と言って驚かせば、警察のやっかいになることになるからやめよう、とまだ正常な判断力を持っているところが偉い。

そこで、長屋十八軒、サンマを焼いて煙を出して「河岸《かし》だー」と言えば驚くだろうという計画になった。

あまり変わらない。

夕飯時分。けちな地主の言葉がさげとなる…。

11月10日　名人長二《めいじんちょうじ》（三遊亭円朝作）

技能を競う大会である国際技能競技大会が、世界各国で開催されている。初めて日本で開かれたのは第十九回東京大会で一九七〇年十一月十日。これを記念してこの日が「技能の日」に制定されている。

競技は、西洋料理、洋菓子、れんが積み、家具、建具、製図、機械操作など、約五十種目がある。大企業の製品開発を支えるのは、町工場の技術だったりする。目立たないが、技能者の力はすごい。

落語国のこの人が、この技能五輪に出場したら金メダルに輝くかもしれない。いや、性格から、そんな日の当たるところには出ないかもしれない。「名人長二《めいじんちょうじ》」という噺《はなし》がある。三遊亭円朝作の壮大な物語。

腕は確かな指物師《さしものし》長二。指物とは、木を合わせたりして箪笥《たんす》などを作る職人。気に入った仕事なら手間賃が安くても引き受けるが、気に入らなければいくら金を積まれても引き受けない。だから貧乏だ。

板倉屋から仏壇を作るように依頼がきた。先祖を祭る仏壇だから、地震で家が壊れても「びくともしない仏壇」という注文を長二は引き受けた。

仏壇を作って長二が板倉屋を訪れた。「代金は百両」と長二。見事な仏壇だが、高額に驚く板倉屋。「本当に壊れないか」と木づちで仏壇をたたくが壊れない。長二が指物師の名人として描かれる前半「仏壇叩き」の見せ場だ。

物語は、長二の出生の秘密へと迫る。長二は誤って人を殺し、この事件が、さらに古い殺人事件につながっていくことになる。サスペンスドラマにも負けない面白さ。

古今亭志ん生《ここんていしんしょう》のCDがいい。五街道雲助《ごかいどうくもすけ》さんもCDがある。

11月11日——松山鏡《まつやまかがみ》

十一月十一日は「鏡の日」。「11　11」「十一　十一」が鏡に映ったように左右対称だからという。全日本鏡連合会が二〇〇六年に制定している。

鏡といえば、古代社会では祭祀《さいし》に使われ、権力者の象徴でもあった。「水鏡」という美しい言葉、「鑑《かんが》みる」という深い意味を持つ言葉にもつながってくる。

鏡に映る自分の姿を直視できようか？　怖い。ホラー映画にもよく鏡が登場するが、鏡の持つ神秘性のためだろう。

鏡が名脇役になる噺《はなし》が「松山鏡《まつやまかがみ》」。原話は中国にあるという。

鏡がない村があった。働き者で死んだ父の墓参りを欠かさない男が、領主から褒美をもらうことになった。その希望が「死んだ父親と会いたい」。領主は、死んだ父親と男の年齢が近く、その風貌がそっくりだったことから「これは秘密だぞ」と鏡を贈った。

男が鏡を見れば、子どものころに見た父親がいる。男は、納屋に隠し、一人で父親との再会を喜んでいる。夫の様子が最近、おかしい。何をしているのか。妻が納屋に入って鏡を見た。「こんなところに別の女を隠していた」。夫婦げんかが始まる…。

私が熊本県荒尾市に住んだころ、地元のコーラスグループから頼まれて落語ミュージカルの脚本を書いたことがある。指定がこの「松山鏡」。

それなりに作り上げ、団長に見せると「ここところでアリアが欲しい」「ありゃ、アリアって何？」。「独唱のことよ」「読書？」

脚本は、グループが作曲し、市民会館大ホールで上演された。そのころ、転勤で荒尾市を離れていた。「好評でした。このミュージカルは持ちネタにします」と書かれた手紙とともにDVDが送られてきた。DVDの裏はまるで鏡だった。怖くてまだ見ていない…。

11月12日　蝦蟇《がま》の油《あぶら》

何かの本で読んだか、聞いたか。「カエルと聞いてアマガエルを連想した人は、カエルが好きな人」
詩人草野心平《くさのしんぺい》はカエルの作品で知られる。「私はカエルなど愛していない」と言ったことがあるらしいが、嫌いではなかったはず。心平が帰ることのない人になったのは一九八八年十一月十二日。その詩集『定本　蛙かへる』（日本図書センター）を開いてみた。
「誕生祭」
　ぎやわろっぎやわろぎやわろろろろりっ
　これが二十一行続く。
「春殖」
　るるるるるるるるるるるるるるるるるるるるるるるるる
るるるるるるるる
　「る」だけ三十文字一行。
「冬眠」
　●
黒い丸だけ。前衛的な部分も持ち合わせた詩人だった。

カエルとくれば「蝦蟇《がま》の油《あぶら》」という噺《はなし》がある。蝦蟇は、ニホンヒキガエルのこと。その分泌物は、薬効があるといわれる。蝦蟇の油売りは、大道芸の代表格なのだろうが、今は見かけなくなった。残っていてほしいが。

　蝦蟇の油を売る男が、名調子の口上を聞かせる。売れに売れたから一杯飲んだ。まだ日暮れまでに時間がある。もうひと商売と口上を始めたが、酔いすぎた。口が回らないばかりか、やることなすことうまくいかない…。がまん、か。

11月13日――武助馬《ぶすけうま》

日本漆《うるし》工芸協会が、十一月十三日を「うるしの日」と制定している。

平安時代、文徳天皇の第一子惟喬《これたか》親王（八九七年死去）が京都で、菩薩《ぼさつ》から漆の製法を伝授されたのが十一月十三日という伝説にちなんでいる。漆を英語で「ＪＡＰＡＮ」。それほど、日本の漆の品質、技術は評価されていたのだろう。

佐賀県の音響機器製作会社の高級オーディオのスピーカーに漆が施されていた。漆は音響にもいいそうだ。値段を聞いて驚いた。ホテル、富豪たちからの特注品だという。

漆を塗る時に使うはけについて、京都の漆職人から話を聞いた。はけの毛は女性の髪を使用する。髪は人によって向き不向きがあり、パーマをあてたことがない髪、というのが第一条件になるそうだ。この髪を薄く平たく束ね、薄い板で挟むようにして作り上げる。

はけを作る職人の技術も要る。伝統産業には、たくさんの人の支えが必要だ。

漆に関わる落語家がいた。鹿野武左衛門《しかのぶざえもん》（一六九九年死去）。大阪、江戸で漆を扱う塗師《ぬし》をしていた。小話を披露し、評判を取り「座敷仕方咄《ざしきしかたはなし》」で落語の基礎を作っていく。

一六九三年、コレラがはやり、死者がたくさん出た。男たちが「馬がしゃべった。南天と梅干しを食べるとコレラにならない」と、うその宣伝で大儲けして、捕まった。鹿野の書いた本『鹿の巻筆』を参考にした、との供述から、何の関係もない鹿野は流罪になったという。これが定説だが、鹿野は流罪になっていないという説もあるようだ。

「馬がしゃべった」という噺《はなし》が、現在に伝わる「武助馬《ぶすけうま》」。

商家に勤めた武助は、役者になり大阪で修業し、江戸に戻った。かつての勤務先を訪ね、芝居の宣伝をする。が、自分の役は馬の後足。応援に来た人の前で張り切ったが…。

狸《たぬき》ばやしで、滝川鯉《たきがわり》昇《しょう》さんの名演があった。

11月14日——熊《くま》の皮《かわ》

草食系男子、肉食系女子という言葉をよく耳にする。何事にも積極的な女子、消極的な男子という意味だろうけど、主に交際、恋人探し、結婚などの部分で使われている。

職場の女子が話していた。「あの男ったら、食事に誘うのも私の方からですよ。お金を払うときも私です」

六十を超えたおじさんにしては、うらやましい。

十一月十四日は「ウーマンリブの日」だ。一九七〇（昭和四十五）年のこの日、日本で初めてウーマンリブ運動を進める大会が、東京で開かれた。

ウーマンリブとは、ウイメンズリベレーションのこと。女性解放運動を示し、女性の社会的地位の向上、男女平等等を求める運動という。性差を考えるジェンダーが学問として成立したのもこれらの背景があったからだろう。

多くが江戸時代、明治時代に成立する落語は、男がだらしなくて、女性がしっかりしている。落語は、時代を先取りしていた芸能かもしれない。「熊《くま》の皮《かわ》」という噺《はなし》がある。

落語国で、甚兵衛といえば、人のいいおじさん、気弱なおじさんという役回りだ。その甚兵衛が、仕事から戻った。まだ座らないうちに、女房から水くみ、米研ぎ、掃除を言いつけられる。

仕事が終われば女房が、医者の先生から赤飯のお裾《すそ》分けをもらったから礼に行けと言う。「いい。私がよろしく言ってた、と伝えるのよ」と女房。

出掛ける甚兵衛。医者は、悪気がない甚兵衛が大好きなのだ。医者は、甚兵衛の失言にも笑っている。甚兵衛は、熊の毛皮に座った。「これは何です」「熊の毛皮、尻に敷くものだよ」。「尻に敷く」で女房を思い出す甚兵衛だ。

一七七三年の笑話本に原話があるという。江戸時代にも家事をする男がいたのだろう。

11月15日—孝行糖《こうこうとう》

十一月十五日は、七五三。男は三歳と五歳、女は三歳と七歳のときに寺社に参り、すこやかな成長を願う。七五三に欠かせないのが千歳飴《ちとせあめ》。「千歳」は、長い年月のこと。長寿を願う飴で、松竹梅、鶴、亀などの縁起のいい絵を描いた袋に入れている。

飴といえば、スーパー、コンビニに行けば、たくさんののど飴が並んでいる。この「のど飴」を最初に売りだしたのがカンロ。一九八一年十一月十五日のこと。「健康のど飴」という商品だった。カンロがこの日を「のど飴の日」に制定している。

江戸時代から明治期に飴売りという商売があった。当時は、奇抜に見える中国人など、外国人の服装をして、踊りを見せるなどして商売をした。

与太郎が、変わった売り声を上げて飴売りとなる噺《はなし》が「孝行糖《こうこうとう》」だ。

与太郎、母親を大事にすることから、お上から青ざし五貫文の褒美をもらった。一貫文は千文。五千文をもらった。さしは、藁などをよったもので、穴開き銭を通してまとめる道具。青色はお上を示す色だ。

親孝行とはいえ、ぼーっとしている与太郎。無駄使いしたらいけないと、大家たちが集まって、飴売りをさせることになった。

大阪の嵐璃寛《あらしりかん》、江戸の中村芝翫《なかむらしかん》の人気役者に名前にあやかって売れた「璃寛糖」と「芝翫糖」の売り声をまねた。

「孝行糖孝行糖、孝行糖の本来は粳《うる》の小米に寒晒《かんざら》し、かやに銀杏《ぎんなん》、肉桂《にっき》に丁字《ちょうじ》…」という歌声で、与太郎が鉦《かね》と太鼓をたたいて売り歩く…。

三代目三遊亭金馬《さんゆうていきんば》の録音がある。これが本当に楽しい。寄席《よせ》でたまに出ている。その場所はこうこうと、こうこうと。

11月16日――たいこ腹《ばら》

落語国の若旦那《わかだんな》といえば、金の苦労は知らない、わがまま、強情で小心者。幇間《たいこもち》一八はいろんなところで犠牲者となる。「たいこ腹」もそうだ。

最近、若旦那が凝っているのが鍼《はり》。道具をそろえ、枕に刺し、壁に刺し、猫に刺してひっかかれた。やがて呼び出されたのは一八。鍼と聞いて嫌がったものの、羽織をこしらえてやる、祝儀も出そうと言われりゃ、承諾しないわけにはいけない。若旦那の押しと逃げようとする一八のやりとりがたまらない。

一七七二年の珍話本『楽牽頭《がくだいこ》』に原話がある。

狸《たぬき》ばやしでは、桂《かつら》ひな太郎《たろう》さんの名演がある。立《たて》川生志《かわしょうし》さんの独自の演出も面白く仕上がっている。八代目橘家円蔵《たちばなやえんぞう》の早い運びも楽しかった。

国連教育科学文化機関（ユネスコ）は二〇一〇年十一月十六日、東洋医学の治療法である「鍼灸《しんきゅう》」を無形文化遺産に指定した。また、ＷＨＯ（国際保健機関）は、東洋医学が、一定の疾病への治療効果があることを認めている。

東洋医学は、紀元前に中国やインドで始まった。日本には六世紀に仏教と一緒に伝わり、日本で独自の発展をしてきた。

ＷＨＯが認める東洋医学の力は大きな力を秘めているように思う。

「粗忽の使者」でも触れたが、福岡県大牟田市の鍼灸師賀久一郎《かくいちろう》さんは、東洋医学から見た認知症について二十年以上も研究を続け「東洋医学では、認知症は五臓《ごぞう》六腑《ろっぷ》の不調が原因」と結論づけているという。

賀久さんの著書『五臓元気で認知症知らず』（せいうん）では、認知症への鍼灸施術で効果を得た紹介もしている。

11月17日　将棋《しょうぎ》の殿様《とのさま》

日本将棋連盟は十一月十七日を「将棋の日」に制定している。八代将軍徳川吉宗（一七五一年死去）が、将棋好きで十一月十七日に「御城将棋《おしろしょうぎ》」として、城中で将棋の対局をさせていたことにちなんでいる。

二〇一七年は、将棋界に新風が吹き荒れた。中学生の最年少プロ棋士藤井聡太《ふじいそうた》四段（当時）が、一六年十二月のデビュー以来二十九連勝を飾り、連勝記録の歴代一位を達成した。二〇一八年は、羽生善治《はぶよしはる》永世七冠を破るなどして公式戦で優勝し、七段に昇格。十二月には最年少百勝も達成した。ちなみに羽生さんの連勝記録は二十二。

プロ棋士米長邦雄《よねながくにお》（二〇一二年死去）が、ラジオで「プロ棋士は頭に将棋盤が、七つぐらい入っていて、同時に駒を動かせる」と話していた。

落語に出てくる将棋はこうはいかない。王将を取られてはいけないと、王将をふんどしの中に隠して「金が守っている」とうそぶくような将棋だ。私も小学校時代に覚えたままのへぼ将棋だ。

城中での将棋を描くのが「将棋《しょうぎ》の殿様《とのさま》」。

将棋好きの殿様がいた。家来相手に将棋をしているが、不利になると「その金は取り払え」と命令し、飛車が相手の駒を飛び越えて成り込むなどで、殿様は勝ってばかり。負けた者には鉄扇で頭を打つ罰を与え始めた。家来たちはこぶだらけ。

ご意見番の三太夫《さんだゆう》が登場。殿様に将棋を挑む。いつもの殿様の反則に、戦場をたとえに出すなどして認めない。とうとう負かして、殿様の頭を鉄扇で打ってしまう。殿様の悲痛な叫びが落ちとなる。

この噺《はなし》、まだ聞いたことがない。「歩」の歩みのような落語会通いがいる。

11月18日―ぬの字《じ》ねずみ

室町時代の画僧雪舟《せっしゅう》（一五〇六年死去）は、現在の岡山県総社《そうじゃ》市に生まれた。幼いうちに地元の宝永寺に入った。大内氏の庇護《ひご》を受けながら二年間の中国留学などを経て、絵を学び、中国から伝わった水墨画を日本で完成させた人といわれる。

宝永寺でのこと。雪舟は、経を読まずに絵ばかりを描いていていて柱に縛られた。こぼれ落ちた涙を足の指で広げてねずみの絵を描いた。かみつきはしないかと驚いた住職が、絵と知り、絵を学ぶことを許したという伝説がある。

芝居『祇園祭礼信仰記《ぎおんさいれいしんこうき》』の「金閣寺」の場で、縛られた雪舟の孫である雪姫が、散った桜の花びらを足で寄せてねずみを描くと、そのねずみが出てきて縄をかみきる場面がある。

伝説と芝居が融合して「ぬの字ねずみ」という噺《はなし》が生まれたのではないか。

寺の小僧、理屈が多くて住職からしかられてばかりいる。肉魚食はできない寺で、鰹節《かつおぶし》を削るところを門徒さんに見られてしまった。見て見ぬ振りをした門徒さんに小僧は、小刀を隠して、鰹節を付きだし「よう切れる小刀ですよ」。

隣の花屋で「わたい、和尚さんの子です」と口が滑った。住職は妻帯ができないので、和尚は怒り、墓場の塔婆に縛りつけた。日が暮れて秋風が吹く。小僧、この芝居を思い出す。「ぬ」の字がねずみによく似ている。足でぬの字ねずみを描いて「わたいの縄をかみきっておくれ…」。

ディズニーの人気キャラクター、ミッキーマウスの誕生日が一九二八（昭和三）年十一月十八日。ミッキーマウスが登場するアニメ短編映画『蒸気船ウィリー』が米国で公開された日という。

日本と米国で、描いたねずみが動くのだ。

11月19日　汲《く》み立《た》て

シンガポールのトイレ研究家ジャック・シンさんの提唱で二〇〇一年十一月十九日に「世界トイレ機関」が設立されている。これを記念してこの日は「世界トイレの日」。

世界にはまだ、トイレがない所がある。平均すると三人に一人は、満足なトイレを使っていないという。特に女子が学校に行けず、教育問題につながり、体力の弱い子どもは、伝染病の危機にも直面している。

私もブラジルのリオデジャネイロからサンパウロまで車で移動した時、途中の田舎町でトイレがなかなか見つからなかった。やっと見つけたら、壁に囲まれて便器があったが、その裏側には、汚物が地面に広がっている状態だった。

世界トイレ機関とユニセフ（国連児童基金）が、世界のトイレの改善を目指している。

江戸時代、長屋の便所は「総後架《そうごうか》」と呼ぶ共同便所。たまったものは、近郊の農家が汲《く》み取りにきて肥料に使った。汲み取りのたびに大家には金を払うか、野菜を贈る。大家は、店子が少しぐらい家賃を入れなくても、黙っていたのはこんな事情があったから。汲み取ったものは船で隅田川など水運に頼って、田舎へ運ばれた。

そんな船が登場するのが「汲《く》み立《た》て」だ。

町の男たちが騒いでいる。建具屋の半次が、評判の稽古屋の女師匠といい仲になっているという。「半次の奴、今度は船を出して師匠と海の上で逢い引きだってよ」「面白くねえな。何かで邪魔しようじゃねえか」

こちらも船を出し、二人の船に近づいて、三味線太鼓を鳴らそうというもの。男たちと半次とがけんかになった。その時、汲み取ったものを運ぶ船が通った…。

半次と女師匠、くさい仲というところか。

11月20日——五目講釈《ごもくこうしゃく》

二〇二〇年は東京五輪。

東京五輪で思い出した。市川崑《いちかわこん》監督の映画『東京オリンピック』（一九六五年）だ。先の東京五輪（一九六四年）の記録映画だが、選手の表情、躍動する肉体などが映され、精神状態まで描いた芸術作品に仕上がっていた。

市川作品は『犬神家の一族』（一九七六年）『細雪』（一九八三年）など、映像がしっとりとして美しかった。テレビドラマ『木枯し紋次郎』（一九七二年）もよかった。ニヒルでいたいが、根が温かい旅のやくざ紋次郎は、いつも騒動に巻き込まれていた。

市川崑は一九一五（大正四）年十一月二十日生まれ。ほかにもたくさんの映画を残し二〇〇八年、九十二歳で映画人生を全うした。

『四十七人の刺客』（一九九四年）は赤穂事件を描いた。吉良上野介《きらこうずけのすけ》を一方的な悪人にしておらず、事件の背景などを大胆に省略し、浪士を刺客とした。

追い詰められた吉良（西村晃）が、大石内蔵助《おおいしくらのすけ》（高倉健）に「（事件の真相について）本当のことを言おう」と言うが、大石はそれを聞く前に斬った。吉良は何を言おうとしたのか。今も気にかかっている。これまでにない演出だ。

この赤穂浪士を自在に語る落語がある。「五目講釈《ごもくこうしゃく》」だ。勘当された若旦那《わかだんな》。居候先の主人は、若旦那に仕事をしろという。「あたしは講釈師になります」。早速、独演会を開くからと、長屋の連中を集めた。忠臣蔵だ。

「頃は元禄十五年…」。出だしはよかったが、そのうち弁慶が出てくる、天一坊《てんいちぼう》が出る、とんでもない講釈になる。若旦那、市川崑には及ばない。

天満天神繁昌亭《てんまてんじんはんじょうてい》で、林家笑丸さんが演じた。講釈は「難波戦記」がよく絡んでいた。

11月21日 ― 中村仲蔵《なかむらなかぞう》

東京・銀座にある歌舞伎座。まだ入ったことはない。歌舞伎は、地方公演で二度見たぐらい。その一つは「伽《めい》羅先代萩《ぼくせんだいはぎ》」だった。歌舞伎を知らないのは少し恥ずかしい。

歌舞伎座は、一八八九（明治二十二）年十一月二十一日に東京・木挽町に開場した。福地源一郎（一九〇六年死去）と千葉勝五郎（一九〇三年死去）の共同経営だった。

福地は、今の長崎県出身。蘭学、英語を学び江戸に出て旗本になった。文久遣欧使節団に参加。幕府の欧州視察にも出ている。新聞社を起こし、明治政府からの言論弾圧も受けた。西南戦争の従軍記者もした。

千葉は、今の長野県出身。江戸に出て千葉家の養子になって金融業者となる。

歌舞伎座は二人の経営から、株式会社となり、松竹経営になる。

歌舞伎座開場のこの日の落語は、もちろん歌舞伎の噺《はなし》で「中村仲蔵」を持ってきた。歌舞伎役者の初代中村仲蔵（一七九〇年死去）の出世物語。

舞踊から芝居に転向した仲蔵。芝居を離れ、また役者に戻ったから、仲間内からは軽くあしらわれる。彼を見ていたのが四代目市川団十郎だった。

仲蔵に『仮名手本忠臣蔵』五段目の斧定九郎《おのさだくろう》役が付いた。四段目が、判官切腹で見せ場となり、五段目は昼の時間になるため「弁当幕」といわれて、客が弁当を食べ始める。定九郎役は端役だったのだ。

「不満あり」だが、妻の励ましで仲蔵は、新しい定九郎の役づくりの工夫を始める。思案していたところに浪人と出会う。そのいでたち、所作を見てこれだ、とひらめいた…。

立川志《たてかわし》の輔《すけ》さんの「仲蔵を語る独演会」などに出掛けてほしい。私は、桂《かつら》歌《うた》丸《まる》、五代目三遊亭円楽《さんゆうていえんらく》の高座に接している。三遊亭円生《さんゆうていえんしょう》のCDも、なか仲いい蔵。

11月22日――替《かわ》り目《め》

経済産業省などが、十一月二十二日を「いい夫婦の日」に制定している。絶妙な語呂合わせだ。余暇を夫婦で楽しんで、という願いを込める。

いい夫婦とは、どんな夫婦なのだろう。私にはまだ、解明できないでいる。よそを参考にしようとしても、尋ねたり、訪問したりすると、その瞬間に夫婦は違うものになっている。夫婦の実態は、二人だけのもの。他からは見えないものと思う。

正解らしきことをあえて言うなら、互いが過剰な期待をせずに「まあこんなものだろう」と思うことが必要な気がする。

落語国には、実にたくさんの夫婦が出てくる。「鮑《あわび》のし」「厩火事《うまやかじ》」「火焔太鼓《かえんだいこ》」「紙入《かみい》れ」「子別《こわか》れ」「三年目」「締め込み」「天災」「初天神」「雛鍔《ひなつば》」「文七元結《ぶんしちもっとい》」など。まだある。また、結婚を描くのが「たらちね」や「不動《ふどう》坊《ぼう》」「持参金《じさんきん》」など。

どれもが、女房の方がしっかりしていて強い。亭主は、女房の手の平の上でいばっている程度だが、こんな亭主が時々、いい活躍を見せるから面白い。

私が好きな夫婦が出る噺《はなし》に「替《かわ》り目《め》」がある。いつも酔っぱらって帰る亭主。今夜は家のまん前で人力車に乗った。車輪は一回転もしていないうちに家に着いた。妻は、車夫に駄賃をやって帰す。

「外の酒は外の酒、うちの酒はうちの酒」とまだ一杯飲む気でいる亭主。酒の肴《さかな》にと妻に、近くに出ている屋台のおでんを買いにやらせた。ここからの亭主の豹変《ひょうへん》ぶりが聞きどころだ。世の中の夫は共感するのではなかろうか。

古今亭菊之丞《ここんていきくのじょう》さん、桂文之助《かつらぶんのすけ》さんで聞いた。酒飲みだった古今亭志《ここんていし》ん生《しょう》は地でいくような録音が素晴らしい。

11月23日 鼠穴《ねずみあな》

竹次郎は、親の死後、田畑を兄と分けて百姓をしていたが、茶屋酒《ちゃやざけ》を覚え食いつぶした。兄は田畑を売り、江戸に出て商売で成功している。竹次郎は、兄を頼って江戸に出た。兄は「元手を貸すから自分で商売をしろ」と紙包みを渡す。中にはたった三文。

怒った竹次郎だが考え直し、三文で破れた米俵《こめだわら》を買い、藁《わら》をよって穴開き銭を通す「さし」をこしらえて売る。これを繰り返し金をため、数年後は蔵を持つ立派な商売人になった。

兄を訪ねる竹次郎。紙に包んだ三文と、利子を三両付けて返した。意趣返しのつもりだったが、兄の本心を聞く。

「あそこで仮に十両出したら、茶屋酒が忘れられないお前は半分を茶屋で使う。五両になったらまた、半分を飲む…。そしてみんな飲むどころか、それ以上に飲んで借金を増やす。それが茶屋酒の恐ろしさだ」と。納得する竹次郎。兄弟打ち解けての酒となる。

「鼠穴《ねずみあな》」という噺《はなし》の前半だ。ここからまた、壮絶な物語が展開していく。

狸《たぬき》ばやしで、東京の柳家《やなぎや》さん喬《きょう》さん、上方の桂福団治《かつらふくだんじ》さんが、いずれも迫真《はくしん》の高座だった。

福団治さんは、立川談志《たてかわだんし》から教わったという。

福団治さんが、私に聞いた。「久々に会った兄弟に金を貸しますか？」「金額にもよりますが、貸すかもしれません」

「そんな時にわずかなお金にできますか？」「それは兄弟とはいえ失礼かなと」「まとまった金を貸す、あるいは少ししか貸さない。どちらが厳しいか、優しいか？」

一時間程、福団治さんと話した。それはそのまま、談志との会話という。福団治さんが「鼠穴」を演じる時の心の持ち方になっているという。

十一月二十三日は「いい兄さんの日」。まさに竹次郎の兄だろう。

11月24日 —— 寄合酒《よりあいざけ》

十一月二十四日は、愛媛県の食品メーカーヤマキが「鰹節の日《かつおぶし》」に制定している。「いいふし（1124）」の語呂合わせだという。

鰹節。削ったものがパックで売られていて、今は、そのものを見ることが少なくなった。昔の家庭では、戸棚などに仕舞ってあって、鰹節削りは、子どもの仕事の一つだった。

カツオの身を煮て、長時間いぶして乾燥させて、日に干して完成させる。鰹節同士をぶつけると、カキーンと、金属音がするのをテレビで見たことがある。

削ったものでだしを取ったり、料理にかけたりして食べる。ご飯にかけてしょうゆをたらしただけで本当においしかった。「猫まんま」とも呼んでいたけど。

この鰹節が、名脇役として出てくるのが「寄合酒《よりあいざけ》」という噺《はなし》。

酒の肴《さかな》をおのおの持ってきて酒を飲もうという若者たち。その準備におおわらわをしている。持ってきた数の子を煮たり、鯛をさばく男は、犬に少しずつやるうちに全部食わせてしまったり。金がなくて肴を用意できずに、八百屋で万引するやつもいる。

もう一人、乾物屋の子どもと鬼ごっこのふりして、「おじちゃん鬼になるよ」と店に並んだ鰹節を二本、頭にあてがって角にして「鬼だぞう」「おじちゃん怖い」「ほら、鬼だぞう」「怖い」と子どもが逃げたすきに鰹節を持ち帰った。

この鰹節で取っただしを誰かが行水に使い、わずかに残っただしでふんどしを洗うやつもいる…。

この噺の後半として、「ん」がつく言葉を言えたら、豆腐田楽を一本、という落語「ん廻し」に移っていく。露《つゆ》の団四郎《だんしろう》さんの寄合酒、演じるのが楽しそうだった。

11月25日｜王子《おうじ》の狐《きつね》

ドミニカ共和国で一九六一（昭和三十六）年十一月二十五日、政治活動をする三姉妹が、支配者の命令で殺される事件が起きた。国連はこの事件を重く見て、この日を「女性に対する暴力廃絶のための国際デー」に制定している。

女性への暴力といえば、配偶者、主に夫から妻への暴力などがＤＶ（ドメスティック・バイオレンス）として社会問題化している。警察庁によると、二〇一六年のＤＶ、家庭内暴力の相談件数が六万九千九百八件。これには女性から男性への暴力の相談も含まれる。

ＤＶと一言で言っても、身体的な暴力だけではなく、心理的、性的など、多様化している。双方の関係性、心の問題も絡んでくるから、解決は容易ではない。暴力では、何も解決しないし、何も生まれないことを再認識する必要がある。

「女性」が受難する「王子《おうじ》の狐《きつね》」という噺《はなし》がある。

王子稲荷に参りに来た男。キツネが物陰に隠れて、女に化けたところを見た。「これから人を化かすのだな。だまされたふりをしてみよう」と男から声を掛けた。

「お玉ちゃん、おれだよ。久しぶり。ご飯でも食べよう」と店に入り、女に酒を飲ませて酔わせた。寝込んだ隙に、「金は女が払う」と逃げた。

女は、男が帰ったことや勘定を求められて驚き、耳やしっぽを出して、正体を見せた。店の者から、追い回されてひどい仕打ちを受けた。

男の方は、キツネを化かしたと得意になるが、「キツネのどんな仕返しに遭うかわからないぞ」という言葉に怖くなり、キツネの巣に謝りにいく…。

コーンな目に遭うなんて、とメスギツネの悲鳴が聞こえてきそうだ。

11月26日——紫檀楼古木《したんろうふるき》

十一月二十六日は「ペンの日」。

戦時色を強める日本に危惧した文学者が一九三五（昭和十）年十一月二十六日に「日本ペンクラブ」を発足させたことにちなむ。初代会長に島崎藤村《しまざきとうそん》（一九四三年死去）が就任した。現在でも、戦争、人権侵害などに反応して意思表示するのは、映画人も含めた表現者たちだ。

なぜペンなのか。思い出す言葉が「ペンは剣よりも強し」。英国の劇作家エドワード・ブルワー・リットン（一八七三年死去）の作中の言葉という。ペンは、言論、表現を意味し、自由、平和につながる。このリットンの孫が、英国の政治家ビクター・リットン（一九四七年死去）で、満州事変（一九三一年）を調べた調査団を率いた。

さて、ペンは、江戸時代は筆になる。携帯用の筆が矢《や》立《たて》。商売の傍ら、この矢立を持ち歩いている人が出てくるのが「紫檀楼古木《したんろうふるき》」。

「羅宇屋《らうや》ー、煙管《きせる》ー」。煙管のすげ替えの行商・羅宇屋が通る。

金持ち風の女が、女中を走らせ仕事を頼む。女が家から羅宇屋を見ると、汚い格好。できた煙管を使いたくない、とこぼす。

羅宇屋は矢立で「牛若のご子孫なるかご新造《しんぞ》の吾《わ》れ汚穢《むさし》（武蔵坊弁慶）と思いたまひし」との狂歌を書いて女に渡した。羅宇屋は、狂歌の大家、紫檀楼古木だった…。女の蔑《さげす》みを矢立（ペン）が解消したのだ。

狂歌師の紫檀楼古木（一八三二年死去）は、本名は藤島《ふじしま》古吉《ふるきち》。煙管を商う店の主人。番頭にだまされて店を失い、煙管をすげ替える行商をした。噺家でもあったという。「温故知新《おんこちしん》」。故《ふる》き（古木）を訪ねたら、リットン祖父孫のことを知った。

11月27日――蛙茶番《かわずちゃばん》

江戸時代初め、朱印船《しゅいんせん》貿易にかかわりシャム（タイ）や天竺《てんじく》（インド）を回ってきた男がいた。今の兵庫県高砂市に生まれた徳兵衛（没年不詳）だ。江戸幕府は、一六三九年に鎖国政策を完成させる。そのころの海外暮らしになる。

四世鶴屋南北《つるやなんぼく》は、徳兵衛をモデルに『天竺徳兵衛韓《いこく》噺』という芝居を書いて一八〇四年に上演している。徳兵衛は、妖術《ようじゅつ》使いとして描かれ、蝦蟇《がま》を操る。

鶴屋南北は、ほかに『東海道四谷怪談』などを残し文政十二年十一月二十七日（一八二九年十二月二十二日）に死去している。

命日にちなんで天竺徳兵衛の芝居が出てくる落語「蛙《かわず》茶番《ちゃばん》」を紹介する。

町内の素人芝居の出し物は「天竺徳兵衛」。役でのもめごとを防ごうと今回は、くじ引きで役を決めた。それでも蝦蟇のぬいぐるみに入る役は出て来ない。何とか小僧を代役にした。舞台番になった建具屋の半次も来ない。半次には舞台番が面白くないのだ。

小僧が使いに走る。半次が好きなみいちゃんが「素人がおしろい塗って役者のまねごとをしてもさまにならない。半さんは、舞台番に逃げたところが偉い。半さんの舞台番、さぞかし映えることでしょうねって言っていた」と言えと。

驚く半次。「よし、舞台番で、自慢の緋ぢりめんのふんどしを締めて出よう」。その前に湯に行った。あわてたものだから、ふんどしを締め忘れて舞台番に出た。ちょっと目立とうと裾《すそ》をからげた。やがて客がざわつき始める…。

低俗で見え透いた芝居を「茶番劇」。芝居の裏方には茶の給仕をする大事な役目の「茶番」がいた。似ているが、違っている。

三遊亭鳳楽《さんゆうていほうらく》さんの熱演を見た。橘家円太郎《たちばなやえんたろう》さんもよかったなあ。

11月28日 — 天災《てんさい》

「天災は忘れたころにやってくる」。物理学者で随筆家の寺田寅彦《てらだとらひこ》（一九三五年死去）の言葉といわれる。
寺田は一八七八（明治十一）年十一月二十八日、東京で生まれた。熊本の第五高等学校に進み、夏目漱石《なつめそうせき》に英語を習っている。これが影響して物理学を専門にして、随筆を書くなど、文学に触れながらの人生となる。

この数年、大きな地震が相次いだ。二〇一七年夏は、福岡県、大分県に豪雨という災害があった。科学は進んでも、なかなか予測がつかないのが災害だ。災害はまさに天の災い。寺田の誕生日には「天災《てんさい》」を紹介する。

八五郎が、妻に手を上げたところを止めに入った母親を蹴《け》った。隠居《いんきょ》は「もう少し心を穏やかにして生きたらどうだ」と心学《しんがく》の先生を紹介する。

先生は、例え話を聞かせるが、八五郎は分からない。「広い野原を歩いていて雨に降られたらどうするか」「天とはけんかできない。諦《あきら》める」「人から多少の迷惑をかけられても天の災い、天災と思って諦めることです」。この教えを八五郎が、語ることになる。

心学とは、江戸時代中期に起こった庶民教育思想。石《いし》田梅岩《だばいがん》（一七四四年死去）を祖とする。『無心のダイナミズム』（西平直著、岩波現代全書）によると、石田は、丹波生まれで、京都で丁稚《でっち》として働きながら、勉学の道を志した。儒教、仏教、神道《しんとう》などの教えを融合させ、平易な言葉で教えを説いた。梅岩自身、相当の精神修養を積んだという。

柳家小三治《やなぎやこさんじ》さんは、人格者を自認する心学の先生が見事。桂《かつら》ざこばさんは、地でいけそうな八五郎が面白い。桂よね吉さんもいい。

乱暴者か、心学の先生か。どっちに軸を置いて演じるかで面白みが変わる。

11月29日　おすわどん

江戸の呉服屋でのこと。あるじの妻が、患っていた。ある日「私はもう天に召されます。どうか、いいおかみさんをもらってください。いいおかみさんなら、お家は栄えます」と言い残して息を引き取った。

あるじは、おすわという女中頭を妻に迎えた。このおすわ、よく気がつくし、仕事もよくやっている。今までの同僚だった、ほかの女中たちともうまくやっている。やがて。夜になると、外から「おすわどーん」と呼ぶ声がして、ばたばたと戸をたたく音がする。

あるじもおすわも気になり始める。おすわは「前妻がこの再婚を気に入っていないのではないか」と、あらぬことも考え、寝付いてしまった。

腕っ節の強い男荒木又《あらきまた》ずれ、という男が、毎夜の声の正体を確かめるように頼まれる。「おすわどーん」。聞こえてきた。さて、その正体とは…。

「おすわどん」という落語。夜勤を終えて深夜に帰る車のラジオで、桂歌丸《かつらうたまる》のこの噺《はなし》が始まった。何回か聞いたことがあって、よく知っているのだが、噺に引き込まれて、体の奥からぞくぞくするような怖さがわき出てきた。

怪談噺としては地味だが、歌丸が、本当に怖い演出をしていた。

桂歌丸が、文字に残る古い噺を復活させたという。この噺を十一月二十九日に持ってきた理由。さげを言ったら、全部分かるので、「言いにくい」（一一二九）ってところで…。この時期においしい食べ物が登場する。

歌丸の筆頭弟子の桂歌春《かつらうたはる》さんは「師匠得意の三遊亭円《さんゆうていえん》朝《ちょう》の怪談噺は、私のニンに合わないので受け継いでいません。でもこの『おすわどん』は怖いけど、面白い。ぜひ、継承したい」と話していた。歌春さんの「おすわどーん」の声を聞きたーい。

11月30日 — 鹿政談《しかせいだん》

世界各国の都市で死刑制度の廃止運動をする「シティズ・フォー・ライフの日」が、十一月三十日。一七八六年のこの日、神聖ローマ皇帝レオポルト二世(一七九二年死去)が、欧州で一番に死刑廃止を宣言した日という。

人権意識が希薄《きはく》だった時代、犯罪者、思想犯などへの拷問《ごうもん》、その末の死刑は当然だった。その意味でこの判断は、すごい。

死刑廃止の運動に反対はしない。だた、死刑制度があることで、凶悪犯罪抑止に役立っている面もある。私は、世に凶悪非道な犯罪が続くうちは、死刑制度の継続は仕方ないという意見だ。

落語には、死刑廃止ではないが、死刑を避けようとした噺《はなし》がある。「鹿政談《しかせいだん》」だ。

奈良では、鹿は神の使い「神獣《しんじゅう》」といわれる。お上の手厚い保護を受けていた。たたいても罰金、殺せば死罪。奈良で豆腐屋を営む正直な男。おからを食べている犬を脅かそうと、木切れを投げた。当たったところが悪く、死んだ。よく見ると鹿だった。

裁きとなる。奉行が問う。「その方、奈良の町に来たばかりで、鹿を殺すと罪になることを知らなかったのだな」。はい、と言えば死罪を避ける道が開ける、との思いやりの言葉だ。豆腐屋は正直者で「いいえ、奈良で生まれて育って。鹿を殺す罪は知っております」

「しかし、よく見るとこれは角がない。犬ではないか」。この言葉に、鹿担当の侍が半ばあきれるように「奉行。鹿の角落としと申しまして角のない鹿もおります」

奉行、今度はその侍に目を向ける。餌料を懐《ふところ》に入れているよからぬ行為を知っていたのだ。奉行と鹿担当のやりとりは迫力。豆腐屋は助かるのか?

しかと聞いて…。

三遊亭円生《さんゆうていえんしょう》、露《つゆ》の五郎《ごろ》兵衛《べえ》が絶品だった。桂才《かつらさい》賀《が》さんでも聞いた。

#【十二月】

12月1日—片棒《かたぼう》

十二月一日は「鉄の記念日」。日本鉄鋼連盟が制定している。安政四年十二月一日（一八五八年一月十五日）、盛岡藩の大島高任《おおしまたかとう》（一九〇一年死去）が、今の岩手県釜石市で、西洋式高炉を使って鉄鉱石からの製鉄に成功したことにちなむ。

米国から黒船でペリーが来航した一八五三年以来、欧米の技術力を知った幕府にとって、工業の発展は至上命題になった。軍事力増強に必要なのだ。

砂鉄を精錬してきた従来の製鉄ではなく、鉄鉱石からの製鉄成功は大きな意義があった。大島は、明治時代、鉱山技師として活躍し、官営製鉄所設置などにも絡んだ。

鉄の街の一つ北九州市。近郊の直方市も鉄工業が盛ん。若手経営者の組織の役員が「優れた新素材が出てきても、それは鉄と組み合わせて役立つものになると思う。鉄が暮らしから消えることはない」と話した。鉄に誇りを持つ男の思いは熱かった。

鉄に熱い男がいれば、この「片棒《かたぼう》」という噺《はなし》の「鉄」も熱い。倹約《けんやく》に熱いのだ。

節約を重ねて身代を大きくしたのが赤螺屋《あかにしや》けち兵衛《べえ》。そろそろ三人の息子、金一郎と銀次郎、鉄三郎の誰を跡取りにするかを考え始めた。

番頭がいい意見を出してくれた。「三人の金銭感覚を知るために、旦那《だんな》の葬式をどう出すか聞いてみたら」。早速、呼び出して意見を聞く。

金一郎は、通夜は二晩、立派な重箱に立派な料理を詰めてと豪華な葬式。銀次郎も、芸者を上げて、山車《だし》を出し、花火を上げて、という祭り仕立ての葬式を出すという。

鉄三郎は、質素も質素、が、棺桶《かんおけ》を担ぐ人足は一人雇わざるを得ないという。

けち兵衛は気に入り「いや、人足もいらない。片棒は私が担ぐ」。

この落語は「鉄」なしでは成り立たない。

12月2日――小倉舟《こくらぶね》

世界で初めて宇宙を飛んだのは一九六一（昭和三十六）年、ソ連（当時）のガガーリン宇宙飛行士（一九六八年死去）。「地球は青かった」という言葉を残した。

当時、冷戦状態にあった米国も一九六一～七二年にアポロ計画を実施。一九六九年にアポロ11号が月面着陸を果たし、アームストロング船長（二〇一二年死去）たちが月面を歩いた。

日本では一九九〇年十二月二日、ＴＢＳ記者の秋山豊寛さんが、ソ連のソユーズＴＭ11号に搭乗して、日本人初の宇宙旅行に成功した。この日が「日本人宇宙旅行記念日」になっている。のちに毛利衛さんほか、次々に宇宙へ行っている。

江戸時代では、宇宙どころか、空や海を語るだけでも、現代の宇宙に匹敵するような想像力が必要だったのではなかろうか。

小倉（北九州市）と馬関（山口県下関市）を結ぶ船の噺《はなし》が「小倉舟《こくらふね》」。

船中では、乗船客が、自己紹介に始まり、謎かけなどを出し合っている。ある男は、長崎で買ったという南蛮渡来のフラスコを持ち帰っている。ギヤマン（ガラス）でできていて透明。これを、海中に潜って遊ぶ道具として売り出そうという。

乗客の男が五十両を入れた胴巻《どうま》きを海に落とした。そのフラスコに入って海中へ行く。胴巻きは見つけたが手が出せない。そのうち海底でフラスコが割れた。もがいていると竜宮城があった。浦島太郎と偽って遊んでいると、本物の浦島がやってきて騒動となる。

海の物とも山の物ともつかない荒唐無稽な噺。宇宙が、これだけ身近になっただけにやりづらくなったかもしれない。

12月3日　一《ひと》目《め》上《あが》り

十二月三日。この日は、一、二、三と一つずつ数字が上がっている。

三百六十五日探しても、一つずつ上がる日付はない。いや、あった。一月二十三日。ごほん（汗）。あのー、一月二十三日は「文の日」から「文違い」をあてがったので、十二月三日を「一目上り」にする。

どうして「一目上り」なのかというと、まあ、次の通りだ。

隠居《いんきょ》を訪ねた八五郎が、掛け軸の文字が気になった。隠居は「こういうものを見たら、結構な賛《さん》でございます、くらいのことを言うと、人が尊んでくれる」と教えられる。家主のところでそれをやったら「これは詩だ」。

先生の所へいって詩を褒めると「これは一休の悟《ご》だよ」と言われた。「三というと四、四というと五。今度は六だろう」と兄貴のところに行って「結構な六ですね」とやったら「これは七福神」。

八五郎もさすがに落ち込んだ。帰りに道具屋の掛け軸を見ると「古池やかわず飛び込む水の音」と書いた軸を見て「いい八だ」というと「これは芭蕉の句だよ」

賛とは、画に書き入れる詩や文、詩はご存じの通り。悟はさとりのことで、室町時代の禅僧一休宗純《いっきゅうそうじゅん》（一四八一年死去）の悟りの文が書いてあったのだ。

句は、文章の最も短い一単位のこと。ここでは俳句のことをいっている。五七五の短詩を江戸時代は「俳諧《はいかい》」といった。俳句は、明治になってできた言葉。句の部分は、明治期になって付け加えられたのだろう。

私は俳句を始めて十年以上が過ぎた。二つの句会に参加しているが、うまくならない。

賛も詩もできず足しても七どまり賦を学びてやっと句になる　勝彦

12月4日　授業中《じゅぎょうちゅう》（二代目三遊亭歌奴作）

三代目三遊亭円歌《さんゆうていえんか》が、二代目歌奴《うたやっこ》時代に発表して大人気になった「授業中」。「山のあなあな」の部分は、落語ファンでない人でもよく知っている。

言葉の障害を表現している、という指摘もあった。幼なじみでアナウンサーの小川宏《おがわひろし》（二〇一六年死去）が小さいころ吃音《きつおん》で、一緒に遊ぶうちに自分にもうつったと話していた。その苦しみを十分知って、演じていたのだ。

「授業中」は、秋田出身の教師キススンスケが、国語の授業で生徒に朗読させる。「山のあなたの空遠く　幸い住むと人のいふ　ああわれひとと尋ねゆきて　涙さしぐみ　かへりきぬ　山のあなたのなほ遠く　幸い住むと人のいふ」（カール・ブッセ作、上田敏訳詩）

教師は「アンドレ・ジッドの詩だ」という。生徒たちは「カール・ブッセだよ」と指摘する。「しぇんしぇいは、わざと間違ったのよ」

ジッド（一九五一年死去）はフランスの作家。ブッセは、ドイツの詩人で一九一八年十二月四日に亡くなっている。

この朗読をする生徒に吃音があるから「山のあなあな」になる。次の生徒が、ワルツ調で歌い、次は浪曲の名調子となる。芸達者な円歌の真骨頂だ。その浪曲で「父は戦死した」「姉も戦死した」と出てくる。「姉が戦死かい？」「姉は従軍看護婦で」と落ちる演出があった。

月刊演芸専門誌『東京かわら版』（東京）の通巻五百号達成パーティーがあった二〇一五年五月、ゲストで来ていた円歌と話す機会があった。妻が「狸《たぬき》ばやしに出演して」と頼んだら「小さな会にだって出てやるよ」。社交辞令だろうが、そのサービス精神がうれしかった。

12月5日——穴泥《あなどろ》

師走。商店街を歩けば、ジングルベルの音楽が流れ、クリスマスツリーの電飾の点滅が慌ただしさを感じさせる。時間の流れが早くなる時期だ。

金策に走る人も出てくるころ。真面目な人が金に困り、魔が差すということも起こるころかもしれない。

新米泥棒を描く「出来心《できごころ》」という噺《はなし》がある。しかし、ここは、年末ということで「穴泥《あなどろ》」を持ってきた。多くの演者が、この噺を大晦日の出来事として演じている。大晦日には、それにふさわしい噺を準備している。年末落語の第一弾ということで。

三両の金が工面できないで、女房に頭が上がらない男。出歩いている途中にひょいと商家を見ると、二階の窓から大八車を伝い降りて、出て行くやつがいた。主人たちに内緒で、夜遊びに行くのだ。その大八車を伝えば、忍び込めると、男の出来心が起きた。

「三両だけ盗む。金をためて返せばいい」くらいの軽い気持ちで男は家に入り込んだ。座敷を見ると、祝い事を終えたばかりらしく膳がそのまま。残りもので飲み食いに夢中になった。出てきた小さな子どもをあやすうちに、穴蔵《あなぐら》に落ちた。

騒ぎに気がついて店の者が出てきた。主人は、取り押さえようと鳶《とび》の頭を呼んだ。体中に彫り物が入り、見かけは威勢のいい頭だが、実はからっきし弱い。主人は物怖じする頭に「一両やるから取り押さえてくれ」「二両やるから」、ついには「三両やる」。

男の目の色が変わったのはいうまでもない…。

妻の言葉に穴があったら入りたい男が、本当に穴に入った噺だ。

林家正雀《はやしやしょうじゃく》さんが、穴蔵の中で開き直る男と弱腰の頭を、下と上との位置関係が見えるように演じて見事だった。

12月6日──夢八《ゆめはち》

日本オーディオ協会などが、十二月六日を「音の日」に制定している。

米国の発明王トーマス・アルバ・エジソンが、一八七七年のこの日、発明した蓄音機で音を録音し、再生することに成功したことにちなんでいる。

エジソンは、同年七月三十一日に、蓄音機の特許を取得した。特許に守られて、研究・開発にも力が入ったのだろう。

音でいろいろ考えた。音が絡む噺《はなし》としては、これが一番だろう。「夢八」

最近、病気になって、寝たら夢を見て、夢の中でまた夢を見て、二、三度起きないと正気に戻らないという八兵衛。仕事もままならない。心配した男が、長屋《ながや》の一部屋で一夜の留守番の仕事を紹介した。弁当が付いて、翌朝には三円。

八兵衛は引き受けた。男は、八兵衛が、寝て夢を見てはいけないと、割り木で床をたたき続けるように言い残して帰った。

トントントトトントン。にぎりめしをほおばり、床をたたく八兵衛。暗さに目が慣れてきて部屋が見えるようになった。トントントトトントンのリズムが変わってきた。

奥にむしろがぶら下がっている。その上に人の頭が少し見える。足元を見ると、床に足が着いていない。

警察の検視が来る明日まで、遺体の番をするのが八兵衛の役目だった。紹介した男の名を呼ぶが、もちろん聞こえない。割り木は力いっぱいたたきっぱなし。リズムは乱れ、うるさいぐらい。悪い猫が、その様子を見て息を吐きかけると、遺体がしゃべり出した…。

落語は人の生死を描く。死が絡む落語は多い。

露《つゆ》の五郎兵衛《ごろべえ》、露の団四郎《だんしろう》さん師弟で聞いた。桂雀々さんも迫真の演技。

12月7日　鰍沢《かじかざわ》（三遊亭円朝作）

二十四節季《にじゅうしせっき》の「大雪《たいせつ》」のころ。大雪に見舞われるころだ。

江戸の男が、身延山久遠寺《みのぶさんくおんじ》に参詣を済ませた帰り、大雪に遭う噺《はなし》が「鰍沢《かじかざわ》」。明治期の名人三遊亭円朝《さんゆうていえんちょう》が、三題噺でまとめたとされる。

久遠寺は、日蓮宗《にちれんしゅう》の開祖・日蓮が、一二八一年に現在の山梨県身延町に開山した。日蓮は、翌年の一二八二年に死去している。

地元の観光協会によると、年間約百万人弱の参拝があるという。「以前は百三十万人あったのですが、信仰心が薄くなったのですかねぇ」

男が、大雪で難儀するのは山梨県鰍沢町。現在は合併して、富士川町になっている。久遠寺から北の方向にあるので、男は甲府を目指して、江戸に戻るつもりだろう。

噺に出てくる寺は、実存する場合もあり、男が買い求めた「毒消しの護符《ごふ》」は「毒消しの護符飴《ごふあめ》」として今も販売されている。綿密な取材をして創作した円朝らしい噺だ。

綿をちぎっては投げるような大雪。死を覚悟する男。やっとの思いで歩いていると、小さな家がある。九死に一生と家に入り込む。

留守番の女お熊が、男を家に上げる。亭主は間もなく帰るという。お熊の顔に見覚えがある。思い出すと吉原にいた花魁だった。思い出話に花。男が一泊の礼に金を渡したから、災難が広がる。

十代目金原亭馬生《きんげんていばしょう》の名演。お熊が、男に過去のことを語り出す場面。目が男を見てはそらし、見てはそらし。見てはそらし…。素晴らしい出来だった。

漫画家古谷三敏《ふるやみつとし》さんの『寄席芸人伝1』の「写実（レアリスム）の左楽」で三代目柳亭左楽が、真夏に「鰍沢」をかけた。大雪の描写が真に迫り、客のうちわが止まった…。

12月8日──権兵衛狸《ごんべえだぬき》

一九四一（昭和十六）年十二月八日、日本軍（当時）は、米ハワイの米軍基地・真珠湾に攻撃を加え、戦艦、戦闘機など多数を破壊した。日中戦争に始まった戦火は、米英への宣戦布告となり、太平洋戦争へと突入した。

　結果は、敗戦。国民が戦争の犠牲となり、全国の主だった都市は焼け野原。占領という悲惨《ひさん》なものになった。この結果を受けて、日本は二度と戦争をしない国になった。その国民総意の決意が、今はどうやら怪しくなりつつある。

　戦後の日本は、目覚ましい復興を遂げ、一九五九～七三（昭和三十四～四十八）年に、平均経済成長率10・9パーセントと、すさまじい高度経済成長を達成した。

　一方で、公害、必要以上の開発など、反省すべきこともあった。そんな社会を風刺《ふうし》したのが、アニメ映画『平成狸合戦ぽんぽこ』（一九九四年、高畑勲監督）だ。

　宅地開発ですみかを追いやられたタヌキが、化ける術を使って人間に「宣戦布告」をする。声の出演に柳家《やなぎや》小《こ》さん、桂米朝《かつらべいちょう》、ナレーションは古今亭志《ここんていし》ん朝《ちょう》が担当した。

　タヌキと人の争いといえば「権兵衛狸《ごんべえだぬき》」という噺《はなし》がある。

　床屋をする権兵衛。村の客が帰った後、寝ようとすると戸をたたいて権兵衛と名を呼ぶ。戸を開けてもだれもいない。「タヌキの悪さに違いねえ」。次の夜、戸の隙間からのぞくと、タヌキが後頭部で戸をたたいている。

　三日目。権兵衛が、戸の内側で構えて戸をがらりと開けたものだから、タヌキはひっくり返り、権兵衛はタヌキとの格闘の末にふんじばった。村人はタヌキ汁を楽しみにしたが、権兵衛はタヌキの頭をきれいに丸刈りにして帰した…。

　争いもこんなのんきなものならいいのだが。

12月9日──景清《かげきよ》

十二月九日は「障害者の日」。一九七五（昭和五十）年のこの日、国連総会で「障害者の権利に関する決議」が採択された。日本では一九八一年に制定された。

「障害の原因、程度にかかわらず市民同等の基本的権利を有する」と宣言している。

障害者は落語にも登場する。江戸時代、人権意識が希《き》薄《はく》だったため、障害者を差別するものも少なくない。しかし、周囲の人の力を借りながら、社会で普通に暮らす障害者を描く落語もある。

持論だけど、障害を差別したり、笑ったりする落語は、社会学、風俗学などの目で研究の対象にする。障害という事実を描くことで起こる笑いや騒動を描く落語であれば、演じるに問題はないと思う。

「言葉狩り」「自粛」も含め、一度葬《ほうむ》ったら、復活させることは難しい。

今日の落語は、目の不自由な人が主人公の「景清《かげきよ》」だ。彫金師・定次郎《さだじろう》が失明した。腕がよかったため、近所の人たちも心配するが、気丈に振る舞っている。実のところ、落胆は大きい。寺に願掛け参拝をしたが、目は治らずその寺に悪態《あくたい》をついた。

助言もあり、母親のためにも目を治したいと違う寺へと参拝を続ける。ある日、参拝を終えると、雨が降り、雷が鳴り、定次郎に落雷した。気を失うが、そこに仏様が現れる…。

鎌倉時代、勇猛で鳴らす平家の武士・藤原景清《ふじわらのかげきよ》（一一九六年死去）の伝説にちなむ。

大阪でも東京でも演じられる。柳家小三治《やなぎやこさんじ》さん、桂文之助《かつらぶんのすけ》さんで聞いた。いずれも名演だった。

この名作が、視覚障害者を表現する「言葉」のためにテレビ放送になりにくい。

12月10日　文七元結《ぶんしちもっとい》

（三遊亭円朝作）

白昼、約三億円が奪われる事件が一九六八（昭和四十三）年十二月十日に起きた。

東京都府中市。会社のボーナス約三億円を運ぶため、銀行員が乗った車を警察官の白バイが停止を命じた。警察官は「車に爆弾が仕掛けられている」と、銀行員を非難させ、車を移動し、ジュラルミンケースの三億円を持ち去った。刑事事件、民事事件ともに公訴時効の「三億円事件」。

福岡市では二〇一七年四月、三億八千万円が強奪された。二〇一六年七月には七億六千万円相当の金塊が盗まれた。私も注意しないと…。必要ないか…。

落語にも大金を奪われる噺《はなし》がある。「文七元結《ぶんしちもっとい》」

左官の長兵衛は博打《ばくち》好き。今日も負けて裸同然で達磨《だるま》横町の長屋《ながや》に帰ってきた。妻が泣いている。娘のお久が家に帰らない、と。夫婦げんかの最中、吉原の店から長兵衛にすぐに来てほしいと、使いが来る。

おかみさんの横にお久がいる。おかみさんの説教だ。「あんた、腕があるのに働かずに博打ばっかりだって。借金があって首が回らないってね」

小さくなる長兵衛。おかみさんが五十両出す。「お久ちゃんは店に預かる。女一通りのことは教えておくから。ただ、返済約束の日から一日でも返すのが遅れたら、店に出すよ。私は鬼になるよ」

おかみさんにも、お久にも手を合わせる長兵衛。そして帰る途中。川に飛び込もうとしている男がいる。文七だ。五十両を奪われたので、死ぬという。

長兵衛は「ばか」がつくほどの男気を発揮するから、物語が面白くなる。

狸《たぬき》ばやしで金原亭世之介《きんげんていよのすけ》さんが、渾身《こんしん》の一席。

12月11日 やかんなめ

十二月十一日は「胃にいい」との語呂合わせで「胃腸の日」。日本OTC医薬品協会が二〇〇二年に制定している。忘年会シーズンである。特に胃腸に気を配る時期なのかもしれない。

六月四日の「疝気《せんき》の虫《むし》」で「男の疝気に女の癪《しゃく》」と紹介した。癪とは、胸や腹に起こる激痛。胃けいれんとも考えられる。時代劇では、道で苦しむ女性を主人公が助けて物語が始まることがあった。

癪の持病がある女性が登場するのが「やかんなめ」。上方では「癪の合い薬」。

癪には薬よりも、その人の体質やふだんの暮らしによって薬以上の効果がある物があるという。男の二本の親指で患部を押さえる、ふんどしを首に巻く、というのもある。これを「合い薬」。気持ちを落ち着かせることが、結果的に効くのかもしれない。

女中二人を連れて歩いているおかみさん。大嫌いな蛇が目の前を横切ったから、癪が起きた。この女性の合い薬は、銅《あかがね》でできたやかん。なめると治るという。

女中の一人が歩いてくる老武士の頭を見た。毛がなくて、家にあるやかんにそっくり。女中が老武士に頼み込む。話を聞いて無礼者と断る武士。

女中も首をはねられる覚悟の上。このやりとりは必見だ。しぶしぶ承知をし、武士は頭をなめさせる…。

狸《たぬき》ばやしでは、大阪の桂二乗《かつらにじょう》さんが演じてくれた。

やかんは、漢方薬を煮出したり、煎《せん》じたりする道具で鎌倉時代には使われていた。

昔のラグビーにはやかんが必須だった。やかんから出る水は「魔法の水」といってけが人にかけると、選手が駆けるようになった。

12月12日 ── 猫《ねこ》と金魚《きんぎょ》（田河水泡作）

漫画『のらくろ』。犬の軍隊で二等兵・のらくろが主人公だ。失敗やほのぼのとした出来事、ブルドッグの軍《ぐん》曹《そう》との交流が描かれる。

作者は田河水泡《たがわすいほう》で、一九八九年十二月十二日、九十歳で亡くなっている。大正時代、軍隊に徴用された経験から『のらくろ』を着想したという。

最初の雑誌連載は一九二九～四一（昭和四～十六）年。戦後に復活し、私は子どものころ雑誌で読んだ。一九七〇年ごろには、テレビアニメとして放送された。

いつか田河が、テレビで『のらくろ』のキャラクターたちを説明していた。「このブルドッグは今、プロレスラーになっています」と話していた。

弟子に『サザエさん』の長谷川町子《はせがわまちこ》、双子の山根赤鬼・青鬼たちがいる。

田河は、漫画家の傍《かたわ》ら落語も書いている。その代表作が「猫《ねこ》と金魚《きんぎょ》」。

金魚好きの主人。最近、金魚の数が少なくなっている。「番頭さん知らないかい？」「あたしゃ食べませんよ」。よく調べると、猫が食べていることが分かった。

「番頭さん、金魚鉢を風呂場の棚に上げとくれ」「金魚鉢、棚に上げました。で、金魚はどうしましょ」。見ると、金魚は風呂場のタイルではねている。

「金魚を上げるんだよ」「はい、金魚鉢を下げました」。やりとりが軽妙。

猫が侵入して、棚に上げた金魚鉢の金魚を狙っている。番頭はねずみ年で、猫を捕まえられない。呼んだ鳶の頭、威勢のよさが自慢だが、これもねずみ年。でも主人に言われて猫との格闘に挑む…。

八代目橘家円蔵《たちばなやえんぞう》、十代目桂文治《かつらぶんじ》、古今亭右《ここんていう》朝《ちょう》で聞いた。テンポが良くて漫画のコマが進んでいくように次々に笑いが出る。それにしても、金魚迷惑な猫だ。

12月13日――御酒徳利《おみきどっくり》

十二月十三日は、正月事始めといって、この日から正月準備を始める。なぜ、十二月十三日かというと「鬼《き》宿日《しゅくにち》」に当たるという。東洋の占星術で「鬼が家にいる日」。鬼とは、穏《おん》＝隠れて見えない恐ろしいものが、鬼になったと辞書にある。

邪気、悪霊、災い、天然痘などの感染症も意味する。これらが家にいるということは、出会うことがなく、婚礼以外は何をしても吉日になるそうだ。

花柳界《かりゅうかい》、芸界《げいかい》などは、一月一日は大忙しとなるので、この日を元旦とする風習もあるようだ。大店《おおたな》、寺社などでは「煤《すす》払い」「煤掃《は》き」として、大掃除をした。大仏のほこりを払うニュースがテレビで放映される。

こんな煤払いの日が発端になるのが「御酒徳利《おみきどっくり》」だ。

この店でも、奉公人たちが、大掃除で忙しい。出入りの善六が、台所に立ち寄ると、店の家宝としている御酒徳利が、置きっぱなしにしてある。徳川家から賜《たまわ》った葵《あおい》の御紋《ごもん》入りの徳利だ。「盗まれたりすれば大変」と、善六は気を利かせて台所の水甕《みずがめ》に沈めた。

やがてあるじ、店の者が、徳利がないと騒ぎ始めた。縁起でもないと店は早仕舞い。善六は、家に帰ってから、徳利のことを思い出した。今更、事情は言えず困っていると、父が占い師という女房が「算盤《そろばん》占いをしたふりをして出すのよ」。

善六は、算盤を弾いて徳利のある場所を言い当てた。あるじは大喜びして祝いの宴《えん》となった。その様子を見ていた上方《かみがた》からの宿泊客で鴻池善右衛門《こうのいけぜんえもん》の手代が、家のお嬢さんの病気を見てくれと、善六は上方まで連れていかれることになった…。

狸《たぬき》ばやしでは、滝《たき》川鯉昇《がわりしょう》さんが一時間かけての熱演。三遊《さんゆう》亭円生《ていえんしょう》、柳家小《やなぎやこ》さんがよかった。二人の「型」が違う。年末落語の名作。算盤だけに客受けも「計算」できる。

12月14日―徂徠豆腐《そらいどうふ》

赤穂事件の終盤、吉良上野介《きらこうずけのすけ》邸討ち入りは元禄《げんろく》十五年十二月十四日（一七〇三年一月三十日）。四十七人の赤穂浪士が、吉良を討ち取った。

同十四年三月十四日（一七〇一年四月二十一日）、江戸城で浅野内匠頭《あさのたくみのかみ》が、吉良に刃傷に及んで以来、約一年八カ月、浪士の執念が一応の結末を迎えた。

一連の事件で、吉良は悪役になってしまったが、領地の三河国（愛知県東部）では、治水事業、新田開発など、領民を思う政治を心がけた殿様だったようだ。

五代将軍綱吉の側用人柳沢吉保《やなぎさわよしやす》（一七一四年死去）の判断で、赤穂浪士は四十六人が切腹になっている。柳沢に切腹を主張したのが儒学者の荻生徂徠《おぎゅうそらい》（一七二八年死去）。徂徠と赤穂事件を描いた噺《はなし》が「徂徠豆腐《そらいどうふ》」。

豆腐屋の七兵衛、長屋《ながや》の貧乏な若者に豆腐を売った。がつがつ食べるが、若者は銭を持たず、明日払うという。翌日、豆腐を食べるが、銭がない。「学問をして人を助けたい」という若者の夢にほだされ、七兵衛は、出世払いで豆腐、おからを届けることにした。

七兵衛は風邪で寝込んだ。数日後、長屋を訪ねると若者はいない。「お灸《きゅう》がつらい」と言っていなくなったらしい。

赤穂浪士の討ち入りがあった。庶民は大喝采《かっさい》。その翌日、豆腐屋のそばから火が出て七兵衛の豆腐屋は全焼。近くに避難していた。人を介して七兵衛に十両が届く。

やがて、全焼した豆腐屋が新しく建てられていた。豆腐屋を助けようとしたのが荻生徂徠。豆腐を食べた若者だった。折も折、赤穂浪士は切腹となり、庶民の批判が渦巻いていた…。

浪曲、講談のネタ。これを三遊亭《さんゆうてい》円窓《えんそう》さんが落語に仕立て直したと聞く。

12月15日——盃《さかずき》の殿様《とのさま》

陸上競技の百メートル競走で、日本で初めて10秒を切った桐生祥秀《きりゅうよしひで》選手。「日本最速の男」になったのは東洋大学四年生だった二〇一七年九月、日本学生陸上競技対校選手権大会での9秒98。素晴らしい記録だ。

その一年前。桐生選手は、リオデジャネイロ五輪で、山縣亮太《やまがたりょうた》選手、飯塚翔太《いいづかしょうた》選手、ケンブリッジ飛鳥《あすか》選手と四百メートルリレーで銀メダルを獲得している。桐生選手の9秒台は、ライバルを刺激した。二〇一九年にはサニブラウン・ハキーム、小池祐貴《こいけゆうき》の両選手も9秒台だ。

桐生選手は、滋賀県彦根市出身。一九九五年十二月十五日生まれ。洛南《らくなん》高校時代にも10秒01を記録するなど、その俊足ぶりは早くから注目をされてきた。

走る、といえば、映画『サムライマラソン』（バーナード・ローズ監督）を見た。幕末、安中藩主が、鍛錬のために開催した「安政遠足《あんせいとおあし》」を映画化した。武士が走る、走る…。

落語国に足の速い人はいるのだろうか。小話に、町内で一番足の速いやつが泥棒を追いかけたというのがある。「おい泥棒は」「うん、あとから来るよ」

足の速い人。いた、いた。「盃《さかづき》の殿様《とのさま》」に登場する足軽の早見東作《はやみとうさく》。「三百里（約千二百キロ）を十日で走る」というから、速い上に持久力もすごい。

ある殿様。ふさぎ込む病気になった。回復になればと、花魁《おいらん》の絵を見せたところ、吉原に行き、花扇《はなおうぎ》という花魁にぞっこん。毎日通うようになった。

江戸詰めも終わり。国に戻っても花扇が忘れられない。座敷で飲んでいたように盃のやりとりをするため、早見東作に盃を持たせて、江戸まで走らせる…。

三遊亭円生《さんゆうていえんしょう》のCDで楽しんでいる。

CDと桐生選手に共通点があった。トラックがあります。

12月16日　呼《よ》び出《だ》し電話《でんわ》（三代目三遊亭金馬作）

携帯電話、スマートフォンを一人でいくつも持つ時代になった。カメラ、動画も撮影でき、インターネットほか、多様な通信もできる。技術の進歩には舌を巻く。

日本では、電話は一八九〇（明治二十三）年十二月十六日、東京―横浜で通話できるようになった。十二月十六日は「電話創業の日」。グラハム・ベル（一九二二年死去）が、電話を発明したのが一八七六年。列強に負けまいとするためか、技術の導入は早かった。

一九五二（昭和二十七）年、店舗などに公衆電話が置かれ、多くの人が電話をかけられるようになる。しかし、話したい人の家に電話機がない。その時は、電話機がある近くの家にかけて、その人を呼びに行ってもらった。のんびりした時代だ。

三代目三遊亭金馬《さんゆうていきんば》が「呼び出し電話」という落語を作っている。弟弟子の二代目三遊亭円歌《さんゆうていえんか》に譲って、「円歌の呼び出し電話」として人気が出た。

この家に電話がかかる。「あの菅原さんを呼んでください」「道真《みちざね》さん？」「道真じゃありません。お宅を出て、パン屋がありましょ、その前の魚屋を左に折れて三町（約三百メートル）ばかり先」「遠いですね」「自転車ならすぐです」「自転車はありません…」

今度は、女性が電話を借りにやってきた。話が怪しい雰囲気になってきた。「ここじゃだめよ、言えないわ、そんなこと。ばか…」。電話の持ち主のうんざり顔が目に見える。

三代目三遊亭円歌が、よく「落語家で電話を引いたのは俺が一番だろう」と話していた。

四代目三遊亭円歌さんが、歌之介《うたのすけ》時代に作った自伝的落語「母ちゃんの行火《あんか》」で、遠方で働く母親から月一回、実家近くの家にかかってくる呼び出し電話に走る子どもたちが描かれる。懸命に生きる母と子たちの姿に多くの人が、涙を流すの電話なかろうか。

12月17日――宿屋《やどや》の仇討《あだう》ち

敵討《かたきう》ちで有名なのは、殿様の元家来四十七人が敵を討った赤穂事件（一七〇二年）だろう。ほかにも曽我《そが》兄弟《きょうだい》の敵討ち（一一九三年）などがある。

江戸時代、敵討ちは、関東御成敗式目（一二三二年）に習い、原則禁止されていた。殺人事件では、加害者が逃げた場合など、親族に限り、敵討ちの許可が与えられた。

明治政府は一八七三（明治六）年、敵討ちを法律で禁止した。その後、最後の敵討ちが起きている。旧秋月藩（現、福岡県）の藩士臼井六郎《うすいろくろう》の両親は、幕末に攘夷《じょうい》か開国かの論議に巻き込まれ、自宅で殺害された。六郎は、敵討ちを決意。山岡鉄舟《やまおかてっしゅう》の道場で腕を磨いた。

敵を特定し、明治となった後も機会を待ち一八八〇（明治十三）年十二月十七日、敵討ちに成功。その足で自首し、終身刑に服していた。大日本帝国憲法発布（一八八九年）の恩赦《おんしゃ》で社会復帰し、結婚して菓子店を営んだ。一九一七年に死去した。

直木賞作家葉室麟《はむろりん》が『蒼天《そうてん》見《み》ゆ』（ＫＡＤＯＫＡＷＡ）という小説にしている。

敵討ちが出てくる噺《はなし》が、上方で「宿屋仇《あだ》」、東京で「宿屋の仇討ち」だ。

旅の男三人が、宿屋に入り込む。旅は終盤で遅くまで騒ごうと宴会《えんかい》を始めた。ところが、隣の部屋の武士は「静かな部屋」を求めて泊まっていた。

武士の一声で、宴会を止められる。静かに話をしようと、一人が色事の話を始める。昔、侍の妻といい仲になった。そのうち侍の弟に気づかれた。兄に恥をかかせたと刀を抜いた弟を逆に斬り倒し、さらに妻も斬って、家から金を奪って逃げた、というのだ。

隣の武士は、妻、弟の敵を求めて旅を続けていた。翌朝、敵討ちになる…。

敵討ちとかけて、野球と解く。うつかうたれるか…。

五代目春風亭柳朝《しゅんぷうていりゅうちょう》で聞いた。桂米朝《かつらべいちょう》のＣＤも絶品だ。

12月18日―しびん

江戸時代中期、本草《ほんぞう》学者、蘭学者、地質学者などとして、多彩な才能を発揮した平賀源内《ひらがげんない》。現在の香川県さぬき市出身の人だ。

長崎、京都などで学び、寒暖計の発明、摩擦《まさつ》による発電「エレキテル」を研究したり、鉱山発掘をしたりして活躍をした。晩年には誤って人を殺害して投獄され、安永八（一七七九）年十二月十八日に獄死《ごくし》している。十二月十八日は源内忌。

幕府医官田村藍水《たむららんすい》の弟子だった一七五七年には、第一回「薬品会」を開催し、薬物の交換会を開催。やがて主催者となり五回目には、各地の珍しい物が多数集まる日本初ともいえる「博覧会」を開催している。「風来山人《ふうらいさんじん》」の名で滑稽話などの多くの著作もある。鬼才だなあ。一部は『江戸の科学者』（新戸雅章著、平凡社新書）より。

平賀源内をネット検索していたら「源内は、海外の便器を花瓶と間違って購入した」という意味のことが出ていた。興味深い。さぬき市にある平賀源内記念館に尋ねてみた。

「源内先生が、花瓶と便器を間違ったことは、当記念館では把握していません。でも、考えられるのは筆洗《ひっせん》かもしれません。中国の筆を洗う道具で、大筆を洗う筆洗は、便器かしびんに見えますから」とのこと。

事実関係はこっちに置いて、源内に絡むこの日の噺《はなし》は「しびん」にする。

武士が、道具屋で品物を見ているうち、いい花瓶だと気に入った。実は、しびん。病人が寝たまま小用するための器。道具屋も、それを言いそびれ、五両の大金で売買が成立した。そのうち、武士は花瓶ではなくしびんと分かった…。

源内で「しびん」かい？　源内なら『放屁論《ほうひろん》』の著作があるから「四宿《ししゅく》の屁《へ》」だろう。まあ、そんなに過敏にならないで。

12月19日　鷺《さぎ》とり

遊んでばかりの男に長老が、サギをとって儲《もう》ける方法を教える。

サギを見つけたら「さぎー」と言う。少し近づいて小さい声で「さぎー」。また近づいてもっと小さく「さぎー」と言う。サギは、声が小さくなっていくので人間が離れていくと勘違いする。最後には、後ろに回って頭をこつん。「これでサギをとったらええ」

長老に教わって、サギがいる場所にきた男。見るとサギは眠っている。捕まえては、帯に首を挟み込む。体の周りはサギでいっぱい。喜んでいるとサギが、捕まったことに気づいた。「驚かしてやれ」と一斉に羽ばたく。男は空高く舞い上がった。

寺の五重の塔のてっぺんの鉄塔にしがみついた。サギは逃げてしまい、下では野次馬が集まり騒いでいる…。

上方《かみがた》でも東京でも演じられる「鷺《さぎ》とり」という落語。落語では空を飛ぶことぐらい普通なのだ。

人が飛ぶには、飛行機の発明が必要だった。米国のライト兄弟が、グライダーの研究を発展させてガソリンによる動力飛行機で、世界で初めて飛行したのが一九〇三（明治三十六）年だった。

日本では一九一〇年十二月十九日、徳川好敏《とくがわよしとし》陸軍工兵大尉（一九六三年死去）と日野熊蔵《ひのくまぞう》陸軍歩兵大尉（一九四六年死去）の二人が、フランス製とドイツ製の飛行機を使って飛行に成功している。日本の飛行機使用の始まりだ。

その後の日本の飛行機製造技術は「零式艦上戦闘機《れいしきかんじょうせんとうき》」を生むなど、世界最高水準に発展していく。が、科学技術の発達は、やっぱり平和に貢献するものでないと。

ところでこの落語、詐欺《さぎ》のような話だ。

12月20日 ― 抜《ぬ》け雀《すずめ》

絵の雀が抜け出る「抜《ぬ》け雀《すずめ》」を紹介する。絵が抜け出る噺《はなし》は「応挙《おうきょ》の幽霊《ゆうれい》」「質屋蔵《しちやぐら》」「べかこ」などがある。狩野派《かのうは》を名乗る貧乏絵師の活躍、貧乏旅館が、大繁盛する様子が心地いい。

東海道の有数の宿場・小田原宿。大小の宿屋が連なり、客引きが出ている。そこをいばって歩いている武士がいるが、客引きは誰も声をかけない。一目で金がないと分かるのだ。声をかけたのが、小さな宿屋のあるじだ。武士は喜んで泊まった。

武士はその日から朝昼晩に一升《しょう》ずつ酒を飲む。数日たつと女房は「様子がおかしいから宿代の内金でももらってこい」。仕方なくお金をもらいに行くと、金はないという。

商売は絵師で、衝立《ついたて》に絵を描くという。断るあるじだが、あっという間に雀を五羽描いて「一羽一両、五羽で五両だ。さらば」。出て行ってしまった。

女房はふてくされて翌朝は起きない。あるじは二階の雨戸を開けると、雀が外に出ていってしまった。隣の屋根でえさをついばんだ雀は、戻ってきて衝立に収まる。

これが評判になり宿屋は大繁盛。殿様の大久保氏が二百両で購入するという。

やがて、高齢の武士が来て「この雀は死ぬ」という。その武士は、死なない方法として雀が抜け出たあとに、かごと止まり木を描いた。すると雀はかごの中に入り、止まり木に落ち着いた。これがまた評判になり、殿様は千両で買い上げるという…。

めっちゃハッピーエンド。「雀の糠喜び」とならない。狸《たぬき》ばやしでは、柳家《やなぎや》さん喬《きょう》さん、桂《かつら》ひな太郎《たろう》さんが演じている。

一九四〇（昭和十五）年十二月二十日、落語の舞台・神奈川県小田原市が市制施行した。

12月21日　彦六伝《ひころくでん》（初代林家木久蔵作）

米国発祥のバスケットボール。ルールが確定して初めてのゲームが一八九一（明治二十四）年十二月二十一日、マサチューセッツ州であったという。バスケットボール解説の島本和彦《しまもとかずひこ》さんの提唱で、十二月二十一日が「バスケットボールの日」になっている。

落語とどう関係があるのか。林家木久扇《はやしやきくおう》さんが、木久《きく》蔵《ぞう》時代に作った「彦六伝」で師匠林家彦六《はやしやひころく》を語るところに出てくる。

「おいお前、手紙を書いたから、郵便局へ行って速達で出してきておくれ」「分かりました」と木久蔵さん、手紙を出してきた。帰ったら、師匠は、懸命にテレビを見ている。バスケットボールの試合だった。「師匠、ただいま帰りました」

やおら振り向いた師匠が「若いやつがタマを拾っちゃあアミの中に入れてるが、底がナイのを知らねえんだ」

笑った。これに匹敵する噺《はなし》がある。

古今亭志ん生《ここんていしんしょう》の弟子たちが、野球の試合をしてきた。みんな一緒に帰ってきて志ん生に「試合に勝ちました」と挨拶すると「お前、勝ったのか。お前は、お前は…。そうかみんな勝ったのか、よかったな」。弟子は同じチームなのだ。

彦六伝では「餅《もち》にどうしてカビがはえるのか」の問いに彦六が「早く食わねえからだ」。キムチをもらって、知らずにおかみさんが洗ってしまった。「やいばばあ、キムチを洗ったな。それじゃぁマーボードーフも洗うのか」。小言も芝居がかりだった。

孫弟子の春風亭小朝《しゅんぷうていこあさ》さんの話。「アーモンドチョコレートを彦六師匠にあげたら、歯が悪いのでしゃぶりましてね。やがて『種が出てきた』」

怪談噺の名手だった彦六。テレビで一度だけ見た「半鐘《はんしょう》」をもう一回聞きたい。

12月22日——町内《ちょうない》の若《わか》い衆《しゅう》

イエス・キリストの誕生日まであと三日。キリストは馬小屋で生まれたと伝わるが、聖母マリアは、大きなおなかを抱え、のちに世界の救世主となる人の出産に向け、心身ともに準備をしているころだ。

キリスト誕生とは一緒にはならないが、出産間近の女性が登場する噺《はなし》がある。「町内《ちょうない》の若《わか》い衆《しゅう》」だ。

男が親分を訪ねたが、親分は留守で、その妻と世間話になった。家の奥で普請《ふしん》している。妻が言うには、亭主がお茶を始めたから、茶室をこしらえている、と。「お宅の大将は働きものですね」「いやあ、町内の若い衆のおかげです」

親分の妻の謙虚さに感心する男だ。それに引き替え自分の女房ときたら…。ぶつぶつぶつぶやきながら家に帰ってきた。おなかに赤ちゃんがいて出産間近。肩で息をする妻だ。

「親分の奥さんは謙虚だ。茶室造っているのを褒めたら『町内の若い衆のおかげ』と言ったよ。お前に言えるか」「言ってやるから普請しろ」

湯に出て行くしかない男だ。途中で出会った友達に「今からおれんちに行って、俺のことでも、家のことでも褒めてくれ。女房がなんていうのか」

友達は、家に行ったものの何も褒めるところがない。見ると出産間近と気づく…。

「赤ちゃんをこしらえるとは、お宅の大将は働きものですね…」

長屋の女房の言いそうなさげとなる。

長屋での暮らし、家を建てて自宅を持つ人。暮らしの差が見える噺なのだ。

五代目三遊亭円《さんゆうていえん》楽《らく》で聞いた。その弟子三遊亭鳳楽《ほうらく》さんでも聞いた。女性の柳亭《りゅうてい》こみちさんが、臨月で高座に上がり、この噺をやったとか。

12月23日　はてなの茶碗《ちゃわん》

十二月二十三日は、退位された平成天皇の誕生日だった。

二〇一九年四月三十日までの平成時代。この約三十年間は、いいこともたくさんあったはずなのに、全国で相次いだ災害が、それをかき消してしまった印象がある。各地の被災者をお見舞いされる平成天皇両陛下の姿が印象深い。平和を望まれ、国民の象徴としての公務、お疲れさまでした。

落語に天皇が出てくるのは、私の知る範囲では「はてなの茶碗」だ。東京、大阪でも演じられる。

京都の茶道具屋の金兵衛は、鑑定師としても名高い。この人が清水寺の茶店で湯飲み茶碗を眺めてはひっくり返し、不思議がり「はてな」と言って帰った。

油屋をしている男が、この湯飲みを無理やり買うと、金兵衛の店にきて「五十両の代物だ」と。金兵衛、訳を知ると「茶が漏れるので、はてなと言っただけ」

この茶碗が、関白から帝の手に渡り、帝自ら「はてなの茶碗」と箱に揮毫《きごう》した。これを鴻池家《こうのいけけ》が、千両で購入した。油屋には、半分の五百両が渡った。油屋、掘り出し物探しに火が付いた…。

桂米朝《かつらべいちょう》で数回聞いた。金原亭馬生《きんげんていばしょう》さんもいい。先代金原亭馬《うま》の助《すけ》もよかったなあ。ちゃわんとしたさげが実にいい。

ところで、この日は私には忘れられない日になった。二〇一七年十二月二十三日。三十年来の友だった直木賞作家葉室麟《はむろりん》が亡くなった。六十六歳。彼の残した依頼で、私・宮原は葬儀で弔辞を読んだ。その折の俳句だ。

数え日やあなたは小さき箱に居る　勝彦

12月24日——クリスマス

イエス・キリストは紀元前七年ごろの十二月二十五日、大工だった父ヨセフ、母マリアから馬小屋で生まれたという。愛を説いたキリストの教えは、死後、パレスチナでキリスト教となり世界に広がった。

日本には、スペイン人宣教師のフランシスコ・ザビエルが一五四九年に伝えた。日本を含め、敬虔《けいけん》なクリスチャンは「救いの御子」と呼ばれるキリストの誕生を祝い、前日の二十四日を聖夜、クリスマスイブと呼んで静かなお祝いをする。

かつて、日本の繁華街ではクリスマスのイベントに乗って、紙のとんがり帽、丸眼鏡をつけたおじさんたちが、酔っ払って肩組んで…、という光景が見られた。そんな人たちは今は高齢で、家にじっとしている人になった？

三代目三遊亭円右《さんゆうていえんう》が録音を残している「クリスマス」という新作落語がある。

義理堅い医者がいて、住民たちは大層世話になっている。治療は丁寧だし、支払いは待ってくれる。お礼の品物を持っていくと、それ以上のお返しが戻ってくるという具合。

医者の小学生の息子にクリスマスプレゼントをすることになった。「クリスマスは西洋のお正月。暮れに済ますから『暮れ済ます』だって」「二十四日は暮れ済ますイボといって贈り物をするんだ」などの会話が楽しい。

二十四日。みんなが持ち寄ってきたのはたくわん、洗濯ばさみなど。中にはデコレーションケーキもあるが、どうも盗んできたようだ。煙突から入ろうと、医者の家の屋根に上ったものだから、医者と書生は、泥棒と勘違い。とんだクリスマスイブが描かれる。

「あなたはキリストですか？」「イエス」「クリスマスプレゼントはお歳暮のことだろ」「聖母マリア」。こんな小話、今も寄席《よせ》でやっているのかな？

12月25日――にらみ返《がえ》し

落語は見るものなのか、聞くものなのか。

「話芸《わげい》」という。話であれば聞くものだ。しかし、落語には「所作」がある。座布団に正座した落語家が、顔、手を含めた上半身、時にひざを動かして人、動物、物などを表現する。扇子と手ぬぐいを使えば、より確かに伝わってくる。「見る」芸とも言える。

所作が見えないラジオでも落語は成立する。慣れた聞き手は声だけで、落語家が行っている所作を想像することができる。見る芸、聞く芸のほか、感じる芸、想像芸…。人が持ついろいろな能力に訴えてくる芸とも言えそうだ。

二十四日のクリスマスイブが終われば、ほとんどの人が年末へと頭が切り替わる。この原稿も、年末の話題になる。「にらみ返《がえ》し」を紹介する。

年末といえば、借金取りと取られる側との攻防となる。この噺《はなし》は大晦日を描いているが、大晦日にはそれにふさわしい噺がある。

八五郎の家にも、借金取りがやってくる。一軒はけんか寸前になって何とか追い返した。まだまだ、やってくる。「えー借金の言い訳しましょ。借金の言い訳しましょ」。長屋《ながや》を流す珍しい男がきた。八五郎が呼び止め、時間いくらで仕事を頼んだ。夫婦がいたら仕事にならないと、押し入れに入った。

男は、キセルを手に借金取りを待ち受ける。米屋の小僧がきた。すぐに帰った。魚屋の若い衆が来た。一言二言しゃべっただけで帰っていった。怖い顔でにらむのだ。高利貸しの筋のよくない手代が来た。「八五郎を出せ。君で話が分かるのか？ 我が輩は、人一人や二人殺《あや》めるなど、何とも思わないのだ」。男は「鬼」の形相でにらみ返す…。ここの攻防は高座で。

怖い顔のつくりが見もの。見る落語の代表格だ。

12月26日　厄払《やくはら》い

年末の噺《はなし》に「厄払《やくはら》い」は欠かせない。

年末に限らず、厄年を迎える人たちが、連れだって神社、仏閣に参ったり、食事会をしたりすることも厄払いという。

宮崎県延岡市にいたころ。厄年の人たちが、歌手のシルビアさんを招いて「厄払いコンサート」を開いた。歌をみんなで聞いて、こんな厄払いもあるんだ、と驚いた。この噺の「厄払い」は、元旦を前に、めでたい言葉を並べて、聞いた人に銭や豆をもらう商売をいう。今では見かけない。イベントなどで復活させるのも面白いかもしれない。

大晦日の噺だが、年末の名作がひしめいているから、十二月二十六日に当てがった。

遊んでばかりの与太郎、おじさんから「働いておふくろを安心させろ」と「厄払い」の文句を教わった。

「あーらめでたいなめでたいな　今晩今宵《こよい》のご祝儀にめでたきことにて払おうなら、まず一夜明ければ元朝《がんちょう》の門に松竹、注連《しめ》飾り　床に橙《だいだい》鏡餅　蓬萊山《ほうらいさん》に舞い遊ぶ、鶴は千年、亀は万年、東方朔《とうほうさく》は八千歳　浦島太郎は三千年、三浦の大介一〇六つ…」

与太郎に、この文句が覚えられない。おじさんが紙に書いて覚えるように言うが、そのままやってしまう…。

分かりにくいところを拾えば、東方朔は中国古代の仙人、三浦大介は、平安時代末期の武士三浦義明《みうらよしあき》（一一八〇年死去）のこと。源頼朝の下で戦ったが討ち死にした。実際は八十八歳だが、この時代にしては長寿。

柳家小三治《やなぎやこさんじ》さんの与太郎がよかったなあ。

この噺、俳優さんは聞いてはいけない。役を払われてはたまらない。

12月27日―富久《とみきゅう》

年末を描く落語は、名作が多い。一年の終わり。暮らしや身や心の置き方も違う人たちが絡み合うから、生まれる物語も多彩になるからだろう。

私が、年末落語で「ベスト3」を選べば、必ず入るのがこの「富久《とみきゅう》」。幇間《たいこもち》、酒飲み、借金、富くじ、火事…。一つだけでも十分に落語になるのに、これだけの要素が詰まっていて、上手に展開されて物語性も高い。

久蔵。幇間だ。酒で上得意の旦那《だんな》をしくじり、浅草三《あさくささん》軒町《げんちょう》の長屋に引っ込んでいる。久々に会った源兵衛から、富くじを買って札を神棚に収めて寝た。火事だ。旦那がいる久保町。手伝えば、しくじりが直ると駆けつけた。

出入りは許された。火事見舞いの酒を飲んでいるうちに寝込むと、今度は、自分の長屋が火事だ。帰れば丸焼け。旦那の家に居候《いそうろう》だ。

ある日、富くじの抽せんをやっている。「鶴の千五百番」。久蔵が買った番号だ。ところが、札は神棚。火事で燃えた。札がないと金はもらえない。

途方にくれた時に、鳶の頭が声をかける。「久さん、火事でお前の家に飛び込んだが、神棚を預かっている。落ち着いたら取りにおいでよ…」

見せ場はいっぱいある。旦那の家で火事見舞いの酒を飲み、酔っていく。酒でしくじった芸人が、酒を飲む姿。千両が当たるが札がない。何とか金をもらおうと掛け合うところ。「五百両でいいよ、いや三百両でいい、百、五十、三十両…。いらねえやい、こんちくしょう」。久蔵の懸命の懇願と開き直り。

人生は金じゃない？　いや、金だろう。金だー。古今亭志ん朝《ここんていしんちょう》、立川談志《たてかわだんし》、九代目三笑亭可楽《さんしょうていからく》、と当代可楽《からく》さん。よかった。

12月28日――尻餅《しりもち》

正月用の餅つきをするころだ。

正月には、神道《しんとう》における年神《としがみ》がやってくるという。その年神に供える鏡餅を準備する。備えた餅を家族で分け合って食べるのが雑煮。縁起物を食べることで、この一年の幸福を祈る。

餅をつくのは、末広がり、二十八日がいいとされる。二十九日は「苦」につながり、三十一日になると「一夜餅」といって、運を逃がすという。

餅をつくのは、うちはちゃんと正月準備をしていますという、知らせになる。餅つき業者を招き入れた家々が、ぺったんぺったんと景気のいい音を出す。

この家には金がない。せめて、餅をついたふりだけでもしようという夫婦を描くのが「尻餅《しりもち》」。

「お前さん、餅つこうよ」「よし、任せとけ」。請け負った亭主が、外を一回りして、「ごめんなさい、餅つきにまいりました」と餅つき屋に扮《ふん》して入ってきた。

親方を含め三人は、亭主の声だけの一人芝居。もち米が蒸し上がって、湯気が出る様子、その間に、祝儀をもらって礼を言うところなど、見事に演じた。

さあ、臼《うす》だ。女房に（臼だよ、持ってこい、お前の尻だよ）。驚く女房だが、しぶしぶ、尻を亭主に向ける。着物をまくられ、亭主が手の平で、ほいぺったん、ようぺったん、ほいぺったん…。本当の尻餅だ。

偉いのは亭主。三人でやる餅つき業者の仕事を寸分違《たが》わずやってのける能力。これだけの男が、貧乏しているはずがないのだが…。

焼き鳥屋の飾り短冊に「つくもつかぬも臼次第」とあった。少し違うか。

12月29日――寿限無《じゅげむ》

押し詰まった。十二月二十九日だ。

この日の落語を何にしようかと考えた。年末ものはたくさんあるが、毎日だと飽きる。そこで十二月二十二日の「続編」にした。「町内《ちょうない》の若《わか》い衆《しゅう》」のあのおかみさんのおなかの赤ちゃんが、その日に生まれたとしたら、今日、二十九日がお七夜だ。

「ああ初七日か」という会話がくれば、そう「寿限無《じゅげむ》」。子どもが生まれて七日目。名前を付ける日。母親が言う。「寺の和尚さんに頼んでよ」

「だめだよ。生まれて早々、寺だなんて縁起でもねえ。第一、あの坊主、葬式が出るようにってんで、早死にするような名前しか考えねえ」

「凶は吉に帰るっていうのよ。寺は縁起がいいの」と言われて、和尚を訪ねることになった男だ。

和尚は、経文からおめでたい名前を選び出した。「寿限無はどうじゃ」「ほかにありませんか」「五劫《ごこう》のすりきれ。劫というのは仏教で極めて長い時間。それが五つある」「海砂利水魚《かいじゃりすいぎょ》とは、どれも切り離しができないからめでたい…」

こうしていくつもめでたい言葉を出して「この中から選ぶように」という和尚だ。これを全部使ったから、とてつもない長い名前ができ上がった。あとは知っての通り。

大分・ゆふいん寄席で桂文治さんが演じていた。真打ちで聞く「寿限無」は、また味わいが深い。ところで、これまでに私が出会った長い名前。下地頭所《しもじとうしょ》さんかな。上別府《うえんびゅう》さんもいた。

作家浮穴《うきあな》みみさんの作品『姫の竹　月の草　吉井堂謎《よしいどうなぞ》解《と》き暦《ごよみ》』（双葉社）で「寿限無」が「ジュテーム」だったことで謎が解ける物語があった。面白かった。

12月30日――掛取万歳《かけとりまんざい》

「大晦日首でも取って来る気なり」「大晦日首でよければくれてやり」

借りた側と貸した側の攻防を描く川柳だ。

江戸時代の買い物は、商品を天秤棒《てんびんぼう》で担いでくる「棒《ぼ》手《て》振《ふ》り」からは現金で買い、店舗での買い物は掛け売りが普通だった。

貨幣経済を生み出したのは中国・宋銭の流通だった。江戸時代の一六三六年に「寛永通宝」の鋳造が始まり、一文銭、四文銭が庶民を中心に江戸末期まで流通した。しかし、流通量が十分でなかったために、掛け売りが定着したようだ。

掛け・借金は、年に数度の「節季《せっき》」に支払っていた。その節季の払いも「また今度、また今度」と積もり積もって大晦日。払う金が無いときは、借りた側のあの手この手の言い訳が繰り出される。

長屋《ながや》のこの男にも、借金取りがやってくる。「掛取万《かけとりまん》歳《ざい》」という噺《はなし》だ。

どう言い訳しようか。昨年は、部屋に棺桶《かんおけ》を据えて男が入り、女房が泣いてごまかした。同じ手は使えない。

今回は、借金取りの好きな物で何とか言い訳しようと考えた。

大家。この人は狂歌が大好き。魚屋はけんかっ早い。酒屋は芝居好き。三河屋は三河万歳に見立てる。三河万歳は、才蔵《さいぞう》と太夫《たゆう》の掛け合い。相手を才蔵に見立てるのだ。

この取り立て側の四人がそろって「掛取万歳」となる。高座の持ち時間の関係で、分けられ、家主を描く「狂歌《きょうか》家主《いえぬし》」、けんかと芝居を入れて「掛け取り」などで演じられる。

子ども時代、義太夫語りだった三遊亭円生《さんゆうていえんしょう》は、義太夫好きの借金取りが来ていた。演者の得意分野の創作も盛り込まれて、多彩な噺になっている。

狸《たぬき》ばやしでは、柳家さん喬さんが「掛け取り」で演じてくれた。

【十二月】

12月31日 ― 芝浜《しばはま》

大晦日だ。この一年、落語暦《らくごよみ》を読んでいただいてありがとうございます。どこから読んでもいいように書いているから、このページが「読み初め」かもしれない。とはいえ、最後のあいさつは欠かせない。来年がよい年になりますよう…。

大晦日。落語国の各家庭には借金取りがやってくる。隣近所には、銭金の算段で忙しいうちばっかりだ。ところが、この魚屋は違っている。亭主は仕事を早じまいして、湯に行ってきた。若い者も湯へやったところ。

「芋を洗うようだったが、いい湯だったぜ。時にうちには借金取りはこねえのかい」「みんな払ったんだよ」「お、畳新しくしたのかい。いい香りだ。畳の新しいのと女房の新しい…、いや、女房は古いのがいい」

なんて会話になると「芝浜」の真ん中にさしかかっている。

実は、ここまでくるには、こんな物語があった。

三年前。酒飲んでどうしようもないぐーたら亭主。女房に言われてやっと河岸《かし》に仕入れに出た。行くと河岸は開いていない。時が早すぎた。芝の浜で一服していると、波に漂うものがある。ひもだ。引っ張ってみるとずっしりと重い革財布が出てきた。

家で財布を見ると五十両。これで遊んで暮らせると喜ぶ亭主。二度寝して昼になると、友達呼んで飲めや歌えや。そしていつも通り酔っ払って寝て朝になった。

女房は膨れている。「どうすんだよ、この酒肴《さけさかな》の払い」「払いは五十両があるだろ」「何よ五十両って。拾った？情けない。貧乏しているからそんな情けない夢見たんだ。夢だよ」

心を入れ替え、亭主は働き出した。そして、冒頭の会話になる。後はお楽しみを。

「芝浜」は人情噺《ばなし》、滑稽噺でも演じられる。ぜひ、聞き比べを。

狸ばやし騒動記

葉室　麟

宮ちゃんには、ちょっと英雄みたいなところがある。

わたしが宮ちゃんと初めて会ったのは、久留米の記者クラブの歓迎会だったと思う。

酒が進み、宴もたけなわのころ、いきなり正座して扇子を取り出して前に置いた。

落語をするのだという。

へえ、と思いながら、各社の記者たちと聞いていたが、しんと静まりかえって笑い声が起きない。

落語が終わったとき、落語というのは、昔から練り上げられた面白い話で、だれがやっても面白いものだと思っていたが、そうではないことを初めて知った。宮ちゃんが落語家さんを尊敬する気持ちは本物なのだ。

宮ちゃんは昔から落語家になりたかったそうだが、無理だと思って（そりゃあ、そうだね）、落語家を断念して新聞記者になったという変わった経歴だ。

新聞記者時代のころで覚えているのは、何か選挙の取材だったろうか。

市会議員の会議か何かが料亭のようなところで行われていて、隣室に記者たちが入り込んで襖越しに聞き耳を立てていたとき、宮ちゃんが後からやってきた。

襖越しに聞こうとしているので、皆、座り込んで耳を襖に押し当てていたのだが、すると宮ちゃんは横になって頭を襖に向けた。横着をするなあ、と思っていたら、そのまま寝てしまった。

放っておこうと思ったのだけれど、イビキがやかましい。隣室の議員たちに気づかれるので、やむなくゆり起こした。

宮ちゃんは、ありがとうと言うでもなく平然としていた。

そんな宮ちゃんから、「家を建てる。家の一階を落語のホール」にするという話を聞いたのは久留米の立ち飲み屋だったと思う。ビールと焼酎を飲んでの話だから、

——酔ってるなあ
と思ったのだが、どうやら本気だったらしい。

本当に一階が落語ホールという家を建ててしまった。一介のサラリーマンができることではない。

宮原家はどうなるんだろう、と心配したが、宮ちゃんは嬉しそうにしているだけで、奥さんも楽しそうだ。どこまで肝っ玉の太い夫婦なのか。

落語の会が始まると、わたしは、切符のもぎりをさせられた。落語家さんを車で迎えに行ったりもした。もう小説家になっていたのだろうか。忘れてしまったけれど、ふと、なぜ、こんなことをしているのだろう、と思ったのは覚えている。

落語ホールは「狸ばやし」と命名されていただけに、狸に化かされているような気がした。

そのうち、宮ちゃんはヤギを飼い始めた。「狸ばやし」にヤギとくれば、なんだか日本昔話の世界のようで、宮ちゃんはしだいに浮世離れしていくような気がした（とっくにしていたのかもしれない）。

そんな宮ちゃんを見ているとNHK大河ドラマ「真田丸」で草刈正雄が演じている真田昌幸を思い出す。

深い考えがあるのか、ちゃらんぽらんなのか、どう見ても、そのときの思いつきで、まわりや家族を振り回しながら乱世を生きていく。

家族は「迷惑だなあ」と思いながらも、船長なのでしかたなくついていくしかないのだろう。

以前、宮ちゃんの子供たちから、「小さいころ、どこの家も一階は落語のホールになっていると思っていた」と聞いたときには、不憫さに思わず、涙が出た。

などと、いろいろ思うのだけれど「真田丸」ならぬ「狸ばやし丸」は風雪を越えてなんと二十年も突っ走ってきた。

当然、偉いのは奥さんだ。

よくまあ、この暴れ馬（ではなくて、暴れヤギだろうか）の手綱をとって、人生の荒波を越えてきたと思う。

子供たちも偉い。この親父を見放さないでよくぞつきあってきたものだ。

運命だと思ってあきらめていたのだろうけど、そのおかげで人間として成長したに違いない。

そう言えば、わたしも直木賞をいただいたとき、落語家さんと対談しろと言われて〈狸ばやし〉のステージに上がらされた。

なんでこんな目にあうのだろうとは、思ったが、友達だからしょうがない。友達は選ばなければいけない、と思った。

ともあれ、そんな風にまわりをあ然とさせて生きているところが、英雄みたいだなあ、と思う次第だ。

なんて奴なんだろう。

はむろ・りん
地方紙記者、放送局ラジオデスクを経て、創作の道へ。二〇〇五年『乾山晩愁』で歴史文学賞受賞、『銀漢の賦』で松本清張賞受賞、『蜩ノ記』で直木賞受賞。『鬼神の如く』で司馬遼太郎賞受賞。
初出　宮原勝彦編著『藪柑子』（二〇一六年）

◉狸ばやし出演者（五十音順、敬称略）

【江戸落語】入船亭小辰、入船亭遊一、桂歌春、桂ひな太郎、金原亭馬生、金原亭世之介、古今亭志ん上、春風亭あさり、昔昔亭A太郎、昔昔亭桃太郎、滝川鯉昇、橘家円太郎、橘家蔵之助、立川生志、初音家左橋、林家ぼたん、柳家喜多八、柳家喬の字、柳家権太楼、柳家さん喬、柳家三太楼

【上方落語】桂梅団治、桂かい枝、桂三四郎、桂雀松、桂そうば、桂二乗、桂二葉、桂福団治、桂福丸、桂福若、桂文鹿、桂よね吉、笑福亭恭瓶、笑福亭松喬（六代目）、笑福亭風喬、露の吉次、露の団四郎

【講談】神田紅【紙切り】林家正楽【太神楽】鏡味仙三

【作家】朝井まかて（直木賞）、澤田瞳子（直木賞候補）、葉室麟（直木賞）、東山彰良（直木賞）

【学術】南野森（九州大教授）

【ほか】伊藤有紀（映画監督）、小きぬ社中（お囃子）、大友宏（演芸評論家）、杵屋和十文（三味線）、春亭右乃香（寄席文字）、田代沙織（タレント）、豊田公美子（三味線）、はやしや絹代（三味線）、深町宏デュオ（サクソホンとギター）、本田陽彦・恭裕（詩吟）

あとがき

西日本新聞社を退職したのが二〇一六年三月三十一日。その年、退職記念誌『薮柑子』を編んだ。私の俳句集、自作落語、自作浪曲、寄稿で構成している。寄稿をしてくれた直木賞作家葉室麟は「これはいい出来栄え。これからも書き続けることだ」と言った。

三十年を超える友人の葉室麟の一言から、この『落語暦《らくごよみ》』が完成した。葉室麟にも、十数本の原稿を読んでもらった。褒められ、けなされもした。そうしているうちに葉室麟の体を病魔が襲い、二〇一七年十二月二十三日、六十六歳で帰らぬ人になってしまった。おい、それはないだろう。

彼は五十四歳で『乾山晩愁』を発表してデビューし、歴史文学賞を受賞した。その後、『銀漢の賦』で松本清張賞、『蜩ノ記』で直木賞、『鬼神の如く黒田叛臣伝』で司馬遼太郎賞を受賞した。六十冊もの単行本を出し、複数の新聞連載、講演、テレビ出演もこなした。

「約十二年間で、作家三人分以上の仕事をしたのでは」とはある出版社の編集者。その仕事の間に、私と変わることのない付き合いをしてくれた。葉室麟が背を押してくれたから、この本ができた。本を彼に手渡すことはできなかったのが残念でならない。葉室麟が、私の『薮柑子』に書いてくれた原稿を再掲することでその敬意としたい。

また、下川光二さんが、的確で面白い絵を描いてくれた。併せて感謝。

文中、不快語、差別用語があるかもしれない。落語は、多くが江戸時代、明治期に成立している。「鮮度」と言ったらおかしいが、できるだけ当時の空気感を守るためであって、差別や、不快感を増長させるために使っているわけではないので、そこは理解してほしい。

宮原勝彦

二〇一九年十月

【参考文献】

江戸小咄類話事典　武藤禎夫（東京堂出版）
記念日・祝日の事典（加糖迪男編　東京堂出版）
すぐに役立つ３６６日記念日事典　日本記念日協会編　加瀬清志（創元社）
醒睡笑　安楽庵策伝、鈴木棠三校注（岩波文庫）
千字寄席　立川志の輔【監修】古木優・高田裕史【編】（ＰＨＰ研究所）
増補落語事典　東大落語会編（青蛙房）
ど忘れことわざ事典（全教図）
日本史総合年表（吉川弘文館）
明治時代史大辞典（吉川弘文館）
落語うんちく高座　古谷三敏（廣済堂出版）
古今東西　落語家事典　諸芸懇話会＋大阪芸能懇話会編
落語聴上手　飯島友治（筑摩書房）
落語登場人物辞典　高橋啓之（東京堂出版）
ほか本文中に記載
新暦、旧暦、端緒、生年没年はインターネット「今日は何の日」、ウィキペディアを参照

協力　福岡県小郡市立図書館、同県立図書館

【演目索引】

あ

い

う

え

お

か

き

く

け

こ

さ

し

ひ

ふ

へ

ほ

ま

み

め

【著者略歴】

宮原勝彦（みやはら・かつひこ）

元西日本新聞記者
1956年3月31日、福岡県田主丸町生まれ（現、久留米市）
第一経済大学卒（現、日本経済大学）
1990年、福岡県城島町（現、久留米市）で「酒蔵寄席」開催
1995年、同県小郡市の自宅に落語ホール「狸ばやし」開設
2003年まで3年間、熊本県玉名市のFMたまな（廃局）「楽々落語」出演

下川光二（しもがわ・こうじ）

元西日本新聞社編集局デザイン記者
1959年4月1日、福岡県八女市生まれ
久留米工業高卒（現、祐誠高校）

地域寄席「狸ばやし」

1995年、福岡県小郡市上岩田に開設。
宮原勝彦・夕起子主宰
100人収容の会場で落語会を開催中

落語暦

令和元年（2019年）11月20日　第1刷発行

著者——————宮原勝彦（著）・下川光二（絵）
発行者——————川端幸夫
発行——————集広舎
〒812-0035 福岡市博多区中呉服町5番23号
電話 092（271）3767 FAX 092（272）2946
http://www.shukousha.com/
装丁・組版——————design POOL（北里俊明・田中智子）
印刷・製本——————モリモト印刷株式会社

ISBN 978-4-904213-85-8 C0076